本辑得到日本河合文化教育研究所资助，特此致谢

北大史学 19

北京大学历史学系 编

(History Department, Peking University)

执行主编　张帆　包茂红

北京大学出版社
PEKING UNIVERSITY PRESS

图书在版编目(CIP)数据

北大史学.19/北京大学历史学系编.—北京:北京大学出版社,2015.5
ISBN 978-7-301-25822-4

Ⅰ.①北… Ⅱ.①北… Ⅲ.①史学—世界—文集②史评—世界—文集
Ⅳ.①K0-53

中国版本图书馆 CIP 数据核字(2015)第 094326 号

书　　　名	北大史学(19)
著作责任者	北京大学历史学系　编
责任编辑	张　晗
标准书号	ISBN 978-7-301-25822-4
出版发行	北京大学出版社
地　　　址	北京市海淀区成府路 205 号　100871
网　　　址	http://www.pup.cn　新浪微博：@北京大学出版社
电子信箱	pkuwsz@126.com
电　　　话	邮购部 62752015　发行部 62750672　编辑部 62767315
印　刷　者	北京大学印刷厂
经　销　者	新华书店
	965 毫米 × 1300 毫米　16 开本　24.75 印张　360 千字
	2015 年 5 月第 1 版　2015 年 5 月第 1 次印刷
定　　　价	55.00 元

未经许可，不得以任何方式复制或抄袭本书之部分或全部内容。
版权所有，侵权必究
举报电话: 010-62752024　电子信箱: fd@pup.pku.edu.cn
图书如有印装质量问题，请与出版部联系，电话: 010-62756370

《北大史学》编委会（以姓氏笔画为序）

马克垚　王小甫　王　希　王奇生　邓小南
牛大勇　叶文心（Wen-hsin Ye）　刘浦江
李剑鸣　李孝聪　何顺果　辛德勇
罗志田　罗梅君（Mechthild Leutner）
杨天石　茅海建　荣新江　胡宝国　郭润涛
高　毅　阎步克　钱乘旦　桥本秀美　彭小瑜
董正华

执行主编

张　帆　包茂红

目 录

专题论文

《大夏》舞诗考 …………………………………………… 胡　宁(1)

"跻僖公"三传阐释考 ……………………………………… 马清源(13)

《离骚》"皇考"含义综考 ………………………………… 王　志(24)

魏晋南朝省外官任录尚书事论 …………………………… 陶新华(37)

《亡宫八品柳志铭并序》发微 ……………………………… 陈丽萍(51)

蒙元时期燕只吉部帖速家族小考 ………………………… 于　月(71)

13—14世纪蒙古人使用鸣镝之俗小考 …………………… 周思成(82)

感仁兴义、树立风声：明代正统年间义民形象的塑造 …… 向　静(96)

嘉庆朝引见文官分析
　　——兼与乾隆朝引见文官比较 ……………………… 王志明(117)

"中国通史"计划与《訄书》重订
　　——章太炎经史观述论之一 ………………………… 张　勇(140)

近代警察政治监控的微观考察
　　——以民初章太炎被羁北京事件为例 ……………… 丁　芮(153)

民国初年经学退出学制的反应与影响 …………………… 朱　贞(171)

百济冠带文化论 ·· 宋成有(190)
中世纪的罪与赎
　　——以托马斯·阿奎那的赦罪观念为核心 ············ 惠　慧(219)
走向领主权：中世纪欧洲史研究的新趋势 ················ 黄春高(238)
释"American Dream" ·· 何顺果(264)
墨西哥卡德纳斯政府的土地改革：1934—1940 年 ········ 董经胜(280)
历史之争：1956 年的黎刹尔
　　······················ 里纳尔多·伊莱托(Reynaldo C. Ileto)(303)
从对象到 Oikeios：资本主义世界生态学中的环境制造
　　································ 贾森·摩尔(Jason W. Moore)(325)

读史札记

东汉士人人数考略 ·· 祝总斌(342)

书　评

《周一良读书题记》勘误 ··· 谭苦盦(348)

学者追思

周一良先生琐忆 ··· 王小甫(360)
"读史与做人"
　　——纪念杨人楩先生 ·· 俞莉琪(366)

Abstracts ·· (374)
稿　约 ·· (385)

《大夏》舞诗考

胡 宁

【内容提要】 周代的仪式乐舞,最重要的是武舞《大武》和文舞《大夏》。《大夏》又名《夏籥》,音乐、舞蹈形式沿袭自夏代,所用之诗则并非一成不变。据《逸周书·世俘解》记载,周初典礼中所用《大夏》舞诗是包括"《崇禹生开》三终"在内、以大禹传说为内容的一系列诗篇。西周中期,在政治稳定、礼乐大兴的时代背景下,周王朝又将《文王》《大明》《绵》在内的一系列诗篇用于《大夏》,以新的诗辞配合沿袭自夏人的乐舞形式,歌颂并传扬文王、武王以及其他先公、先王的至德丰功。

据《左传》《周礼》《礼记》等典籍记载,周代最重要的仪式乐舞,有《大武》和《大夏》。《礼记·明堂位》:"朱干玉戚,冕而舞《大武》,皮弁素积,裼而舞《大夏》。"战国以前的乐舞皆与歌诗相伴随。[①]《左传》宣公十

---

① 王光祈先生说:"吾国古代音乐,歌奏舞三者,常常合而为一。"见氏著:《中国音乐史》,《王光祈音乐论著二种》,上海:上海世纪出版集团,2011年,第184页。杨荫浏先生也指出原始音乐即已"是在诗、歌、舞三者的密切结合中间存在的"。见氏著:《中国古代音乐史稿(上)》,北京:人民音乐出版社,2004年。单纯器乐演奏而无须歌诗,(转下页)

二年和《礼记·乐记》分别记载了楚王和孔子对《大武》用诗、表演形式和寓意的阐述,所以成为历来注家、学者考证的重点,讨论主要集中在与《诗经·周颂》诗篇的对应上。对于《大夏》用什么诗,则罕有论及。《大夏》用诗,是周代礼乐文化史研究领域的重要问题,笔者拟就这一问题略抒己见,以就教于方家。

一 《大夏》的结构和性质

《大夏》在典籍中又名《夏籥》,《吕氏春秋·古乐》:"禹立,勤劳天下……于是命皋陶作为《夏籥》九成,以昭其功。"高诱注:"九成,九变。"陈奇猷先生说:

> 《书·益稷》"箫韶九成",伪孔传"备乐九奏",正义曰:"郑云:'成犹终也。'每曲一终,必奏,故《经》言'九成',《传》言'九奏',《周礼》谓之'九变',其实一也。"则《吕氏》此文所谓"《夏籥》九成"者,犹《夏籥》九终也。终亦章也。①

按照《古乐》篇的记载,《大夏》这种乐舞所表现的内容是大禹的传说,由九个部分构成。按照礼仪用乐的常规,乐之一成对应诗之一篇,如《大武》是六成,分别对应六篇诗。以三篇为一组,称为"某之三",如"《肆夏》之三"即以《肆夏》为首之三篇,"《文王》之三"即以《文王》为首

(接上页)始于战国时期,顾颉刚先生早有论述:"战国的音乐重在'器乐'而不是'歌乐',很明白。若依春秋时的习惯,赵王与秦王在渑池宴会,彼此一定是赋诗了,但他们只有奏乐。我们读完一部《战国策》,看不到有一次的赋诗,可见这种老法子已经完全废止。至于司马熹说赵国'天下善为音'而不说'天下善为歌',齐宣王聚了三百人专吹竽而不再使人唱歌,也可见战国时对于乐器的注重。乐器为什么会比歌乐注重?也无非单是音乐已经极可听了,不必再有歌词了。"见氏著:《〈诗经〉在春秋战国间的地位》,《古史辨》第三册,上海:上海古籍出版社,1982年,第354—355页。
① 陈奇猷:《吕氏春秋新校释》,上海:上海古籍出版社,2002年,第308—309页。

之三篇,"《鹿鸣》之三"即以《鹿鸣》为首之三篇。① 因此所谓"九成",应即三组九段,对应三组九首诗。

需要说明的是,因为《吕氏春秋》里面的这段话,有的研究者将九成的《夏籥》(《大夏》)与《九夏》等同起来,②恐非是。汉、唐注家在注释中也从未将两者等同起来。《九夏》是金奏之乐,而《夏籥》是舞,两者所用乐器和在礼仪中的演奏次序判然有别。王国维先生依据典籍中的相关记载总结道:"凡乐,以金奏始,以金奏终。金奏者,所以迎送宾,亦以优天子诸侯及宾客,以为行礼及步趋之节也。……凡金奏之诗以《九夏》。"③所谓"金奏"即用编钟演奏,④是礼仪用乐的开始和结束部分,用于迎送。⑤ 而《夏籥》如其名称所示,以籥为主要伴奏乐器,在礼仪中是紧接于武舞《大武》之后的文舞。《礼记·仲尼燕居》:"下管《象》《武》,《夏籥》序兴。"郑玄注:"《象》《武》,武舞也;《夏籥》,文舞也。"孔颖达疏:"《夏籥》谓《大夏》文舞之乐,以《象》《武》次序更递而兴。"因此,《九夏》与《夏籥》不能混为一谈。

如上引《礼记》郑玄注所云,《夏籥》是"文舞";《礼记·祭统》"八佾

---

① 《左传》襄公四年"金奏《肆夏》之三……工歌《文王》之三……歌《鹿鸣》之三",杜预注:"《肆夏》,乐曲名。《周礼》以钟鼓奏《九夏》,其二曰《肆夏》,一名《樊》;三名《韶夏》,一名《遏》;四曰《纳夏》,一名《渠》。盖击钟而奏此三《夏》曲。……《文王》之三,《大雅》之首:《文王》《大明》《绵》。……《鹿鸣》之三,《小雅》之首:《鹿鸣》《四牡》《皇皇者华》"。
② 如韩高年《〈大夏〉钩沉》(《文献》2010年第3期)、王秀臣《三礼用诗考论》(北京:中国社会科学出版社,2007年)皆持此论。持此论者或因"肆于时夏"一句,将《周颂·时迈》视为《九夏》中之《肆夏》,并视为《大夏》的一部分,但《时迈》是《大武》六成之一,典籍中有明确记载,焉能又在《大夏》中?
③ 王国维:《释乐次》,《观堂集林》(第一册),北京:中华书局,1959年,第84—87页。
④ 《周礼·春官·钟师》:"钟师掌金奏。"郑玄注:"金奏,击金以为奏乐之节。金谓钟及镈。"贾公彦疏:"此即钟师自击不编之钟。凡作乐,先击钟,故云击金以为奏乐之节。"这是将"金奏"释为击特钟为乐节,非是。孙诒让曰:"此钟即指编县之钟,故《鼓人》注云:'金奏谓乐作击编钟。'明奏《九夏》兼用编钟,惟此官所自击乃特县之镈耳。"甚是。见氏著:《周礼正义》,北京:中华书局,1987年,第1885—1886页。
⑤ 《国语·鲁语下》:"夫先乐金奏《肆夏》:《樊》《遏》《渠》,天子所以飨元侯也。"韦昭注:"金奏,以钟奏乐也。《肆夏》一名《樊》,《韶夏》一名《遏》,《纳夏》一名《渠》,此《三夏》曲也。"《周礼·春官·钟师》:"钟师掌金奏。凡乐事以钟鼓奏九夏:《王夏》《肆夏》《昭夏》《纳夏》《章夏》《齐夏》《族夏》《祴夏》《骜夏》。"郑玄注:"《九夏》皆诗篇名,颂之族类也。此歌之大者,载在乐章,乐崩亦从而亡。"又《周礼·春官·大司乐》:"王出入则令奏《王夏》;尸出入则令奏《肆夏》;牲出入则令奏《昭夏》"。

以舞《大夏》"郑玄注亦云:"文舞也,执羽籥。"但《礼记·内则》"舞《大夏》"郑玄注又云:"《大夏》,乐之文武备者也。"这其实与《大夏》的"文舞"性质并不矛盾,按《大武》是武舞,《礼记·乐记》记孔子言《大武》六成曰:"且夫《武》,始而北出,再成而灭商。三成而南,四成而南国是疆;五成而分,周公左,召公右;六成复缀,以崇天子。"五、六两成所表现的是文治而非武功,又说:"济河而西,马,散之华山之阳,而弗复乘;牛,散之桃林之野,而弗复服。车甲衅而藏之府库,而弗复用。倒载干戈,包之以虎皮。将帅之士,使为诸侯,名之曰建櫜。然后,天下知武王之不复用兵也。"可知《大武》虽是武舞,但包含着表现文德的内容。那么,文舞《大夏》兼备武德也就不奇怪了。

综合典籍中的这些记载,我们可以知道《大夏》是沿袭自夏民族的乐舞。其原有的内容是大禹之传说,有九成之乐,对应三组九首诗,是一种兼备武德的文舞。那么,具体用的是哪些诗呢?通过对文献材料的梳理,可知《大夏》用诗并非一成不变,而是有一个变化的过程,下面笔者拟着眼于这一历史过程考证《大夏》所用的诗篇。

二 周初的《大夏》舞诗

西周初年在礼仪活动中使用的乐舞,公认可信的史料有《逸周书·世俘解》中的相关记载。此篇记载了周武王征伐商王朝以及一些方国的过程,还记载了武王回到宗周所举行的典礼,包括典礼使用乐舞的情况,其中云:"乙卯,籥人奏《崇禹生开》三终,王定。"孔晁注:"《崇禹》《生开》,皆篇名。"认为《崇禹》是一篇,《生开》又是一篇。刘师培先生说:"案'崇禹'即夏禹,犹鲧称'崇伯'也。开即夏启。《崇禹生开》当亦夏代乐舞,故实即禹娶涂山女生启事也,孔云皆篇名似非。"①顾颉刚先生也说:"'有崇伯鲧'一名见《周语下》。'启'为汉景帝讳,故汉人改书'开'。

---

① 刘师培:《周书补正》,《刘申叔遗书》(上册),南京:江苏古籍出版社,1997年,第744页。

《崇禹生开》为一篇，刘说甚是。"①这段记载说明周初的礼仪用乐中包括由"龠人"演奏的"《崇禹生开》三终"，如刘师培先生所言，应是夏代乐舞，或者说是夏民族的乐舞，其所表现的主要内容是禹娶于涂山而生启之事。如果《吕氏春秋》所记《夏籥》有"九成"不误，则这种乐舞应即周初《夏籥》之一部分。也就是说，在周人刚刚推翻商王朝之际，典礼中所使用的《夏籥》是以大禹传说为表现内容的。诚如孙希旦所言："武王末受命，作《大武》之舞，以象伐纣之功，而未及作文舞，宗庙之祭，则因夏之《大夏》修而用之，以配《大武》，备文武之乐。"②

周初的乐师称为"龠人"，"龠"即"籥"。与"《夏籥》"联系起来，可以提示我们，以籥这种乐器为标志的乐舞形式，应是以"夏"自居的周人所惯用的。③《周礼·春官宗伯》有"籥师"："籥师掌教国子舞羽龡籥。祭祀则鼓羽龠之舞。"郑玄注："文舞有持羽吹籥者，所谓籥舞也。"籥在文舞中既是奏乐之器又是舞具，而舞蹈是以鼓为节奏提示的。

此舞直到春秋晚期吴公子季札聘鲁观乐时还曾看到。《左传》襄公二十九年："吴公子札来聘……请观于周乐。……见舞《大夏》者，曰：'美哉！勤而不德，非禹其谁能脩之。'"韦昭注："禹之乐。"可知季札在鲁国所看到的《大夏》乐舞是以表现大禹之事迹功德为内容的。联系到鲁国

---

① 顾颉刚：《〈逸周书·世俘篇〉校注、写定与评论》，《文史》第二辑，1963年。
② 孙希旦：《礼记集解》，北京：中华书局，1989年，第845页。
③ 周人以"夏"自居，典籍中多有其证，如《尚书》中言"有夏""区夏"，《诗经》中言"时夏"等等。《史记·周本纪》记始祖弃卒后，其子不窋继为后稷，直至夏后氏政衰，方失其官。弃之子一人不可能生存那么长时间，当是泛指此间周人数代先祖。参见朱凤瀚先生：《商周家族形态研究（增订本）》，天津：天津古籍出版社，2004年，第230页。是知整个夏代，周人皆职事于夏王朝，这是周人以"夏"自居的历史根据。周人以此标榜自身的政治文化地位，学者亦多有论及，兹以陈致先生的一段论述为代表："先周人民已以夏自居。至商代晚期……随着商周关系日趋紧张，商对周人的控制也日渐减弱，周人以夏自居的趋势亦因而日益加强。周人以夏人自居，便是以前朝遗民自居，因而夏的制度和文化遗留，便赋予了周正统的地位，足以与其宗主殷商抗衡。周人以夏自居的情况，明确地反映于西周早期文献之中，如《尚书》中的《康诰》、《君奭》、《立政》诸篇。《君奭篇》中，周公对太保召公说'惟文王尚克修和我有夏'，明确地将文王治下之区宇，称为'有夏'。据周公所言，此'有夏'乃为文王所建立。《康诰》中载周公对康叔封说：'……用肇造我区夏。'《诗·周颂·时迈》中亦有'我求懿德，肆于时夏'的诗句。《诗经》中也有周人称'长夏'者，所谓'时夏'，其文例一如'时周'，都是周人自称。"氏：《从礼仪化到世俗化——〈诗经〉的形成》，上海：上海古籍出版社，2009年，第104—105页。

因为是"周公之后"而可以享用天子礼乐,则被季札所赞美的《大夏》正是包含"《崇禹生开》三终"在内的周初《夏籥》。《礼记·祭统》云:

> 昔者,周公旦有勋劳于天下。周公既没,成王康王追念周公之所以勋劳者,而欲尊鲁,故赐之以重祭。外祭则郊社是也,内祭则大尝禘是也。夫大尝禘,升歌《清庙》,下而管《象》,朱干玉戚以舞《大武》,八佾以舞《大夏》,此天子之乐也。康周公,故以赐鲁也。子孙纂之,至于今不废,所以明周公之德而又以重其国也。

《明堂位》篇也有类似说法,另《左传》襄公十年记晋卿荀偃、士匄之言曰:"诸侯宋鲁,于是观礼。鲁有禘乐,宾祭用之。"杜预注:"宋,王者后,鲁以周公故,皆用天子礼乐,故可观。禘,三年大祭,则作四代之乐。别祭群公,则用诸侯乐。"可见《礼记》中所载鲁用天子礼乐的情况是有依据的,并不是战国时人的臆想。既然鲁国获准使用天子礼乐是西周早期之事,那么其中的《大夏》乐舞当然就是周初袭用夏民族乐舞之《夏籥》了。

以大禹传说为表现内容的《大夏》,春秋晚期仍在,而《诗经》中并无对应诗篇,应是亡佚于战国时期。

三 西周中期以后的新《大夏》舞诗

据《礼记》中《明堂位》和《祭统》两篇言,《大夏》用于大尝、禘祀周公,此为王礼,则周王室用《大夏》于祭祀文王、武王、后稷。据《礼记·仲尼燕居》所言,又用于两君相见之礼。周人使用夏民族乐舞,应非始于周初,灭商以前很可能就已使用了较长时间。推翻商王朝的统治后,天下仍未平定,经过几代人的努力才建立了相对稳定的政治秩序,在此期间,恐无余暇大兴礼乐。到了西周中期,政治局势已基本安定,礼乐的发展和兴盛才具备了客观条件。一代有一代之礼乐,周人的礼仪用诗当然要服务于周人的政治需要,其所表现的也理应是周代先王的至德丰功,所以《大夏》的音乐、舞蹈形式可以稍作调整而沿用,其内容则必须更换,笔者认为《诗经·大雅》中的一些诗篇就是在这个历史时期被写定并用于《大夏》的，可以肯定包括在新《大夏》之诗中的有"《文王》之三"，即《文王》《大明》《绵》。据《左传》记载，鲁襄公四年，鲁卿穆叔聘晋，"工歌《文王》之三，不拜"。当被问及原因时，穆叔言"《文王》，两君相见之乐也"。杜预注："《文王》之三，《大雅》之首：《文王》《大明》《绵》。""《文王》之三，皆称文王之德，受命作周，故诸侯会同以相乐。"两君相见礼之用乐，《礼记·仲尼燕居》曰：

> 两君相见，揖让而入门，入门而县兴。揖让而升堂，升堂而乐阕，下管《象》《武》，《夏籥》序兴，陈其荐俎，序其礼乐，备其百官。如此而后君子知仁焉。行中规，还中矩，和鸾中《采齐》。客出以《雍》，彻以《振羽》。是故君子无物而不在礼矣。入门而金作，示情也；升歌《清庙》，示德也；下而管《象》，示事也。是故古之君子，不必亲相与言，以礼乐相示而已。

从歌者升堂而歌，再到下堂奏管、武舞、文舞，最后客出、撤馔，述每一环节所用之诗，并未提及《文王》之三，何以穆叔言用于此礼？对于这一点，历来的研究者皆未能给出一个令人满意的答案。① 其实，穆叔说《文王》之三是"两君相见之乐"，指的就是《仲尼燕居》所言的"《夏籥》"，理由如下：

1. 如《仲尼燕居》所述，两君相见之乐，升歌用《清庙》，在《周颂》；管奏用《象》，即《周颂·维清》；武舞是《武》（《大武》），所用六诗皆在《周颂》中。所以，若《文王》之三是两君相见时所用之乐，只有可能是指《夏籥》。清人金鹗怀疑《文王》之三用于两君相见是用为"合乐"，他说："经不言合乐，两君相燕，升歌《清庙》，则合乐当用《大雅》，穆叔曰：'《文王》，两君相见之乐也。'此谓合乐歌之。"②"合乐"用《文王》之三，经传无载。但典籍中言"合乐"，皆指堂上、堂下的合奏，是与"间歌"相对而言并

---

① 孔颖达认为是指升歌，王国维先生《天子、诸侯、大夫、士用乐表》从之。典籍中并无《文王》之三用于升歌的记载，且两君相见、禘祀，礼书中明言升歌用《清庙》之三，无又用《文王》之三的道理。
② 金鹗：《求古录礼说》卷十一，《续修四库全书》本。

相连进行的,如王国维先生所说:"笙与歌异工,故有间歌,有合乐;管与歌同工,故升而歌,下而管,无间歌合乐。"①礼书中所言礼仪用乐的"正歌",主要有两个模式,一是升歌→笙奏→间歌→合乐的模式,一是升歌→下管→武舞→文舞的模式,前者用于大夫、士级别,是"人臣之乐",后者用于王、诸侯级别,是"人君之乐"。两君相见之乐属于后者,是没有合乐的。不过这两个模式都分为四个环节,文舞恰与合乐处在同一位置,作为乐舞表演的最后部分,可能也是诸乐器合奏伴舞。如果是这样,"升歌《清庙》,则合乐当用大雅"的话并不为错。但就目前材料来看,还找不到文舞可以称为合乐的足够证据。

2. 从《诗经》风、雅、颂之诗来看,显然都把重要的礼仪用诗放在各类的开始。《国风》一开始是《关雎》《葛覃》《卷耳》,用于饮酒礼、燕礼、射礼的"合乐"部分。《小雅》一开始是《鹿鸣》《四牡》《皇皇者华》,用于饮酒礼、燕礼、诸侯大射礼的"升歌"部分。《周颂》一开始是《清庙》,用于鲁禘、两君相见、天子视学养老、天子大祭祀的"升歌"部分。② 依此类推,《大雅》一开始的《文王》《大明》《绵》一定也在礼仪用乐中占有明确且重要的位置。综观典籍中所记礼仪用乐,这个位置只能是文舞。

3. 夏、雅二字可以通用,清代学者王引之即已揭出,③朱东润、孙作云等先生都有专文论述。④《墨子·天志》引《大雅》诗句而称《大夏》,上博简《孔子诗论》中也称《大雅》为《大夏》。⑤ 很多学者注意到"夏"字与乐舞的关系,境武男先生认为"夏"的原意是舞蹈。⑥白川静先生也认为雅诗原本是伴有舞蹈的歌谣,用于祭祀和宴飨。⑦ 家井真先生则将《诗经》中

---

① 王国维:《释乐次》,《观堂集林》(第一册),第95页。
② 各诗用于不同礼仪的相应部分,参见王国维《释乐次》,《观堂集林》(第一册),第84—104页。
③ 王念孙:《读书杂志》卷八第一"荀子·君子安雅"条,南京:江苏古籍出版社,2000年,第647页。
④ 参见朱东润:《诗大小雅说臆》,载氏著:《诗三百篇探故》,上海:上海古籍出版社,1981年;孙作云:《说雅》,载氏著:《诗经与周代社会研究》,北京:中华书局,1966年。
⑤ 马承源主编:《上海博物馆藏战国楚竹书(一)》,上海:上海古籍出版社,2001年,第160页。
⑥ [日]境武男:《诗经全释》,东京:汲古书院,1984年,第398页。
⑦ [日]白川静:《诗经雅颂》(东洋文库本),东京:平凡社,1998年,第11—13页。

《雅》的部分所收诗篇视为在宗庙或神社里歌咏的宗教假面歌舞剧诗。①陈致先生在论述周代雅乐的来源时,从史墙盘铭文中"夏"字象一人两手持羽毛而舞之形出发,认为"夏"的本义当是"双手执羽、单足立地而舞之舞容"。② 以舞名为诗之类名,正说明了此类诗是在这种乐舞形式下被使用的。《大夏》如前文所言,本以大禹传说为表现内容,而《诗经》中有几首诗提到"禹":《大雅·信南山》"信彼南山,维禹甸之";《大雅·文王有声》"丰水东注,维禹之绩";《大雅·韩奕》"奕奕梁山,维禹甸之,有倬其道";《鲁颂·閟宫》"奄有下土,缵禹之绪";《商颂·长发》"洪水芒芒,禹敷下土方"。除了《鲁颂》和《商颂》各有一篇外,言及"禹"的诗篇皆在《大雅》中,而众所周知,《鲁颂》《商颂》虽以"颂"名,其实更接近《大雅》之诗。"禹"之名在这些诗篇中的出现,也可视为《大雅》与夏民族乐舞用诗之间有着渊源关系的一种表现。

4. 从《文王》《大明》《绵》的内容来看,《诗序》:"《文王》,文王受命作周也。"而《大明》一篇追述了王季与大任的婚姻和文王的出生,又追述了文王与大姒的婚姻和武王的出生,最后铺叙了武王伐商的恢弘场景。《绵》则远溯周人兴起之根基在于太王迁岐,其中亦提到了太王的配偶姜女。可见,《文王》之三是表现周民族崛起,文王、武王受天命,最终伐商得天下的史诗,这种史诗结构应是仿自表现大禹娶涂山氏而生启的《崇禹生开》,配合已有的音乐、舞蹈形式,所以仍称为《夏籥》。综观《文王》为首的这三首诗,以赞美文王的文德为主要意旨,又包含着武王伐商的武功内容,也正与郑玄既称《大夏》为"文舞"又说它是"乐之文武备者"相符合。

5. 《文王》等诗的时代,笔者同意傅斯年先生的看法,他将《诗经·大雅》中《文王》《大明》《绵》《思齐》《皇矣》《下武》《文王有声》《生民》《笃

---

① 家井真先生说:"雅为夏之假借字,夏为假面舞蹈之意。《雅》所收诸篇是由巫师在周王、诸侯的宗庙或神社里歌咏的宗教假面歌舞剧诗。……假面早在旧石器时代就已经存在,殷代、周代也极盛行,都与巫术有着密切的关系。换言之,《雅》诸篇由夏之假借字得名,基本上是起源于周王、诸侯的宗庙或神社里,由巫师载歌载舞来表达的宗教假面歌舞剧,其目的在于希望通过祭祀、赞美神灵或祖灵,得到它们的佑护。"见[日]家井真著,陆越译:《〈诗经〉原意研究》,南京:江苏人民出版社,2012年,第103—104页。
② 陈致:《从礼仪化到世俗化——〈诗经〉的形成》,第120页。

《公刘》九篇作为同一时期的作品,"皆述周之祖德。这不能是些很早的文章,章句整齐,文词不艰,比起《周颂》来,顿觉时代的不同。又称道商国,全无敌意,且自引为商室之甥,以为荣幸,这必在平定中国既久,与诸夏完全同化之后"。① 它们不会是西周早期的作品,但如孙作云先生将《大雅》诗篇皆视为宣王及以后的作品,似乎又太迟。有的学者认为《文王》等诗创作于穆王、恭王时期,②这个观点更为合理,但需要作一些补充说明,这些诗篇记述、称颂了文王、武王、弃、公刘等先王、先公的事迹、功业,具有史诗性质,应是本自周人早已有之的歌谣。从这个层面上说,它们并不能说是完全在西周中期新创作出来的诗篇,而是在这一时期被整理、修订,用为《大夏》舞诗。白川静先生在论及西周中期的时代特色时说:

> 反映了周之大一统终于完成的事实,就是辟雍礼仪的盛行,昭、穆之南征、远游故事也作为这种大一统的反映而流传。在彝器文化中,可以看到这个时期的具有特点的事实。在器种上,与历来的酒器同时,多作鼎、簋等盛食之器,也制作了宗周钟、编钟之类的乐器。洋洋颂声与雅声,大约是以辟雍礼仪为中心而兴盛起来的。这的确是一个礼乐盛行的时代。③

包括《文王》之三在内的"正大雅"之诗,应该就是在这个礼乐盛行的时代定型并用于文舞《大夏》的,以新的诗辞配合沿袭自夏人的乐舞形式,歌颂并传扬文王、武王以及其他先公、先王的至德丰功。

综合这五点,笔者认为被穆叔称为"两君相见之乐"的《文王》之三是西周穆王、恭王时期创作并在此后用于祭祀和其他礼仪场合的新《大夏》舞诗。原有的以大禹传说为表现内容的旧《大夏》舞诗,未必因此而完全废止不用,可能在某些祭祀活动中仍被使用,而且从前文所引《左传》襄

---

① 傅斯年:《诗经讲义稿》,《傅斯年全集》(第二卷),长沙:湖南教育出版社,2003年,第179页。
② 如聂石樵主编、雒三桂、李山注释《诗经新注》,在《文王》一诗的"解题"中说:"此诗的写作年代,《国语·周语》载芮良夫劝谏周厉王曾引用此诗之句,故不会晚于厉王时期。但其时间上限也不会像《吕氏春秋·古乐》所说的那样,是周初周公时。从诗'本支百世'云云看,诗当作于西周中期的穆王、恭王时期。"济南:齐鲁书社,2000年,第482页。
③ [日]白川静著,袁林译:《西周史略》,西安:三秦出版社,1992年,第70页。

公二十九年吴公子季札之言可知鲁国所用仍为旧诗。我们所能肯定的是,两君相见之礼中所用的是新诗。

四　结论和余论

通过以上分析,可以得出如下结论:《大夏》是周代继承自夏民族的乐舞,在周初,这种继承不仅在于音乐舞蹈形式上,也在于以诗歌为文辞表达的内容上。周初的《大夏》用诗是包括"《崇禹生开》三终"在内、以大禹传说为内容的一系列诗篇。到了西周中期,又将"《文王》之三"在内的一系列新创作的诗篇用于《大夏》。

《逸周书·世俘解》仅言《崇禹生开》三终,《左传》襄公四年仅言《文王》之三。如果《大夏》的总体真如《吕氏春秋·古乐》所言是九成,那么在实际的礼仪活动中,很可能并不都是九成全用,而可以只用三成,这也被称为《大夏》或《夏籥》。至于在什么场合下需要用九成,典籍无载,难以详考了。在鲁穆叔聘晋一事中,"工歌《文王》之三"叠加在"歌《鹿鸣》之三"前,这是《文王》之三表现方式、在礼仪中位置的改变。这种现象提示我们,春秋时期贵族对礼制的僭越,就"乐"的一面来说,不仅仅是使用更高等级的诗乐,而且还涉及诗乐结构、次序、功能上更为复杂的变化,这是值得思考研究的。另外,《大雅》诗篇与《大夏》乐舞的关系已如上述,这就提示我们,《大雅》中除《文王》之三以外尚有一些诗篇是在《大夏》原有音乐形式之下被创作并用于《大夏》乐舞表演的,周人自己创作的《大夏》舞诗可能不止一组,"《文王》之什"和"《生民》之什"可能就是分别以一组《大夏》舞诗为基础的,但目前尚缺乏足够的材料去证实。家井真先生认为,《诗经》的《雅》《颂》部分以十篇为一单位,是指"十幕歌剧诗"。① 但就《生民》之什来看,末两篇《民劳》《板》与前八篇显然在主题、格调上不相类,不是一个时期的作品。而且典籍中所言乐舞,或三成或六成或九成,并没有"十幕歌剧"存在的证据。因此,我们难以用诗篇之

---

① ［日］家井真著,陆越译:《〈诗经〉原意研究》,第39页。

"什"直接与乐舞相对应。如何从乐舞的角度去梳理《诗经》中的诗篇,如何通过分析《诗经》中的诗篇加深对周代乐舞的理解,如何通过这样的研究让我们对有周一代政治形势和思想观念的变化过程有更深入的认识,都是有待进一步研究的问题。

(胡宁　安徽师范大学历史与社会学院讲师)

"跻僖公"三传阐释考

马清源

【内容提要】 关于"跻僖公"的讨论,是经学史上一个有趣的范例。事实上,这一看似简单的问题,由于"臣子一例"解释体系的确立,使得经学的讨论偏离了核心而横生枝蔓。关于"臣子一例"原则的确认及对其的否定,构成了讨论这个问题的核心线索,而由"臣子一例"与否所引发出的兄弟昭穆异同问题,使得问题的解释更趋复杂。在由经及传再及注疏的阐释过程中,存在后世的引申和发挥。本文即以"经—传—注—疏"为考察对象,阐述在"跻僖公"问题上所展示之各家解释逻辑。

《春秋》载文公二年:"八月丁卯,大事于大庙,跻僖公。""跻僖公"违反当时的祭祀礼制,并无异议,唯"跻僖公"的确切含义,《春秋》经文并没有作出进一步解释,这也导致后世对其做出不同理解与阐释。①

---

① 现代学者亦有利用考古学、人类学等知识来解释"跻僖公"及其所涉及之昭穆问题,非经学讨论的范畴。类似的文章例如李衡眉《昭穆制度与周人早期婚姻形式》(《历史研究》1990年第2期)、谢维扬《周代的昭穆制度》(载氏著:《周代家庭形态》,(转下页)

一 由经及传——"臣子一例"原则之影响

上载《春秋》经文，寥寥十数字，三传皆同。所不同者，乃是三传对这个问题的认识与理解。

首先看《公羊传》之解释逻辑。《公羊传·文公二年》："跻者何？升也。何言乎升僖公？讥。何讥尔？逆祀也。其逆祀奈何？先祢而后祖也。"① 准确理解此句传文，不能仅依据"祢"训"父"、"祖"即"祖父"之训诂解释。如依上述理解，"跻僖公"很容易被认为是文公在祭祀中将僖公神主放于庄公之上（文公父僖公、僖公父庄公），此种理解与贯穿《公羊传》之"臣子一例"原则不合。《公羊传》于僖公即位元年之传文即言"臣子一例也"，② 据此，僖公虽为闵公庶兄，③ 但闵公时曾为臣，继闵而立则在祭祀中当以闵公为"祢"。进而文公祭祀时应以僖公为"祢"，以闵公为"祖"。所谓文公"先祢而后祖"，意为将僖公神主升于闵公之上。

在《公羊传》之解释体系中，"臣子一例"又与"为人后者为之子"原则紧密相连。《公羊传·成公十五年》书"仲婴齐卒"，传文在阐释此事时，认为"为人后者为之子"，④ 仲婴齐继其兄而立，故祖其父仲遂，因以"仲"字为氏。⑤ 同样，僖公继闵公而立，亦当以闵公为父。

西汉《公羊》学盛行之时，"臣子一例""为人后者为之子"原则，是阐

（接上页）哈尔滨：黑龙江人民出版社，2004 年）、张富祥《昭穆制新探》（《中国社会科学》2007 年第 2 期）、陈筱芳《春秋"跻僖公"新解》（《西南民族大学学报》2010 年第 3 期）、许子滨《〈春秋〉"跻僖公"解》、《论"昭穆"之命名取义》（载氏著：《〈春秋〉〈左传〉礼制研究》，上海：上海古籍出版社，2012 年）等。本文的讨论，则以经学阐释为主。

① 《春秋公羊传注疏》，北京：中华书局影印阮刻《十三经注疏》本，1980 年，第 2267 页。
② 同上书，第 2246 页。
③ 《史记·鲁世家》则谓僖公是闵公之弟（《史记》卷三三《鲁周公世家》，北京：中华书局，1959 年，第 1533 页），历代多不从此说，且无论孰兄孰弟，两者同为庄公之子可无疑义。
④ 《春秋公羊传注疏》，《十三经注疏》，第 2296 页。
⑤ 这里阐释的是《公羊传》之理解。有学者认为当时名婴齐者有两人，《公羊传》误混为一。见李衡眉：《从一条错误的礼学理论所引起的混乱说起——"礼，为人后者为之子"缘起剖析》，《史学集刊》2000 年第 4 期。

释《春秋》者之主流认识。与之对应的是,《汉书》中提及,宣帝继昭帝而立,大臣以为"为人后者,为之子也",①故宣帝一度不得祀其父史皇孙,可见当时《公羊》此说影响之深。

再看《左传》之阐释。《左传·文公二年》曰:

> 秋八月丁卯,大事于大庙,跻僖公,逆祀也。于是夏父弗忌为宗伯,尊僖公,且明见曰:"吾见新鬼大,故鬼小。先大后小,顺也。跻圣贤,明也。明、顺,礼也。"
>
> 君子以为失礼。礼无不顺。祀,国之大事也,而逆之,可谓礼乎?子虽齐圣,不先父食,久矣。故禹不先鲧,汤不先契,文、武不先不窋。宋祖帝乙,郑祖厉王,犹上祖也。是以《鲁颂》曰:"春秋匪解,享祀不忒,皇皇后帝,皇祖后稷。"君子曰礼,谓其后稷亲而先帝也。《诗》曰:"问我诸姑,遂及伯姊。"君子曰礼,谓其姊亲而先姑也。②

《左传》于"跻僖公"亦称"逆祀",与《公羊》同。所引夏父弗忌之言,谓后去世之僖公为"新鬼"且"大",反之,"故鬼小"则是指闵公而言,正与僖公为闵公庶兄之情况相合;而所谓"跻圣贤",也符合鲁人对僖公的特殊尊崇。③ 所谓"先大后小"正是指先僖公而后闵公。

但是,依此理解,后文"君子"之讥存在明显的不通之处。"子虽齐圣,不先父食久矣"及后诸例,如禹之于鲧、汤之于契等,均是子父关系或者后代和先代的关系,存在着事实上的世次间隔;至于姊之于姑、后稷(天子)之于后帝(天帝)也可看作是世次上的下一代之于前代。而反观僖公之于闵公,虽长幼有争,但两者同为庄公之子却无疑问,从实际世次上讲与上述诸例存在明显差别。因此,《左传》中之"君子"仅引用这些例子来论证就显得单薄无力。④ 甚至,如果只看"君子"之讥,反而容易给人

---

① 《汉书》卷六三《戾太子刘据传》,北京:中华书局,1962年,第2748页。
② 《春秋左传正义》,北京:中华书局影印阮刻《十三经注疏》本,1980年,第1839页。
③ 按《诗经·鲁颂》,全为赞颂鲁僖公之篇章,鲁人对僖公之尊崇,可见一斑。
④ 在《国语·鲁语上》中,对此事有着比《左传》更为详细的记载,但其中"有司"讽夏父弗忌的话同样存在着这样的问题和"漏洞":"夏父弗忌为宗,烝,将跻僖公。宗有司曰:'非昭穆也。'曰:'我为宗伯,明者为昭,其次为穆,何常之有!'有司曰:'夫宗庙之有昭穆也,以次世之长幼,而等胄之亲疏也。夫祀,昭考也。各致齐敬于其皇祖,昭孝之至也。故工、史书世,宗、祝书昭穆,犹恐其踰也。今将先明而后祖,自玄王以及主癸莫若汤,自(转下页)

以这样的印象:"跻僖公"是将僖公神主"跻"于其父庄公神主之前,与上文抵牾。

如何理解这个矛盾？如果引入《公羊》"臣子一例"原则,似可得到较为圆满的解释。但通观《左传》本身,并没有明显的"臣子一例"原则。不过,《汉书·五行志》有引"《左氏》说",其文曰:"跻,登也,登釐(僖)公于愍(闵)公上,逆祀也。釐虽愍之庶兄,尝为愍臣,臣子一例,不得在愍上。"①《汉书》所引此条《左传》文不见于今《左传》,当是汉儒说解《左传》之文,②可见,汉代《左传》经师实际上是接受了《公羊》"臣子一例"之原则,并援引来解释"跻僖公"。

据此,对《左传》此文之理解,"君子以为"之前传文应为一层,其与《公羊》"逆祀"说合;其后之传文,不当单纯从字面所载先后世次关系来理解,而当通过"臣子一例"得到合理的解释:僖之继闵犹子之继父,例同禹继鲧等。如此一来,此处"君子"所讥,实际上与《公羊》所讥"先祢后祖"之说相合。也就是说,《左传》虽然没有明显的"臣子一例"原则,但是实际上是受《公羊》之影响,《公羊》由"臣子一例"原则所衍生出的对"先祢而后祖"的批判,成为理解《左传》中"君子"所讥的关键。

相较之下,《谷梁传》之解释并无大的不同。《谷梁传·文公二年》云:"跻,升也,先亲而后祖也,逆祀也。逆祀,则是无昭穆也。无昭穆,则是无祖也。无祖,则无天也。故曰:文无天。无天者,是无天而行也。君子不以亲亲害尊尊,此《春秋》之义也。"③《谷梁传》所谓"逆祀",所谓"先亲而后祖",虽无"臣子一例"之明显说法,实际上亦与《公羊》之义没有本质的不同。同时,《谷梁传》又有进一步的发挥,于三传中首先引入"昭穆"概念,将"跻僖公"和昭穆问题相联系,尽管对此并没有进一步的

(接上页)稷以及王季莫若文、武,商、周之蒸也,未尝跻汤与文、武,为踰也。鲁未若商、周而改其常,无乃不可乎?'弗听,遂跻之。"见徐元诰:《国语集解》,北京:中华书局,2002 年,第 164—165 页。

① 《汉书》卷二七中之上《五行志》,第 1375 页。
② 如清代臧琳即持此种观点,见氏著:《经义杂记》卷四《大室屋坏》条,清嘉庆四年拜经堂刊本。
③ 《春秋谷梁传注疏》,北京:中华书局影印阮刻《十三经注疏》本,1980 年,第 2405 页。

说解。

综上,《公羊》"臣子一例"说实际上是三传理解"跻僖公"问题之关键。但是,《公羊》此说,即之前代,无以知其由来;即之后代,随着公羊学影响之式微,亦与西汉后期帝位传承、官方解释逻辑不合。成帝立哀帝为太子,即以为"礼,兄弟不相入庙",①王莽立孺子,而不立平帝诸从兄弟,亦是以"兄弟不得相为后"为借口。② 及至东汉,蔡邕之阐释"兄弟不能为后",更清楚地表现出《公羊》"臣子一例"说之式微。

> 文帝弟(第)虽在三,礼,兄弟不能为后。文帝即高祖子,于惠帝兄弟也,故不为惠帝后而为第二。宣帝弟次昭帝,史皇孙之子,于昭帝为兄孙,以系祖不得上与父齐,故为七世。光武虽在十二,于父子之次于成帝为兄弟,于哀帝为诸父,于平帝为父祖,皆不可为之后,上至元帝,于光武为父,故上继元帝而为九世。故《河图》曰"赤九世会昌",谓光武也;"十世以光",谓孝明也;"十一以兴",谓孝章也。成虽在九,哀虽在十,平虽在十一,不称次。③

二 由传至注——"臣子一例"原则之否定

东汉何休注《公羊传》言:

> 升谓西上。礼,昭穆指父子,近取法《春秋》,惠公与庄公当同南面西上;隐、桓与闵、僖亦当同北面西上,继闵者在下。文公缘僖公於闵公为庶兄,置僖公於闵公上,失先后之义,故讥之。传曰"后祖"者,僖公以臣继闵公,犹子继父,故闵公於文公,亦犹祖也。自先君言之,隐、桓及闵、僖各当为兄弟,顾有贵贱耳。自继代言之,有父子君臣之道,此恩义逆顺各有所施也。④

---

① 《汉书》卷八一《孔光传》,第3355页。
② 《汉书》卷九九上《王莽传》,第4078页。
③ 蔡邕:《独断》卷下,商务印书馆《四部丛刊三编》影印明弘治刻本,1936年,叶4a—b。
④ 《春秋公羊传注疏》,《十三经注疏》,第2267页。

何休之注,已能反映出东汉公羊家对"臣子一例"说之隐约动摇。其注《公羊》僖公元年"臣子一例也"句,曰:"僖公继成君,闵公继未逾年君。礼,诸侯臣诸父兄弟,以臣之继君,犹子之继父也,其服皆斩衰,故传称臣子一例。"将"臣子一例"原则与丧服制度联系起来,实际上是缩小了"臣子一例"原则之内涵。此处依"臣子一例",将僖公以臣继闵公,比拟做"犹子继父",以"犹"为说辞,对《公羊》传文"先祢后祖"做合理化之理解。

再者,先前三传中仅《谷梁》提及"昭穆",尚显含混。何休则提出"礼,昭穆指父子"之说,并"取法《春秋》",论及鲁国祭祀时之诸公神主之位序——即昭穆情况。唯从后世来看,何休的昭穆观尚显疏漏。一方面,根据何休所认同的合祭时闵、僖同北面,唯有上下之别之情况,则闵、僖之昭穆应同。另一方面,据《公羊》"臣子一例"之原则,闵、僖虽为兄弟,拟同父子,故自然的引申应当是闵僖昭穆异。这种内在的矛盾,展示出何休试图调整"臣子一例"说。

至于杜预注《左传》,于文公二年经注言:"僖公,闵公庶兄,继闵而立,庙坐宜次闵下,今升在闵上,故书而讥之。"同年传注曰:"僖是闵兄,不得为父子。尝为臣,位应在下,今居闵上,故曰'逆祀'。"①杜预的解释,从经传本文出发,以《左传》经传未有一语涉及昭穆问题,故而不言复杂的昭穆问题,而直接将"跻僖公"解释为祭祀时僖公"升在闵上"。杜预虽然承认僖公在闵公时尝为臣,注传文"子虽齐圣,不先父食,久矣"亦言"臣继君犹子继父",②但同时以"僖是闵兄"这个事实为准,坚持闵僖"不得为父子",实际上中心观点应当还是不取"臣子一例"说。

东晋时范宁为《谷梁传》作注,提出"跻僖公"是跻僖公于其父庄公之上之新看法:

> 旧说僖公闵公庶兄,故文公升僖公之主於闵公之上耳。僖公虽长,已为臣矣。闵公虽小,已为君矣。臣不可以先君,犹子不可以先父,故以昭穆父祖为喻。宁曰:即之於传,则无以知其然。若引《左

---

① 《春秋左传正义》,《十三经注疏》,第1838页。
② 同上书,第1839页。

氏》以释此传,则义虽有似,而於文不辨。高宗,殷之贤主,犹祭丰于祢,以致雉雊之变,然后率修常礼。文公倡倒祖考,固不足多怪矣。亲谓僖,祖谓庄。①

范宁所引旧说,即《公羊》《左传》均承认的核心观点:"跻僖公"是升僖公神主于闵公之上。范氏之否认"臣不可以先君,犹子不可以先父",实际上也是否认"臣子一例"说,这样《谷梁》传文"先亲而后祖"即脱离了其背后之讨论先决条件,只能依字面解释。据文公之父僖公,僖公之父庄公,范宁很自然地得出"亲谓僖、祖谓庄"的观点。应当说,这条观点的得出,并不是建立在对《谷梁》传文之深刻理解基础上的,没有探究《谷梁》这一传文所受之《公羊》影响,没有探究其文本背后所承载的精神实质。但又必须承认,《谷梁》本身并没有提及所谓"臣子一例"说,范宁提出的不同意见"即之於传,则无以知其然"云云也似非毫无根据。因此,范宁之注《谷梁》,仅从《谷梁》立论,不取《公羊》之说,似也有其内在合理性。

三 由注至疏——兄弟昭穆异同问题之引入

延至"疏"之时代,孔颖达等撰《左传正义》,阐释"跻僖公"含义时,沿袭了前代的看法又有新的引申:

> 父为昭,子为穆。太祖东向,昭南向,穆北向,孙从王父,以次而下。祭毕则复其庙。其兄弟相代,则昭穆同班。近据春秋以来,惠公与庄公当同南面西上,隐、桓与闵、僖亦同北面西上。僖是闵之庶兄,继闵而立,昭穆虽同,位次闵下。今升在闵上,故书而讥之。

又:

> 礼,父子异昭穆。兄弟昭穆故同。僖、闵不得为父子,同为穆耳。当闵在僖上,今升僖先闵,故云"逆祀"。二公位次之逆,非昭穆乱

---

① 《春秋谷梁传注疏》,《十三经注疏》,第2405页。

也。《鲁语》云:"将跻僖公。宗有司曰:'非昭穆也。'弗忌曰:'我为宗伯,明者为昭,其次为穆,何常之有?'"如彼所言,似闵、僖异昭穆者,位次之逆,如昭穆之乱,假昭穆以言之,非谓异昭穆也。若兄弟相代,即异昭穆,设令兄弟四人皆立为君,则祖父之庙即已从毁,知其理必不然,故先儒无作此说。①

观此疏文,虽曰宗杜,而实际上对《公羊》及何注亦有取舍:"近据春秋以来"句下云云,与上引何休之注《公羊》,大同小异,自然引申出闵僖"昭穆同",即"兄弟同昭穆"的观点;同时此说又可以看作是针对杜预认为闵僖"不得为父子"观点所作的进一步发挥。兄弟昭穆既同,又闵僖兄弟"不得为父子",则《公羊》"臣子一例"说之被弃亦属必然。

另外,孔疏亦对《鲁语》中宗有司所言之逆祀"非昭穆"语作出解释,即将"非昭穆"解释为以昭穆为喻,而并非是指真正意义上的昭穆有别。并假设"兄弟四人皆立为君,则祖父之庙即已从毁"这样的极端实际例证,从反面推测"兄弟异昭穆"之非。

至疏之时代,"跻僖公"一事似乎有了比较圆满的解释:兄弟昭穆同,只是闵公先立为君,僖公后立,所以祭祀时应当把闵公神主放在僖公之上。但文公祭祀时却将僖公神主放在闵公之上,故是"逆祀"。所以,在关于"跻僖公"是跻僖公于闵公之上还是跻僖公于庄公之上的问题上,前者的意见占据了压倒性的优势。提出"跻僖公"是跻僖公于庄公之上的范宁,在唐代杨士勋为《谷梁传》作疏时,显然没有受到与杜预相同的待遇,杨士勋驳范宁云:

> 先亲而后祖,亲谓僖公,祖谓闵公也。僖继闵而立,犹子之继父,故传以昭穆祖父为喻。此於传文不失,而范氏谓庄公为祖,其理非也。何者?若范云文公慎倒祖考,则是僖在於庄上,谓之夷狄犹自不然,况乎有道之邦,岂其若是?明范说非也。②

杨士勋的反驳,谓"亲谓僖公,祖谓闵公",实际上是回归了《公羊》"臣子一

---

① 《春秋左传正义》,《十三经注疏》,第1839页。
② 《春秋谷梁传注疏》,《十三经注疏》,第2405页。

例"之原则,至于所谓"夷狄犹自不然,况乎有道之邦"云云,并不具备太大的说服力。至此,跻僖公是跻于闵公之上几乎得到了唐儒一致的认同。

但新的问题又随之而来,孔疏所主张之"兄弟昭穆同"观点,虽引申自何休,但却与《公羊》"臣子一例",即兄弟相继拟同父子进而应该得出之兄弟昭穆异的观点不同。于是,兄弟相继昭穆异同问题又成为经学家争论之焦点。

"疏"之时代,与孔疏不同而主张兄弟昭穆异者,较有代表性的是为《周礼》作疏的贾公彦。其疏《周礼·冢人》曰:

> 若然,兄死弟及俱为君,则以兄弟为昭穆。以其弟已为臣,臣子一列,则如父子,故别昭穆也。必知义然者,案文二年秋八月,"大事于大庙,跻僖公",谓以惠公当昭,隐公为穆,桓公为昭,庄公为穆,闵公为昭,僖公为穆,今升僖公于闵公之上为昭,闵公为穆,故云逆祀也。知不以兄弟同昭位,升僖公于闵公之上为逆祀者,案定公八年经云"从祀先公",传曰:"顺祀先公而祈焉。"若本同伦,以僖公升于闵公之上,则以后诸公昭穆不乱,何因至定八年始云顺祀乎?明本以僖闵昭穆别,故于后皆乱也。若然,兄弟相事,后事兄为君,则昭穆易可知。①

贾疏之论,持"臣子一列",故兄弟相继昭穆异的观点,其理论依据正来自《公羊》,相较孔疏,其引申实际上更得《公羊》本义。自此以后,兄弟继立昭穆异同的问题,成为后世讨论跻僖公问题时关注以及争论之中心。

四 结语

应该说,最初的经文,并无一字言及"臣子一例"、言及"昭穆"。在

---

① 《周礼注疏》,北京:中华书局影印阮刻《十三经注疏》本,1980年,第786页。按僖公以下至于昭公,鲁君均是父死子继(虽定公为僖公弟,但定公八年"顺祀"之时,定公尚在,显然不涉及定公神主问题),贾疏以兄弟昭穆异,闵、僖昭穆虽ら,然欤昭欤穆则似不影响后续诸公之昭穆排列,文公仍当为"昭"(以下类推)。故贾疏"以僖闵昭穆别,故于后皆乱也"云云存疑。

"传"之时代,三传的中心观点,并没有本质的不同,均受《公羊》"臣子一例"说之影响,只不过《公羊》此说,在其他两传中晦而不显。但要准确理解其他两传,《公羊》此说至关重要。

随着"臣子一例"说在后世影响之式微,到"注"一层次,对传文的理解出现了偏差,何休之解释,缩小"臣子一例"之内涵,并以"犹父""犹祖"来解说;杜预则直接否定闵、僖应被视为父子,于其他则避而不谈。最典型的是范宁,不取"臣子一例"说,在无法了解《谷梁传》原文所涉及的内涵、成立前提之时,只能根据字面理解,对"父祖"之意做出自己的解读,殊不知形似而神非,无怪乎后儒无有从者,甚至为其作疏之杨士勋亦以其为非。

杜注《左传》回避枝蔓,范注《谷梁》在理解上又出现了偏差。实际上,对后代影响最大的是何休之注《公羊》。何休一方面囿于《公羊》明显的"臣子一例"之说,另一方面在"臣子一例"说整体上趋于式微的大环境下作出适当的妥协,其所谓"近取法《春秋》"云云,引入昭穆概念,但其引申却与《公羊》本身"臣子一例"不甚相合。之后"疏"之时代,之所以会产生兄弟昭穆异同问题的争论,其根源正在于何休此注的内在矛盾。以孔颖达、贾公彦为例,两人分别取何休注之一层,孔疏否定"臣子一例",取何注"近取法《春秋》"所列祭祀时神主位置,引申出"兄弟昭穆同"说。贾疏则取《公羊》"臣子一例"联系何注"昭穆指父子",得出"兄弟昭穆异"说。两者观点均与何休之注有关,但反而得出完全矛盾的结论。

经学之讨论,本不是"事实"二字所能涵盖。关于"跻僖公"的讨论,其实焦点并不在于跻于庄公之上还是闵公之上,所谓事实俱在,虽有范宁注《谷梁》之小插曲,但跻僖公于闵公之上基本可看作是一个为大家承认的事实。这个事实引发了各种解释体系。讨论的起点是"臣子一例",至于春秋时代是否存这样的原则并不重要,在对"臣子一例"的肯定与否定过程中,形成历史上讨论"跻僖公"问题的脉络。最终,尤其是疏的时代之后,"跻僖公"本身不为经学家所重视,诸儒讨论的焦点反而是由此引申出的兄弟昭穆异同问题。

如此看来,看似简单的事实,随着前提的不断确立,讨论的基础越来越复杂,需要在复杂的基础上取得越来越合理的解释。经文简略,由注到疏,因为不同的解释体系的存在,以致愈趋复杂,而事实的核心,反不为经学家所重视。最终,执后起之概念,以律前代无以知其然之事,成为后学的解释逻辑。朱子云:"大抵圣贤之言,多是略发个萌芽,更在后人推究,演而伸,触而长,然亦须得圣贤本意。不得其意,则从那处推得出来?"① 后人推究,不见得能"得圣人本意",但是"演而伸,触而长"却是不争的事实。

(马清源　北京大学历史学系博士研究生)

---

① 黎靖德编:《朱子语类》,北京:中华书局,1986年,第1512页。

《离骚》"皇考"含义综考*

王 志

【内容提要】《离骚》中的"皇考",王逸注以为指屈原的亡父。自清代以来说者各异。我们认为王逸说依旧最为可信。《离骚》中的"皇考"不可能指屈原的祖父、曾祖或者太祖。一些学者用先秦宗庙名称来解释《离骚》中的"皇考",目前来看,还是不合适的。

言及《离骚》"朕皇考曰伯庸"之"伯庸",汉代王逸的《楚辞章句》认为:

> 朕,我也。皇,美也。父死称考。《诗》曰"既右烈考"。伯庸,字也。屈原言我父伯庸,体有美德,以忠辅楚,世有令名,以及于己。

王逸以"皇考"为屈原对亡父的美称,在北宋就开始受到质疑。如叶梦得《石林燕语》一方面批评王逸之说无据,一方面根据《礼记·祭法》中天子曾祖庙曰皇考庙,认为皇考当指曾祖。不过,叶梦得虽然提出质疑,最后还是姑且承认了屈原所谓"皇考"是尊称其父。受其启发,后人则纷

---

* 本文系教育部人文社会科学研究青年基金项目《百年屈学问题疏证》(11YJC751086)的阶段性成果。

纷开始用庙制中的"皇考庙"来解释《离骚》中的"皇考"。

如清儒王闿运《楚辞释》谓:"皇考,大夫祖庙之名,即太祖也。伯庸,屈氏受姓之祖。若以皇考为父,属词之例,不得称父字,且于文无施也。"而近人吉城亦有新说,以为:"伯庸为屈子之远祖,非屈子之父名。刘向《九叹》云,伊伯庸之末胄,谅皇直之屈原,可证。予按《礼记·曲礼》云,父曰皇考。《祭法》云,大夫立三庙,曰考庙,曰王考庙,曰皇考庙。郑注,皇考,曾祖也。以《祭法》证之,皇考殆即屈子之曾祖矣。"吉城看到《礼记》中"皇考"具有不同含义:一指亡父;一指曾祖;然后,他根据刘向将屈原称为伯庸的"末胄",遂将《离骚》中的"皇考"理解为屈原的曾祖。

关于此二家之意见,游国恩先生以为:"所说均不为无据,然恐非屈子文意。夫谓伯庸为屈氏受姓之祖,则当属楚武王之子瑕。屈瑕事见於《春秋》桓公十一年,即十二年十三年《左传》,即楚莫敖伐罗大败,而缢於荒谷者,未闻有他名号。岂可以臆说当之?况古者临文不讳,子称父字,於礼无嫌。屈子将欲抒怀告哀,首序其世系所自出,由远祖以及己亲,何云於文无施?岂必远溯高阳,追称屈祖,然后谓之有所施耶?又下文皇览二句正承皇考而言,谓伯庸为屈氏受姓之祖或曾祖,则於览揆之义奚当?"①

游先生维护王逸旧注的立场,是对的。不过,由于他没有辩证作为人称的"皇考"不宜等同于"皇考庙"中的"皇考",所以并不能真正驳倒王闿运之说;又由于他没有辩证刘向《九叹》"伊伯庸之末胄"之"末胄"非后代远孙之意,所以也并不能真正驳倒吉城先生之说。虽然他不同意二人之说,但又承认二人"所说不为无据",这就使得他的观点,其实也就是王逸的故说,不能坚实。同时,他正面论证《离骚》"皇考"的含义,也主要是联系其下一句:"皇览揆余初度兮",以为"皇"是"皇考"的省称,而"皇"既然可以"览揆余",那自然是以指父亲为宜了。其实,以古人的婚育年龄推算,屈原的祖父以及曾祖都有可能在时间上"览揆余"。且"皇览揆"的"皇"是否就是"皇考"的省称,在学界争议颇大。至少,在文献中,还很少有人能举出其他任何一处"皇考"省称为"皇"的佐证。相反,

---

① 游国恩:《游国恩楚辞论著集》,北京:中华书局,2008年,第一卷,第9—10页。

倒是有很多人,包括王泗原先生,都认为,"皇览揆"的"皇"指的是楚王。① 这一种解释,虽然也有人不同意,但在屈赋中确有不少例证。如此一来,游先生对"皇考"谓父这一说法的正面论证,就显得过于单薄了。在这种情况下,即使是游国恩先生的高弟,谈及《离骚》"皇考",态度也颇有犹疑,如一面认为:"此处'皇考'似应是指亡父。"同时,又觉得赵逵夫先生的《离骚》所言"皇考"伯庸为屈原太祖之说,是值得参考的。② 他们这样不能坚持师说,虽然在学术上表现出可贵的宽容精神,但毫无疑问,也使得人们对游先生所维护的王逸旧说更加难以认同。

单从学界的情况来看,王闿运与吉城先生之说一直影响巨大。如闻一多、段熙仲、饶宗颐、路百占、李嘉言、肖兵、王锡荣先生就笃信《离骚》"皇考"为屈氏太祖之说,③而周建忠先生则以为《离骚》"皇考"指的是"屈原的祖父,非指其父"。④ 至于王泗原先生,就继续拿《祭法》中天子"皇考庙"为曾祖庙的说法,来非难《曲礼》"父曰皇考"的说法,以为皆不可信,同时,他还依旧以刘向《九叹》"伊伯庸之末胄"之辞来否定《离骚》的"皇考"指的是父,从而认定"这个皇考当是近世的一位祖先"。⑤ 从王泗原先生的论证角度也可以看得出,要想彻底解决《离骚》"皇考"涵义这一问题,最关键的就是要澄清《礼记》关于"皇考"涵义方面的矛盾和刘向"末胄"之所指。前者比较复杂,我们先来说后者。

刘向《九叹·逢纷》述及屈原家世,曾谓:"伊伯庸之末胄,谅皇直之屈原。""末胄",吉城还有其他很多学者都以为指后世远孙。这一认识在动摇王逸"皇考"为父之说方面,是最有破坏力的。关于《九叹》这两句,王逸认为此言:"屈原承伯庸之后,信有忠直美德。"其说确实有些笼统和牵强。王泗原先生于是转而认为胄有子嗣义,"胄上加末正与考上加皇相对,末胄即小子,皇考即大父"。⑥ 大父是祖父,王泗原先生认为皇考指

---

① 王泗原:《离骚语文疏解》,上海:上海文艺联合出版社,1954年,第27—30页。
② 金开诚、董洪利、高路明:《屈原集校注》,北京:中华书局,1996年,第7页。
③ 王锡荣注释:《楚辞》,长春:吉林文史出版社,2007年,第3页。
④ 周建忠、贾捷注评:《楚辞》,南京:凤凰出版社,2009年,第1页。
⑤ 王泗原:《楚辞校释》,北京:人民教育出版社,1990年,第10—12页。
⑥ 王泗原:《离骚语文疏解》,第22—23页。

祖父,这与他后来说皇考是屈原"近世的一位祖先",认识不同,但都是不可取的。不过,王泗原先生指出胄有子嗣的含义,这倒是对的。至于"末",窃以为应是卑微之意,"末胄"即地位卑微的子嗣。《尚书·顾命》,康王自称"眇眇予末小子","末"即微末,"眇眇"即言微末之状。如果按王泗原先生之说,"末胄"之"末"训为"小",那么"眇眇予末小子",在语辞上就太不省净了。屈原《九章·惜诵》谓:"思君其莫我忠兮,忽忘身之贱贫。"《卜居》中,屈原曾发问:"吾宁悃悃款款朴以忠乎,将送往劳来斯无穷乎?宁诛锄草茅以力耕乎,将游大人以成名乎?"这些都是屈原的夫子自道,有力地说明屈原家在屈氏当中属于比较卑微的一脉。王逸《楚辞章句·九辩序》曾说:"宋玉者,屈原弟子也。闵惜其师忠而放逐,故作《九辩》以述其志。"而在《九辩》中,宋玉也正有"坎廪兮,贫士失职而志不平"的表现。由此来看,说屈原处身贫贱不为无据。由于屈原与楚王同姓,屈氏又是战国中叶楚国三大贵族家族之一,所以一般认为,屈原也是贵族。一些学者由于注意到描写屈原贫贱的辞句,因而谓屈原是没落贵族。廖化津先生则认为屈原连没落贵族也算不得,只是一个贫贱的普通士人。① 其说可供参考,而刘向称屈原为"伯庸之末胄"也就不奇怪。屈原主张杜绝贵族世袭的弊病,其卑微的出身也许正是一种源于阶级的动力。

再说《礼记》中,"皇考"一词用法上的所谓矛盾。一方面,《礼记·曲礼下》载:

> 死寇曰兵,祭王父曰"皇祖考",王母曰"皇祖妣",父曰"皇考",母曰"皇妣",夫曰"皇辟"。生曰父、曰母、曰妻,死曰考、曰妣、曰嫔。②

而另一方面,《礼记·祭法》又谓:

> 天下有王,分地建国,置都立邑,设庙、祧、坛、墠而祭之,乃为亲疏多少之数。是故,王立七庙,一坛、一墠:曰考庙,曰王考庙,曰皇考

---

① 廖化津:《屈原家庭考——兼评詹安泰先生等的屈原为贵族或没落贵族说》,《山西大学学报》1993年第1期,第61—66页。
② 孙希旦:《礼记集解》,北京:中华书局,1989年,第156页。

庙,曰显考庙,曰祖考庙,皆月祭之。远庙为祧,有二祧,享尝乃止。去祧为坛,去坛为墠。坛、墠,有祷焉祭之,无祷乃止。去墠曰鬼。诸侯立五庙、一坛、一墠:曰考庙,曰王考庙,曰皇考庙,皆月祭之;显考庙,祖考庙,享尝乃止。去祖为坛,去坛为墠。坛、墠,有祷焉祭之,无祷乃止。去墠为鬼。大夫立三庙、二坛:曰考庙,曰王考庙,曰皇考庙,享尝乃止。显考、祖考无庙,有祷焉,为坛祭之。去坛为鬼,适士二庙,一坛。曰考庙,曰王考庙,享尝乃止。显考无庙,有祷焉,为坛祭之。去坛为鬼。①

《祭法》的这段文字,曾引起后人的许多非议,如清代的礼学大师孙希旦就指责说:

> 《大戴礼·诸侯迁庙篇》曰:"告于皇考某侯。"《士虞》《特牲》《少牢》称祖曰"皇祖",《曲礼》"王父曰皇祖考","父曰皇考"。今乃称曾祖为皇考,则与父之称相乱。又反始祖谓之太祖,今称为祖考,则与祖之称相乱。

这些指责看起来是很有道理的,不过,从《礼记》本身内容说,那些矛盾,却又不是不能解释的。譬如所谓"皇祖""皇祖考"与"祖考庙"的"祖考",文字上毕竟有差别,未见得就一定会相乱。当然,"父曰皇考"与曾祖庙称"皇考庙","皇考"的用字确实是一样的。但是,如果单纯从《礼记》本身说,也还是不乱的。

其中的原因,就在于《曲礼》所谓"父曰皇考"是有特定场合与特定人群的一种特殊用法。人们之所以觉得《曲礼》所言"皇考"与《祭法》所言"皇考"矛盾,是因为人们误把"父曰皇考"当成了亡父的通称。其实,《曲礼》明明说"死曰考",这才是亡父的通称。陈思苓先生《"朕皇考伯庸"考辨》就曾指出:

> 《礼记·曲礼》:"死寇曰兵,祭王父曰皇祖考……父曰皇考。"郑玄注曰:"异于凡人,当飨禄其后,更设称号,尊神异于人也。"据此父

---

① 孙希旦:《礼记集解》,第1197—1201页。

曰皇考之称,是为国死难而设。此非常典,不可一概而用。①

可知,亡父称为"皇考"只是国家授予御寇而死的卫国者家属在祭祀时享有的一种特权,原不是一般人在随便什么场合都能使用的。当然,据出土金文来看,"战国之际,固多以皇考称父者"。②不过,这也不奇怪。因为根据一些学者的统计,周代早期至中期,金文中称亡父为皇考的仅18例,而称亡父为文考的则高达109例。到了西周晚期,情况有了变化,称亡父为皇考的金文高达111例。③那么,人们不妨也可以做这样的猜想:在西周早期及中期,因为庙称得到严格的重视,所以在铭文中称父为皇考比较少见;而到了晚期,礼乐松弛,或许庙称也开始混乱甚至废弛,所以铭文中称亡父为皇考的现象才多了起来。况且,一般人都有溢美先人的心理,所以在金文中,甚至在一般祭祀场合下,"皇考"从烈士遗属对亡父的敬称变而为一般人对亡父的通称,也是可以理解的。但若只从《礼记》所载内容来说,"皇考"并不是一般人在一般祭祀场合下都可以使用的称谓。既然如此,也就不易与作为曾祖庙讲的"皇考庙"的"皇考"发生混淆。并且,若我们进一步分析起来,是什么样的死国难者才需要这样的特殊待遇呢?是卿大夫们吗?看起来不像。因为这些人凭借着其贵族地位,是不甚需要这样的虚名的。但是,对于没有众多家庙,也没有雄厚物质力量来褒荣亡父的庶民和一般士人来说,这个光荣称号还是有意义的。如果"父曰皇考"这样的荣誉主要是给予这些人的,那么就更不会发生"父曰皇考",曾祖父也曰"皇考"的麻烦了。因为这些人根本就没有资格立什么曾祖庙。

综上所述,虽然"考庙""王考庙""皇考庙""显考庙""祖考庙"这样的庙称及排列在文献中还极其罕见,是否为历史事实,也难以考证,但是单纯从《礼记》自身文本来说,还不能说《曲礼》与《祭法》所载相关内容有什么严重的矛盾冲突。我们之所以要仔细分辨这一点,是因为像王泗原等学者,总觉得《礼记》自身有矛盾,所以就既否认《祭法》之说,也否认

---

① 陈思苓:《"朕皇考伯庸"考辨》,湖北省社会科学院文学研究所编:《屈原研究论集》,武汉:长江文艺出版社,1984年,第193页。
② 姜亮夫:《重订屈原赋校注》,昆明:云南人民出版社,2002年,第8页。
③ 张再兴:《文、皇考辨》,《中国文字研究》2007年第2辑,第100页。

《曲礼》之说。由此使得"父曰皇考"的说法也没有了传统文献方面的根据。

不过,既然《祭法》的庙称与"父曰皇考"并不冲突,那么,可否用"皇考庙"中"皇考"的曾祖义来解说《离骚》的"皇考"呢？回答是:不可以。

这一方面是因为,从文献来看,"皇考""显考""祖考"大概只有在与庙字连称,从而成为庙称的情况下,才可能指代曾祖、高祖和太祖;失掉庙字,它们就不具有这样的含义。"皇考"是如此,"祖考"是如此,"显考"也是如此。譬如吴静安先生就指出过,《尚书·康诰》:"唯乃丕显考文王。""显考"称呼的正是康叔的父亲文王。而武王时器《大丰敦》称呼父亲,也说"丕显考文王"。① 至少,在目前所见先秦文献中,"皇考"还很少见单独使用而可解作"曾祖"的例子。实事求是地说,对于《祭法》所言"考庙""王考庙""皇考庙""显考庙""祖考庙"这样的庙称,我们目前既没有确凿有力的证据证明其为历史的普遍事实,也没有确凿有力的证据证明它只是先秦某些儒家人物基于自身理想的一种规划。在这种情况下,我以为暂将其理解为独立的庙称系列,而不与人称相混,还算是比较合适的做法。

另一方面是因为,在《离骚》中,由于诗人提到的是"皇考",而不是"皇考庙",所以也就只能从人称方面来理解其涵义。关于《离骚》所言"皇考",一切从《祭法》庙称来做出的说解,都是不合适的。何况司马迁说过:"屈原放逐,乃赋《离骚》。"屈原放逐之际,依礼法,身份不再是大夫,而只是一介布衣,其家既不可能建有始祖庙,也不可能建有曾祖庙,或者什么其他近世先祖的庙。

前文说过,单就人称而言,"皇考"的本义,是作为敬称,指死国难者的亡父。那么,屈原父亲是死国难者吗？证据看起来是有的。屈原《悲回风》:"孤子吟而抆泪兮,放子逐而不还。"《周礼·天官冢宰·外饔》"邦飨耆老孤子。"郑玄注:"孤子者,死王事者之子也。"《周礼·地官司徒·司门》:"以其财养死政者之老与其孤。"郑玄注:"死政之老,死国事

---

① 吴静安:《"帝高阳之苗裔兮,朕皇考曰伯庸"解》,《南京师范大学学报》1983年第1期,第55页。

者之父母也。孤,其子。"《左传·昭公二十七年》:"陈成子属孤子,三日朝。"杜预注曰:"死事者之子。"据此,蒋天枢先生认为春秋战国间,孤子非泛称,"意者屈子之父若祖,为殉国而死者欤?"① 余按,《管子·轻重已》:"民生而无父母,谓之孤子。"可见孤子未必皆是死国事者之子。郑玄及杜预注谓孤子为死国事者之子,特随文注释耳,不足以为通义。但屈原自称"孤子",而王逸说"皇考"是屈原对亡父的美称,因此不妨暂且断屈原父为国事而死,故乃得称曰"皇考"。

但是,问题还没有完结。因为有人认为"皇考"单独使用,至少也还可以解作太祖。譬如,在指出"皇考"为亡父敬称这一特殊含义之外,陈思苓先生又认为,"皇考"的通义是指"始爵之祖",也就是太祖。饶宗颐先生《楚辞地理考·附伯庸考》亦谓:"金文颂辞屡用'皇祖''皇父''皇叔',诗书有'烈考''文考'与'皇考'义并用。'皇考'即'太祖'。"② 不过,考校起来,"皇考"被认为指太祖,金文中还缺乏有力证据,如于省吾先生就指出:"契文和金文,凡'远祖'或'始祖'均称之为'高祖',从没有以'考'代'祖'的例子。"③ 以为皇考可以解作太祖,主要的证据被认为存于《诗经》与《礼记》之中。

先说《诗经》。如闻一多先生认为,《诗经·周颂·雝》:"鲁、韩、毛三家皆以为禘太祖之乐章,而诗曰:'假哉皇考',此为古称太祖为皇考之明证。"④ 我们姑且承认《雝》诗的确是禘祭太祖的乐诗,也承认诗中提到的"假哉皇考"是称誉太祖,但是,值得究问的是,这首乐诗是谁在禘祭太祖呢?《毛诗序》只说"禘太祖也",没有指示是谁禘祭。其他三家诗说也没有明确的指示。毛亨的《诂训传》没有解释"假哉皇考"的"皇考",但是他将其后的"既右烈考,亦右文母"的"烈考"与"文母"解说为"武王"和"太姒"。由于诗中提到了武王和他的妻子太姒,所以后人一般认为主持禘祭的人就是成王。同时,此诗是禘祭文王的,不当在诗中只提及武王而不及文王,所以一般人也就将诗中的"皇考"认作是指文王,如郑玄笺便

---

① 蒋天枢:《楚辞校释》,上海:上海古籍出版社,1989年,第378—379页。
② 饶宗颐:《楚辞地理考》卷上,上海:商务印书馆,1940年,第7页。
③ 于省吾:《泽螺居楚辞新证》,北京:中华书局,2003年,第157页。
④ 闻一多:《闻一多全集》第2卷,北京:三联书店,1982年,第294页。

说:"皇考,斥文王也。"《雝》诗中的"皇考"确实是指文王,这没有什么问题;但毛传的一些讲法却很值得商榷。一来,禘祭是祭祀太祖,不是合食毁庙的群祖。其事行于文王之庙,何须称及武王?即便可以称及武王,又何必称及武王的妻子?相比之下,文王的妻子为何却不被称及呢?所以,如果承认此诗是禘祭文王之诗,"烈考"与"文母"就不宜解说为"武王"和"太姒"。二来,《汉书》卷三十六《楚元王传》载,刘向上封事谓:"文王既没,周公思慕、歌咏文王之德,其《诗》曰:'於穆清庙,肃雍显相;济济多士,秉文之德。'当此之时,武王、周公继政,朝臣和于内,万国欢于外,故尽得其欢心,以事其先祖。其《诗》曰:'有来雝雝,至止肃肃,相维辟公,天子穆穆。'言四方皆以和来也。"①据其所言,《雝》诗应是武王、周公所用诗。这样一来,文王虽是太祖,但同时也是武王和周公的父亲,所以《雝》诗禘祭文王而称之为"皇考"是完全可以的。"皇考"在此诗中取的是亡父之义,后人不悟此,而竟谓"皇考"为太祖之称,则谬矣。

再说《礼记》。《礼记·祭法》曾载,大夫可以立三座庙,除了父庙、祖庙,还有一座"皇考庙"。同时,《礼记·王制》还有这样的记载:"大夫三庙,一昭一穆,与太祖之庙而三。"一些学者将此与《祭法》一对照,便想当然地认为《祭法》所言大夫的"皇考庙"就是太祖庙。其实这是不可取的。因为《祭法》言及大夫可立"皇考庙"后,又提及大夫还可以为坛祷祭显考、祖考,所以其所言大夫的"皇考庙"决然应当指曾祖庙而言。将《王制》与《祭法》牵扯在一起,因而谓"皇考庙"是太祖庙,是不合适的。由此再得出"皇考"可以称谓太祖,就更不合适了。

但是,这里面有个疑问必须解决,就是,为什么《王制》以为大夫有太祖庙,而《祭法》以为大夫立庙只能立到曾祖庙呢?其实道理也很简单。按照《王制》中郑注孔疏的意见,《王制》所言"大夫三庙"云云说的是殷

---

① 刘向为楚元王之后。《汉书·楚元王传》载:"楚元王交字游,高祖同父少弟也。好书,多材艺。少时尝与鲁穆生、白生、申公俱受《诗》于浮丘伯。伯者,孙卿门人也。及秦焚书,各别去。……元王既至楚,以穆生、白生、申公为中大夫。高后时,浮丘伯在长安,元王遣子郢客与申公俱卒业。文帝时,闻申公为《诗》最精,以为博士。元王好《诗》,诸子皆读《诗》,申公始为《诗》传,号《鲁诗》。元王亦次之《诗》传,号曰《元王诗》,世或有之。"刘向《诗》学若从楚元王而来,则亦可谓源远流长。

制,凡始受爵的大夫都可以被承袭爵位的后人作为太祖立庙祭祀;而《祭法》所言是周制,"若其周制,别子始爵,其后得立别子为大祖。若非别子之后,虽为大夫,但立父、祖、曾祖三庙而已,随时而迁,不得立始爵者为大祖。""非别子之后",也就是指非君主兄弟的后裔。按周制,这些人即使受爵为大夫,也只能立庙立到曾祖庙。就此来看,《王制》与《祭法》所言大夫立庙制度有时代上的差异,不可牵扯在一处,而以"皇考庙"为"太祖庙"之称。当然,有人也许不承认《王制》所言为殷制。但是,即使暂且从周制来理解,那么,也完全可以说,《王制》所言的大夫是指君王的别子受爵为大夫者,而《祭法》所言,则指的是非别子为大夫者。总而言之,今人将二者牵扯一处,据之而谓大夫"皇考庙"为"太祖庙",是不合适的。若进而据此将《离骚》的"皇考"理解为太祖,就更不适合了。

事实上,如果要说大夫所立"皇考庙"可以称呼为"太祖庙",这证据倒是有的。只是不在一般学者所认为的《礼记》中,而在别处。如《孔子家语·庙制》云:

> 卫将军文子将立三军之庙于其家,使子羔访于孔子。子曰:"公庙设于私家,非古礼之所及,吾弗知。"子羔曰:"敢问尊卑上下立庙之制,可得而闻乎?"孔子曰:"天下有王,分地建国设祖宗,乃为亲疏贵贱多少之数。是故天子立七庙,三昭三穆,与太祖之庙七,太祖近庙,皆月祭之,享尝乃止;诸侯立五庙,二昭二穆,与太祖之庙而五,曰祖考庙,享尝乃止;大夫立三庙,一昭一穆,与太庙而三,曰皇考庙,享尝乃止;士立一庙,曰考庙,王考无庙,合而享尝乃止;庶人无庙,四时祭于寝。此自有虞以至于周之所不变也。"①

就这条记载来看,"皇考庙"确实是作为大夫太祖庙的称呼而使用的。杨朝明先生曾指出,编撰今本《孔子家语》的王肃本人是赞成天子九庙之说的,而这段文字中,孔子主张的是天子七庙之说,因而这段文字不

---

① 王肃注:《孔子家语》,上海:上海古籍出版社,1990年,第86—87页。今传《孔子家语》为魏人王肃所辑,非孔氏旧本,这是无疑的。但是不能否认王肃所辑保存了孔氏部分家传之学,值得参考。至少,《孔子家语》关于立庙之制的论述,就可以与《礼记》所言互相印证和发明。

可能是王肃伪造的。杨先生的这一说法,诚然是好的。不过,杨先生接着将这段文字中的"皇考庙"依照《礼记·祭法》解为曾祖庙,①却是值得商榷的。因为大夫立了父亲、祖父与太祖的庙,而称之为"曾祖庙",这实在是讲不通,难以理解。意者,孔子这里所说大夫指的是"别子为祖"的大夫?换言之,周大夫如果属于"别子为祖",那么其所立太祖庙可以称为皇考庙?而相对应地,非别子为大夫者,则以皇考庙称曾祖庙?或者,此乃夫子于卫正名,假托古制所拟的理想规划?比较而言,后一种猜测要更有道理。至少,孔子说"此自有虞以至于周之所不变也",就不甚可信。因为按李玄伯先生《中国古代社会史》一书所考:"昭穆两字至今未见于甲骨文。商人或无分级,或有分级而别用他种名称,不以昭穆为级。"②

囿于文献,《孔子家语·庙制》对于庙称的介绍,我们难以考详其实际。但是不要紧,因为《孔子家语》所说的"皇考"还是指庙而言。如果除去"庙"字,我们在文献中还是很难找到"皇考"可解作太祖的确实例证。况且,《离骚》说的只是"皇考",无论如何与庙称不相关。因而若是秉持认真严肃的态度,都不该借此再鼓吹《离骚》"皇考"为太祖之说。

需要进一步指出的是,有不少学者既误以《离骚》"朕皇考"指屈原"太祖",同时又误认屈原氏族的太祖就是楚太祖。如闻一多先生既谓"朕皇考"之"皇考"为"太祖"后,又说:

> 《离骚》之"皇考"当即楚之太祖。《汉书·韦玄成传》曰"礼,王者始受命,诸侯始封者为太祖",是《离骚》之"皇考"又即楚始受命之君,故其人如《九叹·愍命》所述,乃似楚先王。且《礼记·祭义篇》曰:"王者禘其祖之自出,以其祖配之。"楚人之祖出自高阳,楚人禘高阳当以先祖配之。然则屈子自述其世系,以高阳与先祖之名并举,乃依庙制之成法,而非出自偶然。③

这段议论乍看有理,其实值得商榷。首先,闻一多先生认为《九叹·愍命》所述屈氏皇考形象"乃似楚先王",指的是"昔皇考之嘉志兮,喜登

---

① 杨朝明:《孔子家语通解》,济南:齐鲁书社,2009年,第392、394页。
② 李玄伯:《中国古代社会史》,台北:华岗出版社,1954年,第53页。
③ 《闻一多全集》第2卷,第294页。

能而亮贤"几句。但"登能"、"亮贤",这是大臣辅佐君王也可以做的事情,并不限于君王。刘向《新序·杂事第一》载,卫灵公之臣史鳅谓其子曰:"我即死,治丧于北堂,吾生不能进蘧伯玉而退弥子瑕,是不能正君者,死不当成礼,而置尸于北堂,于我足矣。"此事亦见于《大戴礼·保傅篇》、贾谊《新书》《韩诗外传》以及《孔子家语·困誓篇》,可证臣子未尝没有"登能"、"亮贤"之责。故知闻一多之说不确。其次,闻一多所引《祭义》,讲的是王者禘祭之礼,而屈原既不是王者,其称"伯庸"为"皇考"更不能说是在进行禘祭。再次,《礼记·郊特牲》曰:"诸侯不敢祖天子,大夫不敢祖诸侯。"①这即是说,诸侯、大夫不能与天子、诸侯讲宗法,毋庸说,也不能以天子、诸侯国君为太祖。当然,历史文献中,确有大夫于家庙中祭祀诸侯的记载,但这只是宗祀太祖所出之君,并非以诸侯国君为太祖、为"皇考"。《左传·昭公十六年》载,郑子产说子张"立于朝而祀于家",服虔注云:"祀其所自出之君于家,以为大祖。"服虔说子张祀郑穆公是"祀所自出之君",这是对的;但服虔以郑穆公为子张的"太祖",不确。太祖指的是国、家始受封者,而郑穆公是郑国国君,不是子张家族的始受封者。② 与此同理,屈氏太祖也不会是楚王。依王逸《离骚》注,屈氏的始受封者是楚武王之子屈瑕。这个屈瑕才应当是屈氏的始祖。总而言之,屈原家族始受封祖,不当与楚王,更不当与楚太祖相混淆。有些学者提出

---

① 孙希旦:《礼记集解》,第681页。
② 《礼记·郊特牲》曰:"诸侯不敢祖天子,大夫不敢祖诸侯。公庙之设于私家,由三桓始。"郑注曰:"仲孙、叔孙、季孙皆立桓公庙。鲁以周公之故,立文王庙,三家见而僭焉。"余按,三桓立桓公庙,是大夫宗祀"所自出之君",与"大夫不敢祖诸侯"并不矛盾,然而被目为"非礼",盖三桓所立桓公庙,家庙也,而三桓乃用于国家公事,是为僭越,非礼也。据《孔子家语》,卫将军文子将立三军之庙于其家,使子羔访于孔子。子曰:"公庙设于私家,非古礼之所及,吾弗知。"可见公庙者,国家公用之庙也。公是公私之公,非国君之谓。另,《左传·文公二年》载"宋祖帝乙,郑祖厉王"。孔颖达疏曰:"言'宋祖帝乙,郑祖厉王',则二国立其庙而祖祀之……宋为王者之后,得祀殷之先王帝乙之庙不毁者,盖以为其所出,故特存焉。周制,王子有功德出封者,得庙祀所出之王。鲁以周公之故,得立文王之庙。襄十一年传称'鲁为诸姬临于周庙'。周庙,文王庙也。郑之桓武,世有大功,故得立厉王之庙。"据此可知,诸侯可宗祀"所自出"的天子。这与"诸侯不敢祖天子"也不矛盾。"诸侯不敢祖天子,大夫不敢祖诸侯"说的是君统与宗统的关系问题。关于这一点,陈恩林先生《关于周代宗法制度中君统与宗统的关系问题》一文论之尤详,可供参考。见氏著:《逸斋先秦史论文集》,长春:吉林文史出版社,2010年,第28—39页。

《离骚》"朕皇考"为"楚之太祖",有可能是祝融或者熊绎。这个说法与闻一多先生所言一样,既误以为"朕皇考"指屈氏太祖,后又将屈氏太祖与楚太祖混为一谈,是不可信据的。

(王志　吉林大学文学院讲师)

魏晋南朝省外官任录尚书事论*

陶新华

【内容提要】 魏晋南朝的录尚书事,有一个值得注意的现象,就是一般由尚书省以外的公卿级官员兼任。这一现象的出现,与尚书省的"政本"地位密切相关。首先,以尚书省以外的要员任职录尚书事,能够增强尚书省处理政务的能力;其次,其他部门的要员有参与和掌握尚书事务的需要;最后,王朝有意用外来人员录尚书事,以形成录尚书事与尚书省长官的权力制衡。录尚书事首先必须总管尚书奏事。审署上奏文书、参与和主持公卿博议和尚书省的议政,是录尚书事"职无不总"的重要体现。

魏晋南朝的录尚书事,史云"职无不总",自魏晋以来的史籍,对它叙说已多,学者也多有论及。然而,论者们忽视了一个现象:任职录尚书事者,几乎全是尚书省外的公卿,尚书省长官与此职几乎无缘。录尚书事由省外公卿担任的现象,是值得重视的,本文试图解释这一现象的原因,并揭示省外人员是怎样把尚书省的事务总录起来的。

---

* 本研究受湖南大学"中央高校基本科研业务费专项资金"项目资助。

一　为什么由省外公卿任录尚书事

魏晋南朝的录尚书事,名望稍次的记为"录尚书六条事""二条事""五条事""七条事""八条事"等。《晋书·职官志》已指出自汉代产生录尚书事以来,它就是一种由他官兼任的职务,魏晋以后,它仍是"公卿权重者为之"。但是,值得重视的一个现象是,兼任录尚书事的"公卿",一般是不包括尚书令和尚书仆射在内的。《晋书》卷三八《梁王肜传》:元康中,"寻征拜大将军、尚书令、领军将军、录尚书事"。中华书局点校本《晋书》校勘记引姚鼐《惜抱轩笔记》:"既为大将军,即不为领军,既为尚书令,亦不为录矣。"校勘记并云:"按《通鉴》八三作'征梁王肜为大将军、录尚书事'。"姚鼐已指出录尚书事与尚书令不兼任,虽然他只就司马肜这一孤例立论,其论施之于其他人也可成立。

笔者对魏晋南朝的录尚书事事例进行过统计,发现此时期总共101例录尚书事,其中只有南齐的褚渊曾经无本官,"单拜录",其他的100例都有本官,并且许多人同时有两个或两个以上的本官。这些本官上至三公,下至太常、光禄大夫、侍中、中书监令等卿,说明录尚书事确是"公卿权重者"所兼的职务。说得更具体一些,三国两晋时,兼任录尚书事或录尚书若干条事者,本官为丞相的6人,为中书监和中书令的6人,为侍中的15人,为太傅、太宰、司徒、太尉、大司马等公的14人,为大将军、骠骑将军、领军将军、卫将军、都督中外诸军事等武职的28人,为光禄大夫、太常等卿官的4人。十六国时期,录尚书事或录尚书若干条事,本官为丞相(相国)的4人,为公级官职(丞相除外)的35人,为侍中的12人,为中书监的1人。南朝任录尚书事或录尚书若干条事者,3人带丞相官位,5人带中书监、令,7人带侍中官位,12人带丞相以外的公级官位。但是,尚书省的长官尚书令和仆射,无疑也属于"公卿权重者"之列,尚书令却从未兼任录尚书事,尚书仆射兼任录尚书事也只有西晋末一例。《晋书》卷六〇《索靖附子綝传》云,晋愍帝时索綝以骠骑大将军、尚书左仆射兼任录尚书事,《资治通鉴》卷八八晋愍帝建兴元年(313)四月条的记载却显示,索綝未任录尚书事,以尚书左仆射兼任录尚书事的是麹允。无论是索綝,还是麹允,都说明西晋末出现过一例尚书左仆射兼任录尚书事。不过,100余例中仅有一例尚书省官兼任录尚书事,还是不足以否定录尚书事是由尚书省外的公卿兼任这一结论。

《宋书》卷三九《百官志上》说录尚书事"职无不总",名望威权重于尚书省的最高长官——尚书令。宋明帝给尚书左仆射、中书监王景文的诏书里就说,"今既省录,令便居昔之录任,置省事及干童,并依录格"。① 可见,只有罢省了录尚书事一职之后,尚书令才在事权和威仪方面取得了与录尚书事同样的待遇。又如,齐武帝时曾讨论录尚书事褚渊就职时是否应立优策,尚书王俭议曰:"尚书职居天官,政化之本,故尚书令品虽第三,拜必有策。录尚书品秩不见,而总任弥重。"②也说明录尚书事比尚书令的权任更重。既然录尚书事与尚书令在权任和威仪等方面都有区别,那么,录尚书事由尚书省长官兼任,就不是不可能的,尚书令、尚书仆射如果带上录尚书事这一职衔,可以提高自己的地位和权威。所以,从理论上说,尚书省官与别的官员一样,都拥有被任为录尚书事的可能性和必要性。尚书省长官在实际上失去任录尚书事的机会,应当从其他方面来寻求解释。这种解释,必须联系尚书省在中枢政体中的特殊地位,才能找到。

主张魏晋南北朝尚书、中书和门下三省都是宰相机构的学者,认为尚书省只是国家的行政中枢,没有决策职权。③ 祝总斌先生则认为,尚书省是魏晋南北朝唯一的宰相机构,中书省和门下省都不是宰相机构,而是皇帝的秘书和咨询机构。④ 两种观点判然有别,孰对孰错,兹事体大,不是

---

① 《宋书》卷八五《王景文传》,北京:中华书局,1974年,第2182页。
② 《南齐书》卷二三《褚渊传》,北京:中华书局,1972年,第429页。
③ 陈琳国说:"由于中书省的建立和门下省的扩大,尚书省逐渐丧失决策权,变成全国行政中枢。尚书省拥有政治、经济、军事、文化等全面的行政职能。"见氏著:《魏晋南北朝政治制度研究》第一章第四节,台北:文津出版社,1994年,第33—34页。黄惠贤也认为尚书省是行政机关,他概括魏晋南北朝尚书省的变化:一、决策职能从尚书台(省)中分离出来。二、尚书省政务职能扩大,政务人员迅速扩充。三、尚书台(省)内部职权和机构层次的调整和逐步规范化。见白钢主编、黄惠贤著《中国政治制度通史》第四卷《魏晋南北朝》,北京:人民出版社,1996年,第141—143页。将尚书省视为行政中枢的学者还很多,不能一一列举。
④ 祝总斌:《两汉魏晋南北朝宰相制度研究》,北京:中国社会科学出版社,1990年第一版,1998年第二版。

笔者所能遽然裁断的。但是,魏晋南朝的不少诏令和奏疏确实称呼尚书令为冢宰,如,《北堂书钞》卷五九《设官部十一·尚书令》"惣括百揆"条注引《晋中兴书》云:"谢石迁卫将军,尚书令,加散骑常侍,上疏逊位曰:'尚书令,国之冢宰,惣括百揆。'"西晋曾先后任职中书监和尚书令的荀勖奏疏说:"昔六官分掌,冢宰为首,秦汉公卿赞,以丞相、御史为冠,今者尚书令惣此三者。"陈后主至德四年,策命尚书令江总曰:"夫文昌政本,司会治经,韦彪谓之枢机,李固方之斗极。况其五曹斯综,百揆是谐,同冢宰之司,专台阁之任。"①这样的诏令和奏疏,还有许多,而称呼中书监令、门下侍中为宰相(或冢宰)的诏、疏却是一条难求。而且,除了对尚书省长官的推崇外,诏令和奏疏还体现出尚书省的"政本"和"枢机"地位,如《宋书》卷六二《羊欣传》记桓玄命羊欣为楚国殿中郎,谓之曰:"尚书政事之本,殿中礼乐所出。"宋孝武帝孝建元正月诏曰:"尚书百官之原本,庶绩之枢机,丞郎列曹,局司有在。"②《南齐书》卷二三《褚渊传》引尚书王俭语曰:"尚书职居天官,政化之本。"而称呼中书、门下为"政本"和"枢机"的诏令和奏疏,却同样是一条难求。诏令出自当朝天子,奏疏出自当朝臣子,比任何史家的论说都更有说服力,而诏令和奏疏都支持尚书省为宰相机构说,不支持中书、门下二省为宰相机构说,这说明,不管尚书省是不是唯一的宰相机构,尚书省在中枢政体中具有核心和关键地位,是无可置疑的。本文还将在多处点出尚书省的特殊地位。

　　正是由于尚书省地位突出,作用重大,王朝才在尚书省长官的安置上,颇具匠心,多方措意。由尚书省以外的公卿要员任职录尚书事,成为凌驾于尚书令和尚书仆射之上的最高长官,就充分体现了王朝对尚书省权力结构的匠心设计。

　　首先,尚书省政事攸关王朝的政治运行,以省外官任职录尚书事,有利于加强尚书政务的运行效能。尚书省的正副长官,如果是尚书令加仆射组合,只有两人,如果仆射分左右,也只有三人。但是,尚书省地位特别重要,

---

① 《北堂书钞》卷五九《尚书令》"古之冢宰"条引《荀勖集》,北京:中国书店,1989年,第196页。
② 《宋书》卷六《孝武帝纪》,第114页。

尚书事务的质量,对王朝的政治运行,甚至王朝的命运都具有直接影响,所以,尚书省需要凝聚更多的智慧和政治经验。由具有丰富的政治经验和政治威望的省外公卿到尚书省主持政务,与尚书令、仆射、诸部尚书和丞郎一起议决尚书政事,无疑将增强尚书省决断和处理政事的能力。而且,尚书令官品第三,仆射更低,这使一批政治才干优越,资历丰富,官高位重的人,与尚书令和仆射绝缘。而录尚书事对省外公卿开放的制度,则使他们虽居他官,仍然能够管理和主持尚书省的事务,也使一批名望和资历与尚书令仆相当,又有政治才华的人,能够以他官的身份参与和主持尚书事务。

其次,尚书省在宰相体制中具有核心地位,甚至可能是唯一的宰相机构,尚书省外公卿要员,有参与和掌握尚书事务的需要。如前分析所说,魏晋南朝兼任录尚书事的有不少是中书省和门下省的长官,这说明尽管中书、门下两省也是权力机构,但是,要达到对国家政柄的操纵,参与和控制尚书省政务和事务仍然是必要的。而丞相、三公、重要的将军和九卿,这些中书、门下两省以外的公卿要员以录尚书事身份主持尚书省事务,则说明他们不追求总录中书、门下两省的事务,而唯独追求总录尚书省事务。事实上,魏晋南朝实现了改朝换代的权臣,都有任职录尚书事的经历。

最后,尚书省外的公卿主持尚书省事,应是出于权力制衡的考虑。由于尚书省地位特出,事权重大,王朝遂采取措施,不让尚书省的长官独揽尚书大权。为了达到这一目的,王朝对尚书省进行了多项制度设计。一是制度上淡化尚书令、尚书仆射与尚书丞郎之间的长官与掾属关系,①二是发展起尚书省事务集体署名的制度,②三是确立了尚书省内"详议"政

---

① 《晋书》卷三六《卫瓘传》:咸宁初,征拜尚书令,加侍中,"性严整,以法御下,视尚书若参佐,尚书郎若掾属"。北京:中华书局,1974年,第1057页。史书如此记载,说明制度上尚书令不能视尚书若参佐、尚书郎若掾属。
② 《南齐书》卷一六《百官志》(第319—320页):"凡诸除署、功论、封爵、贬黜、八议、疑谳、通关案,则左仆射主,右仆射次定,维是黄案,左仆射右仆射署朱符见字,经都丞竟,右仆射横画成目,左仆射画,令画。右官阙,则以次并画。若无左右,则直署仆射在其中间,总左右事。"这种集体署名的制度,应该在南齐之前已经形成了。如《宋书》卷五七《蔡廓传》(第1571页)记蔡廓答傅亮书曰:"又齐王为司空,贾充为太尉,俱录尚书署事,常在充后。潘正叔奏《公羊》事,于时三录,梁王肜为卫将军,署在太尉陇西王泰、司徒王玄冲下。"说明早在西晋时,录尚书事已参与集体署名。

事、公卿博议尚书事务的制度(详第二部分)。这一系列的制度设计,显然有利于防止尚书省长官对尚书政事实行专权独断。让尚书省外的大臣来主持尚书省的事务,无疑也是一项重要的制度设计,这一设计,应当含有防止尚书省的长官和省外大臣对尚书事独断专权的用意在内。一方面,尚书令和仆射虽然是尚书省的正副长官,但是,他们上面还有录尚书事,令仆要实现对尚书大政的独揽,就不容易。另一方面,录尚书事虽然在尚书省内至高无上,但他来自省外,受尚书省内详议和公卿博议尚书事务的制度约束,也受尚书令仆和尚书丞郎的约束,录尚书事要对尚书事独断专行,同样举步维艰。

魏晋南朝存在两人以上同时兼任录尚书事的现象,如司马懿和曹爽、姜维和费祎、贾充和司马攸等,都曾经同时参录尚书事。《宋书·百官志》说西晋有过四人同时参录尚书事的现象。《晋书》卷一〇一《刘聪载记》:"征刘曜为丞相、录尚书,辅政,固辞乃止。仍以刘景为太宰,刘骥为大司马,刘颛为太师,朱纪为太傅,呼延晏为太保,并录尚书事。"则刘赵出现过五人参录尚书事的现象。多人参录尚书事,无疑有利于增强尚书省处理政务和事务的能力,也彰显了权臣掌握尚书事务的必要性,还说明尚书省的权力制衡是必要的。这与我们对省外官录尚书事的解释,具有完全相同的逻辑。

总之,录尚书事由尚书省外的公卿兼任,既有利于尚书省外的公卿参与和主持尚书事务,增强尚书省的政治运行效能,又照顾了朝廷重臣参与和掌握尚书政事的需要,还能形成尚书省长官与省外公卿之间的权力制衡,一举而数得,体现了王朝的政治智慧。在我看来,魏晋南朝的录尚书事制度,与唐代中期以后的同中书门下平章事制度,具有异曲同工之妙。

二 省外官怎样录尚书事

录尚书事与尚书令和仆射的区别,不仅仅体现在在权任和名望方面,还体现在其他一些方面。首先,尚书令、仆射等尚书官是常住尚书省内,并且携家属居省，①而录尚书事似乎没有必须住尚书省内的规定。如，陈顼在陈废帝时任扬州刺史、录尚书事，"与左右三百人入居尚书省"，但中书舍人刘师知忌惮他权势太盛，乃矫敕曰："今四方无事，王可还东府，经理州务。"陈顼不以为疑，准备迁出尚书省，经其咨议参军毛喜劝阻说"今若外出，便受制于人，譬如曹爽，愿作富家翁不可得也"，他才没有搬出尚书省。② 这说明录尚书事可居尚书省，也可居其本官的办事机构。而且，录尚书事是与"左右"数百人入居尚书省，与携家属入省也不同。③ 另外，录尚书事组织尚书官议政，一般是用书面通知的方式，如宋文帝时，王弘以卫将军、开府仪同三司身份录尚书事，欲组织尚书省官员讨论同伍犯法，士人应否连同科罪的问题，是通过"与八坐丞郎疏"而召集讨论的。④ 疏，是一种书面信件之类的文书，尚书令和仆射等长官如果要组织省内官员议政，是没有必要用书面信函下达通知的。

尽管录尚书事并非尚书省官，但是，录尚书事确实能够主持尚书省内重要事务。《北堂书钞》卷五九录尚书"参七牒"条，引沈约《宋书》："晋惠帝初，使尚书七牒大事，经关张华，有异得不议。"《太平御览》卷二一〇《职官部八》也说："张华为光禄大夫，尚书七条事皆谘而后行。"所谓七牒大事，七条事，是尚书省内各种大政的泛称。当时张华是以右光禄大夫、侍中、中书监身份录尚书事，以上这些材料说明，尚书省中大事，确实是他说了算，即使有人有异议也无须讨论。

那么，录尚书事是以怎样的方式，将尚书省的事务总录起来的呢？这是一个非常重要的问题，但是，几乎所有研究政治制度的著作，对这一问题似乎没有明确意识，迄今没有专门讨论。

我认为，要解答这一问题，必须从尚书省的一个重要权力——奏事权谈起。祝总斌先生对汉代以来尚书郎的奏事问题已加关注，他认为，奏事

---

① 《陈书》卷二六《徐陵附弟孝克传》："自晋以来，尚书官僚皆携家属居省。省在台城内下舍门，中有阁道，东西跨路，通于朝堂。"北京：中华书局，1972年，第338页。
② 《陈书》卷七《世祖沈皇后传》，第127页。
③ 《宋书》卷八一《顾琛传》（第2076页）："尚书寺门有制，八座以下门生随入者各有差，不得杂以人士。"可证明携左右三百人入省，确实不符合尚书省官的体制。
④ 《宋书》卷四二《王弘传》，第1317页。

不仅指交上文书,而且也应该包括当面口头报告。① 何谓奏事,史书记载不详,祝先生的说法可备一说。但是,我更加关注尚书奏事的意义,以及录尚书事在尚书奏事中的作用。

我认为,尚书省有奏事权,是尚书省作为政务根本、万机枢纽的一个重要表现。中书、门下虽然偶尔也可奏事,但远不像尚书省那样,拥有经常性、制度性的奏事权。史书中经常出现"尚书奏事"一词,"中书奏事""门下奏事"之类的词语则几乎找不到。这本身就表明尚书省在政务事务运行中的特殊地位。

尚书奏事,实际包含着尚书省经管的各种大政,历代王朝都非常重视。如《晋书》卷四三《山涛附简传》:晋怀帝永嘉初,上疏曰:"世祖武帝应天顺人,受禅于魏。泰始之初,躬亲万机,佐命之臣,咸皆率职。时黄门侍郎王恂、庾纯始于太极东堂听政,评尚书奏事。"说明自晋武帝时起,就对尚书奏事非常重视,组织黄门侍郎等官对尚书奏事加以评议。《晋书》卷一〇五《石勒载记下》:勒下书曰:"自今有疑难大事,八坐及委丞郎赍诣东堂,诠详平决。其有军国要务须启,有令仆尚书随局入陈,勿避寒暑昏夜也。"可见,石赵政权也继承了西晋以来东堂评决尚书奏事的制度。《晋书》卷七《成帝纪》:"咸康六年秋七月乙卯,初依中兴故事,朔望听政于东堂。"东晋又对太极殿东堂听政的制度加以强调,听政内容也是以尚书奏事为主。实际上,汉代开始设立的"平尚书事""领尚书事""录尚书事",这些官参议的事务就包括"尚书奏事",即尚书省经管的各项大政在内。

尚书奏事,有些是尚书省已经议定的政事,有些则未经议定。《梁书》卷三《武帝纪下》:大同六年八月辛未诏曰:"自今尚书中有疑事,前于朝堂参议,然后启闻,不得习常。其军机要切,前须谘审,自依旧典。"梁武帝诏中,"于朝堂参议,然后启闻",所启的应是尚书省已经议定的事;"军机要切,前须谘审",应是指尚书省难以独立决断,需要皇帝组织公卿进行讨论的事。不管是已经议定的事,还是未经议定的事,总之,都是由

---

① 祝总斌:《两汉魏晋南北朝宰相制度研究》,北京:中国社会科学出版社,1998年第二版,第191页。

尚书省将议题提出来，这也正是尚书省具有"政本"地位的重要体现。笔者未曾发现中书省事务和门下省事务由公卿讨论的材料，虽然中书监令、门下侍中有权参与讨论尚书省提出的大政，但是，有权参议尚书事务的，并不限于中书监令和门下侍中。魏晋南朝常见的公卿议政，所议的政多数都是尚书省的政事，公卿则包括尚书省官员、门下省官员和中书省官员，也包括三公九卿在内。

尚书以外的部门当然也有一定的奏事权，史书中常见"有司奏"，有司并不限于尚书省。但是，这些"有司奏"，最后往往是由尚书八座和公卿进行评议之后，由尚书省最终上奏。如，孝武帝孝建二年正月，"有司奏"要求讨论正月十五日南郊祭祀礼仪，问题提出后，太学博士王祀之等发表看法，太常丞朱膺之也发表看法，最后是"通关八座丞郎博士，并同膺之议。尚书令建平王宏重参议，谓膺之议为允。诏可"。① 这里提出问题的"有司"，不一定是尚书省，可能是太常寺等礼仪部门，但最终议定上奏的是尚书八座。又如，晋安帝义熙二年六月，白衣领尚书左仆射孔安国上奏，云太常博士徐乾、御史中丞范泰、太常刘瑾等议论殷祠礼仪失当，"请免泰、瑾官"。结果是"诏皆白衣领职。于是博士徐乾皆免官"。领司徒王谧、丹阳尹孟昶等接着又议论殷祠应在何时开始，中领军谢混、太常刘瑾、太学博士徐乾等也发表议论，最后是"尚书奏从王谧议"。② 这说明，尚书省不仅可以提出议题，而且要评议其他部门官员提出的问题，最后上奏给皇帝。《宋书》卷一五《礼志二》记录的"关事仪"等文书格式，更清楚地显示即使司徒府奏事，也是"请台告报"，即最终是由尚书台上奏。③

那么，尚书奏事对于兼任录尚书事的人来说，有什么意义呢？他们又在尚书奏事中发挥怎样的作用呢？

《晋书》卷一《宣帝纪》："及齐王（曹芳）即帝位，迁侍中、持节、都督中外诸军、录尚书事，与（曹）爽各统兵三千人，共执朝政，更直殿中，乘舆

---

① 《宋书》卷一六《礼志三》，第427—428页。
② 同上书，第453—455页。
③ 详见《宋书》卷一五《礼志二》，第381—384页。

入殿。爽欲使尚书奏事先由己，乃言于天子，徙帝为大司马。朝议以为前后大司马累薨于位，乃以为太傅。"太傅品级高于司马懿任录尚书事的本官侍中和都督中外诸军事，而曹魏以来的录尚书事，本官越高，录尚书事时越有发言权，在尚书文案的署名中也越居前。① 那么，曹爽将司马懿改任为比先前更高的职务，怎么会反而有利于自己优先掌握尚书奏事呢？原来司马懿改任太傅后，实际上脱离了录尚书事职务，《三国志》卷九《魏书·曹真附爽传》："丁谧画策，使爽白天子，发诏转宣王为太傅，外以名号尊之，内欲令尚书奏事，先来由己，得制其轻重也。"将曹爽的意图交待得更加清楚。曹爽与司马懿的故事，说明录尚书事，首先就是录尚书奏事，没有录尚书奏事的权力，则实际就没有录尚书事的权力。《晋书》卷一〇二《刘聪载记》："仍以刘景为太宰，刘骥为大司马，刘颢为太师，朱纪为太傅，呼延晏为太保，并录尚书事，范隆守尚书令、仪同三司，靳准为大司空、领司隶校尉，皆迭决尚书奏事。"更加明确地反映了录尚书事的职责，首先就是总管尚书奏事。

　　录尚书事控制尚书奏事的方式之一，是对尚书省上奏的文书进行审核并署名。如史书说"选案黄纸，录尚书与吏部尚书连名"，②说的就是录尚书事对吏部选举把关和署名。但是，有吏部和录尚书事共同署名的"选案"，仍然只是"奏事"，即需要上奏给皇帝的文书。如，蔡兴宗在宋前废帝时任吏部尚书，每陈选事，往往被废帝的宠臣越骑校尉戴法兴、中书舍人巢尚之"点定回换"，兴宗对太宰、录尚书事刘义恭抱怨说："主上谅暗，不亲万机，而选举密事，多被删改，非复公笔，亦不知是何天子意。"可见兴宗奏上的选举文书，是带有录尚书事刘义恭的批示和署名的，但皇帝的近臣仍有机会对这些文书进行删改；在对散骑常侍、征虏将军薛安都和太子左卫率、中庶子殷恒的迁官问题上，蔡兴宗与刘义恭意见不同，经兴宗反复论执，"义恭然后署案"。但是，经过了录尚书事签署的拟官文书，

---

① 前引《宋书》卷五七《蔡廓传》："又齐王为司空，贾充为太尉，俱录尚书署事，常在充后。潘正叔奏《公羊》事，于时三录，梁王肜为卫将军，署在太尉陇西王泰、司徒王玄冲下。"司马攸署名之所以在贾充之下，因为其本官司空低于贾充的本官太尉；司马肜署名在司马泰和王浑之下，也是因为其本官卫将军低于另两人的本官太尉和司徒。
② 《宋书》卷五七《蔡廓传》，第1572页。

仍然不是最终的任命书,还必须上奏皇帝批准,薛安都、殷恒的任官,最终是由皇帝的"中旨"确定的,与蔡兴宗和刘义恭拟定的官职不同。① 刘义恭和蔡兴宗的故事,说明尚书省的奏事,一般是要有录尚书事署名的。《宋书》卷五七《蔡廓传》:"潘正叔奏《公羊》事,于时三录,梁王彤为卫将军,署在太尉陇西王泰、司徒王玄冲下。"也说明经尚书省奏上的文书,是有录尚书事署名的。

录尚书事在尚书奏事中发挥重要作用的方式之二,是在事务上奏之前,录尚书事召集尚书省内的人对拟上奏的事务进行讨论。史书中常见"尚书省详议",就是尚书省内的议政,这些议政,一般是由尚书省的长官尚书令或仆射主持,但有时是由录尚书事召集和主持。如,晋武帝泰始十年,武元杨皇后去世,尚书祠部奏从博士张靖议,皇太子也和群臣一样既葬"释服",而博士陈逵认为皇太子应"终服",武帝"有诏更详议",详议中,发表意见的有尚书令贾充、尚书仆射卢钦、尚书杜预、魏舒、山涛、胡威、石鉴等。② 这次议政似乎没有录尚书事参加,但是,我认为,最后上奏文书上,还是应该带有录尚书事的署名的,前面所引《宋书·蔡廓传》反映录尚书事在潘正叔奏《公羊》事上署名,就说明上奏文书有录尚书事的署名。南朝的史料显示,录尚书事能主持尚书省内的详议。如,宋文帝时,卫将军、录尚书事王弘,"与八座丞郎疏",提出讨论同伍犯法,士人应否连坐的问题。发表议论的有尚书左丞江奥、右丞孔默之、尚书王准之、殿中郎谢元、吏部郎何尚之,最后发表议论的是王弘自己。但是,这次讨论的结果也是"奏事",需要由皇帝加以定夺,所以,最后是"太祖诏,卫军议为允",③即皇帝最终采纳了录尚书事王弘的意见。

录尚书事与尚书奏事关系第三方面的表现,是录尚书事可以亲自提出奏案。如,东晋孝武帝去世后,太傅录尚书会稽王道子议:"山陵之后,通婚嫁不得作乐,以一朞为断。"④宋文帝时,卫将军、录尚书事王弘认为"民年十三半役,十六全役"的制度不合理,建议改为"十五至十六,宜为

---

① 《宋书》卷五七《蔡廓附子兴宗传》,第1576页。
② 《晋书》卷二〇《礼志中》,第618—623页。
③ 《宋书》卷四二《王弘传》,第1317—1321页。
④ 《晋书》卷二〇《礼志中》,第618页。

半丁,十七为全丁"。① 宋文帝元嘉二十四年,"录尚书江夏王义恭建议,以一大钱当两,以防剪凿"。② 录尚书事提出的奏案,有些可以不经讨论就得到支持。如上引会稽王道子的奏案和王弘的议案,都未经讨论,就被采纳了。尤其宋文帝时的司徒、录尚书事彭城王刘义康,"既专总朝权,事决自己,生杀大事,以录命断之。凡所陈奏,入无不可"。③ 说明其奏事大多是不经讨论就被采纳了。

除了总管尚书奏事之外,录尚书事行使职权的另一主要方面,是在公卿博议中发挥重要的作用。

日本学者中村圭尔对魏晋南北朝的议政问题做过研究,他注意到魏晋南朝的尚书省内部"详议",也注意到"付外详议""付内外博议"等问题。他认为"付外详议""付内外博议"是皇帝下诏于门下省,让其进行讨论。④ 但是,据我观察,北朝的史书有时候明言"付门下博议""付门下、尚书博议",说明北朝有时由门下省主持博议,有时由门下和尚书两省共同主持博议。但是,魏晋南朝的付外详议和博议,则几乎见不到由门下省主持的,由尚书省主持的例证则不难找到。如,《梁书》卷三《武帝纪下》:大同五年正月丁巳,"御史中丞、参礼仪事贺琛奏:'今南北二郊及藉田往还并宜御辇,不得乘轲,二郊请用素辇,藉田往还乘常辇,皆以侍中陪乘,停大将军及太仆。'诏付尚书博议施行。"又如,《梁书》卷三八《朱异传》:"上书言建康宜置狱司,比廷尉,敕付尚书详议,从之。"十六国也是由尚书省召集公卿博议,如《晋书》卷一二八《慕容超载记》:"超议复肉刑,九等之选,乃下书于境内曰:'……今四境无虞,所宜修定,尚书可召集公卿。'"而且,门下省讨论过的问题,最终还是要由尚书省讨论制定政策。如,宋武帝时,黄门侍郎王韶之驳员外散骑侍郎王寔之请假事,最后他又说"请付尚书详为其制"。⑤ 这说明,中书门下虽然有参议尚书奏事的权

---

① 《宋书》卷四二《王弘传》,第 1321 页。
② 《宋书》卷六六《何尚之传》,第 1734—1735 页。
③ 《宋书》卷六八《彭城王义康传》,第 1790 页。
④ 谷川道雄主编:《魏晋南北朝隋唐史学的基本问题》,北京:中华书局,2010 年,第 175—176 页。
⑤ 《宋书》卷六〇《王韶之传》,第 1626 页。

力,但是,方针政策的制定,还是归之于尚书省。

西晋开始,尚书省可以对政事进行驳议。如,晋武帝要求礼官议定齐王攸出藩的崇赐之仪,博士庾旉等却上表议齐王不应之国,"武帝以博士不答所问,答所不问,大怒,事下有司"。尚书朱整等奏:"旉等侵官离局,迷罔朝廷,崇饰恶言,假托无讳,请收旉等八人付廷尉科罪。"廷尉刘颂断庾旉等大不敬,应处弃市刑,尚书又奏请报听廷尉行刑。尚书夏侯骏谓朱整曰:"国家乃欲诛谏臣!官立八座,正为此时,卿可共驳正之。"朱整不从,夏侯骏怒起,曰:"非所望也!"乃独为驳议,其驳议得到了尚书左仆射魏舒、右仆射下邳王晃等人的支持,结果诸博士只是除名,没有弃市。① 可见,尚书八座本身就负有驳正尚书省和其他部门违失的责任。而且,尚书省官也可驳正中书省启奏的政策,如晋武帝时太中大夫恬和表陈便宜,要求"使王公已下制奴婢限数,及禁百姓卖田宅",史言"中书启可,属主者为条制",说明中书省向武帝建议采纳恬和的意见,武帝也同意;"属主者为条制",主者应是尚书省,因为掌管经济的左民曹、右民曹和田曹都在尚书省,经济政策的主者自然是尚书省。但时任尚书郎的李重提出驳议,恬和的意见最终没有施行。② 这是一个由中书省议论通过,并得到了皇帝支持的议案,但最终在制定政策的部门尚书省被驳议和否决。

综上所论,可以肯定,魏晋南朝的"付外详议""付外博议",所指的"外"大多数时候应该是指尚书省,也就是说,魏晋南朝的公卿博议,主要是由尚书省组织的。

那么,公卿博议中,录尚书事又发挥怎样的作用呢?

首先,录尚书事提出的奏案,如果问题比较重大,会成为公卿博议的内容。如,录尚书事江夏王义恭"以一大钱当两"的议案,就被博议了,参加博议的有尚书右仆射何尚之、吏部尚书庾炳之、侍中太子左卫率萧思话、中护军赵伯符、御史中丞何承天、太常郗敬叔、中领军沈演之。其中只有沈演之支持刘义恭的提案,而其他与议者都不同意义恭的提案。但最

---

① 《晋书》卷五〇《庾纯附旉传》,第1402—1403页。
② 《晋书》卷四六《李重传》,第1310—1311页。

后的裁决者是宋文帝,他支持了义恭和沈演之的意见。①

其次,录尚书事可主持公卿博议。如,宋孝武帝大明年中,丹阳尹孔灵符上表孝武帝,要求迁山阴县"无赀之家于余姚、鄞、鄮三县界,垦起湖田",孝武帝"使公卿博议"。这次博议,最先发表议论的就是录尚书事、太宰江夏王义恭,接着尚书令柳元景、右仆射刘秀之、尚书王瓒之、顾凯之、颜师伯等也发表议论,然后侍中沈怀文、王景文、黄门侍郎刘启、郗颙发言,再后太常王玄谟、光禄勋王昇之依次发言。与议者都不支持孔灵符的意见。但是,这次讨论形成的意见,仍然是要上给皇帝的"奏事",史言"上违议,从其徙民"。②

最后,录尚书事有时成为公卿博议的召集人。如,陈废帝时,廷尉对梁代测囚之法和陈代新定的测囚法的优劣问题提出疑问,"请集八座丞郎并祭酒孔奂、行事沈洙五舍人会尚书省详议"。当时,"高宗录尚书,集众议之"。最后是"高宗依事施行"。③ 可见,录尚书事召集并主持了这次有八座丞郎以及中书舍人等共同参与的议政,并且议政在尚书省进行。

综上,尚书省有权提出、议定奏案和组织公卿博议,也有否决中书门下等部门议案的权力,这些正是魏晋南朝尚书省作为宰相部门的重要表现。录尚书事审查和签署尚书事的上奏文书,主持和审署尚书省的议政,参与和主持公卿博议,是尚书省外的官员录尚书事的重要方式,也是录尚书事"职无不总"的具体表现。

(陶新华 湖南大学岳麓书院副教授)

---

① 《宋书》卷六六《何尚之传》,第1734—1736页。
② 《宋书》卷五四《孔季恭附灵符传》,第1532—1533页。
③ 《陈书》卷三三《儒林·沈洙传》,第437—439页。

《亡宫八品柳志铭并序》发微*

陈丽萍

【内容提要】 本文以唐玄宗贞顺皇后敬陵陪葬宫人柳氏墓志为中心,首先界定了唐代宫人的概念;其次释读了柳氏墓志的内容,就柳氏的品阶、出身、享年和陪葬时间等问题进行了研究;再次,借助存世的唐代令文,对宫人的丧葬管理与陪葬制度进行了梳理与探讨。

位于陕西省长安区大兆乡庞留村西侧的唐玄宗贞顺皇后敬陵于2004年被盗,2008年9月至2009年5月,陕西省历史博物馆与考古研究院联合对敬陵进行了抢救性考古发掘。① 2010年3月3日,当地村民将几年前在墓冢以北约200米远的砖瓦厂内捡到的一合青石墓志送交到考古队。据志文所载,志主为八品宫人柳氏,卒后陪葬敬陵,这不仅为确定敬陵的具体位置提供了关键性证据,也为研究唐代宫人的丧葬管理与陪葬

---

* 本文系教育部人文社会科学研究青年基金项目"唐令的复原与研究"(项目号:13YJC820110)阶段性成果之一。
① 关于敬陵被盗及相关文物的流失与追讨,主要可参见陕西历史博物馆编:《唐贞顺皇后敬陵被盗石椁回归纪实》,西安:三秦出版社,2011年。

制度提供了宝贵线索。①

柳氏墓志图片目前仅见刊于《唐贞顺皇后敬陵被盗石椁回归纪实》,②笔者目力所及,尚未见到录文刊发,故先将志文过录以便下文论述。

柳氏墓志一合,志盖楷书3行"大唐故/宫捌品/墓志石";志文楷书12行,满行13字,全文共138字,录文如下:

> 亡宫八品柳志铭并序
> 柳亡宫者,以良家入选,早俗椒房,
> 以阴礼锵仪,恭闻桂殿。生而感众,
> 应小星之侍;没而示终,归大夜之
> 城。春〔秋〕六十二,奄随物化。上用悲悼,
> 申命有司,陪瘗于敬陵,宠营魂也。
> 若乃展禽余美,柳庄垂迹,代传操□,
> 共辑微寻。瞻永巷而长辞,
> 凄巨室而不晓。铭曰:汉宫入选,
> 岱岳长归,芳华销歇,恩命光晖。添
> 愁增感,彤管何依。五陵相接,行泪
> 霏霏。

尽管得享陪葬贞顺皇后敬陵之殊荣,但与所见多数唐代宫人墓志相类,③柳氏的墓志中同样充斥着诸多格式化的词汇,④有关个人的信息非

---

① 《唐贞顺皇后敬陵被盗石椁回归纪实》,第2—4、107—108、152页。
② 同上书,第153页。
③ 有关唐代宫人墓志的刊发及对墓志内容的研究,主要可参见关双喜:《西安西郊出土两合唐宫人墓志》,《考古与文物》1982年第6期,第35—37页;孙东位:《昭陵发现陪葬宫人墓》,《文物》1987年第1期,第83—95页;刘洪淼、孙角云:《巩义市出土唐代九品宫人墓志》,《文物》1997年第2期,第94、54页;耿慧玲:《从神龙宫女墓志看其在政变中之作用》,荣新江主编:《唐研究》第3卷,北京:北京大学出版社,1997年,第231—258页;宁志新、朱绍华:《从〈千唐志斋藏志〉看唐代宫人的命运》,《中国历史文物》2003年第3期,第58—62页;杨春芳:《从墓志看唐代宫女的等级》,西北大学硕士学位论文,2003年;王锋钧、李喜萍:《晚唐宫女"颗娘"墓志》,《考古与文物》2003年第2期,第8页;王其祎:《晚唐〈春宫颗娘墓志石〉小札——兼读晚唐相关墓志小品及其他》,杜文玉主编:《唐史论丛》第9辑,西安:三秦出版社,2007年,第253—258页;李举纲、(转下页)

常之少,甚至还有漏字或难以通读之处。不过,笔者在释读柳氏墓志之时,尽力从中发掘了一些有关唐代宫人丧葬营办方面的信息,并以柳氏墓志为引子,借助《唐六典》与存世唐代令文,就宫人的丧葬管理及陪葬制度略作梳理与探讨。

一 志文释读

在释读柳氏墓志之前,有必要先明确唐代"宫人"的定义。学界对南北朝至隋代及唐代宫人的诸多研究成果显示⑤,"宫人"概

(接上页)张安兴:《西安碑林新藏〈唐万善寺尼那罗延墓志〉考疏》,《中原文物》2009年第3期,第98—101页;陈丽萍:《唐〈内人兰英墓志〉释读——兼谈唐代后妃的收养现象》,赵力光主编:《碑林集刊》十六,西安:三秦出版社,2011年,第48—56页;仇鹿鸣:《新见〈姬总持墓志〉考释——兼论贞观元年李孝常谋反的政治背景》,荣新江主编:《唐研究》第17卷,北京:北京大学出版社,2011年,第221—250页。又,笔者从相对集中刊发唐人墓志的《唐代墓志汇编》(周绍良主编,上海古籍出版社,1992年。下注文简称《汇编》)、《唐代墓志汇编续集》(周绍良主编,上海古籍出版社,2001年。下注文简称《续集》)、《全唐文补遗》第1—9辑(吴钢主编,西安:三秦出版社,1994—2009年)、《新中国出土墓志·陕西》(壹、贰)(中国文物研究所、陕西省古籍整理办公室编,北京:文物出版社,2000、2003年)等书籍及一些刊发宫人墓志的文章中,初步统计出唐代宫人墓志约151方,笔者论述中的一些数据即基于以上统计,下行文中不再一一出注。

④ 有关唐代宫人墓志书写格式的研究,主要可参见程章灿:《"填写"出来的人生——由〈亡宫墓志〉谈唐代宫女的命运》,《中国典籍与文化》1996年第1期,收入氏著:《古刻新诠》,北京:中华书局,2008年,第219—220页;胡玉兰:《唐代亡宫墓志铭文的程序化演变及原因》,《浙江大学学报》2006年第2期,第45页;胡玉兰:《唐代亡故宫女墓志铭文的文化意蕴》,《哈尔滨工业大学学报》2006年第5期,第136—139页。

⑤ 对南北朝及隋代宫人群体的研究,主要可参见赵万里:《汉魏南北朝墓志集释》卷十,北京:科学出版社,1956年,第102—111页;张承宗:《三国两晋南朝宫女考略》,《南京晓庄学院学报》2005年第1期,第24—29页;蔡幸娟:《北魏内官制度研究》,成功大学历史学系《历史学报》第23号,1997年,第275—301页;蔡幸娟:《北齐北周与隋代内官制度研究》、《北朝女官制度研究》,《历史学报》第24号,1998年,第141—174、175—213页;张承宗:《北朝宫女考略》,《苏州大学学报》2006年第2期,第107—111页;周晓薇、王其祎:《隋代宫人的谱选标准与社会期许》,《陕西师范大学学报》2011年第2期,第56—63页;周晓薇、王其祎:《隋代宫人制度及相关问题》,《陕西师范大学学报》2012年第3期,第98—110页;杨宁:《从墓志看隋代宫人的几个问题》,《重庆第二师范(转下页)

念有广义和狭义之别,而划分标准又各异。笔者也认同"宫人"概念有广义和狭义之别,针对唐代后宫设置的具体情况,对这两种概念的"宫人"有如下定义。

广义宫人,可指除帝王子孙之外生活或服务于宫廷的一切人员,包括(帝王与太子)后妃、宫女与宦官,这在《唐六典》《旧唐书·职官志》《新唐书·百官志》所载后宫设置中的表述大致无异,①其中"宫廷"包括两京皇宫、行宫以及太子宫、十王宅等宫院,而后妃在史书中也别作"内官"、宦官则别作"内侍"。狭义宫人,即特指宫廷中除后妃之外、从事各种服务工作的女性群体,其内部组成和等级划分较为复杂。除了能在史籍中对应出品阶职掌的(皇宫)六尚与(太子宫)三司机构的宫官(详下)外,还有诸如女师、②乳(保)母③以及众多其他有品阶(或品阶不详)的执

(接上页)学院学报》2013 年第 4 期,第 32—35 页;周晓薇、王其祎:《柔顺之象:隋代女性与社会》第七章《掖庭女职:隋代宫人制度新证》,北京:中国社会科学出版社,2012 年,第 155—211 页。

  对唐代宫人群体的研究,主要可参见潘泰泉:《唐代的女官》,《南通师专学报》1996 年第 1 期,收入朱雷主编:《唐代的历史与社会》,武汉:武汉大学出版社,1997 年,第 557—567 页;刘晓云:《唐代女官的特点》,《首都师范大学学报》2006 年增刊,第 29—32 页;赵雨乐:《从宫官到宦官:唐前期内廷权力新探》,《九州学林》2004 年第 2 期,复旦大学出版社,后更名《唐前期宫官与宦官的权力消长》,收入氏著:《从宫廷到战场:中国中古与近世诸考察》,香港中华书局,2007 年,第 1—35 页;刘晓云:《唐代女官制度研究》,首都师范大学硕士学位论文,2007 年;万军杰:《唐代宫人之命运探析》,《武汉大学学报》2010 年第 2 期,第 145—151 页;王伟歌:《唐代掖庭研究》,上海师范大学硕士学位论文,2011 年;萧锦华:《唐代宫人之法律地位与管理待遇》,蒲慕州主编:《礼法与信仰——中国古代女性研究论考》,香港:商务印书馆,2013 年,第 200—228 页。

① 李林甫等撰、陈仲夫点校:《唐六典》卷二《尚书吏部》、卷十二《内官宫官内侍省》、卷二六《太子内官》,北京:中华书局,2008 年,第 38、341—376、672—693 页;《旧唐书》卷四四《职官志三》,北京:中华书局,1995 年,第 1866—1872、1909—1910 页;《新唐书》卷四七《百官志二》,北京:中华书局,2003 年,第 1221—1233 页。
② 如有"二品女师",参见《唐故二品宫墓志铭》,《汇编》显庆 143,第 311—320 页。
③ 如有太宗乳母彭城夫人刘氏(王溥《唐会要》卷二一《陪陵名位》,上海:上海古籍出版社,2006 年,第 480 页;《大唐故彭城国夫人刘氏墓志铭并序》,《续集》贞观 039,第 30 页)、高宗乳母一品燕国夫人卢氏(刘𬋖撰、程毅中点校:《隋唐嘉话》卷中,北京:中华书局,1997 年,第 32 页)、高宗保母一品周国夫人姬氏(《大唐故周国夫人姬氏墓志铭并叙》,赵君平、赵文成编:《秦晋豫新出土墓志搜佚》一,北京:国家图书馆出版社,2011 年,第 190 页)等。

事宫人①等。此外，后妃与有品阶的宫人又组成了唐代的"内命妇"群体，②其品阶与服章等相关制度又有所参杂关联，在史料中也时常被当作一体记载；宫人与后妃之间还存在着身份的转换③等问题，这些都很容易令人混淆宫人与后妃之间的界限，或仅以宫官为宫人，又或将后妃与宫人笼统算为"宫人群体"，这两点在唐代宫人的研究中应有所注意。尤其本文将要论及的唐代宫人丧葬与陪葬制度，在相关史料中，也多以"宫人"一词笼统指代后妃与宫女。因此，关于后妃与宫人的区别，应多集中在她们官方身份的认可与不同，而非她们与皇帝之间到底存在何种关系。本文将使用狭义"宫人"之概念，下行文中不再作特别说明。

如上所说，柳氏墓志中有关个人经历的记载很少，目前仅能从中获知以下四点相关信息：官秩八品；出身良家；享年六十二岁；陪葬敬陵。

---

① 如据墓志所载，有葬以七品礼的掖庭宫人丁氏（《大唐故宫人丁氏墓志》，《续集》贞观003，第9页）、含元宫八品宫人（《唐故含元宫八品墓志》，《续集》调露003，第242页）、为武则天掌"墨敕制词"的"女史"李氏（《唐司马慎微墓志》，《秦晋豫新出土墓志搜佚》二，第477页）、小唾盂局宫人兰英（《唐内人兰英墓志》，《新中国出土墓志·陕西》贰下，第246页）、春宫长行银娘（《银娘墓志》，《续集》咸通101，第1113—1114页）等。又据其他史料所载，有被武则天封为"御正"的库狄氏（《旧唐书》卷八四《裴行俭传》，第2806页；《新唐书》卷一〇八《裴行俭传》，第4089页），以及曾为"内中学士"的廉女真（李远：《观廉女真葬·诗序》，彭定求等编：《全唐诗》卷五一九，北京：中华书局，1996年，第5930—5931页）等。这些宫人的名号与品阶皆未见载于宫官制度中。

② 唐制：皇帝后妃、皇太子后妃及后宫女性有品阶者，为内命妇。公主、王母及王妃与二王后夫人、职事官五品以上、散官三品以上、勋官四品以上及国公母妻，为外命妇。参见《旧唐书》卷四三《职官志二》，第1821—1822页；《新唐书》卷二四《车服志》、卷四六《百官志一》，第523、1188页；《唐六典》卷二、十二，第38—40、341—361页；《唐会要》卷二六《命妇朝皇后》，第573—574页。

③ 如高宗妃刘氏（《旧唐书》卷八六《高宗诸子传》，第2823页；《新唐书》卷八一《高宗诸子传》，第3585页；《资治通鉴》卷一九九高宗永徽三年条，第6278页）、睿宗妃柳氏（《右武卫将军柳公神道碑》，董诰等编：《全唐文》卷三五一，北京：中华书局，1983年，第3562—3563页；《旧唐书》卷九五《睿宗诸子传》，第3009、3015页；《新唐书》卷八一《睿宗诸子传》，第3596、3600页）、肃宗章敬吴皇后（《旧唐书》卷五二《后妃传下》，第2187页；《新唐书》卷七七《后妃传下》，第3499页）、代宗睿真沈皇后（《旧唐书》卷五二，第2188页；《新唐书》卷七七，第3501页）等皆为宫人出身。且随着玄宗朝十王宅制度的施行以及唐代士族群体没落的影响，唐后期诸帝的嫔妃几全为宫人出身，具体研究可参见吴丽娱、陈丽萍：《从太后改姓看晚唐后妃的结构变迁与帝位继承》，《唐研究》第17卷，第357—398页。

(一) 官秩八品

尽管笔者已经注意到,唐代的宫人职掌或品阶所属,并不仅局限于六尚或三司机构,如据出土墓志还有一品、二品等高品宫人,其品阶远在六尚等机构最高长官品阶(五品)之上;还有史料所载诸如"御正""小唾盂局""长行""春宫""内中学士"等宫人,其职掌也未见载于六尚等机构,但目前所见这些材料皆非常零散,还不足以复原出(除六尚和三司机构外的)其他与宫人相关的机构或制度的具体内容,故只能暂以六尚和三司机构中的相关职掌品阶,与柳氏的"八品"品秩相对。

唐因隋制(隋炀帝所置宫官,按六尚[从五品]、二十四司[从六品]、二十四典[从七品]、二十四掌[从九品]、女史[流外]分级执事①),亦置宫官而对其品阶与员数有所改动,又细分为皇宫六尚与太子宫三司两个体系,设置大致如下:

> 六尚(尚宫、尚仪、尚服、尚食、尚寝、尚功)十二人(五品);
>
> 二十四司与彤史(具体职掌略)五十八人(六品);
>
> 二十四典(具体职掌略)五十六人(七品);
>
> 二十四掌(**掌记、掌言、掌簿、掌闱;掌籍、掌乐、掌宾、掌赞;掌宝、掌衣、掌饰、掌仗;掌膳、掌酝、掌药、掌饎;掌设、掌舆、掌苑、掌灯;掌制、掌珍、掌彩、掌计**)五十六人(**八品**);
>
> 女史八十三人(九品);
>
> 此外,还增设宫正部门,下设宫正一人(五品)、司正二人(六品)、典正四人(七品)、女史四人(九品)。

以上为六尚体系。②

> 三司(司闺、司则、司馔)六人(从六品);
>
> 九掌(具体职掌略)二十七人(从八品);
>
> 女史二十四人(流外三品)。

---

① 《隋书》卷三六《后妃传》,北京:中华书局,2000年,第1106—1108页。
② 《唐六典》卷十二,第341—344、348—355页;《旧唐书》卷四四,第1867—1869页;《新唐书》卷四七,第1226—1230页。

以上为三司体系。① 对比以上职掌与品阶，可知八品宫官或当为六尚体系中的二十四掌之一。就目前所见史料及宫人墓志，能够明确宫官职掌的有李尚服、②贺娄尚宫、③柴尚宫、④高尚食、⑤宋尚宫（宋若莘、若昭、若宪姊妹）；⑥何司制、⑦某司设、⑧王司簿、⑨某典饎、⑩某典灯；⑪麻掌闱⑫等，能与上列职掌对应者仅有 7 方。就笔者目前所统计的 151 方宫人墓志中，绝大多数仅载品阶而无职掌，其中八品宫人墓志共 23 方，明确职掌的只有麻掌闱，这可能是墓志书写者并不清楚宫人的具体职掌，或者对于仅按其相应品阶办理葬事的有关机构而言，品阶是享受各种待遇的基本前提，至于其具体职掌为何，对这些机构而言并无特殊意义。

因此，虽据柳氏墓志盖题与首题可知其生前官秩为八品，墓志书写者仅按相应品阶为柳氏营办了丧事（详下），我们目前只能依据八品宫官"二十四掌"之名目，大概猜测柳氏的职掌范围。当然，也不能排除柳氏的八品阶还属于其他（六尚体系外）职掌的可能，只是囿于材料所限，无法做更多猜测了。

（二）出身良家

唐代宫人的来源多样且身份复杂，大致可分为良家入选、罪臣妻女籍

---

① 《唐六典》卷二六，第 673—674 页；《旧唐书》卷四四，第 1909—1910 页；《新唐书》卷四七，第 1230—1232 页。
② 《前尚服李法满墓志铭并序》，《续集》上元 019，第 222—223 页。
③ 《旧唐书》卷五一《后妃传上》，第 2173 页。《资治通鉴》卷二〇九中宗景龙二年条，第 6623 页；卷二一〇中宗景龙三年条，第 6638 页；同卷睿宗景云元年条，第 6645 页。
④ 《旧唐书》卷五一，第 2173 页；《资治通鉴》卷二〇九，第 6623 页；宋敏求：《长安志》卷一〇，北京：中华书局，1991 年，第 130 页。
⑤ 《唐会要》卷三《杂录》，第 39 页。
⑥ 《旧唐书》卷五二，第 2198—2199 页；《新唐书》卷七七，第 3508—3509 页。
⑦ 《大唐故宫人司制何氏墓志》，《汇编》贞观 018，第 21 页。
⑧ 《唐宫官司设墓志铭并序》，《汇编》永徽 060，第 170 页。
⑨ 《宫人王氏之铭》，吴钢主编：《全唐文补遗》第 5 辑，西安：三秦出版社，1998 年，第 450 页。
⑩ 《唐故七品亡典饎墓志铭并序》，《汇编》龙朔 007，第 341 页。
⑪ 《大唐故亡[宫]七品墓志铭并序》，《全唐文补遗》第 5 辑，第 454 页。
⑫ 《唐故掌闱麻氏墓志铭》，吴钢主编：《全唐文补遗》第 1 辑，西安：三秦出版社，1994 年，第 474 页。

没、献俘、献口和应召等五种途径入宫，①其中良家子是充实后宫的首要人选，这在史籍中也多有记载。如贞观十三年，尚书省奏"请自今后宫及东宫内职有阙，皆选良家有才行者充，以礼聘纳；其没官口及素微贱之人，皆不得补用"，太宗"从之"。②又如贞观十七年，太宗"敕选良家女以实东宫"。③

笔者统计的151方宫人墓志中，明确记载宫人出身甲族、官宦或良家的墓志约有33方，鉴于宫人墓志书写格式的程式化，即更多墓志中仅以"不知何许人""不详氏族所出"描述宫人的家世，能言及出身的33方墓志所占比例已不算低了。

柳氏墓志载其"以良家入选"，这也是宫人入宫的正常途径。有意思的是，墓志中并无父母本家的只言片语，却用到了"展禽"（柳下惠）和"柳庄"之典。二人一为春秋时的鲁国名臣、柳氏得姓始祖；④一为典制与政务皆通的隋朝干吏，⑤都为"柳氏"一姓中可资标榜之人物，虽难免附会之嫌，却也暗示柳氏或亦出自"河东柳氏"，至于是否真如此，目前也无法继续查证了。

柳氏墓志盖、志题以及墓志首句皆显示其为"八品宫人"，但在志文中却又出现了"椒房""小星"二典，这又颇引人遐想。唐武德旧制，后妃分为八品、八级，其中置"采女二十七员，正八品"，⑥即唐代也有八品后妃之置，再联系椒房、小星一般指代后妃或妾室，必有人怀疑柳氏或许也是八品后妃，其实不然。

唐人墓志中确有沿用"椒房"指代后妃之例，如高祖王才人志文中有"言辞兰室，充选椒房"⑦句；贺兰务温墓志言中宗时"韦氏用韦，政出椒

---

① 高世瑜：《唐代妇女》，西安：三秦出版社，1988年，第12—16页；杨春芳：《从墓志看唐代宫女的等级》，第9—13页。
② 《资治通鉴》卷一九五太宗贞观十三年条，第6144页。
③ 《资治通鉴》卷一九七太宗贞观十七年条，第6206页。
④ 林宝撰、岑仲勉校记：《元和姓纂（附四校记）》卷七，北京：中华书局，2008年，第1095—1096页。
⑤ 《隋书》卷六六《柳庄传》，第1550—1552页。
⑥ 《唐六典》卷十二，第38页；《新唐书》卷四七，第1225页。
⑦ 《大唐故彭国太妃王氏墓志铭并序》，《续集》龙朔019，第130页。

房",①皆用此意。不过宦官苏永墓志"永巷之职御椒房,内游斯重"②句,则实仅以"椒房"指代后宫。此外,在一些士族女性的墓志中也出现了"椒房",如有赞誉张夫人"茂范端祥,振酌椒房之秀"、③王夫人"虽綦以樛木,而鲜于椒房"④之句。可知"椒房"也能泛指后宫或内闱,而不仅局限于后妃。同样,在其他唐代宫人墓志中也出现了"椒房"之典,如某五品宫人志文慨叹其亡故是"忽去椒房,奄淹沉蒿里"。⑤ 如此,即可理解"早备椒房"是言柳氏早年选入后宫而已,并非确指其有后妃身份。

至于"小星",唐代许多正室夫人的墓志中也常以"小星"赞誉妇德。如有李夫人"小星流惠,俯宵帐而推恩"、⑥杜夫人"而小星推惠,中馈流芬"、⑦杨夫人"小星纳惠,助夫□汉之光"⑧等。还如嗣曹王皋母郑太妃墓志云"太妃以礼之节为质……以《诗》之鹊巢、采蘩、小星、殷雷,《易》之坤、蛊、家人为德,小大由之,且以其余,施之于外,夫是以贤,子是以贵,以利于家邦",⑨显然也仅以"小星"等典故盛赞郑太妃的妇德,并无将其与妾室挂钩之意。同样,其他宫人墓志中也出现了"小星"之典,如某九品宫人志文中亦有"夙夜在公,小星之辉方耀"⑩句。可知"应小星之侍"也仅是套用暗喻了柳氏颇有妇德。

由此,虽不能确定柳氏确实出自"河东柳氏"一族及其具体职掌,但可以确定的是,柳氏是早年以良家子身份选入后宫的女官,卒时官秩八品。

---

① 《唐故正议大夫使持节相州诸军事守相州刺史上柱国河南贺兰公墓志铭并序》,《汇编》开元127,第1243页。
② 《大周故司宫台内给事苏君墓志铭并序》,《汇编》长寿026,第851页。
③ 《大周故程府君故夫人张氏墓志铭并序》,《汇编》天授034,第817页。
④ 《大唐赠琅邪郡夫人王氏墓志铭并序》,《续集》大历022,第706页。
⑤ 《大唐五品亡宫墓志铭并序》,《汇编》神龙018,第1053页。
⑥ 《大周陇西成纪郡李夫人墓志铭》,《汇编》万岁通天013,第896—897页。
⑦ 《大周常州司法参军事柳君故太夫人京兆杜氏墓志铭并序》,《汇编》天授004,第795—796页。
⑧ 《弘农杨氏墓志并序》,《续集》开元123,第537—538页。
⑨ 《唐赠尚书左仆射嗣曹王故妃荥阳郑氏墓志铭并叙》,《汇编》贞元005,第1840—1841页。
⑩ 《大唐故亡宫九品墓志铭并序》,《续集》永淳014,第263—264页。

(三) 享年六十二岁与陪葬敬陵

柳氏墓志载其享年六十二岁，但没有明载其生卒年，也没有明确何时陪葬于敬陵，故应将这两个问题结合起来分析。

据笔者对所见151方宫人墓志的统计，其中74方记载了志主的卒年、享年和葬期；35方记载了志主的卒年和葬期；17方记载了志主的享年和葬期；13方记载了志主的葬期；7方记载了志主的享年和卒年；3方记载了志主的卒年；1方是志主的卒年信息等皆无记载；1方仅记载了志主的享年，此即柳氏墓志。目前只能依据柳氏随葬贞顺皇后敬陵的一点背景，来大致推算其卒年和葬年的相关时间点。

开元二十五年(737)十二月丙午，玄宗武惠妃薨于兴庆宫；次日(丁巳)，诏赠为"贞顺皇后"。① 开元二十六年(738)二月庚申，葬贞顺皇后于"敬陵"。② 因此，作为一个专有名词，"敬陵"只能产生于贞顺皇后下葬之后，即开元二十六年二月庚申以后，而柳氏的葬年也应以此为上限。至于柳氏的卒年，笔者推测或许与贞顺皇后薨年相距不远，才使墓志书写者没有特别关注并提到这一点，而仅将其享年写入了志文，而柳氏志文中的"上用悲悼"者当为玄宗，也只有玄宗才能特许本朝宫人陪葬其追赠皇后的敬陵，由此也将柳氏卒年的时间下限定在了天宝十五载玄宗出逃长安之前。③

贞顺皇后生前备受玄宗宠爱，薨后得以追谥皇后并别建陵号，这也是唐代第一位不以子贵而追谥的皇后。宫人柳氏虽然品阶不高，但从陪葬皇后陵来看，其生前应与贞顺皇后关系较为密切，故能卒后依然侍奉于左右，以"宠营魂也"。柳氏也成为目前确知的第一位陪葬后陵的宫人。

---

① 唐玄宗：《赠武惠妃贞顺皇后制》，《全唐文》卷二四，第275页；徐安贞：《贞顺皇后哀册文》，《全唐文》卷三〇五，第3101页；《旧唐书》卷九《玄宗纪下》，第209页；《新唐书》卷五《玄宗纪》，第140页；《资治通鉴》卷二一四玄宗开元二十五年条，第6831页。
② 《旧唐书》卷九，第209页；《资治通鉴》卷二一四玄宗开元二十六年条，第6832页。
③ 《旧唐书》卷九，第232页；《新唐书》卷五，第152页；《资治通鉴》卷二一八肃宗至德元载条，第6971—6974页。

二 两个相关问题的探讨

在初步完成了对八品宫人柳氏墓志的释读之后,笔者拟就其中所隐含的两个问题再略作探讨。

(一) 宫人的丧葬管理

上引柳氏墓志所载,柳氏卒后,玄宗"申命有司,陪瘗于敬陵"。所谓"有司",当为何种机构?

吴丽娱借复原唐《丧葬令》之机,对唐代主管丧葬的中央机构进行了梳理,并分析了这些机构的职能及相互关系。① 笔者以此为基础进一步发掘,不论是丧葬管理机构的相关制度,还是通行法令中,皆有不少针对内、外命妇与无品宫人的制度或令文,只是凡涉及女性丧葬管理之处,有时会较为明确地注明为"宫人",有时则笼统为"妇人有品官者",有时并无特别注释,即相关制度或令文记载的清晰度远不及男性群体。笔者即通过这些零散而模糊的记载,将有关宫人的部分从相关制度或令文中剥离出来,从而大致追寻唐代宫人的丧葬管理制度。

唐代的尚书省礼部、鸿胪寺、将作监、太常寺等,皆置有丧葬管理的具体部门,如:

尚书省之礼部郎中、员外郎"掌礼乐……及百官、宫人丧葬赠赙之数"。②

鸿胪寺之司仪署设令一人,司仪令"掌凶礼之仪式及供丧葬之具……凡百官以理去职而薨、卒者,听敛以本官之服。……妇人有官品者,亦以其服敛。……凡设帟及铭旌、辒车之属有差。……男子幰、襈、疏苏

---

① 吴丽娱:《唐丧葬令复原研究》,天一阁博物馆、中国社会科学院历史研究所天圣令整理课题组:《天一阁藏明钞本天圣令校正——丧葬令复原研究》(下),北京:中华书局,2006年,第675—709页;吴丽娱:《终极之典:中古丧葬制度研究》(下)第五章《以官员为中心的唐朝〈丧葬令〉与丧葬礼》,北京:中华书局,2012年,第407—420页。
② 《新唐书》卷四六,第1194页。

皆用素,妇女皆用彩。……凡引、披、铎、翣、挽歌、方相、魌头、蘴、帐之属亦如之。……其下帐五品已上用素缯,六品已下用练,妇人用彩。凡五品已上薨、卒及葬合吊祭者,应须布深衣、帻、素三梁六柱羃皆官借之;其内外命妇应得卤簿者亦如之"。①

将作监之甄官署设令一人,甄官令"掌供琢石、陶土之事;……凡丧葬则供其明器之属,别敕葬者供,余并私备。三品以上九十事,五品以上六十事,九品已上四十事。当圹、当野、祖明、地轴、鞾马、偶人,其高各一尺;其余音声队与童仆之属,威仪、服玩,各视生之品秩所有,以瓦、木为之,其长率七寸"。②

太常寺之诸陵令"掌先帝山陵……若宫人陪葬,则陵户为之成坟"。③

以上史料分散记载了有关宫人丧葬管理的信息,而各处记载的表述又不尽相同:

尚书省与太常寺的相关机构及制度皆有与"宫人"直接对应处。司仪署所管"妇人有官品"者因涉及了内、外命妇两种群体,故没再特别强调宫人群体,但宫人凡有品官者,丧事营办中出现的敛服、铭旌、轜车、用帐及得卤簿等待遇,无疑皆应随此制。关于甄官署为不同品阶官员所供器物的等级,则全无男女或内、外命妇之别,或许因为这是一项通行制度,故不需再作区别。而这一制度是否与宫人有关,则在宫人墓葬的实际发掘中得以体现。

以往出土的宫人墓志虽然不少,但鲜有出土状况的详细报告,据近期网络新闻,2012年4—5月,陕西省考古研究院在西安西郊大马路村西侧发掘了一批唐代宫人墓,出土了七合墓志,所载宫人的品阶从六品至九品。从公布的图版显示,出土随葬品有小型漆器以及彩色骆驼俑、马俑、祖明、站立女俑与骑马女俑等。④ 尽管因为没有公布以上器物的更多详

---

① 《唐六典》卷十八《司仪署》,第507—508页。
② 《唐六典》卷二三《甄官署》,第597页。
③ 《唐六典》卷十四《太常寺》,第400—401页。此句又见载于《新唐书》卷四八《百官志三》(第1251页),唯主管机构为宗正寺,诸陵令为诸陵台,这是因为唐代陵署机构及太常、宗正寺管辖权变迁而致管理机构名称及归属的变动,本文对此不多涉及。
④ 见http://collection.sina.com.cn/jczs/20130815/1547123824.shtml。

细信息而无法将随葬品的种类、数量和尺寸与相关制度对应,但这至少说明宫人下葬时确有一定规制的明器,这些器物的监造机构也即甄官署了。

以上有关宫人丧葬管理的机构与制度多见载于《唐六典》或两《唐书》等官方制度汇编作品中。至于它们在法令中的具体体现,据今人复原的唐《丧葬令》令文排序,因为帝王皇室成员丧葬居先、官员丧葬居后的原则而有所变动;也因为法令的细化而被拆分成若干条文。具体参考吴丽娱复原的 37 条唐《丧葬令》令文次序,与上引机构、制度以及宫人相关者如下:

百官丧葬赙赠规制,见于唐丧葬令复原 8—13、15 条。①

百官及宫人陪葬帝陵规制,见于唐丧葬令复原 3 条。②

百官及妇人(有官品者)按品官敛服及给丧葬之具、卤簿等规制,见于唐丧葬令复原 16—22、24 条。③

百官应给明器规制,见于唐丧葬令复原 23 条。④

因本文的主旨并非探讨唐令复原问题,故对各条令文的排序原则等暂不作探讨,只是通过比较发现,以《唐六典》为代表的官方制度汇编作品中,有关宫人丧葬管理的记载较为详细明确;法令则更为注重其通行性,对女性乃至宫人群体的强调色彩要淡化很多,如关于百官及妇人按品官敛服及给丧葬之具、卤簿等规制,《唐六典》按职署分工综合列举于司仪署下,在唐令中则散见于 8 条令文,更为重要的是,因令文的表述不及《唐六典》连贯完整,故有关女性的部分,在有些令文中有所强调,而在有些令文中并不得见,这容易引人误解令文的针对性,因此将《唐六典》等史料与法令结合起来,全面整体地看待乃至研究唐代宫人的丧葬管理制度,是必须要强调的一点。

不过,宫人毕竟生活于宫廷之中,其丧葬管理除了有与外朝官相通或比拟的制度外,最重要的是呈现着强烈的"内朝"特色。众所周知,除了内官与六尚机构,唐代后宫的另一个重要机构就是内侍省了,其下所设奚

---

① 《天一阁藏明钞本天圣令校正——丧葬令复原研究》(下),第 682—684、686 页。
② 同上书,第 678 页。
③ 同上书,第 686—689、690—691 页。
④ 同上书,第 690 页。

官局不仅主管宫人的品命,也是宫人医疗、丧葬事宜的主管部门,因《唐六典》与两《唐书》记载相关制度详略不一,这里综合各条史料,列出奚官局的职责:"掌奚隶、工役、宫官之品。宫人病,则供医药;死,给衣服,各视其品。陪陵而葬者,将作给匠户,卫士营冢,三品葬给百人,四品八十人,五品六十人,六品、七品十人,八品、九品七人;无品者,敛以松棺五钉,葬以辁车,给三人。皆监门校尉、直长莅之";"仍于随近寺、观为之修福。虽无品,亦如之";"凡内命妇五品已上亡,无亲戚,于墓侧三年内取同姓中男一人以时主祭;无同姓,则所司春、秋以一少牢祭焉"。①

奚官局对宫人丧葬的具体营办,大致按宫人的品阶依次对待,主要事务或职责有:给衣、提供丧事营办人员、荐福、祭祀。值得注意的是,这些制度有的仅针对高品(五品及以上)宫人,有的针对陪陵宫人,有的则面向所有宫人,其中陪陵而葬者的丧葬待遇记载最清楚。

行文至此,我们可以说,唐代宫人的丧葬在宫廷内部由奚官局主管,但尚书省、鸿胪寺、将作监、太常寺等主管百官丧葬的外朝机构,也将宫人丧葬的部分程序或环节纳入其管理体系,提供相应的赗赠给物、葬仪用具、卤簿以及人力。总之,宫人的丧葬是由内、外官共同管理负责的,这是宫人丧葬制度最为明显的一大特征。因丧葬程序较为复杂,笔者将撰别文探讨复原,这里就不过多涉及也不求完整复原确切流程了。

将我们的视线再次回归到柳氏墓志,其中出现的"有司",所指无疑应即以上几大相关部门。"有司"负责为宫人营办丧事,在其他宫人墓志中也有体现,如:某四品宫人卒后,"有司备礼而铭";②某八品宫人卒后,"葬之以礼者作,为志则有司存";③某宫人卒后,"有司备礼而为铭"④等。

各种机构或既定制度以及法令在宫人丧葬中的操作或实施情况,在一些宫人墓志中也有迹可循,如宫人丧事营办所需皆为"官给"者,即体现了供给葬具、赗赠以及人力的制度。一品周国夫人姬氏卒后,高宗"敕使内给

---

① 《唐六典》卷十二,第359页;《旧唐书》卷四四,第1871页;《新唐书》卷四七,第1223页。
② 《大唐故亡宫四品墓志铭》,《汇编》调露004,第655页。
③ 《八品亡宫年卌墓志铭并序》,《汇编》开元230,第1315页。
④ 《大唐故亡宫墓志之铭》,《续集》调露001,第241页。

事冯士良,送御所制诗及手敕一卷,焚于灵前。其手敕等,即夫人先所装进。又使尚宫赐衣一袭,瑞锦一张,赠物一百段。别降敕旨,丧葬供须,并令官给。葬日凡诸仪仗送至墓所。往还赠绢布贰伯段、米粟贰伯硕。五品一人监护丧事。还京供灵舆、手力,家口俱给传发遣"。①二品女师卒后,高宗命"但葬事供须,敕令官给"。② 李尚服卒后,"有敕丧事、葬事所须,并令官给"。③ 三位九品宫人卒后,同样是"丧事供须,并令官给"④等。

据唐丧葬令复原9、10:

> 诸职事官薨卒,文武一品赗物二百段,粟二百石;二品物一百五十段,粟一百五十石;……正九品物十二段;从九品物十段。……其别敕赐者,不在折限。

> 诸百官薨、卒,丧事及葬应以官供者,皆所司及本属上于尚书省,尚书省乃下寺,寺下司仪,司仪准品而料上于寺。⑤

唐代百官丧事凡有资格获得朝廷赗赠,以及所需"官给"即政府资助者,皆按其品阶高低进行,具体操作是先由其生前所在部门申报,再上于尚书省(礼部),由尚书省(礼部)下于鸿胪寺,具体经司仪署确定用物多少,再通过鸿胪寺发放。那么,宫人丧事所需,应由其生前所属之奚官局按其品阶高低上报申请,通过礼部、司仪署核实与发放,最后发放物再归入其直接管理机构奚官局。

还有一些宫人丧葬享受了相应(甚至超越)其品阶的葬仪。武德六年,高祖女平阳公主薨,"诏加前后部羽葆鼓吹、大辂、麾幢、班剑四十人、虎贲甲卒"。太常奏议,"以礼,妇人无鼓吹"。高祖虽言明"鼓吹,军乐也",但念及平阳公主早年起兵建功,"遂特加之,以旌殊绩",⑥这是唐代

---

① 《大唐故周国夫人姬氏墓志铭并叙》,第190页。
② 《唐故二品宫墓志铭》,第320页。
③ 《前尚服李法满墓志铭并序》,第222—223页。
④ 《九品亡宫人墓志铭》《九品亡宫人墓志铭》《大唐故亡宫九品墓志铭》,《汇编》麟德042、麟德044、麟德049,第424、425、428页。
⑤ 《天一阁藏明钞本天圣令校正——丧葬令复原研究》(下),第682—683页。
⑥ 《旧唐书》卷五八《柴绍传附平阳公主》,第2315—2316页。此事亦见载于《新唐书》卷八三《诸帝公主传》,第3642—3643页;《资治通鉴》卷一九〇高祖武德六年条,第5965页;《唐会要》卷六《杂录》,第77页。

女性葬礼首得鼓吹之故事。后中宗景龙三年十二月,韦皇后请以妃、主及五品以上母、妻不因夫、子得封者,今后婚葬之日特给鼓吹,"宫官准此",但为左台侍御史唐绍谏止。① 不过,据宫人墓志显示,如卫国夫人王氏卒后,玄宗命"赗赠官供,并给太常鼓吹一部送出";②尚宫宋若昭卒后,敬宗敕令所司供卤簿,"准故事,只合给仪仗,诏以鼓吹赐之"。③ 可知鼓吹之礼仍被作为特殊待遇,施行于宫人的葬礼中。而上举周国夫人薨后,不仅得享诏葬殊荣,高宗还命内侍、宫官出宫吊祭,并给予赐御制诗、瑞锦等多种特殊关照与额外赗赠。

凡此等等,皆说明在国家丧葬制度和法令运行的范畴内,一方面,宫人的丧事营办按照既定程序或礼仪标准进行;另一方面,也如同外朝官一样,一些特殊人物如周国夫人姬氏、卫国夫人王氏、尚宫宋若昭等宫人的丧礼得到了常规之外的更高待遇。这些实例无不证明了唐代官员丧葬制度中规制与恩赐并行的状况,在宫人丧事的营办中也不例外。

(二) 宫人陪陵而葬

上文提到,宫廷内部的奚官局主管宫人的丧葬事宜,但相关制度具有不同的针对性,除了为宫人荐福似乎不分品命,其他如享受祭祀、赗赠、葬仪以及陪陵而葬者的待遇一般都有品命之别,有的制度甚至只针对高品宫人。不过,所有制度中,唯陪陵宫人丧事营办的等级最为清楚,即使无品者,也能得到"松棺五钉"以及三人护葬的待遇。而之所以能有此待遇,应该和陪陵而葬是臣子的莫大殊荣有关。本文的主人公即八品宫人柳氏能够陪葬后陵,其丧事营办也应较之一般宫人多出了"陪陵而葬者"的特殊待遇。

唐代诸帝陵、后陵、太子陵、僭号陵的陵号,主要见载于两《唐书》《唐六典》《唐会要》及《长安志》,本文据所知史料将唐代诸陵号分类罗列如下:

---

① 《唐会要》卷三八《葬》,第 809 页;《新唐书》卷一一三《唐绍传》,第 4185 页。
② 《大唐故卫国夫人墓志铭并序》,《续集》开元 037,第 478—479 页。
③ 《旧唐书》卷十六,第 484 页;《唐会要》卷三、卷三八,第 39、809 页。

[诸帝陵]献陵(高祖)、昭陵(太宗)、乾陵(高宗、武则天)、定陵(中宗)、桥陵(睿宗)、泰陵(玄宗)、建陵(肃宗)、元陵(代宗)、崇陵(德宗)、丰陵(顺宗)、景陵(宪宗)、光陵(穆宗)、庄陵(敬宗)、章陵(文宗)、端陵(武宗)、贞陵(宣宗)、简陵(懿宗)、靖陵(僖宗)、和陵(昭宗)、哀帝(温陵)。

[诸先祖陵]建初陵(献祖)、启运陵(懿祖)、永康陵(太祖)、兴宁陵(世祖)。

[诸追赠帝陵]恭陵(孝敬皇帝)、殇帝陵、惠陵(让皇帝)、顺陵(承天皇帝)、齐陵(奉天皇帝)。

[诸后陵]寿安陵(高祖太穆窦后,贞观九年祔献陵,陵废)、惠陵(睿宗肃明刘后,开元四年祔桥陵,陵废)、靖陵(睿宗昭成窦后,开元四年祔桥陵,陵废)、敬陵(玄宗贞顺武后)、庄陵(代宗贞懿独孤后)、靖陵(德宗昭德王后,永贞元年祔崇陵,陵废)、福陵(穆宗宣懿韦后)、庆陵(宣宗元昭晁后)、寿陵(懿宗惠安王后)、安陵(懿宗恭宪王后)。

[诸太子陵]隐太子建成陵、章怀太子贤陵、懿德太子重润陵、节愍太子重俊陵、惠庄太子㧑陵、惠文太子范陵、惠宣太子业陵、靖恭太子琬陵、恭懿太子佋陵、昭靖太子邈陵、文敬太子謜陵、惠昭太子宁陵、庄恪太子永陵、恭哀太子倚陵。

[诸僭号陵]酆陵(中宗韦后父)、昊陵(武则天父)、顺陵(武则天母)。

关于唐代的帝陵陪葬制度,《唐会要》卷二一《陪陵名位》开篇有非常简要的解说:

旧制,凡功臣密戚,请陪陵葬者,听之。以文武分为左右而列。坟高四丈以下,三丈以上。若父祖陪陵,子孙从葬者,亦如之。若宫人陪葬,则陵户为之成坟。凡诸陵皆置留守,领甲士,与陵令相知,巡警左右兆域内,禁人无得葬埋。古坟则不毁之。①

---

① 《唐会要》卷二一,第479—480页。

唐代的帝陵陪葬制度简单明晰，即允许功臣密戚按左右之序陪葬帝陵，其子孙后代也可依祖坟而葬。有关唐代帝陵陪葬制度以及陪葬人员的补充，随着考古发掘而有不断的更新和深入研究，已取得了丰硕成果，①本文不多赘述。本文强调的则是，除了功臣密戚，宫人也是帝陵陪葬的重要人员（宫人陪陵而葬而由陵户成坟，在上引《唐六典》与唐丧葬令复原3中皆有体现）。

《唐会要·陪陵名位》列举了诸帝陵的陪葬名氏，其中就有相当数量的后妃或其他内命妇名号。笔者对诸帝陵的陪葬后妃或宫人也有所补充和统计。② 各种数据显示，昭陵是目前发现陪葬宫人与后妃最多的帝陵，计有太宗乳母彭城夫人刘氏、③郑国夫人、④三品宫尼、⑤五品宫人、⑥某典灯⑦等五位宫人；长孙皇后、纪国太妃韦氏、⑧越国太妃燕氏、⑨赵国太妃杨氏、⑩郑贤妃、⑪徐贤妃、⑫西宫昭仪、⑬韦昭容、⑭金婕妤、⑮某婕妤⑯等十位后妃。

五位陪葬宫人中的三品宫尼、五品宫人和某典灯，就是通过出土墓志确定为陪葬昭陵者的。回到我们所引奚官局主管宫人丧事的系列制度，陪陵而葬的宫人从三品至无品皆有匠户、卫士"营冢"以及不同数量的内

---

① 张沛：《昭陵碑石》，西安：三秦出版社，1993年；刘向阳：《唐代帝王陵墓》，西安：三秦出版社，2003年；沈睿文：《唐陵的布局：空间与秩序》，北京：北京大学出版社，2009年；吴丽娱：《终极之典：中古丧葬制度研究》，北京：中华书局，2012年。
② 陈丽萍：《唐代后妃史事考》，北京：社会科学文献出版社，即刊。
③ 《唐会要》卷二一，第480页；《大唐故彭城国夫人刘氏墓志铭并序》，第30页。
④ 《唐会要》卷二一，第480页。
⑤ 孙东位：《昭陵发现陪葬宫人墓》，第83—95页。
⑥ 同上。
⑦ 同上。
⑧ 《新中国出土墓志·陕西》壹（上），第63页。
⑨ 《唐会要》卷二一，第480页；《长安志》卷十六，第229页。
⑩ 《资治通鉴》卷二〇一，第6345页；《唐会要》卷二十，第464页。
⑪ 《唐会要》卷二一，第480页；《长安志》卷十六，第229页。
⑫ 《唐会要》卷二一，第480页；《长安志》卷十六，第229页。
⑬ 孙东位：《昭陵发现陪葬宫人墓》，第83—95页；《新中国出土墓志·陕西》壹（上），第78页。
⑭ 《新中国出土墓志·陕西》壹（上），第40页。
⑮ 同上书，第86页。
⑯ 同上书，第56页。

官护葬,再结合宫人丧葬中按品所给衣服、赗赠、葬具、荐福、祭祀、护卫等待遇,大致就可复原这些陪陵宫人的整个葬仪过程。

值得一提的是,十位已知昭陵陪葬后妃中的四位,即西宫昭仪、韦昭容、金婕妤和某婕妤,也是通过考古发掘才确定其身份和葬地的,而她们的生平经历和陪葬帝陵皆未载入史书,她们与上三位宫人的墓志不仅可补昭陵陪葬后妃和宫人的名号与数量,①同时也说明,史书中关于诸陵陪葬人员的记载并不全面完备,这也促使笔者思考除了诸帝陵的陪葬后妃或宫人未载于史书外,唐代大量存在的诸先祖陵、追赠帝陵、后陵、太子陵和僭号陵旁,是否也有后妃或宫人陪葬?

据笔者在拙作《〈两唐书·后妃传〉辑补》②中,对诸先祖陵、追赠帝陵和太子陵的祔葬或陪葬情况的梳理与统计,一般情况下,诸先祖、追封皇帝或太子的嫡妻皆能祔葬或陪葬,如孝敬皇帝裴后祔恭陵、让皇帝元后祔惠陵、奉天皇帝窦后祔齐陵、章怀太子妃房氏祔太子陵等,其中让皇帝惠陵不仅有元后祔葬,还有郑王筠、嗣宁王琳、同安王珣以及蔡国公主陪葬,③这是研究唐代诸陵陪葬制度时经常被忽视的一条信息。

同样据出土墓志,孝敬皇帝恭陵内不仅有裴皇后祔葬,目前已发现有两位宫人陪葬。这两位宫人,一位"不知何许人",入宫"执巾柘观,掌绂椒闱",官秩九品,载初元年(690)正月二十三日卒,当日葬于恭陵西;④一位亦"不知何许人",万岁通天二年(697)三月某日卒,四月七日葬于墓所,⑤志文虽未明书葬地,但学者据墓志出土地判断,该宫人也是恭陵陪葬者无疑。这两位宫人生前奉守恭陵,卒后就近安葬。结合昭陵陪葬后妃或宫人的墓志,说明唐代的守陵后妃或宫人中有一些卒后会就近葬于陵区,成为诸陵的陪葬者。

关注了诸帝陵和追赠帝陵的宫人陪葬情况后,一直相对冷寂的皇后

---

① 前期研究可参昭陵文物管理所:《昭陵陪葬墓调查记》,《文物》1977 年第 10 期,第 33—49 页;孙东位:《昭陵发现陪葬宫人墓》,第 83—95 页。
② 香港大学饶宗颐学术馆,2012 年 10 月。
③ 《唐会要》卷二一,第 483 页。
④ 《唐九品宫人墓志》,《续集》载初 001,第 302 页。
⑤ 《九品亡宫墓志铭》,《续集》万岁通天 007,第 352—353 页。刘洪淼、孙角云:《巩义市出土唐代九品宫人墓志》,第 94、54 页。

陵是否有宫人陪葬以及陪葬情况如何的问题，因为宫人柳氏的墓志出土而使我们不得不加以关注。在此之前出土的宫人墓志，或者集中于帝陵，或者集中于长安城东、西，或者远至咸阳和洛阳，①皆无明确记载陪葬皇后陵者，柳氏墓志作为孤例，可谓弥足珍贵。尽管因为墓志出土状况不明（仅记载是在离敬陵200米处拣得，而不是原墓地出土）而使我们对是否有宫人陪葬后陵的制度长期存在，以及陪葬后陵的宫人与陪葬帝陵的宫人所受待遇是否一样等问题，暂时都无法过多猜测，但柳氏墓志无疑为唐代的宫人陪葬诸陵研究增添了新的内容。

本文以玄宗时期的八品宫人柳氏墓志为释读对象，从其墓志提供的信息分析可得：柳氏少以良家子入宫，后成为八品宫官并可能曾侍奉玄宗武惠妃。开元二十五年十二月，武惠妃薨后得谥"贞顺皇后"并于次年二月葬于敬陵。之后不久，六十二岁的柳氏也随即亡故，玄宗感念柳氏生前侍奉得宜，特下诏许其陪葬敬陵，柳氏因此成为目前所知唐代唯一陪葬皇后陵的宫人。不仅如此，柳氏墓志的发现，对研究唐代宫人的丧葬制度以及陪葬制度的发展都有极其重要的参考价值，就此，笔者在本文中仅提出了一些粗浅的看法，以求抛砖引玉，引起相关研究者的关注。

附记：本文曾于2013年8月参加由陕西师范大学历史文化学院与西安碑林博物馆合办的第一届"中国中古史前沿论坛"，并在小组会议上宣读，得复旦大学唐雯博士评议且提供了宝贵修改意见。本文在修改过程中得吴丽娱与黄正建研究员提出许多关键性指导意见，一并特致谢意。

（陈丽萍　中国社会科学院历史研究所助理研究员）

---

① 唐代宫人的葬地有陪葬帝陵、咸阳、长安城西与城东、洛阳北邙山等相对集中的几个区域。以上统计可参见尚民杰：《唐代宫人、宫尼墓相关问题探讨》，杜文玉主编：《唐史论丛》第16辑，西安：陕西师范大学出版总社有限公司，2013年，第215—219页；陈丽萍：《唐代后妃史事考》，北京：社会科学文献出版社，即刊。

蒙元时期燕只吉部帖速家族小考*

于 月

【内容提要】 燕只吉部是弘吉剌部的分支之一,元代汉文文献中又写作燕只吉台、燕只斤、燕只吉或晏只吉,在波斯语文献中拉施特写作额勒只斤,均是此部落的不同译名。帖速家族的地位与声望虽远不及四杰家族,但在蒙元时代也具备一定的影响力。本文通过对波斯语文献《史集》与汉文文献的解读,考察燕只吉部帖速家族在伊朗与汉地不同的政治命运与文化面貌。

燕只吉部,又译燕只斤、晏只吉、额勒只斤,是弘吉剌部的分支之一,弘吉剌部则是迭列列斤蒙古中的重要部落。关于弘吉剌部的起源,波斯史学家拉施特在《史集》中记载了这样的传说,称弘吉剌诸部均出于"金器"所生三兄弟的后裔。所谓"金器"即隐喻三兄弟之父天资聪颖,品性完美,言行与教养卓越出众。三兄弟长子为主儿黑·篾儿干,他是弘吉

---

* 本文为国家社科基金重大项目"波斯文《五族谱》整理与研究"(项目号:10&ZD116)的阶段性成果。

刺部的祖先,成吉思汗之妻孛儿帖哈敦即出自此部。第二子名为忽拜·失列,其后裔衍生为亦乞剌思部与斡勒忽纳惕部。第三子秃速不·答兀,其后裔形成三个分支,分别为合剌讷惕部、豁罗剌思部以及额勒只斤部。① 关于额勒只斤部名字的由来,《史集》也记载了一个传说。秃速不·答兀有两个儿子,即合剌讷惕与弘里兀惕。弘里兀惕之子为迷薛儿·玉鲁,迷薛儿·玉鲁收继了父亲的妻子,有一个名叫豁罗剌思的儿子,此外他还娶了一个乞台妇人,《史集》载:

> 迷薛儿·玉鲁娶了个乞台妇人。这个妇人的事迹如下:她骑着一头驴,从乞台出来,决心要出嫁。她名叫答兀海·牙不答黑。"答兀海"为乞台语"玫瑰花"的意思,"牙不答黑"则为"骑驴者"的意思。迷薛儿·玉鲁从她生了一个儿子,他把这个儿子叫做额勒只斤,因为驴被称为"额勒只客",而那妇人是骑着驴来的。额勒只斤所有各部落都出自那个儿子的氏族。②

据《史集》记载,燕只吉部在伊朗人数众多,军事力量十分重要。③ 燕只吉部人合剌乞(Gharaqī)那颜及其诸子、章·帖木儿(Jāy Timūr)、异密阿里(.Alī)、帖速和阿八赤(Abājī)等人均加入西征大军,他们在伊朗都是地位尊贵的异密。④ 在诸多燕只吉部异密之中,关于帖速的记载略多,可见异密帖速的声望更为显赫。帖速原为成吉思汗与窝阔台的异密。约在1239年,窝阔台派遣帖速充任斡亦剌惕部阿儿浑·阿合的那可儿,协助后者管辖呼罗珊等地。⑤ 较为遗憾的是,波斯文史料《世界征服者史》虽然著录了阿儿浑·阿合的多位异密,但并未记载帖速。但我们在另一份

---

① [波斯]拉施特:《史集》第一卷第一分册,余大钧、周建奇译,北京:商务印书馆,1983年,第262—263页。
② 同上书,第271页。
③ 同上书,第272页。
④ 同上书,第271页。
⑤ 根据志费尼《世界征服者史》(何高济译,北京:商务印书馆,2007年,第544—572页)记载,伊朗地面八思哈(监临官)成帖木儿死于1235年至1236年,成帖木儿死后由诺撒耳继任,很快窝阔台任命阔儿吉思代替诺撒耳。由此,成帖木儿之子额觯古·帖木儿(Edgü Temür)与阔儿吉思为了伊朗的八思哈之职展开激烈争夺,阿儿浑·阿合被窝阔台派到伊朗审理二人之间的纠纷,这场争夺也以阔儿吉思的胜利告终。大约在1239年,阿儿浑·阿合受命为阔儿吉思的那可儿,协助他管辖呼罗珊、伊拉克等地。

波斯文史料《五族谱·窝阔台合罕世系》的异密名录中可以发现这位异密帖速,《五族谱》原文及转写、译文如下:

امیر تسو از قوم ایلجیدای امیر معتبر بود و اوکتای قان او را موکری[نوکری] ارغون اقا بباسقاقی ایران زمین فرستاده بود.

Amīr Tisū az qawm-i Īljīdāy amīr-i mu'tabar būd va Ūkatāy qān ū rā nūkarī-yi Arghūn aqā ba-bāsqāqī-yi Īrān zamīn firistāda būd.

帖速异密,出自燕只吉台部,是受尊敬的异密,窝阔台合罕派他作为阿儿浑·阿合即伊朗地面八思哈的那可儿一同前往。①

此外,被视为《五族谱》的续补之作,成书于15世纪帖木儿王朝沙哈鲁时期的《贵显世系》(Mu'izz al-Ansāb)也记载了相同内容。②

见于《史集》的帖速诸子共有四人,分别为秃鲁合札儿把阿秃儿(Tūrūqajar bahādur)、撒儿塔黑把阿秃儿(Sartāq bahādur)、合儿班答(Kharbanda)与合儿巴台(Harbātāy),另有一女不剌罕哈敦(Būlughan)。③ 这位不剌罕哈敦其实正是合赞汗的皇后不鲁罕(Būlūghān)哈敦。《史集·部族志·弘吉剌惕传》称:"以不剌罕-亦·呼罗珊著称的伊斯兰君主——愿安拉佑其长久在位——的妃子不剌罕哈敦,[也是]异密帖速的

---

① 《五族谱》(Shu'ab-i panjgāna, İstanbul, Topkapı-Sarayı Müzesi Kütüphanesi, MS. Ahmet III 2937),土耳其托普卡普皇宫博物馆藏,第124a页。
② 《贵显世系》(Mu'izz al-Ansāb, London, OR. 467),英国伦敦不列颠博物馆藏本,第40b页。在帖木儿汗国,由沙哈鲁(Shāhrukh,1377—1447)授意编纂的成吉思汗家族和帖木儿朝世系谱《贵显世系》,被看作是《五族谱》的续补之作。书中收录上述两朝君主、后妃、子嗣及异密姓名。《五族谱》中的大部分信息在后出的《贵显世系》中得以保留,但其中用回鹘体蒙古语抄写部分则完全被省略,《贵显世系》主要在术赤、察合台两支中对《五族谱》进行了大规模增订。现存《贵显世系》有伦敦不列颠博物馆藏本和巴黎国家图书馆藏本。
③ [波斯]拉施特:《史集》第一卷第一分册,第271页。关于帖速女儿之名,《史集·部族志》汉译者译为"不剌罕",《史集》塔什干抄本、伊斯坦布尔抄本写作بولغان(Būlughan),列宁格勒萨尔蒂科夫谢德林公共图书馆抄本、不列颠博物馆抄本与德黑兰博物馆抄本均写作بولوغان(Būlūghān),因此将帖速之女译为"不鲁罕"应当是更准确的译法。参考《史集》汉译本第一卷第一分册271页注释7,以及《史集》苏联集校本(Рашид-ад-дин, Джами' ам-Таварих, Т. 1. Ч. 1, Критический текст А. А. Ромаскевича, А. А. Хетагурова, А. А. Ализаде, Москва, 1965.)第一册第413页注释6。

女儿。"①若结合《史集》伊斯坦布尔抄本原文则更容易理解这句话,其原意即指不鲁罕哈敦是伊斯兰君主(Pādishāh-i Islām)的哈敦,她以不鲁罕·呼罗珊(ba-Būlughān Khurāsān)之名著称,她是异密帖速之女。② 翻检《史集·合赞汗纪》便可发现,所谓"伊斯兰君主"其实是合赞汗的专称。拉施特在《史集》中第一次正式记载"伊斯兰君主合赞汗",便是在叙述合赞汗于1295年6月(回历694年8月)皈依伊斯兰教一节。③ 合赞汗早年迎娶帖速之女不鲁罕哈敦,乞合都汗死后合赞汗在1295年10月迎娶了其父阿鲁浑汗的后妃小不鲁罕哈敦,两位不鲁罕哈敦同时出现在合赞汗的后宫中,因此拉施特在《史集》中径称帖速之女为"呼罗珊人不鲁罕哈敦"(Bulughān khātūn Khurāsān)。④ 根据《史集·合赞汗纪》,不鲁罕(Būlūghān)哈敦之母是阿儿浑·阿合的女儿明里·别勤(Minklī Bikīn)。⑤ 呼罗珊人不鲁罕哈敦在《史集·合赞汗纪》中数次出现,经常陪同合赞汗出征、游猎,时而受到赏赐,可以推想她是一位地位尊贵又深受合赞汗宠爱的皇后。⑥

此外,《五族谱》与《贵显世系》的记载也同样值得关注,《五族谱·合赞汗世系》称:"不鲁罕(Būlūghān)是额勒只斤部帖速合(Tisūqā)的女儿,

---

① [波斯]拉施特:《史集》第一卷第一分册,第271页。《史集》伊斯坦布尔本(*Jāmi' al-Tavārīkh*, İstanbul, Topkapı-Sarayı Müzesi kütüphanesi, MS. Revan 1518.)记载如下:
原文:بولغان خاتون که معروفست ببلغان خراسان خاتون پادشاه خلد الله ملکه است دختر امیر تسو ست.
转写:Būlughān khātūn ka ma'rūf-ast ba-Bulughān Khurāsān khātūn-i pādishāh-i Islām khuld allāh milkat ast dukhtar-i amīr Tisū-ast.
根据波斯文原文可知汉译本译作"不剌罕-亦·呼罗珊"有误,应译为"不鲁罕·呼罗珊"。
② 关于本句的准确含意,承蒙北京大学历史学系党宝海和复旦大学历史学系邱轶皓两位老师不吝赐教,在此谨致谢忱。
③ [波斯]拉施特:《史集》第三卷,余大钧译,北京:商务印书馆,2011年,第275页。
④ 小不鲁罕哈敦是弘吉剌部阿八台那颜之子斡忒蛮的女儿。见《史集》第三卷,第186、282—283页。关于"呼罗珊人不鲁罕哈敦"的记载,见《史集》第三卷,第256、280、281、286、297页。《五族谱》《贵显世系》均称帖速之女不鲁罕哈敦是合赞的第二位哈敦,而小不鲁罕哈敦是合赞的第五位哈敦。
⑤ 不鲁罕母亲之名《史集》其他诸本失载,只有伊斯坦布尔本记载"她的名字为明里·别勤(Minklī Bikīn)"。参见《史集》第三卷,第241页,注3。
⑥ [波斯]拉施特:《史集》第三卷,第256、280、281、297、321、323、330、343页。

她是合赞的二皇后。"①但是《贵显世系》巴黎本《合赞汗世系》的记载却更为准确:"不鲁罕(Būlughān)哈敦是帖速·阿合(Tīsū āqā)之女,出自燕只斤部,她是合赞汗的第二位哈敦。"②由此可见,《五族谱》中所谓的帖速合(Tisūqā)其实是帖速·阿合(Tisū āqā)之误。然而《贵显世系》却向我们提供了不见于《史集》《五族谱》的重要信息,异密帖速西迁伊朗后地位权势与日俱增,甚至荣膺表示高贵地位的"阿合"(āqā)之号。"阿合"(āqā)来自蒙语 aqa 一词,原为兄长之意,但在蒙古帝国只有那些身份尊贵且与统治者关系亲密的少数异密才可享有此称号,这意味着帖速在伊利汗国最终获得了与阿儿浑·阿合相同的地位。

尽管波斯语文献均称帖速是合赞汗皇后不鲁罕哈敦之父,但是若从年龄角度考虑又存在不可忽视的疑点。帖速是成吉思汗和窝阔台时代的异密,被指派为阿儿浑·阿合的那可儿时应当年事已高。③ 而合赞汗是成吉思汗的六世孙,1271 年才出生,年龄和辈分相差过大。因此笔者暂且只能提出两种可能性:其一,不鲁罕哈敦是异密帖速晚年所生的女儿。其二,阿儿浑·阿合之女明里·别勤所嫁为帖速之子,因此不鲁罕哈敦其实是帖速的孙女,但是拉施特在行文时漏掉了帖速之子的名字,因此各版

---

① 《五族谱》,(*Shu'ab-i panjqāna*, İstanbul, Topkapı-Sarayı Müzesi Kütüphanesi, MS. Ahmet III 2937),土耳其托普卡普皇宫博物馆藏,第 148b 页。《五族谱》所载帖速合(تسوقا Tisūqā)的拼写规律并不符合蒙语的元音和谐律,帖速(Tisū)在蒙语是柔性词,而波斯语的(qā)则拼写蒙语中的刚性词,很可能由于《五族谱》的抄写者并不具备蒙语知识而导致此种错误(上述信息承蒙中国社会科学院民族学与人类学研究所乌兰老师赐教,在此谨致谢忱)。关于异密帖速的另一种翻译,见于《史集》第三卷汉译本,"(合赞)后来娶了呼罗珊人异密帖速怯的女儿不鲁罕哈敦,她的母亲是阿儿浑·阿合的女儿"(《史集》第三卷,第 241 页)。但《史集》伊斯坦布尔本原文记载如下:
بعد از آن بولوغان خراسان را که دختر امیر تسو که مادرش دختر ارغون آقا بود نام او منکلی بکین;
转写:ba'd az ān Būlūghān khurāsān rā ka dukhtar-i amīr Tīsū ka mādarash dukhtar-i Arghūn āqā būd nām-i ū Minklī Bikīn。通过原文可以清楚发现所谓"异密帖速怯"是一种错误翻译,异密帖速(امیر تسو amīr Tīsū)后面的که(ka)是指代人的从句先行词,并非名字的一部分。
② 《贵显世系》(*Mu'izz al-Ansāb*, Paris, Persian.67),法国巴黎国家图书馆藏本,第 73b 页。
③ 根据下文将引用的《紫山大全集》卷十五《大元故怀远大将军彰德路达噜噶齐扬珠台公神道碑铭》所载,帖速(原文译名作图萨博多)之孙纳琳居准生于 1207 年。据此,1239 年左右帖速被指派为阿儿浑·阿合的那可儿时应当已年近古稀。

本的抄写者误认为不鲁罕哈敦就是帖速之女。虽然存在着上述疑点,但史料仍然可以证明,帖速除了在行政事务上协助阿儿浑·阿合管辖伊朗以外,又与阿儿浑·阿合缔结婚姻关系,借此机会巩固本家族在当地的权势与地位,这样的政治联姻是合乎情理的。帖速家族后来与伊利汗室联姻,在伊利汗国的地位更加显赫。而《史集》称帖速为呼罗珊人,则可以推知帖速家族在呼罗珊定居繁衍的情况。

此外,帖速之子秃鲁合札儿把阿秃儿与撒儿塔黑把阿秃儿二人也很有名望。他们被成吉思汗分配给拖雷,成为拖雷的异密。① 可惜的是,目前在《史集》《世界征服者史》等史料中尚未查到二人的其他事迹。所幸《五族谱》的《拖雷汗异密名录》中也记录了秃鲁合札儿把阿秃儿②与撒儿塔黑把阿秃儿,并称二人均是"大异密"(Amīr-i buzurg)。《拖雷汗异密名录》记录了六十位异密,大多数人原本为成吉思汗的异密。秃鲁合札儿把阿秃儿、撒儿塔黑把阿秃儿二人在成吉思汗时代并非九十五千户之一,分配给拖雷时隶属于者台那颜的千户,可以想见当时他们二人辈分较低,资历也尚浅。然而在《拖雷汗异密名录》中秃鲁合札儿把阿秃儿排在第三位,撒儿塔黑把阿秃儿名列第五位,③在一定程度上反映了二人后来地位的上升,以及与拖雷的亲密关系。④

帖速及诸子因西征迁至伊朗,但帖速子秃鲁合札儿之子纳琳居准这一支则定居汉地,世代承袭彰德路达鲁花赤一职,其家族在当地颇有政治声望,并与汉族士人密切交往,汉化程度逐步加深。⑤ 关于纳琳居准这一

---

① [波斯]拉施特:《史集》第一卷第一分册,第272页。
② 《五族谱》写作بوروقجر(Būrūqajar),根据《史集》诸版本的记载第一个字母应为 T,而《五族谱》误作 B。波斯语字母 T(ت)与 B(ب)仅有识点的区别,因此抄本中经常发生类似的错误。
③ 《五族谱》原文撒儿塔黑把阿秃儿之前的数字是4,但根据异密名录中从右至左的记录顺序,撒儿塔黑把阿秃儿之前的数字应该是5。
④ 《五族谱》各世系的异密名录中,每位异密名字上方均有作者标注的阿拉伯数字。标注数字本是为了书写与记录的方便,并非绝对代表异密地位的排名。然而,综合考察《五族谱》其他世系中的异密名录便会发现,作者还是习惯将地位更显赫的异密列在名录前端。
⑤ 王颋先生著有《嘉议安让——元初彰德路的总管和达鲁花赤》一文,文中第四节对有关纳琳居准家族的汉文史料进行了比较完备的归纳,但未注意波斯文史料提供的该家族信息。见氏著:《内陆亚洲史地求索》,兰州:兰州大学出版社,2011年,第216—218页。

支系最重要的文献是胡祗遹《紫山大全集》(以下简称《紫山集》)中的《大元故怀远大将军彰德路达噜噶齐扬珠台公神道碑铭》。其中记载：

> 公名纳琳居准，祖曰图萨博多，考曰图尔哈彻尔巴图尔，相承为太祖太宗图尔哈，饮水于班珠尔纳苏图，开创同艰苦，事定酬勋，因其所居之山川，蒙赐氏曰扬珠台。图尔哈彻尔侍太上皇，昼从射猎，夜谨宿卫。其族弟博啰罕叛入太丑军，太上皇疑其有异志，指天而誓曰："臣以死无二心。"遂奋不顾身，殊死以战，大败太丑军，灭博啰罕。上皇喜其忠贞，许以土地人民，辞不敢受，曰："俱非臣所欲也。臣宗族散落，愿托天威聚集之。"得四百余家，复为大族。①

现存《紫山集》诸种版本中的蒙古语译名均被四库馆臣篡改，其中涉及的蒙古人译名很难还原，因此很难将这篇碑文与波斯文献中的燕只吉帖速家族联系在一起。可以肯定的是"扬珠台"即弘吉剌部分支燕只吉台，文津阁《四库全书》本《紫山集》中即有一处写作"晏只吉"，大概是馆臣篡改时的遗漏。笔者认为上引碑文中的"图萨博多"应当就是帖速，"博多"很可能是"拔都"，即蒙语"勇士"的另一种译写。②"图萨博多"之子"图尔哈彻尔巴图尔"便是帖速之子"秃鲁合札儿把阿秃儿"。蒙古语"把阿秃儿"意为"勇士"，而这一词汇也进入了满语，在清代常译作"巴图尔"。据碑文所载，图尔哈彻尔巴图尔在成吉思汗与窝阔台时代均为质子，③之后成为拖雷的怯薛，"昼从射猎，夜谨宿卫"。曾参与征讨薛彻、太丑，立下大功，得以聚集部族。"图尔哈彻尔巴图尔"与"秃鲁合札儿把阿秃儿"，不仅名字发音接近，人物的背景、经历也基本吻合。尽管《紫山集》的元、明刊本皆已失传，目前无法找到证明"图尔哈彻尔巴图尔"就是秃鲁合札儿把阿秃儿的直接证据，但若将《史集》与《扬珠台公神道碑》相互对照，便会发现这一结论是可以成立的。④

---

① 胡祗遹：《紫山集》卷一五，文渊阁《四库全书》本。
② 上述信息承蒙中国社会科学院民族学与人类学研究所乌兰老师赐教，谨致谢忱。
③ 《神道碑》所载"图尔哈"可还原为元代译名"秃鲁花"，意为质子。
④ 陈得芝先生在《蒙元史研究中的历史语言学问题》(原载《西域研究》2012年第4期；后收入氏著《蒙元史与中华多元文化论集》，上海古籍出版社，2013年，第283—292页)中曾利用《紫山集》的《大元故怀远大将军彰德路达噜噶齐扬珠台公神道碑铭》探讨元代译名问题，并精辟指出碑文中的图尔哈彻尔或可与《史集》之 TuruqCher 勘同。

秃鲁合札儿把阿秃儿之子纳琳居准,①成为拖雷子旭烈兀的怯薛。宪宗二年(1252),旭烈兀奉蒙哥之命率军进攻阿姆河以西的未征服地区。但纳琳居准并未随同旭烈兀前往伊朗加入西征大军,而是留守于旭烈兀的汉地食邑彰德,②最初负责管理投下诸局,其后于宪宗七年(1257)担任投下达鲁花赤之职。③ 纳琳居准身为旭烈兀的怯薛,深得他的信任与重用。旭烈兀赐予纳琳居准金符、七宝大带、绣鞍、珠服、织锦、海青等物,也是向世人彰显纳琳居准的地位,为纳琳居准管理彰德奠定了政治基础,使他得以尽其所能保障彰德百姓的经济利益,有力推动了彰德社会、经济秩序的恢复。④

1260年对纳琳居准而言是重要的政治转折点。蒙哥去世后,忽必烈与阿里不哥争夺大汗之位,纳琳居准参与了这场政治斗争,并赴开平拥立忽必烈即位。作为旭烈兀的投下达鲁花赤,他还代表旭烈兀参加了诸王议事。纳琳居准拥戴忽必烈有功,又通晓蒙古典故,因而颇得忽必烈青睐。《扬珠台公神道碑》又载:

> 庚申建元,上即位,诸王议事于金帐,惟公得与。上欲用公于庙堂,以病辞。……我朝语言精密,典故极多,唯公能尽其说,晓其凡例。虽居外郡,以时备顾问,故多在京师。凡大宴,莫不与焉。在郡十有二年,不置田宅。戊辰,得疾,上遣医赐药不绝。上一日宴百官于万岁山,欢甚,乐奏,北事未宁,公奏曰:"愿陛下安不忘危,声乐乌可以弭边患。"上喜谕群臣曰:"旧人故多,无如此人出嘉言者。"

---

① 目前尚未找到关于此人的其他记载,也无法知晓他的本名。据文渊阁《四库全书》本《钦定元史语解》,以"纳琳"译"纳里""纳麟""纽邻"等,以"准"译"君""军""术温""竹温"等,推测"纳琳居准"原译名可能为"纳里术温"。
② 《元史》卷九五《食货志三·岁赐》(北京:中华书局,1976年,第2417页)载旭烈兀分地在彰德路。
③ 胡祗遹在神道碑中称纳琳居准在宪宗朝时的官职为"彰德路达鲁花赤",对此笔者怀有疑问。《元史》卷五八《地理志一·中书省·彰德路》(第1360页)载:"元太宗四年,立彰德总帅府,领卫、辉二州。宪宗二年,割出卫、辉,以彰德为散府,属真定路。至元二年,复立彰德总管府,领怀、孟、卫、辉四州,及本府安阳、临漳、汤阴、辅岩、林虑五县。"可见宪宗时期,彰德从总帅府降为散府,纳琳居准的官职应为彰德府达鲁花赤。直到至元二年(1265)再次设立彰德路总管府,其官职才变为彰德路达鲁花赤。
④ 以上均见《大元故怀远大将军彰德路达嚕噶齐扬珠台公神道碑铭》。旭烈兀在该碑中被清人改译为"锡喇"。

纳琳居准卒于至元六年(1269)，卒年六十三。《扬珠台公神道碑》评价他"忠清廉介，论事雍容，悉理抚民，宽仁不苛暴"，可见其在彰德十余年的政绩得到了时人的赞誉。

据《扬珠台公神道碑》，纳琳居准共有五子。长子额呼，为中书省断事官。次子雅图噶，为旭烈兀怯薛，随其西征迁至伊朗，并立下战功。第三子阿固岱，早卒。第四子伊尔图①，袭爵为怀远大将军、彰德路达鲁花赤，"有惠政，民到今思之"，他任职的时间大约从至元六年(1269)到二十一年(1283)。第五子也里不花，②曾任直省舍人、南京治中，至元二十九年(1292)因其侄完间让职，袭爵为中顺大夫、彰德路达鲁花赤。纳琳居准长孙为超台，事迹不详。次孙即完间，③自至元二十一年袭父爵为怀远大将军、彰德路达鲁花赤，九年后上书称"叔父齿已壮，当承世胄，愿避职让爵以归之"，④让职于叔父也里不花，本人升任嘉议大夫、山东东西道肃政廉访使。

这一家族中，第二任彰德路达鲁花赤伊尔图的记载非常少，但第三任达鲁花赤、伊尔图之子完间的记载则略为丰富。在中原汉地的生活和仕宦经历，使这一蒙古家族逐渐受到汉文化的浸染，到完间一代已显示出明显的汉化迹象。完间年仅十六岁袭职，擅书法，平日喜爱读书鼓琴，并积极资助当地官学。他与彰德及附近地区名士胡祗遹、王恽、王构等人交往

---

① 据陈得芝文，"伊尔图"可还原为"也里尧"或"也里脱"。
② 纳琳居准五子之名均经清人改译，前四子元代译名不详。也里不花，《扬珠台公神道碑》作"伊尔布哈"，今据下引王恽《十月牡丹》诗序改回。关于此也里不花，亦见叶昌炽《缘督庐日记抄》卷一六(《续修四库全书》影印民国二十二年上海蝉隐庐石印本)转引元代《济渎庙铁狮子题字》拓片："元元贞元年仲春拾伍日，中顺大夫、彰德路达鲁花赤兼本路诸军奥鲁、管内劝农事也里不花，与其母太夫人夺罗真人氏、夫人月儿鲁帖尼等施造。"又武亿编《安阳县金石录》卷八《老君观宝炉识》(北京大学图书馆藏嘉庆二十四年刻本)载："至元三十一年八月，在老君观。案炉识云：中顺大夫、彰德路总管府达鲁花赤兼本路诸军奥鲁总管府达鲁花赤兼管内劝农事也里不花等，伏为天色亢旱，苗稼焦枯，就本府西关上清正一宫祈雨，累次感应，□宝炉以伸答谢。"
③ 完间，《扬珠台公神道碑》作"斡里"。按王恽《秋涧先生大全文集》(《四部丛刊初编》本，以下简称《秋涧集》)卷五《十月牡丹》诗序载："彰德路监郡完间嘉议，治甚有声。壬辰秋，辞职，让其叔也里不花中顺。"壬辰，即至元二十九年。今据改回。
④ 胡祗遹：《送监司之济南序》，《紫山集》卷八。

密切,上述诸人均曾赠诗给这位蒙古贵族。① 胡祗遹在《斡哩监司诗卷序》中写道:"某人过彰德,赠土主达噜噶齐三诗,士大夫从而和之,遂成巨轴。"② 可见当时的盛况。在政治方面,他秉承父、祖两代"宽仁不苛暴"的施政传统,政绩亦颇显著。对此胡祗遹在另外一篇《怀远大将军彰德路达噜噶齐扬珠台公德政去思碑》中曾有记载:

> 谨按,公到任至移官,岁时伏腊,人心乐为之欢庆者,枚果升酒,不入于门。及其馆谷贵人,延接宾友,丰腆勤厚,倾赀倒廪而不吝惜。听讼详审,不大声色,情伪既明,谆谆开悟,使人愧服悔过而退。吏或不法,惟赃私不贷,公罪则以情恕之。同仕官太过不及,怀私相干犯,亦宽容而礼貌之,喜怒不形于色,相爱结欢,三年不改易,无一言之相谤讪。士大夫之年高德劭,乐道忘势,以师礼敬事之。……镇南王驻汴,以事趋谒,路值民车千余,曝炙于火云赤日,人牛困喝,不敢进退,公即白王放归。二十七年,奸臣横暴,分遣恶党祸毒天下,以追征逋欠为名,所至凶残百至,虽汉唐酷吏之不为者,尽其毒螫,死者相望。所在有司,股栗屏息而不敢言,亦反有助恶为奸以肥其家者。彰德例被其害,公抗直不从,哀诉于上,一郡获免。梁王往抚西南夷,供奉不扰而办。邻郡疑狱,凡委公推次者无异辞,皆得平实。……呜呼! 公之德政,此其大略也。③

在另外一篇文章中,胡祗遹还称赞他:"我朝典郡官,中外公论,贤冠一时者,以彰德达噜噶齐怀远公为称首。公蒙古贵族,祖考门阀,英伟婵嫣,有耳者皆知之。"④ 如此称颂,虽不乏夸张溢美之辞,但也反映出完间的为政理念、道德观念与文化倾向已深受汉族百姓与儒士的认同。

继任完间的第四任达鲁花赤也里不花仍然延续了家族的"德政"之风,高书训《韩魏王新庙碑》记载:"贤王疆理西域,食邑于相,乃命大臣宴

---

① 胡祗遹曾为完间作《怀远公诗序》、《斡哩监司诗卷序》、《送监司之济南序》,收入《紫山集》卷八;王恽曾为完间作五言律诗《十月牡丹》,收入《秋涧集》卷五;另据《怀远公诗序》,王构曾作《古风》三章赠予完间,但其诗今已不存。
② 胡祗遹:《斡哩监司诗卷序》,《紫山集》卷八。
③ 胡祗遹:《怀远大将军彰德路达噜噶齐扬珠台公德政去思碑》,《紫山集》卷一五。
④ 胡祗遹:《怀远公诗序》,《紫山集》卷八。

只吉台氏,系阔吉剌贵族也。其子怀远袭爵,怀远没,嘉议袭之,嘉议让其叔太中,而升侍御史。太中公莅职数年,政平讼简,风俗恬熙,吏习廉畏,民乐生活,礼文之事,多所兴举。"①"太中",即也里不花。据高书训所载,也里不花主动向彰德宿儒询问宋代名臣韩琦之事,并倡议为韩琦重建新庙,可见他也具备一定的汉文化水平。在也里不花之后,这个燕只吉家族是否有成员继续袭爵达鲁花赤?如果仍有人袭职,由谁承袭?因为材料匮乏,目前还无法回答。在《安阳县金石录》中可以找到也里不花之后的几任彰德路达鲁花赤,他们是皇庆年间的正童,②至正年间的万家讷③和沙剌甫丁④,但无法确定他们是否出自燕只吉家族,兹存以备考。然而可以肯定的是,到了元朝后期燕只吉家族已不再垄断彰德路达鲁花赤之职。后至元二年(1336),同为旭烈兀属臣出身的阿鲁浑人荀凯霖出任彰德路达鲁花赤,在儒学、水利等方面也取得令人称道的政绩。⑤

结合西方的波斯语文献与东方的汉文文献,我们可以发现燕只吉部帖速家族后裔在伊朗与汉地的不同发展轨迹。在伊利汗国,帖速利用政治、婚姻等手段逐步巩固家族势力,使家族跻身伊利汗国蒙古核心贵族之列,政治地位明显高于定居汉地的纳琳居准家族支系。定居汉地彰德的纳琳居准一系在元朝前期主动融入汉文化圈,与汉族儒士密切往来,留下了更多的汉文记载。但是这一家族成员的政治生涯仅限于三品的路级达鲁花赤,在众多大根脚蒙古贵族家族中地位不高。尽管战争因素使同一家族后裔分隔东西,又因所处地域的不同最终呈现出不同的政治、文化面貌,但其共同点在于他们都在主动顺应各自地域的政治、文化形势,努力谋求家族的发展与延续,这一点是无可辩驳的。

(于月 北京大学历史学系博士研究生)

---

① 高书训:《韩魏王新庙碑》,《安阳县金石录》卷八。
② 高揆:《清凉山修定寺功德记》,《安阳县金石录》卷一三。
③ 赵亨:《彰德路重修孔子庙记》,《安阳县金石录》卷一一。
④ 许有壬:《乾明寺记》,《安阳县金石录》卷一二。
⑤ 许有壬:《西域使者哈只哈心碑》,《至正集》卷五三,《元人文集珍本丛刊》本。《彰德路儒学营修记》《彰德路创建鲸背桥记》,同书卷三七。

13—14世纪蒙古人使用鸣镝之俗小考

周思成

【内容提要】 本文对蒙元时期多语种史料中与使用鸣镝习俗相关的记载作了爬梳整理,指出:除用于日常射猎嬉戏外,鸣镝在13—14世纪蒙古人的社会生活中还承担着多种形式的职能。鸣镝不仅被用于惩戒犯有轻微过失的官民人等,也用来禳解月蚀灾异、划定地界和充当结盟交质的信物。蒙元时期的汉文文学作品中,尚保存着有关蒙古人使用鸣镝狩猎的丰富多彩的记录。

一 弁言

鸣镝,或称"响箭",是北方民族中较常见的一类箭矢,多在箭镞下方装有穿有小孔的骨质或角质鸣管,故而在飞行间会呼啸发声。鸣镝的创制据传可追溯到匈奴冒顿单于,①长期以来一直为鲜卑、契丹、女真和蒙古等北族沿用。② 上世纪国外的一些民族学家和蒙古学家对中国北方民族中使用的鸣镝作过一些考证:日本学者江上波夫在50年代初即对鸣镝作过初步的研究,③而在该问题上最有参考价值的研究是匈牙利学者乌瑞夫人的《论内亚骑马游牧民族的鸣镝》一文。乌瑞夫人主要利用清代语文史料对鸣镝的发声原理、形制和功能进行了总括的考证。据她的研究,鸣镝可略分为三亚类:1."哨箭"(满文作jan,蒙文作boruγa),鸣管固定在箭杆上,带有与鸣管同样大小的尖头或凿形铁镞;2."骲头"(满文作yoro,蒙文作γoduli),无铁镞,仅带有骨质鸣管;3."披哨箭"(满文作jangγa niru,蒙文作boruγatu sumu),骨质或铁质的鸣管直连铤身,然仅有其铲形箭镞的五分之一大小。鸣镝的功能则可归为如下四类:1. 狩猎时惊起、威慑或诱捕飞禽走兽;2. 对阵时威慑敌军,制造混乱;3. 战斗中引导射击目标,传递讯号和命令;4. 用于庆典。④

与之前的北方民族相似,在13—14世纪的蒙古人中,使用鸣镝的记载史料中亦多有所见:1233年出使蒙古的南宋使臣彭大雅提到蒙古军的

---

① 关于冒顿单于创制鸣镝,参见林幹:《匈奴史》,呼和浩特:内蒙古人民出版社,2007年,第22页;及Denis Sinor, *The Cambridge History of Early Inner Asia*, Cambridge: Cambridge University Press, 1990, p. 120。
② 北燕冯素弗墓中就出土过8件鸣镝,参见黎瑶渤:《辽宁北票县西官营子北燕冯素弗墓》,《文物》1973年第3期;杨泓:《古代兵器通论》,北京:紫禁城出版社,2005年,第189—190页。在辽金遗址和墓葬的考古发掘中,鸣镝也是较常见的一类器物,参见张泰湘、李俊武:《骨鸣镝》,《求是学刊》1984年第6期;崔跃忠:《辽墓出土兵器探索》,吉林大学2009年硕士学位论文;刘立丽:《辽宁省旅顺博物馆藏小库伦出土铁镞简析》,《北方文物》2012年第4期,等等。
③ 参见[日]江上波夫:「鳴鏑考」,『ユウラシア 北方文化の研究』,山川出版社,1951年,第55—68页。亦可参见氏著,张承志译:《骑马民族国家》,北京:光明日报出版社,1988年,第41页。「鳴鏑考」一文亦收入氏著『匈奴の社会と文化』,山川出版社,1999年。另外,较早的研究西伯利亚民族使用鸣镝习惯的论文则为B. Adler氏之Pfeifende Pfeile und Pfeilspitzen in Sibirien. In: *Globus. Illustrierte Zeitschrift für Länder- und Völkerkunde* (Braunschweig), 6. Febr., 1902, pp. 94-96。
④ K. Uray-Köhalmi, Über die pfeifenden Pfeile der innerasiatischen Reiternomaden. In: *Acta Orientalia Academiae Scientiarum Hungaricae* (Budapest), t. III, 1953, pp. 45-71. 乌瑞夫人原文中对鸣镝功能的划分要更繁复,上述四类实为笔者在其结论基础上的再归纳。

装备包括:"响箭(即鸣镝也),有驼骨箭,批针箭。"① 而将长春真人丘处机引荐给成吉思汗的刘温,就"以作鸣镝幸于太祖"。② 不少研究涉及蒙元军事问题的学者,如 Martin、Reid、周纬、刘忠涛和丛海平等,都曾注意到上述记载论及蒙古军的武器装备时,多会提到鸣镝的存在。③ 然而,大蒙古国时期以至更早,直到元时期的蒙古人使用鸣镝习俗的实态究竟如何,诸家却都言之不详。在这方面颇有突破的是罗伊果(Igor de Rachewiltz)译注《蒙古秘史》时所加的三处注释。④ 这三处注释对《秘史》中与鸣镝相关的第77、112和116三个小节作了简单考释,且补充了元代汉文碑志中一处关于鸣镝的记载。⑤ 德国学者德福(G. Doerfer)的《新波斯语中的突厥语和蒙古语成分》一书在"qōdalī"词条中除对"鸣镝"(qōdalī)一词作了语义考释外,也补充了几条波斯文中出现的鸣镝史料。⑥ 可惜,二氏于蒙古人使用鸣镝的习俗大抵本乌瑞夫人之说,未见更深入之探讨,对于汉文史料中关于鸣镝的记载,亦复少加留意。⑦ 事实上,我们不难从元代的别集和总集中检出不少关于蒙古人使用鸣镝习俗的记载,其中颇多可与同时代的拉丁文和波斯文史料相互阐发者。笔者拟据这些史料对蒙元时代蒙古人使用鸣镝的习俗作一较系统全面的考

---

① 彭大雅著,徐霆疏,王国维笺证:《黑鞑事略》,《王国维遗书》本,上海:上海古籍书店,1983年。
② 释祥迈:《大元至元辨伪录》,北京图书馆古籍珍本丛刊影元刊本。
③ H. Desmond Martin, The Mongol Army, *Journal of the Royal Asiatic Society of Great Britain and Ireland*, No. 1 (Apr., 1943), p. 52. R. W. Reid, Mongolian Weaponry in *The Secret History of the Mongols*, Mongolian Studies, 15:1992, pp. 85-95. 周纬:《中国兵器史稿》,天津:百花文艺出版社,2006年,第162页。丛海平:《元代军事后勤制度研究》,南开大学2010年博士学位论文,第76页。刘忠涛:《浅析中国古代北方民族箭镞形制》,内蒙古大学2012年硕士论文,打印本第30页。
④ Igor de Rachewiltz, *The Secret History of the Mongols*, Brill: Leiden, Boston, 2004, Vol. 1, p. 366, p. 429, pp. 437-438.
⑤ 即宋子贞所撰之《中书令耶律公神道碑》,待后文详论。
⑥ G. Doerfer, *Türkische und Mongolische Elemente im Neupersischen*, Band I, Wiesbaden: Franz Steiner Verlag, 1963, pp. 425-427.
⑦ 罗伊果在其《秘史》第116节注释中,对于汉文史料中关于鸣镝的记载,除《至元辨伪录》与《中书令耶律公神道碑》外,仅提示读者参看《佩文韵府》以至诸桥辙次所编《大汉和词典》,难免有舍近求远之嫌。

证,就正于方家。①

二 13—14世纪蒙古鸣镝的名义与形制

早期的蒙古人如何称呼鸣镝？成书于13世纪的《蒙古秘史》提供了一些线索。《秘史》中有三处可能与鸣镝相关的史料,其中最重要的是第116节,其中叙述成吉思汗和札木合交换礼物以再次建立"安答"关系:

> Jamuq-a bura'u yin ɣoyar eber ni'ajiu nükelejiü da'utu yor-iyan Temüjin-e ögčiü. Temüjin-ü arča manglaitu ɣodoli aranljijiu andančilanl-dubai, nökö'ete anda ke'eldügsen yosun teyimü. (札木合把用二岁牛角黏合成的钻有孔的响声骸头箭赠给了铁木真,铁木真回赠以柏木做顶的骸头箭。结为安答。)②

此处札木合送出的 nükelejiü da'utu yor,明代旁译为"钻眼儿着声有的响骸头",③da'utu 实即蒙文动词"发声"(daɣutqa, ᠳᠠᠭᠤᠳᠬᠠ), yor (ᠶᠣᠷ) 则是骸头箭,因而 da'utu yor(响骸头)应为当时蒙古人对"鸣镝"的一种较明确的称谓。另一方面,铁木真回赠的是一种柏木做顶的 ɣodoli。由此,乌瑞夫人指出, ɣodoli 最初可能只指普通的骸头箭(Klumppfeil),后来才用来称呼一种鸣镝。④ 而《秘史》中另外两处可能与鸣镝相关的记载,即第77节提到成吉思汗和哈撒儿抱怨别克帖儿"日前已经那样抢去了用骸头射中的雀儿(öčigen nikante bilji'ur ɣodolidugsan-i teyin gü bulijiu

---

① 入关前的满人似乎也延续了北族中以鸣镝惩罚轻罪的习俗。朝鲜人申忠一在《建州纪程图记》中提到:其时满人"不用杖刑,有罪者,只以鸣镝箭,脱其衣而射其背,随其罪之轻重而多少之"。见潘喆等编:《清入关前史料选辑(二)》,北京:中国人民大学出版社,1989年,第443—444页。以鸣镝惩戒犯轻罪者的记载,在《满文老档》和《清太祖实录》等史籍中亦不鲜见。
② 阿尔达扎布译注:《新译集注〈蒙古秘史〉》,呼和浩特:内蒙古大学出版社,2005年,汉译文见原书第204页,拉丁转写参考了原书的第749页。
③ 《新译集注〈蒙古秘史〉》,第567页。
④ K. Uray-Kōhalmi, Über die pfeifenden Pfeile der innerasiatischen Reiternomaden, pp. 55-56.

abula'a),①以及第 112 节提到"别勒古台那颜对所遇的篾儿乞惕各部的人说'还我母亲!'然后就用髀头通通射死了"(Belgütai noyan Merkidai ele yasutu gü' ün-ni"eke-yi minu abčir-a!"ke'eljiü γodolidqu büle'e),②实际出现的是由 γodoli 派生出的动词 γodolidaqu(͟͟͟͟͟͟),用髀头箭射。③ 柯立夫氏(F. W. Cleaves)将这两处文字分别译为 shot with a bone-tipped arrow 和 shot with γodoli(an arrow without a point, which does not wound),④伯希和氏则译为 nous avions tirée avec une flèche à bouton de corne(用角质髀头射了)和 tirer avec les flèches à bouton d'os(用骨质髀头箭射),⑤殆亦不以为此处 γodoli 确指"鸣镝"。

γodoli 一名除见于《秘史》,在同时代的波斯文史料中亦间或有之(qōdalī 或 qōtalī,后文详论)。⑥ 这个词后来确有"鸣镝"的意思,如科瓦略夫斯基和田清波均将释之为"flèche avec un bouton en corne de boeuf et percé de (deux ou trios) trous"(装有牛角制的、穿有二三小孔的髀头的箭),兰司铁在《卡尔梅克语词典》中认为 γodoli 是"髀头箭或木镞箭(钻有小孔,飞行时嘶嘶发声)"。⑦ 何时以 γodoli 来泛指髀头箭,同时又表示鸣镝,今天已经难以稽考。即便是在早期蒙古人的日常生活中,da'utu yor 与 γodoli 在使用上是否存在严格区别,也颇成疑问。因而,在翻译 17 世纪的《蒙古源流》时,乌兰先生将 γodoli 直译为"响箭"——"今天又抢走了哈撒儿用响箭射中的小雀"(Edüge ene edür Qasar-un γodolibar qarbuju alagsan boljimar-i basa buliju abubai),⑧实无可非议。然而,鉴于《秘史》中

---

① 《新译集注〈蒙古秘史〉》,汉译文见原书第 132 页,拉丁转写参考了原书的第 739 页。
② 同上书,汉译文见原书第 197 页,拉丁转写参考了原书的 748 页。
③ Lessing 氏对该词的解释"to shoot a horn-tipped arrow",参见 F. D. Lessing, *Mongolian English Dictionary*, Berkeley and Los Angeles: University of California Press, p. 358。
④ F. W. Cleaves, *The Secret History of the Mongols*, vol. 1, Cambridge and etc: Harvard University Press, p. 22, p. 47。
⑤ P. Pelliot, *Histoire secrète des Mongols : restitution du texte mongol et traduction française des chapitres 1 à 6*, Paris: Libr. d'Amérique et d'Orient, 1949, pp. 135, 151。
⑥ G. Doerfer, *Türkische und Mongolische Elemente im Neupersischen*, Band I, pp. 425,427。
⑦ Ibid. ,p. 425。
⑧ 乌兰:《〈蒙古源流〉研究》,沈阳:辽宁民族出版社,2000 年。汉译文见原书第 146 页,拉丁转写见第 564 页。

对"鸣镝"(da'utu yor)与普通的无孔髐头(γodoli)尚有较清楚的区分,在讨论蒙元时代使用鸣镝的习俗时,对于那些与γodoli 相关的史料,若无法确认是否就是鸣镝,则应谨慎处理。

鸣镝与他类箭矢的区别主要在于鸣管,其箭杆多为木质,长度60至70厘米不等,连着鸣管的箭镞总长约为4—6厘米。① 蒙元时代及其以前的蒙古鸣镝,其形制究竟如何,因史料阙如,不可详考。从《秘史》的记载看,制作鸣管的材料可能是牛角或其他兽骨;鲁布鲁克(William of Rubruck)提到,蒙哥汗赠予法王路易九世"两支箭,箭镞是银制的,布满洞孔,当这种箭射出去时,发出笛子般的声音"(duos bousiones, quorum capita erant argentea plena foraminibus, et sibilant quando iaciuntur quasi fistule),②这种银镞箭应属蒙古贵族专用的一种鸣镝。

三 13—14 世纪蒙古社会生活中的鸣镝

在蒙元时代的多语种史料中,现存最多的是关于在狩猎中使用鸣镝的记载。然而,在这一最基本的用途之外,鸣镝在13—14世纪蒙古人的社会生活中还承担着多样的职能。兹请先论鸣镝在蒙古法律和礼俗方面的意义。

(一)儆戒

如前所述,罗伊果已留意到《中书令耶律公神道碑》中有一则关于鸣镝的有趣记载:

> 宣德路长官太傅秃花失陷官粮万余石,恃其勋旧,密奏求免。上

---

① K. Uray-Köhalmi, Über die pfeifenden Pfeile der innerasiatischen Reiternomaden, p. 49.
② [英]道森编,吕浦译,周良霄注:《出使蒙古记》,北京:中国社会科学出版社,177 页。汉译文末句据拉丁文原文略作调整。拉丁文原文引自 Anastasius van den Wyngaert, *Sinica Franciscana*, Vol. 1, *Itinera et relationes Fratrum Minorum saeculi XIII et XIV*, Ad Claras Aquas : Collegium S. Bonaventurae, 1929, p. 255, 又见 Guglielmo di Rubruk, *Viaggio in Mongolia* (*Itinerarium*), A cura di Paolo Chiesa, Roma: Mondadori, 2011, pp. 168-169(拉丁文—意大利文对勘本)。

问:"中书知否?"对曰:"不知。"上取鸣镝,欲射者再,良久叱出,使白中书省,偿之。仍敕:"今后凡事先白中书,然后闻奏。"①

由以上记载可知,窝阔台汗为耶律秃花失陷官粮在先、隔越中书奏事在后的行为触怒,数欲用鸣镝射之,最后才叱令其至中书省领罪。窝阔台欲用鸣镝射罪臣秃花,是否意味着若被大汗亲自用鸣镝射中,即等于宣判该人死罪,但仍交由怯薛或其他从卫来执行? 罗伊果在《秘史》的注释中似乎是倾向于这种解释的,且其与冒顿单于弑父的记载确有某种相似性。② 不过,耶律秃花既系先朝勋旧,据传还是同饮班朱尼河水的功臣之一,③不可能因如此过犯而获死罪。且从后来处罚秃花的方式仅是责其赔偿来看,死罪之说是缺乏足够依据的。

13世纪出使蒙古汉廷的柏朗嘉宾(Plano Carpini)曾描述,除了铁镞箭外,蒙古人"也有用以射鸟、野兽和非武装人员的其他类型的箭,这种箭有三指宽。此外,他们还有各种其他类型的箭,用以射鸟和野兽"(Sagittas etiam alias habent ad sagittandum aves et bestias et homines inermes, ad trium digitorum; sagittas autem alias habent diversimodas ad aves et bestias sagittandas)。④ 这里提到的第一类箭,从史料中描述的形制和用途上看,当即鸣镝一类的骨镞或木镞箭,因此类箭矢造成的伤害较小,多用来射体型不大的兔和飞禽。值得注意的是,柏朗嘉宾还提到,这类箭也用来射击"非武装人员"(homines inermes),初看起来似乎不易解释。《元史·张础传》提到"有妇人乘驴过市者,投下官暗赤之奴引鸣镝射妇人坠地"一事,⑤此虽系游戏之属,或亦为鸣镝针对非武装人员之俗的另一佐证。不

---

① 宋子贞:《中书令耶律公神道碑》,参见李修生主编:《全元文》卷8,第1册,南京:江苏古籍出版社,1999年,第172页,句读略有改动。
② Igor de Rachewiltz, *The Secret History of the Mongols*, p.429.
③ 宋濂等:《元史》卷一四九《耶律秃花传》。关于"饮班朱尼河水功臣",参见 F. W. Cleaves, The Historicity of The Baljuna Covenant, *Harvard Journal of Asiatic Studies*, Vol. 18, No. 3/4, pp.357-421;及杨志玖:《蒙古初期饮浑水功臣十九人考》,收入南京大学元史研究室编:《内陆亚洲历史文化研究》,南京:南京大学出版社,1996年,第1—13页。
④ 《出使蒙古记》,第34页。拉丁文原文引自 Anastasius van den Wyngaert, *Sinica Franciscana*, Vol.1, Itinera et relationes Fratrum Minorum saeculi XIII et XIV, p.80。
⑤ 《元史》卷一六七《张础传》。

过,笔者认为,史料中提到的以鸣镝射不怀甲刃之人,还可能指蒙古习俗中对犯有相对轻微过失之人的一种薄惩。柏朗嘉宾在其蒙古行纪的另一处言及贵由汗帐幕的卫禁之制:"如果任何人走近帐幕规定的界限以内,如被捉住,就要被鞭打,如他跑开,就要被箭所射,不过这种箭是没有铁镞的。"(Et si aliquis appropinquabat tentorio ultra terminos qui positi erant, si capiebatur verberabatur, si fugiebat sagitabatur, tame sine ferro erat sagitta.)①是亦为以鸣镝一类箭射非武装人员的例证之一。面对耶律秃花所犯过失,窝阔台欲射而止,或为考虑到当事人威望与地位、重加兵刃于其身的一种优容,要其宗旨,当与前例契合。这里我们或可借用古代罗马法中的Culpa(过失)概念,来描述前述失陷官粮或阑入宫禁的行为,它约略表示当事人对其应注意或职责所在的事务犯下的疏忽。② 由此,我们或可推断,当时蒙古人中存在着以鸣镝一类钝箭,射击犯有相对轻微过失的非武装人员,以为儆戒的习俗。

(二) 禳解

元人柳贯(1270—1342)为我们提供了鸣镝在元代礼俗中另一种用途的记载。《柳待制文集》中的一首五言古诗《十六夜望月蚀阴雨不见》描述了某年阴历八月十六日,推历于月当蚀,柳贯(时或任翰林待制)偶值元廷举行禳救活动的情形:

三五秋正中,既望月当蚀。公庭修救事,拟金控鸣镝。喧拿走儿稚,发召遍巫觋。我时适未寝,披衣步檐隙。飞雨洒面来,空云稍如幂。天应爱厥妃,恐惧遭掩抑。仗此丰隆威,角彼妖蟆力。譬诸薮藏疾,含秽惟汝德。两曜驾两轮,安行各适职。奈何啖食凶,须臾成毁璧。见过虽有惩,匿瑕乃无迹。雨非党蟆者,为天护精魄。常情惜良夜,良夜安足惜。德刑与阴阳,配对初不逆。星辰系天步,磨蚁沿历

---

① 《出使蒙古记》,第60页。汉译文原作"没有箭镞"。据拉丁文,当以没有"铁镞"(ferrum)为确,原文见 Anastasius van den Wyngaert, *Sinica Franciscana*, Vol. 1, *Itinera et relationes Fratrum Minorum saeculi XIII et XIV*, p. 117。
② 参见[意]彼得罗·彭梵得著,黄风译:《罗马法教科书》,北京:中国政法大学出版社,1992年,第77—79页。

历。圆颗示无为,苍苍垂正色。稽首父母光,千人万人觌。①

元朝宫廷中举行此类"救事"并不稀见,故郑介夫在《太平策》中亦颇讽当时的蒙古统治者"日月薄蚀,则期集鼓奏,以彰信推历,未尝克定其应验"。② 而这种以"抌金控鸣镝"的仪式来禳解月蚀的蒙古习俗,其来有自。鲁布鲁克记载了一段可能是他在蒙哥汗廷观察到的蒙古习俗:"在日蚀或月蚀的时间里,他们打鼓并吹打乐器,使之发出巨大的嘈杂声和噪音。"(Et cum fit eclipsis, ipsi sonant timpana et organa et faciunt magnum strepitum et magnum clamorem.)③法国突厥学家、民族学家 Jean-Paul Roux 在研究突厥和蒙古的习俗信仰时,亦曾注意到鲁布鲁克此一记载,并指出"认为怪兽吞食星辰从而造成蚀的现象,并危及星辰的生命"这种观念非常古老。④ 有蒙古神话传说认为,日月蚀现象为魔王吞食日王与月王所造成,⑤这与蛤蟆食日的汉地古代传说有相似之处;《左传》中有"日有食之,天子不举,伐鼓于社"的记载,可见将日月蚀作为一种灾异,并施禳救的习俗,上古或已有之。⑥ 因而,柳贯对于在元廷目击到的禳救活动并未表现出太多的惊异,反而颇为自如地将其纳入了古代中国的信仰传统加以讨论。⑦ 在这种禳救的仪式中,鸣镝扮演着一颇重要的角色,自是取其呼啸发声之特性,因而不可不谓为一种颇具塞北民族特色的风俗了。

---

① 柳贯:《十六夜望月蚀阴雨不见》,《柳待制文集》卷二,《四部丛刊》初编影元刊本。
② 黄淮、杨士奇编:《历代名臣奏议》,影明永乐刊本,上海:上海古籍出版社,1989 年,第 952 页。
③ 《出使蒙古记》,第 217 页。拉丁文原文引自 Anastasius van den Wyngaert, Sinica Franciscana, Vol.1, Itinera et relationes Fratrum Minorum saeculi XIII et XIV, p.301。
④ Jean-Paul Roux, La religion des Turcs et des Mongols, Paris : Payot, 1984, pp.129-130.
⑤ 袁珂:《中国神话史》,上海:上海文艺出版社,1988 年,第 437 页。
⑥ 参见张树国:《〈九歌·东君〉与古代救日习俗》,《中州学刊》1996 年第 1 期;孙雅静:《浅析宋代救日伐鼓》,《河北北方学院学报(社会科学版)》,2013 年第 5 期。
⑦ 宋元时代民间的一些日用类书,多将"日月交蚀"视为凶荒的征兆。参见陈元靓编:《事林广记》,北京:中华书局,1999 年,第 10、506 页。近世关于日月蚀禳解的民间巫术,似尚未得到深入研究。一些较具代表性的民俗史断代论著,如陈高华、史卫民:《中国风俗通史·元代卷》(上海:上海文艺出版社,2001 年),及钟敬文主编,游彪等著:《中国民俗史·宋辽金元卷》(北京:人民出版社,2008 年),均未见相关论述。

(三) 划界

北方少数民族中素有"以箭程划地界"的习俗，这一做法亦延续到了蒙元时期。陈学霖先生撰文对这一问题作过详尽的研究。① 陈文列举了蒙元时代史籍中以"一箭"或"半箭"等单位来量度道里远近的史料，其中便有《元史》记载占领燕京之后，成吉思汗允许镇海和札八儿火者登高四射以定封地，②以及拉施特《史集》中描述窝阔台汗在哈剌和林修筑的新宫"每一方面各长一箭之距"的记载。③ 翻检《史集》关于这条记载的波斯文原文，"一箭"实作 īk tūr，④在新波斯语中，tūr 恰相当于蒙文之 sumu，而为箭矢之通名。实则同书中有另一条记载以一箭之遥划定地界的史料，陈文似未检出。《史集·成吉思汗列祖纪》叙述成吉思汗曾祖合不勒汗之子合丹与塔塔儿人篾年把阿秃儿开始战斗时，与后者面对面站着，"只隔一箭之地"（buʻdi ānki qōtalīyi buzurg birasad, بعد آنکه قوتلی بزرگ برسد）。⑤ 这里的"一箭"（qōtalīyi buzurg）当直译为"一大 qōtalī"。qōtalī 显系前节所言之鲍头箭抑或鸣镝（γodoli）。现存元人文章中有"大鸣镝"之语，不知是否即此波斯语词 qōtalīyi buzurg 之对应。⑥ 在编纂《史集》时，拉施特曾利用了蒙古宫廷收藏的一些蒙文史料，如《金册》（Altan debter）乃至蒙文

---

① 参见[美]陈学霖《蒙古"箭程划地界"习俗考索》，《汉学研究》第12卷第2期，汉学研究中心，1994年；《"一箭之遥"证史》，《祝贺杨志玖教授八十寿辰中国史论文集》，天津：天津古籍出版社，1994年。两文均本自同氏所撰之英文论文（Hok-lam Chan: Siting by Bowshot: A Mongolian Custom and its Sociopolitical and Cultural Implications, *Asia Major*, Third series 4. 2 [1991], pp. 279-294），且均收入氏著：《史林漫识》，北京：中国友谊出版公司，2000年，第3—52页。
② 《元史》卷一二〇《镇海传》、《札八儿火者传》。
③ [波斯]拉施特著，余大钧等译：《史集》第二卷，北京：商务印书馆，1985年，第68页。
④ Rashīd al-Dīn, *Jāmiʻal-Tawārīkh*, ed. by Muhammad Rawshan, Tehrān: Nashr-i Alburz, 1953, p. 670.
⑤ [波斯]拉施特著，余大钧等译：《史集》第一卷第二分册，北京：商务印书馆，1983年，第51页。波斯文原文见 Rashīd al-Dīn, *Jāmiʻal-Tawārīkh*, ed. by Muhammad Rawshan, p. 260。波斯文转写参考 G. Doerfer, *Türkische und Mongolische Elemente im Neupersischen*, Band I, p. 425。
⑥ 如马祖常《送刘文可之官汝州序》："向余在颍汝间，识泰山刘君文可，时文可尉蔡县，尝骑骓驹，戴武冠，手大鸣镝，腰长刀，骁勇劲悍，阖县狗鼠不敢窃发。"见《石田先生文集》卷九，台湾《元人文集珍本丛刊》第6册影明刊本。

《实录》等。① 在《成吉思汗列祖纪》的序言中,他也自言此纪多据"收藏在金匮中的史册"(tārīkh ishān ki dar khizāni mūjūd būd)和"阅历丰富的老年人的谈话"(aqāvīli pīrāni rūzigārdīde)。② 故此处"一箭之遥"中的蒙文形式 qōtalī 之所以被保存下来,殆因史家仅将蒙文史料直接转抄为波斯文所致。这一表示地界的 qōtalī,能否完全等同于前一条史料中的 tīr 或 sumu? 在蒙文史料(如《秘史》)中,sumu(明代旁译"速木")往往指一般的(铁镞)箭,而 yor 或 qōtalī 往往有所专指。③ 因而,这条史料或许就具有了某种独特性。它暗示出,蒙古人曾惯用的、以箭程划地界的箭矢并非一般的箭,而很可能正是鸣镝。④ 乌瑞夫人指出,鸣镝的特性之一在于可循由箭矢发出的声响,较精确地观察其飞行轨迹,故多用于在战争中指示目标和传递信号。⑤ 事实上,这一特性同样适宜用来观察箭矢飞行方向和落点,以便量度道里远近和划定界限。这一以"鸣镝"(γodoli,或至少为钝箭)来划地界的蒙古习俗,或可作为陈学霖先生前述研究的一个补充。

(四) 交贽

除前述儆戒、禳解、划界等功用外,鸣镝还被蒙古人广泛作为缔结友谊、敌国外交乃至军事行动中的信物。钟焓先生在《〈心史·大义略叙〉成书时代新考》一文中,论及南宋遗民郑思肖记载的一种蒙古军礼:"两阵议和,则虚挽弓相射,换箭而去"时,⑥指出这种交换箭矢的行为与《蒙古秘史》第 116 节叙铁木真与札木合互换鸣镝与骲头,义结"安答",以及

---

① 参见 D. Krawulsky, *The Mongol Īlkhāns and their Vizier Rashīd al-Dīn*, Frankfurt am Main [u. a.]: Lang, 2011, pp. 36-41;同氏著: *Mongolen und Ilkhâne-Ideologie und Geschichte: 5 Studien*, Beirut: Verl. für Islamische Studien, 1989, pp. 29-63.
② 《史集》第一卷第二分册,第5页。波斯文见 Rashīd al-Dīn, Jāmi'al-Tawārīkh, ed. by Muhammad Rawshan, p. 216。
③ 如《秘史》第 169 节。参见《新译集注〈蒙古秘史〉》,第 306—307、608、767 页。
④ 《史集》俄译者在前引史料旁遂直接注云:"qōdalī,蒙文 godali,一种箭,箭头为骨制,不甚锋利,中空,侧边有孔。这种箭射出去时发响,被用作信号。"参见《史集》第一卷第二分册,第 51 页,注释 3。
⑤ K. Uray-Köhalmi, Über die pfeifenden Pfeile der innerasiatischen Reiternomaden, p. 67.
⑥ 郑思肖撰,陈福康点校:《郑思肖集》,上海:上海古籍出版社,1991 年,第 181 页。

鲁布鲁克叙蒙哥汗以银镞鸣镝赠法王路易九世的两处记载存在相互阐发补充之处，可谓极有识见。① 对于此一问题，读者可参看钟文，此处不再赘述。笔者冒昧揣测，这种蒙古人间以及蒙古人与未来盟友间的箭矢交换，恐多用鸣镝，或取其箭钝不伤之意，由此亦可见鸣镝在日常射猎嬉戏之外，复承担着多种较抽象的社会职能。

四 13—14世纪蒙古人的鸣镝射猎之习

14世纪初的埃及史家乌马里（Al-'Umari）曾感慨成吉思汗后代对狩猎的深切喜爱（der Leidenschaftliche Hang zur Jagd），② 也正是在蒙古狩猎活动中，鸣镝得到了较上述四个方面更为广泛的应用。在元人歌诗中保存了不少蒙古人使用鸣镝狩猎的生动记载，这部分史料迄今尚未得到充分利用。

较有机会近距离观察蒙古式鸣镝狩猎的，当属那些为蒙古贵族阶层接纳、与草原生活较亲近的文化精英。耶律楚材（1190—1244）一首据考证作于窝阔台汗时期（1234）的《狼山宥猎》，为我们描摹了蒙古大汗围猎的鲜活画卷。诗人自言"扈从车驾，出猎狼山。围既合，奉诏悉宥之，因作是诗"：

> 君不见武皇校猎长杨里，子云作赋夸奢靡；又不见开元讲武骊山旁，庐陵修史讥禽荒。二君所为不足法，徒令千载人雌黄。吾皇巡狩行周礼，长围一合三千里。白羽飞空金镝鸣，狡兔玄狐应弦死。翠华驻跸传丝纶，四开汤网无掩群。天子恩波沐禽兽，狼山草木咸忻忻。③

除了描绘金镝鸣空的景象外，这首诗也反映了"宥猎"这一蒙古围猎

---

① 钟焓：《〈心史·大义略叙〉成书时代新考》，《中国史研究》2007年第1期。
② Klaus Lech, *Das Mongolische Weltreich : al-'Umarī's Darstellung der mongolischen Reiche in seinem Werk Masālik al-abṢār fī mamālik al-amṢār*, Wiesbaden : Harrassowitz, 1968, p. 98.
③ 耶律楚材撰，谢方点校：《湛然居士文集》卷十，北京：中华书局，1986年，第221页。

活动中的重要习俗。① 耶律铸(1221—1285)的七律《小猎诗》或作于元世祖时期,见证了元前期和林城附近宫廷狩猎活动的盛况:

> 翠华东出万安宫,猎猎旌旗蔽碧空。鹦鹉林停纵金勒,鹔鹴裘袒控雕弓。塞鸿惊带鹅毛雪,野马尘飞羊角风。万骑耳边惊霹雳,一声鸣镝暮山红。②

至于元人胡助(1278—1355)《滦阳杂咏十首》之五中的"夜来沙碛秋风起,鸣镝云间白雁低",③描述的自是元朝后期上都的皇家狩猎了。除了上述对蒙古大汗打围的歌咏外,贡师泰(1298—1362)《送泾王府蒲司马西还》一诗中还有"重弓满引鸣镝和,翻身跃马渡长河。日高射猎王半醉,军中司马功最多"之句。④ 此处的"泾王府"应代指元安西王府,或以其开府于六盘山,营牧地濒泾水故。⑤ 然则此诗或为间接反映元代诸王游猎中使用鸣镝之一珍贵记载。

各类鸣镝在狩猎中主要用来惊起伏兽,或以捕射兔和飞禽等一类体型较小的动物,⑥这一点在元人的诗歌中也有所反映。如耶律铸的《猎北平射虎》七律或即描写了用鸣镝来惊动蛰伏之虎的情景:

> 飞控遗风猎北平,澹阴平野草青青。南山白额威何振,东海黄公厌不行。径捷鸣髇延满月,奄惊繁弱激流星。由来一片烂斑锦,别在神机霹雳声。⑦

赵孟頫(1254—1322)的《兔》诗呈现了蒙古青年飞鸣镝猎兔的实况:

---

① 关于蒙古的宵猎习俗,参见原山煌:「モンゴル狩獵考」,『東洋史研究』(1972),31(1):第6页。
② 耶律铸:《双溪醉隐集》卷四,《知服斋丛书》本。
③ 胡助:《纯白斋类稿》卷一四,《丛书集成初编》据《金华丛书》本排印本。
④ 顾嗣立编:《元诗选》初集,《玩斋集拾遗》,北京:中华书局,1987年,第1433页。
⑤ 参见《元史》卷一六三《李德辉传》。"泾王"作为封号,不见于《元史》卷一〇八《诸王表》中"金印兽钮诸王"及其他诸王名号,参见[法]韩百诗著,张国骥译:《元史·诸王表笺证》,长沙:湖南大学出版社,2005年,第一章及以下。关于元安西王六盘开府的情况,参见薛正昌:《元代六盘山与开城安西王府》,《内蒙古社会科学(汉文版)》1995年第2期。
⑥ K. Uray-Köhalmi, Über die pfeifenden Pfeile der innerasiatischen Reiternomaden, p.65.
⑦ 《双溪醉隐集》卷三。

少年驰逐燕齐郊,身骑骏马如腾蛟。耳后生风鼻出火,大呼讨来飞鸣髇。①

诗中的"讨来",即蒙语之"兔"(taulai)。文章多有纵横之气的郝经(1223—1275),自叙"余方丁年喜鞍马,费却千金总驽下",②故于塞北狩猎之习颇加留心。其《射雁》诗云:

惊鸿数点乱长空,金镞高穿带响雄。部曲尽看鞭指处,冷云一字落秋风。③

诗中提到的射雁"金镞",若非修饰之语,则或与鲁布鲁克教士笔下的银镞鸣镝相似,为蒙古贵族所使用的一种鸣镝,是则此诗又可为蒙元时期鸣镝的形制作一补充了。

前文爬梳了蒙元时期多语种史料中与蒙古人使用鸣镝习俗相关的诸记载。这些记载所承载和传递的信息,初看起来破碎、晦涩,乃至无关紧要,然当我们以历史学的方法将之连缀起来,这些片断却仿佛构成了一幅相对完整而饶有趣味的图卷。当然,这种重构永远只可谓相对完整:除狩猎外,儆戒、禳解、划界和交贽,这些可能由鸣镝在游牧民社会中承担的职能,多不曾为早先的研究者所注意;另一方面,乌瑞夫人依据晚近史料所总结出的鸣镝的多种形制及功能,目前也有颇大一部分无法为元代史料所涵盖。即便如此,仅就关于鸣镝的诸考证而言,对如是形而下之器物的研究,亦能使我们窥知蒙元时代法制、礼俗等社会生活多方面的情态,乌瑞夫人"欲获得关于游牧民族社会制度(die Gesellschaftsordnung)的诸般知识,必得研究其军事史,而武器专门之学(Waffenkunde)又自是题中应有之义"云云,④良非虚语。

(周思成　中共中央编译局编译一处主任科员)

---

① 赵孟頫:《松雪斋文集》卷三,《四部丛刊》初编影元沈伯玉刊本。
② 郝经:《电白马行》,《郝文忠公陵川文集》卷一二,《北京图书馆古籍珍本丛刊》影明正德二年李瀚刻本。
③ 《郝文忠公陵川文集》卷一五。
④ K. Uray-Köhalmi, Über die pfeifenden Pfeile der innerasiatischen Reiternomaden, p.45.

感仁兴义、树立风声：明代正统年间义民形象的塑造*

向 静

【内容提要】 明代正统年间开始推行"义民旌表"事例，激励富民捐赈，并逐渐成为本朝稳定的劝分政策。该事例自正统至万历年间屡屡举行，州县中因此产生了数量庞大的官授"义民"。其中正统年间的义民形象尤以"感仁兴义"著称，成为后世劝分者追慕推崇的榜样。这既是以官府为主导的国家权力与意识形态刻意引导的结果，又体现了义民群体主动争取、以确立有利自身及其家族形象的持续努力。义民形象的塑造过程也体现出明前期社会中官民互动、义利交织的复杂情态。

明代正统年间开始推行的"义民旌表事例"，是在官府和民间并力救济灾荒的情况下形成的相对稳定的劝分政策。它融合了宋元以来官府劝分的经验，对捐粮备赈的富民，依捐额高低，分别给予敕书、建坊、立石、表门等奖励，辅以羊酒慰劳、免除数年徭役的优待。自正统至万历年间

---

* 本文系2014年中国青年政治学院青年教师科研专项课题研究成果，编号182060343。初稿曾提交浙江大学历史系主办"制度史研究：新角度、新方法和新材料"学术研讨会(2012.12)，受益于赵轶峰、邱澎生、姜永琳、吴艳红、李新峰诸位先生指点，特此致谢。

(1436—1620),应例产生的"义民"广泛分布在全国各处府州县内。明人对旌义劝分的评价很高,认为"救荒良策,莫逾于此",①是"济世之良图,救民之上策",②"有俾于救民,无亏于大体"。③ 正史对旌义的记载虽嫌简短、零散,与义民相关的皇帝敕书、地方志文献、官员题跋、记、像赞、序、传、行状、墓表、墓志铭、族谱等文献实则十分丰富。

将劝分问题置于荒政下进行研究,近年来已不少见,④对明代旌义劝分之特殊性的讨论,自上世纪80年代以后也引起中外学者注意。⑤ 既有成果均侧重从国家层面,揭示劝分在荒政中的制度设计、施行方式与效应,由此也凸显出新一重问题,即劝分面对的主要人群——民间富室的身影,在迄今为止的荒政研究中依然模糊不清。他们究竟是如何把握、运用劝分的制度安排?劝分能否给响应劝分的人群真正带来利益满足、道德荣耀乃至政治认可?他们及其家族的意愿与行为,在多大程度上影响了劝分的践行与延续?上述问题促使我们将研究的视角从国家转向民间,从劝分政策的执行者转向被劝分者;从出自官府、官员以及旌表者家族的

---

① 陈龙正:《救荒策会》卷五,明崇祯十五年(1642)洁梁堂刻本。
② 沈炼:《化粮施粥劝谕文》,《青霞集》卷三,《文渊阁四库全书》第1278册,第45页。
③ 钱薇:《赈济议》,《海石先生文集》卷十,《四库全书存目丛书及补编》集部第97册,第162页。
④ 近年来荒政史的研究中,劝分问题日益引起学者重视。可参看张文:《荒政与劝分:民间利益博弈中的政府角色——以宋朝为中心的考察》,《中国社会经济史研究》2003年第4期,第27—32页;李华瑞:《劝分与宋代救荒》,《中国经济史研究》2010年第1期,第51—61页;薛政超:《从国家无偿赈给到"劝谕"富民出资——唐宋国家实物救灾职能转变之考察》,《云南社会科学》2011年第1期,第136—140页;陈高华:《元朝赈恤制度研究》,《中国史研究》2009年第4期,第105—128页;赵晓华:《清代赈捐制度略论》,《中国政法大学学报》2009年第3期,第26—33页。
⑤ 日人佐藤学考察了正统年间义民旌表的政策内容、创设背景,参见《明代"义民"旌表制度考——创行期正统年间为中心に》,《明代史研究》1985年第3期。赵克生强调义民的旌表方式侧重于道德奖励的性质,参见《义民旌表:明代荒政中的奖励之法》,《史学月刊》2005年第3期,第47—52页。陈业新以凤阳府为例,探讨旌义事例自上而下推行的手段与措施,参见《明代国家的劝分政策与民间捐输——以凤阳府为对象》,《学术月刊》2008年第8期,第139—147页。向静《明代的义民义官》梳理了旌义事例的历时性变化,载《明清论丛》第七辑,北京:紫禁城出版社,2007年;《〈金瓶梅〉乔大户纳义官考》,区分了旌义中产生义民与义官的区别,载《明清小说研究》2013年第1期。方志远认为旌异优免是国家动员民众赈灾助饷、扩大财源的方式,并由此探讨国家动员与明代社会财富的关系,参见《"冠带荣身"与明代国家动员——以正统至天顺间赈灾助饷为中心》,载《中国社会科学》2013年第12期。

多重文献里考察义民在劝分中的作为。

正统年间(1436—1450)是旌义的创行期,不仅有关义民的历史文献最为丰富,劝分成效也十分显著,久为后世所追慕怀想。我们见到的明清方志中,有关义民的记载多详于正统年间,虽有表本溯源的意思,也因这一时期的义民群体"感仁兴义、树立风声"的形象深入人心,以致成为后来者效仿取法的经验来源与批判现实的有力依据。这一形象的树立,显然与官方权威的界定是密不可分的。因为旌义是在地域广阔、习尚多元的疆域内推行,能给"义民形象"界定统一、简洁的内涵,使之成为一致而足资表彰的正面形象,自非无足轻重的小事。但若进一步将此形象置于彼时社会多重舆论的背景之下,则不难发现,时人留下的关于旌义的纪念性文献,与义民有关的记、赠序、行状、墓表、墓志铭中,呈现的"义民形象"实则复杂多变乃至相互矛盾。这种耐人寻味的差异背后,是一个将"义民形象"高度"提炼""净化"并使之占据主流的过程。它实现了正统时期一批义民及其家族对道德与利益的追求,又得到了各级官府与官员的支持。

因此,本文探讨的问题将集中在如下方面:正统义民的形象究竟是如何被逐步塑造为"感仁兴义、树立风声"的,在这一过程中义民及其家族的意愿和作为产生了怎样的效果,官民各方如何通过塑造义民形象的过程来表达和满足自身的需求。对上述问题的考察,将揭示旌义劝分中官民互动、义利交织的社会面貌,有助于我们理解明代前期社会中官府、官员与民众围绕政治与政策的实践在道德、利益等层面多方构建、谋求共赢的历史事实。

一

明英宗正统元年(1436),江西吉安府吉水县民胡有初因捐谷一千五百石助赈而被旌表为义民,给予敕书旌异、免除本户杂役、地方立石表门等优遇,"自是为故事"。① 据《明英宗实录》记载,迄正统十三年(1448),

---

① 谈迁:《国榷》(不分卷),《续修四库全书》史部第359册,第418页。

全国各府州县共援例旌表义民1340名。按照当时每位义民捐谷至少一千五百石至二千石的标准，统共筹集了约200万至260万石的粮食，相当于正统年间官府每年增收粮食15万至20万石。由于实际旌表的义民数多于《实录》记载的人数，可以认为真正募集到的粮食尚不止于此。无论与前朝或与明代中后期相比，正统年间的劝分所得都是一个巨大的数额。在此期间，官府对义民的旌表制定了一系列规范的程序与仪式。

前引正统初年吉水县民胡有初的旌表，已遵循这样的程序：出谷备赈后，经知县申巡抚，上报户部确定旌表，再由行人赍敕书至吉水县，给赐胡有初本人，旌予"义民"之号，复其家三年，地方官府以羊酒犒劳，为其建坊或表门，最后胡氏赴京谢恩，由光禄寺赐宴、遣归。在褒奖的程序中，行人赍敕使得"恩礼"仪式尤为隆重，所付敕书以云龙八宝笺制，玺用紫泥封"敬天勤民之宝"，光彩耀人。此前捐谷助赈的庶民或由当地政府在旌善亭中表彰，①至于有"孝行贞烈"而受朝命旌表的孝子顺孙、义夫节妇，至多也只有旌门而无敕书，相比之下，义民所受的重视和褒奖，称得上是"至恩"。②胡有初之后，绝大多数正统义民的捐谷数额超过了两千石，他们拥有土地的数量想必可观。考虑到明代自洪武年间以来一直对大土地所有者采取重征重役，乃至抑制打击的情况，不难理解此时富民由于捐谷而得到的荣耀，会被时人目为"近世所未曾有之宠荣"③"恩之至渥，莫过于此"，④是"遭际之幸"，⑤甚至被目为"异数"⑥的情景。

为何在正统初年会出现对富民如此高规格的政治礼遇？一个基本的原因是此时的明朝政府应对农业周期性波动的能力不足。宣德六年（1431）以后，南北直隶、河南、山东、湖广、浙江、江西等腹心大省都遭遇

---

① 参见张佳：《彰善瘅恶，树之风声——明代前期基层教化系统中的申明亭和旌善亭》，《中华文史论丛》2010年第4期，第243—274页。
② 吴节：《张氏旌义卷跋》，《吴竹坡先生文集》卷五，《四库全书存目丛书及补编》集部第33册，第408页。
③ 黄养正：《送义民李信夫还瑞安序》，乾隆《瑞安县志》卷九《艺文》。
④ 陈循：《恩荣堂记》（钱秉），《芳洲文集》卷六，《续修四库全书》集部第1327册，第204页。
⑤ 习嘉言：《旌义门记》，同治《弋阳县志》卷十二《艺文》。
⑥ 《康熙弋阳县志节本》卷下《选举志·附义民》，《丛书集成三编》第82册，第398页。

了持续数年的水、旱、蝗灾困扰，几乎竭尽了地方官府的预备仓储粮，更暴露出全国预备仓体系近于废弛的实情。① 地方官府向富室劝分，但总体收效甚微。以江西地区为例。南昌、吉安等八府大水，自宣德八年（1433）六月以后持续岁歉，饥馑蔓延，"江西之民告籴无所，中家以下凛凛不自保"。② 地方的乡村富室对劝分全无响应。从明宣宗对南昌、广信、临江、瑞州各地饥民"强取富室之谷"的暴动做出待其悔恶的宽宥处理可以看出，③明朝对地方灾情缺乏足够的应对办法。既然预备仓已经无粮可赈，乡村稳定又同时需要济贫与安富，官府最终还是转向了"以民赈民"、寻求乡村有力阶层的配合。捐谷富民得到旌表的礼遇，就说明了当时社会的这一状况。

在正统元年旌表胡有初等人为义民，这一时机可能是经过精心选择的。胡有初，吉水人，其家族自宋代迁入吉水与庐陵二县交界处的燕山芙蓉峰下，务农为生。这位背景并无特殊的乡村老农，在宣德十年先后无偿捐谷一千五百石佐官赈济，在当时这是不少于700—800亩良田一年的产出，相当于一个中等县城预备仓额的三分之一强。④ 就在这一年正月，宣宗去世了，年幼的英宗继位。发生在江西的胡有初大额捐谷、助官体国的义举，对初继位、将改元的幼君而言，似乎是及时得不能再及时的民意拥戴。

对比此前的地方官员劝赈无力、富民囤粮观望，这种拥戴显得尤为可贵，在授予义民的敕书中也得到了特别强调。目前所见明代史料中记载最早的敕书，是正统二年九月初七日颁给直隶淮安府海州民段兴的敕书。其文云："国家施仁，养民为首。今之守令，或不能奉承，有厉民者，而所在奸民豪夺乡里，以肥其家，恬不知愧。尔于饥岁乃能出麦一千石，用助

---

① 对宣德中期以后的全国性农业饥荒及地方预备仓体系的分析，参见前揭向静：《明代的义民义官》。
② 王直：《赠义民胡有初诗序》，《抑庵文后集》卷十八，《文渊阁四库全书》第1241册，第769页。
③ 《明宣宗实录》卷一一三宣德九年十月乙卯，台北：历史语言研究所校印本，第2545页。
④ 据《明宣宗实录》记载："洪武间，各府州县皆置东西南北四仓，以贮官谷，多者万余石，少者四五千石，仓设老人监之，富民守之。"（卷九一宣德七年六月丙申，第2077页）在弘治元年颁布各地预备仓贮额的统一规定前，不少州县仍维持着洪武以来的标准。

赈济,有司上闻,朕用嘉之。今遣人赍敕旌尔为义民,劳以羊酒,仍免本户杂泛差役三年。尚允蹈忠厚,表励乡俗,用副朝廷褒奖之意。钦哉,故敕。"①同月十五日的另一份义民敕书"皇帝敕谕山西汾州民王志可",除了捐粮数额不同以及"遣人赍敕"写作"遣官赍敕"、"褒奖之意"写作"褒嘉之意"以外,余下内容完全相同。②敕书严厉地批评部分守令与奸民,在凸显"国家施仁"的同时,强调"旌民以义"作为其回应与效验,肯定义民的忠诚厚道,勉励他们成为乡俗表率。

杨士奇是当时内阁的首辅、实际的主政者,他在解释旌表义民的缘由时,不仅阐发敕书的意旨,批评守令与奸民,③还明确将旌表胡有初与英宗即位联系起来,认为义民"仰体君心"正体现出对英宗新政的拥戴。在给胡有初的题记中,他写道:"皇上嗣大统之初,一新仁民之政,明劝惩之典。……惟天子体天心以仁民,惟臣体君心以致其仁於民……(有初)能仰体君心,使天下富家巨室皆能仰体君心,将穷桐蔀屋,岂有失所之人哉?此有初所由昭受旌褒也。"④

杨士奇借用文学传统中久已有之的"感兴"说,⑤以"感仁兴义"诠释义民的动机,这凸显出"国家施仁"的同时,又进一步描绘出君臣之间、庙堂内外在政治秩序与道德情感上的紧密联系。在为吉水曾希恭所作的《敕书阁记》中,他评论说:"盖前此所未见者,岂非上之仁有以感之乎!"⑥这一文学式的阐发,得到了同时在朝的部院监寺大臣,如吏部尚书王直、大学士马愉、王英、国子监祭酒陈敬宗等人的赞同唱和,成为一时的

---

① 隆庆《海州志》卷九《恩典志·敕直隶淮安府海州民段兴》,《天一阁藏明代方志选刊》本。
② 光绪《汾阳县志》卷十一《艺文·旌汾州义民王志可敕》,方家驹、庆文修,王文员撰,道光志增补本,光绪十年刻本。
③ 参见杨士奇:《恩荣堂记》(郑宗鲁)、《旌义堂记》(萧襄),《东里续集》卷一,《文渊阁四库全书》第1238册,第370、378页。
④ 杨士奇:《敕书楼记》(胡有初),《东里续集》卷二,《文渊阁四库全书》第1238册,第387页。
⑤ 参见乐黛云、叶朗、倪培耕主编:《世界诗学大辞典》"感兴"条,沈阳:春风文艺出版社,1993年,第163页。
⑥ 杨士奇:《敕书阁记》(曾希恭),《东里续集》卷一,《文渊阁四库全书》第1238册,第372页。

共识。王直为胡有初、杨子勖等义民写序,反复提到"感上之仁而兴于义","上好仁而下必好义也","上有行仁之君故下有好义之民"。① 翰林学士周叙强调旌义体现了"我朝上下之间倡率感应之机,尤伟然不可及"。② 王英称:"预备虽常也,然上倡下义之应……可不书哉!"③南京国子监祭酒陈敬宗称:"皇上敷仁布义以激劝于其下,下之人观感兴起以奉答乎其上。"④

考虑到英宗初即位的特殊形势,旌表胡有初等人为义民也许有应景之意。但授予后来者同样隆重的礼遇,这一决定的意义已经超出了彰显民意的范畴,意在向更广泛的民间社会发挥感召力,激励更多的富民大额捐助,解决当时从吉安府到江西全境乃至南北各省预备仓废、赈济粮荒的问题,正如杨士奇所言:"(使)四方之民咸知圣志所向,争趋奉承,发廪倾帑,以助济给。"⑤事实证明这一举措取得了成效。各地效仿胡有初捐谷的富民,在接下来的两三年内陆续核实并先后被旌为"义民",到正统四年前总共已有 66 人。⑥ 此外,因捐谷而得到立石、表门、免役的富民,实际人数更多。他们被认为与义民一样,也具备了实现"仁义感兴"的道德境界,只是因为捐谷数额不及义民,而没有享受到敕书、建坊与赐宴。义民捐助的粮食确实纾解了此前州县官府仓廪无粮的困窘,使亲民官们得以重建衰竭的预备仓储,从容赈饥,消弭暴乱。当时河南的通许县仓庾空竭,人不给出,得到善化乡义民苗仲谦、贾让两位义民的捐谷后,"因以拯民,深克有济"。⑦ 浙江金华府兰溪县"仓岭之下,储谷以数万计,又谓之

---

① 王直:《承恩堂记》(杨子勖)、《敕书阁记》(王子宇)、《敕书赞》(徐景南),《抑庵文后集》卷一、卷三七,《文渊阁四库全书》第 1241 册,第 310、312 页;第 1242 册,第 394 页。
② 周叙:《旌义堂记》(李森),《石溪周先生文集》卷七,《四库全书存目丛书及补编》集部第 32 册,第 750 页。
③ 王英:《承恩堂记》(王文琳),光绪《奉化县志》卷三七《古迹·承恩堂》条下附,清光绪三十四年刊本。
④ 陈敬宗:《鄞县义民仓记》,《澹然先生文集》卷二,《四库全书存目丛书及补编》集部第 29 册,第 303 页。
⑤ 杨士奇:《敕书阁记》(曾希恭),《东里续集》卷一,第 372 页。
⑥ 参见《明英宗实录》中正统~天顺朝义民数量分省统计表,向静《明代的义民义官》附录一。
⑦ 嘉靖《通许县志》卷上《忠节·义民》,《天一阁明代方志选刊续编》第 58 册,第 89 页。

义民仓,民固有获其利者"。① 江西吉水县依靠义民捐粮稳定了地方局势:"时江西诸府县皆饥,环吉水之邑尤甚,贫无赖者纠为不道,炯连数千人。独吉水无一人与其辜,义民之力也。"②

据初步统计,当正统五年(1440)再次为充实预备仓储而举行义民旌表时,全国各省府州县的义民数量激增至932人,连远离帝国腹心的云南、广东等地,到正统八年(1443)时,也已经有了上百名义民。这一波的义民善举及其国家表彰,可以视为正统初年义民旌表的影响所及。从颁赐义民的敕书来看,除了因时变化而去掉指责"守令"与"地方奸民"之外,行文、用语均延续了此前的敕书,这或许是行政惯性的使然,但在作为最高权威的官方敕书中,官府界定"旌义"的内涵与意义始终一致。如正统六年九月二十二日"敕福建延平府顺昌县民杨绍震":"国家施仁,养民为首。尔能出稻谷一千石,用助赈济,有司以闻,朕用嘉之,今特赐敕奖谕,劳以羊酒,旌为义民,仍免本户杂泛差役三年。尚允蹈忠厚,表励风俗,用副朝廷褒嘉之意。钦哉,故敕。"③

值得注意的是,正统初年的特殊形势虽然赋予旌表以君臣"仁义感兴"的特定内涵,但这一内涵要获得稳定而持久的社会认可,要从敕书的笔墨之间扩散到乡野的村舍田头,达到吸引更广大区域内乡村富民响应

---

① 章懋:《兰溪县新迁预备仓记》,万历《金华府志》卷二八《艺文》,万历六年刊本。
② 柯暹:《玺书楼记》(蓝处彝),《东冈集》卷二,《四库全书存目丛书及补编》集部30册,第514页。
③ 正德《顺昌邑志》卷七《恩典志·英宗睿皇帝敕义民杨绍震》,《天一阁明代方志选刊续编》第37册,第973页。大约在正统三年以后,敕书的行文内容便已固定为以上格式,这是根据笔者所见的正统年间22份义民敕书而言的。如正统三年九月十八日《敕湖广岳州府义民孙钟》(隆庆《岳州府志》卷十《艺文志·敕志》)、正统四年二月十二日《敕山西平阳府翼城县义民薛从周》(嘉靖《翼城县志》卷五《人物志下》)、正统五年十二月二十一日《敕河南开封府尉氏县义民白祥》(嘉靖《尉氏县志》卷五《词翰类》)、正统六年九月二十三日《敕福建宁府建阳县义民黄应童》(嘉靖《建阳县志》卷二《敕命》)、正统六年十二月二十日《敕江西吉安府庐陵县义民朱诚望》(吉安府吉安县古巷村老屋自然村村民所藏《庐陵古巷朱氏族谱》卷三《敕书》,笔者2013年8月江西考察所见)、正统七年四月初十日《敕浙江湖州府德清县义民蔡凯》(民国《德清县志》卷十一《艺文志二》)、正统八年二月二十日《敕浙江台州府宁海县民洪辅相》(崇祯《宁海县志》卷九《诰敕志》)、正统十一年九月六日《敕南直隶池州府贵池县义民李积惠》(康熙《贵池府志》卷七《艺文略上》)、正统十三年六月《敕义民章禧远敕命》(光绪《青阳县志》卷五《敕命》)等。

旌义的目的,显然还经历了一个更为广阔而复杂的推动过程。这一过程的核心在于塑造义民"感仁兴义、树立风声"的形象,使这一群体在明朝的政治与道德秩序中获得官方给予的前所未有的认可与接纳,进而吸引乡村富民阶层源源不断地加入到旌义的行列中来。这对劝分的效果与可持续性具有重要影响,也对乡村富民群体存在多重的现实意义,因此得到了各级官府、官员、义民及其家族的合力推动。

二

为了见证与纪念旌表的"恩荣",许多义民不满足于仅拥有官府的表门与建坊(如尚义坊、义民坊、旌义坊、旌善坊、必荣坊),还乐于为"玺书褒敕"单独营构纪念性的建筑,如楼(御书楼、皆荣楼)、阁(敕书阁、玺书阁)、堂(承恩堂、恩荣堂、荣恩堂、惇义堂、忠义堂、旌义堂、忠信堂、乐义堂、重荣堂)、碑(敕书碑)等,并向当世的名公巨卿请求玺书的题跋、赞以及纪念建筑的记与序文。据时人记载,这些私人的纪念性建筑大多是"高楼峻阁",①它们耸立在田野之中,成为乡村公共空间里令人瞩目的焦点,其上的题记文字会给观者造成强烈的印象。② 这些题记出自当世公卿之手,"所以敷扬圣天子之美意",③本身便是固化观念、整合舆论、教化社会的手段,也符合敕书中对义民的期待:"尚允蹈忠厚、表励乡俗,用副朝廷褒奖之意。"④

前引杨士奇、王直、王英、陈敬宗等人的题记中,除了将义民壮举诠释为"感仁兴义"之外,还围绕着"感仁兴义"的核心,有意识地塑造与修饰义民的形象,使其人的言行、举止、家世背景中最符合"义"的要素被着重

---

① 《明英宗实录》卷二五七景泰六年八月辛未,第5540页。
② 巫鸿:《中国古代艺术与建筑中的纪念碑性》,上海:上海人民出版社,2009年,第1—17页。
③ 李茂:《奎聚堂记》,收入《庐陵古巷朱氏族谱·诚望公文献录》,江西吉安市吉安县古巷村老屋自然村收藏,2013年8月笔者在江西考察所见。
④ 隆庆《海州志》卷九《恩典志·敕直隶淮安府海州民段兴》,《天一阁藏明代方志选刊》本。

提炼与强调出来。

最直接的方法是引述义民的言语或平素的行为，以说明其人有行义之志或素著义声。比如胡有初，"世以笃义重乡邑，谓其子曰：'吾视人如此，吾食岂能下咽。'"吉水义民萧文志，平素"常推其余以赈赡乡里"，听闻旌义事后，"喜曰：'此吾志也，固常行之矣。'"永新义民贺祈年与弟引年"尝以急义闻乡里"。贺孟琏，"尤以好善急义得名于当时"。永丰义民罗修龄，"好义尤笃，乡邑之民有贫匮不给者，多赖焉"。安成义民张济，尝"曰：'救灾恤患，济志也！'"①聂万纪，"日恒思以周不给……邑大夫每义之"。② 庐陵义民萧子韶，"尝建义庄以济贫匮"。③ 泰和义民陈志祥，"尤淳实而好义"。④ 萧德赞，平素"尤乐施贷，民之蒙惠多矣"。⑤ 毗陵义民蒋文聪，"为人乐施予"。⑥

为这种素好行义的品行提供佐证的，可以是义民父祖及其家族成员的影响，如周穷恤匮，如积善有声，如御侮弥乱、保障乡党。江阴义民周孟敬，其祖伯源"敷施与人博矣"。⑦ 奉化王文琳，其祖、父"素以行谊闻于乡而尤乐施与"。⑧ 庐陵陈谦，其父"(元末)卓然保其乡族，以归太祖"。⑨

---

① 王直：《敕书阁记》（萧文志）、《敕书阁记》（贺祈年）、《敕书阁记》（贺孟琏）、《抑庵文后集》卷一，《文渊阁四库全书》第1241册，第311、308、314页；《敕书阁记》（张济）、《敕书阁记》（罗修龄），《抑庵文后集》卷二，第344、348页。
② 马愉：《恩荣堂记》（聂万纪），《马学士文集》卷四，《四库全书存目丛书及补编》集部32册，第50页。
③ 王英：《承恩堂记》（萧子韶），《王文安公文集》卷三，《续修四库全书》集部1327册，第333页。
④ 陈循：《旌义堂记》（陈志祥），《芳洲文集续编》卷三，《续修四库全书》集部1328册，第55页。
⑤ 王直：《赠义民萧德赞序》，《抑庵文后集》卷十四，《文渊阁四库全书》第1241册，第659页。
⑥ 黎淳：《乐义堂记》（蒋文聪），《黎文僖公文集》卷九，《续修四库全书》集部1330册，第50页。
⑦ 王直：《孝义堂记》（周孟敬），《抑庵文集》卷二，《文渊阁四库全书》第1241册，第44页。
⑧ 金间素：《惇义堂记》，光绪《奉化县志》卷三七《古迹·惇义堂》条下附，清光绪三十四年刊本。
⑨ 杨士奇：《敕书楼记》（陈谦），《东里续集》卷二，《文渊阁四库全书》第1238册，第393页。

吉水曾希恭的伯父原鼎,"元季保障于乡"。① 周怡恂,其先祖"当元季兵荒之岁,煮粥以食饥人",②等等。

在素好行义的品行根基上激发出捐谷的义举,这契机来自于君主仁德的感召,因此在题、记、序文中义民捐谷的动机常常是"仰体君心"。如贺祈年捐谷前与弟谋曰:"今天子虑民或艰食而豫为之防,吾其可不奉诏。"贺孟琏"自念曰:'吾只承德意,知出谷而已,岂敢徼此名哉!'"新淦义民何用高曰:"吾奉承天子仁民之意而已,岂敢以义自名哉!"新淦义民萧炳旸,"恭承上命,惟恐弗逮"。③ 平阳义民柳靖,闻知旌义事例后"欣然喜曰:'吾民所以安生乐业而幸有余积者,上之赐也。今圣心惓惓,思患而预防之,将使斯民无不得其所,此天地之心也,其可负哉!'"④

上述典型要素不约而同地出现在不同地区与家族的义民文献中,既有"君子论人,必推其本"之意,也是在"仁义感兴"的官方话语之下,对义民行为"合理化"的具体论证。题记者作为当世的名公巨卿,增添了这种论证的政治权威性。题记内容没有因为典型要素而显得单调雷同,在增加了义民的家族史,加上对义民本人神情、语言的细节描写后反而愈发生动了。考虑到它们的形成最终是经由义民本人和家族首肯之后的结果,这些细节可能正是由义民一方提供的。对后者来说,请托官员题记,既是对自己社会身份的公开认可,也凝聚了他们认为重要且值得保存的个人和家族记忆,不仅会增添纪念性建筑的权威,也将载入家乘、宗谱或族谱,荣今耀后。

义民一方对题记的高度重视,使他们谨慎而精心地选择撰写题记的人选。理想的题记作者当然是身居高位且名望卓著的官员。但选择人选的能力,要取决于义民及其家族的社会关系网络。有少数的义民出身大族,交游广阔,有能力遍谒公卿,请多人题记。如吉水义民李维霖,其弟李

---

① 柯暹:《兰溪义仓记》,《东冈集》卷二,《四库全书存目丛书及补编》集部30册,第511页。
② 王直:《御书楼记》(周怡恂),《抑庵文后集》卷五,《文渊阁四库全书》第1241册,第410页。
③ 萧镃孟:《廖氏义士记》,同治《新淦县志》卷八《人物志·善士》,清同治十二年活字本。
④ 王直:《恩荣堂记》(何用高)、《柳氏旌义敕书碑阴记》,《抑庵文后集》卷一、卷二,《文渊阁四库全书》第1241册,第312、346页。

维谦与翰林学士周叙为姻家,其子庸修为江西进士,赴京谢恩回乡时,"公卿士大夫以言赠之,颂美扬休,珠玉盈橐"。① 安福义民张济,其侄张洪为监察御史,侄孙张敷华为兵部郎中,子张渤为乡贡进士,太常寺卿吴节在为他的敕书题跋时,只见此前"题跋若钱公习礼、李公时勉、陈公循、李公绍、李公昌祺、王公直、王公英,皆一时巨卿知名当世者也"。②

有些义民交游或许不甚广阔,但与某位公卿大臣或为姻戚,或有故交,也可以上门谒见,亲自求记。如江阴义民朱熊,赴京谢恩后谒见王直,请"先生幸赐一言"。义民周孟敬,出谷追旌其祖父为义民,为建孝义堂,赴京谢恩后"退而告予(引者注:王直)以名堂之意,且以记为请"。③ 淮安义民罗振,因其父与杨士奇为旧友,其弟罗铨又与杨士奇同朝十数年,"往还尤厚",故杨士奇称"予素悉振事",欣然作记。④ 泰和义民萧襄,早年曾延杨士奇为西席,故襄"与之素厚也",请作《旌义堂记》。

为了让心仪的人选来撰记,义民还会转托亲友,颇费周折。临江府新淦义民李孟都、郑宗鲁均转托翰林侍读习嘉言向杨士奇求记。⑤ 永丰义民聂万纪,托其姻友国子生李光训向大学士马愉求记。永丰义民罗修龄,介其姻戚礼部员外郎李宜春向王直求记。万安义民曾时望,介其姻友刑部郎中刘广衡、进士周铎向周叙请记。吉水义民龙复清,托其外甥工部侍郎周忱向陈敬宗请记。庐陵义民朱诚望介其姻亲王概,向萧维祯请记。因为义民本人与题记的直接作者之间并没有深厚的关系,那些出现在题记中有关义民的德行、言语及家世背景的细节,往往通过请托者之口传递给撰记者,再由他们剪裁辑理、敷衍成文。如杨士奇记载的义民郑宗鲁的情况是由李氏"所厚者"兵部员外郎毛俊转述的。陈循为无锡义民钱秉

---

① 周叙:《送义民李君南还序》,《石溪周先生文集》卷六,《四库全书存目丛书及补编》集部32册,第704页。
② 王直:《敕书阁记》(张济),《抑庵文后集》卷二,《文渊阁四库全书》第1241册,第344页。
③ 王直:《孝义堂记》(朱熊)、《孝义堂记》(周孟敬),《抑庵文集》卷二,《文渊阁四库全书》第1241册,第43、44页。
④ 杨士奇:《罗氏旌义堂记》,《东里续集》卷五,《文渊阁四库全书》第1238册,第435页。
⑤ 杨士奇:《重荣堂记》(李孟都)、《恩荣堂记》(郑宗鲁),《东里续集》卷五、卷一,《文渊阁四库全书》第1238册,第431、370页。

作《恩荣堂记》,是因秉尝与陈循之弟陈永相交,永向陈循"言其忠厚事甚多",包括钱秉资助其同僚的一段佳话也被载入记中。① 通过转托"亲厚"的中下级官员,去请求上位者撰记的做法,仍然可以在一定程度上体现义民及其家族的意愿,也许在当时颇为普遍。义民便于向"所厚者"表达自己的愿望,后者也了解义民及其家族的需求,通过对有关资料进行选择性的强调与隐讳,使公开题记中的义民形象更符合官方"君仁臣义"的宣传口径,促成义民及其家族的利益最大化。

以吉水义民蓝处彝为例,可以看到题记者通过转换对事实的叙述,使之符合义民及其家族的意愿。宣德十年,知县柯暹以赈济乏粮,曾亲自向当地富室蓝处彝劝分,但蓝氏推辞了。正统六年,蓝氏向本县预备仓捐谷一千五百石,获旌为义民,请柯暹作《玺书楼记》,此时柯暹重提往事,称:"余观处彝于众人中为不群,亦尝劝之出谷,则辞以散而待聚,余固不强人,或疑其吝,今始信其为非吝也。"柯暹否定了此前对蓝氏吝而拒劝的怀疑,也使蓝处彝的形象由"吝"转为"不吝",与"仁义之劝"相吻合。

在泰和义民杨孟辨身上,则能看到义民如何选择人选,以使题记呈现的内容更能体现义民的个人意愿。王直与杨士奇同为杨孟辨的乡人②,也都有记载杨氏行迹的文献传世,但杨孟辨只选择请王直作《旌义堂记》。杨孟辨早年多次往来京城与泰和之间,王直与之"游最莫逆",曾作《送杨孟辩南还诗序》。序中提到杨氏因同时承担富民与粮长二役,"不胜二役之烦",上诉通政司请求援例免一役,终不得代。"孟辩无可奈何,相见缕缕道所苦与其情之郁而不得伸者,曰:'天其能或矜我也!'"这种对官府派役不均而产生的强烈愤懑,令王直感到不安,并试图以"为民而受役于官,宜也"的道理来开解他。杨孟辨自称与杨士奇同宗,曾委托王直为其族谱作序,在当地颇有影响。杨士奇见到王直的序文后,特意写了

---

① 陈循:《恩荣堂记》(钱秉),《芳洲文集》卷六,《续修四库全书》集部 1327 册,第 204 页。
② 万历《吉安府志》(《日本藏中国罕见地方志丛刊》第二本,书目文献出版社,1990 年)卷三一"遗事"记泰和义民"杨孟辨",王直曾为其人及家族成员撰有《敕书阁记》《旌义堂记》《送杨孟辩南还诗序》《上源塘记》,除《敕书阁记》外,各文中义民姓名均作"孟辨",并称其人系"吾邑上源塘杨氏,盖宋田士理定主簿应真之裔",与杨士奇《题家谱辨冒妄》中所述"杨孟辨"者显系同一人。本文行文中姑从"杨孟辨",引王氏原文处则以原文为准。

《题家谱辨冒妄》一文,列举杨孟辨的家族故实,以证其诬。① 怨怼官役、冒攀同宗,这显然都是杨孟辨生平中并不体面的事情。但是当他被旌为义民,请王直撰写《敕书阁记》时,上述事实均被虚隐,杨孟辨的形象全然是急公好义、深孚人望的:"(孟辨)往往推以赈人急,乡里细民衣食有不足者多赖焉,不特歉岁为然也。前年朝廷修养民之政……孟辨闻之喜曰:'救灾恤患,吾志也,况重以天子之命乎!'即出谷二千余石以归有司,俾自为敛散,而孟辨之义遂著于远迩。"王直的题记只凸显杨孟辨素有尚义之志,并能恭承君命,而对其他不光彩的事情只字未提。通过这样的强调与隐讳,使题记中的杨孟辨形象完全符合"君仁臣义"的期待,这可能也正是杨氏请托王直的用意。杨家会不会是为了"复徭役"而成为义民呢?后人不得而知,但为了免役而跻身旌义行列的富民,当时可能不在少数。泰和义民杨子珮入粟应旌义事例时,"大夫君子亦谓君之子继尝仕矣,今进者未已也,何徭役之复而尤恭上命如此,非诚笃于义者哉!"② 笃义是"诚"还是"不诚",在富民与熟识官员的小圈子里可以成为谈资,但在公开的题记中是不会指名道姓的。对旌义动机的复杂性,当时已有官员指出。在现藏吉安县老屋自然村的《庐陵古巷朱氏族谱》中,收录了正统六年受旌表的义民朱诚望自京城归乡时,刑部郎中郭循所作的《赠朱君诚望南还序》,序中指出:"庐陵之好义者固多,求其出于自然者甚少。非出于利诱,则迫于事势,绳之以义,吾未知其何如也。"作为庐陵人,郭循的感慨应当是有依据的,但他在这里只是概述其事、姑隐其名,不免又使之成为烘托义民朱诚望"感仁兴义"的背景。

由于"旌义"根植于"感仁兴义"而表达出的道德内涵,更因为"旌义"为官府带来巨额的粮食捐助,在义民及其家族的努力之下,一批为玺书构建的楼、阁、堂等纪念性建筑获得了当时公卿官员的题赠,使捐谷者的"尚义"在名荐天朝之后又得知于当世。义民的形象作为旌表荣誉的来源,也成为这一荣誉的完美注脚。皇帝敕书的内容虽然是高度程式化

---

① 杨士奇:《题家谱辨冒妄》,《东里续集》卷二三,《文渊阁四库全书》第1238册,第680页。
② 王直:《云溪杨处士墓志铭》,《抑庵文后集》卷三三,《文渊阁四库全书》第1242册,第280页。

的,但有了与之相衬的官员题跋与赠记,补充了大量有关义民个人及其家族的形神细节,也就从不同的角度和层面论证了每一位义民身上所发生的"君臣仁义感兴"的可信度。

三

为了将题记中塑造的义民形象持久地定格,或使之更为丰满高大、传之后世,不少义民家族非常重视墓表与墓志铭,使之成为塑造义民身后形象的重要载体。

按当时写作墓表或墓铭的通行书法,墓主的行治与履历是必不可少的。① 但具体采择哪些事例,首先视子孙家人提供的素材偏重,其次才是撰者对素材如何裁断。这一时期的义民绝大多数是乡里的庶民富室,并没有世所共知的学行德履、宦绩功烈,要实现"荣今耀后"意图的同时还不令观者产生过分"谀墓"的怀疑,则需要义民的子孙家人从述作人选、事迹素材等方面用心规划。

在义民家族看来,墓表、墓铭的述作人选最好是道德文章为世人服膺者,才能达到"德副则言立,辞工而文远"的效果。泰和义民郭东维、杨旦的家人,均请户部尚书萧镃铭墓、吏部尚书王直表墓;杨子珮的家人请萧镃做传,王直铭墓;杨彦实的家人请刑部员外郎梁棨为行状;秀溪义民康惟进的家人请翰林编修尹直为行状;淮南义民罗文振的家人请都察院副都御史罗学古为行状,户部尚书、大学士陈循表墓;江阴义民周孟敬的家人请礼部尚书、大学士杨溥为传;休宁义民陈偃请南京礼部尚书黎淳铭墓等等。

王直为胡有初所撰的墓表,可以说是一时义民墓表与墓铭中的代表作,从中可以看到身后文献在塑造义民形象方面与其生前的赞、记、序文之间的异同。除去按惯例要交代的乡邑、族出、卒日、寿年、妻子、葬地等信息外,对胡有初的记载如下:

---

① 参见王行:《墓铭举例》,《文渊阁四库全书》第1482册。

公……自幼喜学,屹然如成人。受业于解先生原恢、张先生伯颖,又从其叔富顺丞某游学,日益有闻达,于义利之辨未尝苟取。早失二亲,痛不得致养,岁时祭祀,必诚必敬。兄秉初亦早丧,长育其孤女而嫁之,一不异己女。事从兄重初极爱敬,教诸子弟必勉以经术取科第。里人有不平者,质于公,公为辨别是非,不曲随苟止,见有违于义者,必陈义面折之。虽始不堪,终皆愧服。家多积谷,有称贷者视他人减息之半,凶年则免偿。

岁甲寅大饥,饥民至操兵为盗,柯暹理县事以为忧,公曰:"勿忧也,此但求食耳,赈之当自定。"首出谷一千石佐县官。柯喜,称公大丈夫,作诗美之,诸富民稍稍皆出谷以助赈施。吏部侍郎赵公巡抚至县,又于公劝分,公又出五百石,赵公大悦,上其事。天子嘉之,降敕旌为义民,劳以羊酒,复其家,于是公之义声闻天下,天下富民皆化公所为,争出谷以济饥,而义民之旌亦满天下。晚年营别业以佚老,名曰贫庄,谓其子若孙曰:"吾非贫者,虑尔曹为富而害义,此所以训业。"

昔洪武初,法制未备,公兄弟早孤,豪横多侵夺其产。及稍长,智略过人,奋然欲有所为,诸豪知不便于己,出力沮抑之。公谓兄秉初曰:"必去是,吾乃有宁宇。"秉初奇之。缚其渠诉之京,皆得罪,而胡氏遂复旧观。由是人皆惮公,至老而笃于义,厚于施,而人复爱且重焉。公非殊于昔也,皆义之所当然也。①

这篇墓表的代表性,在于它体现了同时期大多数义民的墓表、墓志铭中共有的一些特点。首先,记、赞中主要强调捐谷之义,墓表则以"笃义"为核心,全面记述墓主生平的"功德才行志义之美",力图塑造具备"通才达识、高德重望、嘉言善状"的义民形象。在这一点上,其他义民的身后文献也莫不如是。其次,"旌义"仍然是叙事的重点。现存所有与胡有初相关的文献中,以王直这篇墓表记载的细节最丰富、最详细,并明确肯定了胡有初作为天下义民之首的殊荣地位。几乎所有义民的身后文献,也

---

① 王直:《义民胡有初墓表》,《抑庵文后集》卷二七,《文渊阁四库全书》第1242册,第99页。

都浓墨重彩地描述旌义过程,凸显"笃义"的核心。

与前引题记、序文所不同的是,墓表尤其重视墓主在赋役、借贷、礼仪、诉讼、营建等乡村生活重要领域内的影响力,如乡人向胡有初"质平""称贷",这也最能体现墓主及其家族在乡里社会中的声望与地位。这一点在其他义民的墓表、墓志铭中也常有提到。如康惟进,"正统以来两为其乡万石长",多次修桥复庙,"于公家之事尤尽心",又集诸老者议为乡约,消弭乡间争竞之风。杨子珮,"县大夫每行乡饮,必延致宾位。"①陈偃,"乡人贷者不责生息,公平之誉流布四方,里间远近有纷争未取者,或不诉官,径之先生质,厥成得一言即枉直明白,退而感谢,不复健讼"。②杨旦,世为粮长,"人有不平,质于君,得一言无不悦服"。杨彦实,"人或忿争不能平,质于公,公据理辟解之,无不悦服"。③

如果墓主身前的作为曾引发乡里不满,墓表或墓铭就成为澄清争议、扭转舆论的手段,来为墓主的社会形象盖棺论定。胡有初早年为恢复家业曾与诸豪强交恶,乡人"皆惮"而长期孤立,王直在墓表中并不回避这一事实,但肯定他的行为是"义之所当然",强调旌义已经扭转了舆论态度,使之由人"皆惮"转变为"复爱且重"了。

由此可见,与义民生前文献相比,其身后的墓志铭、墓表更注重从子孙和家族的角度,以"旌义"的荣耀为中心,强化和肯定义民在乡族以及地方社会中的声望与地位,从而完成义民形象塑造中的重要一环。如果说敕书、赞、记、序文等文献侧重在天下一体的图像中,建构民与君、"笃义"与"旌义"之间自下而上的感应沟通,那么墓表等身后文献所建构的则是义民在地方社会的圈子中,因"笃义"而与当地官府、家族、宗族、乡邻之间产生的紧密联系。二者相互补充,使义民的形象更趋于丰满、完美。

---

① 王直:《康惟进墓志铭》《云溪杨处士墓志铭》,《抑庵文后集》卷三三,《文渊阁四库全书》第1242册,第271、280页。
② 黎淳:《犀溪陈先生墓志铭》,《黎文僖公文集》卷十二,《续修四库全书》第1330册,第115页。
③ 王直:《旌义杨君墓表》《义民杨彦实墓志铭》,《抑庵文后集》卷二八、卷三三,《文渊阁四库全书》第1242册,第132、263页。

上述文献或被镌刻在旌义的纪念性建筑及义民的墓碑上,或载入家乘、族谱以及述作诸公的文集,得为后人所知。嘉靖年间,浙江海盐人钱薇在建议当地知县劝分时,激赞胡有初、萧襄等人,建议知县"如柯暹故事",所依凭的便是"杨东里诸家文集"。① 考虑到文集刊布不常,流布或未广遍,对地方社会而言,义民形象的塑造,不仅依靠义民及其家族的努力,也得力于地方官府、官员的支持,这种官民合力的效果,不仅体现在义民及其家族所有的私人文献中,更体现在作为地方重要政治文献的方志记载里。

四

由于义民捐谷的程序全部在州县完成,极大纾解了此前官府仓廪无粮的困窘,因此对正统年间大多数地方官员而言,旌表所带来的实际利益是毋庸讳言的。为了发挥义民在地方富民群体中作为"榜样"与"典范"的作用,也使"旌义"对其他的富民产生激励与引导,州县官府与官员不仅支持塑造义民"感仁兴义"的形象,也使其效果影响到了方志体例与内容的变化。

地方官员对旌义与义民形象的诠释,与皇帝敕书、公卿题记中"君臣仁义感兴"的宣传口径高度一致,并且侧重肯定、彰显义民对地方社会的贡献。如柯暹将旌义诠释为"(国家)非利得谷,仁义之劝也",吉水义民群体的兴起则是"仁义之感人,易而效速",他更称赞胡有初"所活不可胜计",乃至胡氏所居之山林田路"皆以义名而旌之,未为不可也"。

对正统年间义民及其家族逐渐增多以及由此而来的变化,州县官员的感受最为直接,他们的态度对地方舆论而言也颇具导向性。当时义民中已经出现了争名逐利、与官方宣传口径不合的行为,比如乘轿引导,楼阁之上刻画龙凤,比如门立三门,中门常杜,不令人往来,都已僭越了庶民应遵的礼制,但大多数州县的地方官员对此默许、纵容,并未因此而打击

---

① 钱薇:《赈济议》,《海石先生文集》卷十,《四库全书存目丛书及补编》集部97册,第162页。

义民夸显荣耀、塑造形象的风气。另一方面，通过"登郡乘"的方式，州县官员将义民及其家族纳入到地方社会的政治与文化图景当中，经由州县—府—省各级方志的记载与转载，使义民形象塑造的效果得以巩固，通过官修政书的途径逐渐融入更大范围的地方历史记忆。

反映地方官府与官员对"旌义"及义民形象转而持肯定态度的，是方志体例与内容上的调整。不少州县的方志专门设立"旌义"或"义民"的小目，收录皇帝敕书、义民事迹和旌表内容。如正德《顺昌邑志》卷七"恩典志·旌义"、正德《莘县志》卷六"义民"、嘉靖《尉氏县志》卷三"人物·旌义"、嘉靖《寿州志》卷七"人物·义民"、嘉靖《宁国县志》卷三"人物·义民"、嘉靖《东乡县志》卷下"人物·义民"、嘉靖《思南府志》卷六"人物·义民"、嘉靖《吉州府志》卷九"人物志·恩例·义民"、隆庆《临江府志》卷十"义民"、万历《宝应县志》卷九"人物志下·义民"、万历《龙游县志》卷七"义民"等等。还有一些州县方志则在"诏令"下收录旌义的敕书，在"街坊"下收录为义民所建的坊、碑，在"人物志"中"尚义""孝义""义士"的小目内收录义民事迹，虽未使其单列一类，亦与官方表彰的孝子顺孙、节妇义夫、耆民善人并列。如弘治《永平府志》卷四"尚义"、正德《新乡县志》卷五"尚义"、正德《南康府志》卷四"尚义"、正德《瑞州府志》卷十一"尚义"、正德《宣府镇志》卷七"义士"、嘉靖《池州府》卷七"孝义"、嘉靖《常德府志》卷十六"义士"、嘉靖《沛县志》卷七"人物志·孝友附义民"、隆庆《海州志》卷七"孝义"、万历《慈利县志》卷十五"义士"以及天启《衢州府志》卷十一"人物志"、崇祯《开化县志》卷五"人物志·义行"均收录正统义民敕书及事迹等等。

弘治以后的方志编纂者们显然很少能目睹正统年间旌义的实况，他们对义民的记载来源，一般是"稽典询俗，采之旧录"，即受到此前地方政书、家乘族谱、故家文集以及乡间胜迹传闻的影响。许多方志的记载尤其详于正统年间的旌义情形，或者只收录这一时期的记载。如嘉靖《寿州志》卷七"人物·义民"，特别将正统七年的义民标出，以示区别于后；嘉靖《东乡县志》卷下"人物·义民"，只对正统、景泰年间义民出粟的数量、旌表内容记载详细，其他时期的义民仅列其名；明清时期江西弋阳县的方志中，长期保存着从《黄氏家乘》《吕氏族谱》中采录的正统八年义民黄敬方、吕景鸾的敕书等等。这不仅是因为正统年间旌义始行,还因为方志作者们往往借由对正统义民"感仁兴义、树立风声"的形象认可来表达批判现实或实现当下政治目标的愿望。在这种情况下,正统义民"感仁兴义、树立风声"的形象作为后人追慕怀想的对象,在后世得到了继续的巩固。

就在义民旌表肇端的吉安府,嘉靖《吉安府志》逐名开列了正统、景泰年间受到旌表的义民之后,称"其视纳粟奏名、靡禄规利者盖有间矣",是借此批评作者当下的社会现实。万历《吉安府志》的作者除了继续收录前志的内容外,还加上了自己对历史的想象:"斯固一时向义之盛,而民之富厚固亦缘是可想知已!"正统义民的形象塑造在当时社会中营造的利益空间随着时代变迁是会逐渐消逝的,但形象被塑造后蕴含的道德内涵与政治理想,却跨越世代更替而获得了后人的认可。

方志记载义民的内容侧重,尤其对正统义民形象的肯定与强调是与后世修志者所处的现实环境有关,这方面可以举出嘉靖与万历年间两修《宝应县志》的例子。嘉靖《宝应县志略》是宝应知县闻人诠在嘉靖九年(1530)初撰、嘉靖十七年(1538)刊行的。该志在卷三"人物志·孝义"条下有关"义民"的内容只记载了正统年间陈纲一人,内容为"正统间大饥,纲出谷一千五百石赈济,有司以闻,赐玺书羊酒,旌之并复其家"。该志存世数量极少,到万历年间知县陈煃再次修志的时候,对前志已经一无所知,故称"宝应旧无志,隆庆初年修,迄今殆二十余岁焉"。万历《宝应县志》在卷九"人物志"下专设了"义民"小目,以陈纲为义民之首,对陈纲的记载较前志更为详细:"陈纲。正统五年,江淮大饥,人相食。朝命户部主事邹来学赈济,募民出粟一千石助赈奏闻,赐敕旌为义民,仍令本府劳以羊酒,免本户杂差三年。纲□□出粟一千五百石,有司以闻,赐玺书旌之,并复其家。"相比嘉靖志而言,万历志的显著变化有二:一是专为富民助赈者设立小目,在陈纲之后,还增载了嘉靖二十八年捐粟助赈、"照陈纲例"旌奖的富民陈言的事迹,以示奖劝;二是增加了旌义政策的具体内容与施行细节。为何会有这种改动?

据陈煃在《新修宝应县志序》中所言,嘉靖四十年(1561)以前,宝应县"地庶而富",此后却屡遭水灾,迄万历二十二年(1594)共罹水荒十七次,由此"民贫次骨,户口日耗",其间知县贤最著者,盖"以岁荒存活饥民事为称首"。陈煟即任时,"适当水荒,邑里萧然……日諰諰然求所以干济而调停之"。也许因为荒政的巨大压力,使这一次修志的重心格外关注地方史上"救荒之奇筴",包括与赈济活民有关的各种制度人事。在这样的背景下,万历修志者虽然与正统时代距离更远,但对"旌义"与"义民"的记载反而比嘉靖时期详细和丰富了。旌义史事的真确与否,经由上述不同记载的相互印证而显得更加清晰,通过对同一史事的史料进行选择与增补,后来者冀此表达他们对现实的期盼,并体现当下的劝分需求,这实际上促成了对正统义民的形象,以及形象塑造所依托的政治制度的再次肯定与追忆。

综上所述,在敕书、题记、赠序、墓表墓志铭以及地方志等多重性质的历史文献背后,各级官府、官员、义民及其家族均从不同的层面确认了旌义的史事,塑造义民形象的过程也因此呈现出官民互动、义利交织的复杂情态。由于正统初年特殊的政治社会形势,"旌义"被赋予了"君臣仁义感兴"的政治理想与道德情感,义民群体由此获得了官方的道德表彰与政治认可。劝分所得的巨额粮食前所未有,有力地缓解了正统年间赈灾备荒的社会危机。伴随旌义劝分的推进,尽管时人舆论对"义民"的真诚与否存在争议与怀疑,"感仁兴义、树立风声"作为正统义民的形象特征仍然得到了有效的塑造与传播。这是各级官府、官员与受旌表富民之间合力实现秩序共建、利益共赢的结果,反过来又推动了旌义劝分在当时的循环与兴盛。

如果将明朝的旌义劝分与前代相比较,不难看出,它通过"感仁兴义"而赋予劝分的道德内涵以及随之而来对义民形象的塑造,是其鲜明的特色之一。它使得旌义为官民各方提供的利益途径,在道德荣耀之下获得了社会认可的合理性,这是义民形象得以塑造的根本动力,也因其艰难而使有识于此的义民及其家族付出了巨大努力。正统年间官府劝分的成就,与义民形象的成功塑造密不可分,这体现出明人在践行劝分方面的重要特点,即在营造官民互利的过程中,尽力将道德意义的构建作为政策推行的基础与前提。

(向静　中国青年政治学院中文系讲师)

嘉庆朝引见文官分析
——兼与乾隆朝引见文官比较*

王志明

【内容提要】 本文通过对嘉庆朝引见文官之民族和籍贯分布、职官层级、科举出身、年龄等因素进行分析,并与乾隆朝引见文官相比较,认为嘉庆朝文官构成的主要特征与前朝接近,但具有以下新特点:满人地位更突出,与皇权接近的上三旗和内务府属下人员选官更具优势,蒙古人地位上升,汉军地位下降;各省区人才分布不平衡度升高,居于京城人员在选官中所占比例上升幅度最大;官员平均年龄增大。对改籍顺天府、包衣人和笔帖式出身、府县分布等问题亦有详析。

《清代官员履历档案全编》所存嘉庆朝(1796—1820)引见官员履历档案计有 11699 件次(凡档案中出现姓名 1 次计为 1 件次)。[①]大多数官员为多次引见或档案重复,据姓名、籍贯、任职、签转等信息推断,确定涉

---

* 本研究得到国家社科基金项目《清代中下层官员的出身、迁转与国家权力控制》(09BZS014)、国家清史纂修工程《清史·历科进士表》(200410220403001)资助。
[①] 《清代官员履历档案全编》,上海:华东师范大学出版社影印,1998 年。以下简称《全编》。

及 4517 名文武官员（还有一些满人、蒙古人姓名雷同者，因信息过于简略，无法判断是否为不同的人，这类现象估计 30—40 例，亦即文武官员总数可能还要多出数十人），平均每人档案重复 2.6 次。有些引见官员的档案过于简略，本文对其籍贯和民族进行增补，如任职笔帖式者可判断为旗人，"阿灵保""巴星阿""百昌"等姓名特点亦可归类为旗人。此外，根据他们任职地的省志、府志、州县志《职官志》记录，补充了百余名文官的府县籍贯。凡籍贯，以《清史稿·地理志》为标准，取清代后期的省、府、厅和州县政区归属。①

嘉庆朝引见官员基本为文官，文官履历为 11537 件次，占总件次的 98.6%，涉及的文官达 4356 人（其中 17 人有与八旗武官迁转的经历，2 人有与绿营武官迁转的经历，1 人有与八旗武官、绿营武官迁转的经历）。这些文官中，34 人不明省籍（据姓名特点可判断为汉人），272 人无法辨明族别和旗色（据姓名特点可判断为旗人，主要集中在《全编》第 29 册），这类信息不全的文官计 306 人，因此信息较全的文官有 4050 人。为统一比较标准，本文取信息较全者统计。

在此资料整理前提下，本文试图分析嘉庆朝引见文官的籍贯、民族、出身、任职层级、年龄等问题，并与乾隆朝（1736—1795）引见文官比较，②以探讨嘉庆朝职官特点。《全编》收录各朝文官的密度有差异，以信息较全者计，乾隆朝年均引见 210 余人，嘉庆朝年均引见 160 余人，嘉庆、乾隆两朝引见文官的比较信度较高。文中有些相关数据兼参照雍正朝引见文官。

---

① 关于政区归属变动，又参见牛平汉主编：《清代政区沿革综表》，北京：中国地图出版社，1990 年。
② 参见王志明：《乾隆朝引见文官籍贯、出身及相关问题分析——兼与雍正朝引见文官比较》，《清史研究》2011 年第 2 期，第 41—49 页。该文有数处应更正：第 42 页左栏，"4000 余名无年龄、籍贯、迁转等可取资讯"改为"4000 余件次涉及 2300 余人无年龄、籍贯、迁转等可取资讯"；第 44 页左栏倒数第 4 行"其余各部"改为"其余各府"；第 45 页左栏最下段"表 3 所列 52 个人材大县中，江苏、浙江各有 16 个和 12 个，江浙人材大县占全国过半"改为"表 3 所列 62 个人材大县中，江苏、浙江分别有 16 个和 12 个，江浙人材大县近全国半数"。本文写作时按照嘉庆朝处理资料标准再次核算乾隆朝的相关数据，与该文数据稍有出入，本文采用新的乾隆朝官员相关统计数据。

一 嘉庆朝文官改籍事例

在统计籍贯时,涉及改籍问题。一般官员履历不记录改籍情况,只有少数记载改籍,本文取履历文字中先出现的籍贯计量,因为这是履历本人认可度大些的籍贯。嘉庆朝文官改籍事例在履历档案反映的有120例,主要改籍地为顺天府。改籍情形有两类:第一类为由原籍改为顺天府籍(73例),第二类为由原籍改为顺天府以外省籍(47例),详见表1、表2。

据表1,寄籍顺天者主要集中在大兴(31例)、宛平(23例)两县,通州(5例)不多。从祖籍地来看,浙江36例、江苏21例、安徽8例,其他省籍甚少。可见江浙一带经济文化发达地域寄籍顺天最多,尤以浙江最突出。寄籍地集中在顺天府,是因为顺天府为政治中心,具有各种权力资源的竞争优势,如易于攀附权贵、科举命中率高、获取信息快捷等。这种寄籍京城以获取更多选官权力资源的现象,自北宋已见。宋人洪迈曾阅宋真宗咸平元年(998)进士登科录,发现一榜50人中,49人皆为开封府籍贯,猜想是寄籍京师以利中试。清乾隆时学者赵翼赞同洪迈的观点,并感叹清朝也是"江南人多有寄籍顺天,屡禁不止,盖时际升平,士皆自奋于功名之路,固非条教所能尽绝也"。①

据表2,寄籍他省也是以浙江(11例)、江苏(9例)、安徽(9例)官员居多,这类情形同于乾隆朝,说明经济文化发达省区也是改籍的重要目标。

表1 嘉庆朝寄籍顺天府官员表

姓名	祖籍地	寄籍地	出身	任职
陆维垣	浙江	顺天大兴*	监生	知府
严登鳌	浙江	顺天大兴*	吏员	知县
茹　式	浙江	顺天大兴*	举人	内阁典籍

① 赵翼:《陔余丛考》卷二九,"寄籍"条,上海:商务印书馆,1957年,第611页。

续表

姓名	祖籍地	寄籍地	出身	任职
胡起凤	浙江	顺天大兴*	监生	通判
金式如	浙江	顺天大兴*	监生	通判
托德龄	浙江	顺天大兴*	监生	通判
陈继仁	浙江	顺天大兴*	监生	知县
崔 镇	浙江	顺天大兴*		知县
高廷魁	浙江	顺天大兴*	进士	知县
顾 源	浙江	顺天大兴*	供事	知县
胡 晋	浙江	顺天大兴*	举人	知县
胡朝伦	浙江	顺天大兴*	供事	知县
李崇周	浙江	顺天大兴*	监生	知县
商 起	浙江	顺天大兴*	进士	知县
邵延曾	浙江	顺天大兴*	举人	知县
张炳林	浙江	顺天大兴*	贡生	知县
章廷桦	浙江	顺天大兴*	副榜	知县
赵鸿文	浙江	顺天宛平*	吏员	按察使
史积容	浙江	顺天宛平*	进士	布政使
叶 雯	浙江	顺天宛平*	监生	道
陈廷梁	浙江	顺天宛平*	供事	郎中
韩 桐	浙江	顺天宛平*	监生	知府
范继昌	浙江	顺天宛平*	供事	知县
李 泉	浙江	顺天宛平*	进士	知县
李 源	浙江	顺天宛平*	副榜	知县
沈千鉴	浙江	顺天宛平*	监生	知县
孙 杰	浙江	顺天宛平*	监生	知县
陶 镕	浙江	顺天宛平*	举人	知县
王国忠	浙江	顺天宛平*	贡生	知县
谢希闵	浙江	顺天宛平*	监生	知县

续表

姓名	祖籍地	寄籍地	出身	任职
严廷灿	浙江	顺天宛平*	举人	知县
朱近曾	浙江	顺天宛平*	进士	知州
袁成烈	浙江	顺天宛平*	吏员	直隶州知州
章 凯	浙江会稽	顺天宛平*	监生	按察使
钱 櫄	浙江山阴*	顺天	进士	知县
潘 杰	浙江	顺天通州*	进士	知县
魏 襄	江苏	顺天大兴*	进士	太仆寺少卿
范 泉	江苏	顺天大兴*	廪贡	知县
蔡 熹	江苏	顺天大兴*	吏员	知县
董大醇	江苏	顺天大兴*	进士	知县
谢 增	江苏	顺天大兴*	进士	知县
徐 瑶	江苏	顺天大兴*		知县
杨 兰	江苏	顺天大兴*	吏员	知县
谭 元	江苏	顺天宛平*	进士	同知
刘金锡	江苏	顺天宛平*	吏员	知县
王 达	江苏	顺天宛平*	进士	知县
邓炳纲	江苏	顺天通州*	吏员	知县
倪 鑅	江苏	顺天通州*	进士	知县
魏 钧	江苏	顺天通州*	进士	知县
王矩曾	江苏丹徒*	顺天	进士	知县
徐 彬	江苏丹徒*	顺天	举人	知县
冯 珩	江苏通州*	顺天	举人	知县
王 苏	江苏江阴*	顺天	进士	知府
华 翊	江苏无锡*	顺天	举人	知县
恽 鹏	江苏武进*	顺天	进士	知县
庄诜男	江苏武进*	顺天	进士	知县
赵钟彦	江苏阳湖*	顺天	进士	知县

续表

姓名	祖籍地	寄籍地	出身	任职
路 华	安徽	顺天大兴*	进士	知县
苏 昶	安徽	顺天大兴*	供事	知县
杨桂荫	安徽	顺天大兴*	吏员	知县
胡家瑞	安徽	顺天宛平*		四译馆大使
阎善庆	安徽	顺天宛平*	进士	知县
丁 堂	安徽	顺天通州*	举人	知县
屠 英	安徽和州直隶州*	顺天	进士	同知
鲍 珊	安徽歙县*	顺天	进士	知县
吴乘时	山西	顺天大兴*	监生	知县
张 炽	山西汾阳*	顺天	举人	知县
李 舟	云南晋宁州*	顺天	监生	布政使
钱学彬	云南昆明	顺天宛平*	进士	知府
马启翮	陕西	顺天大兴*	监生	知县
彭 嘉	湖北	顺天大兴*	供事	通判
刘 云	湖南长沙*	顺天	吏员	知府
陆敏棣	甘肃灵川*	顺天大兴	监生	知县

说明:"任职"为履历所载最高任职。出处未注,可查《全编》第30册目录,按姓名查检。带*号为履历书写前置籍贯,为计量采用籍贯。

表2 嘉庆朝寄籍顺天府以外省区官员表

姓名	祖籍地	寄籍地	出身	任职
何 清	浙江	安徽亳州*	增贡	知县
潘光炜	浙江	奉天承德*	进士	知县
蔡 群	浙江德清	广东番禺*	拔贡	知县
范 澍	浙江	广西龙州*	进士	知县
王国元	浙江	贵州贵筑*	进士	知府
陈大文	浙江会稽*	河南杞县	进士	尚书

续表

姓名	祖籍地	寄籍地	出身	任职
许绍宗	浙江	陕西咸宁*	进士	知县
石方川	浙江	云南昆明*	举人	知县
丁玉焘	浙江	直隶清苑*	进士	同知
沈乐善	浙江	直隶天津*	进士	道
吴 云	安徽	江苏长洲*	进士	知府
郑宗彝	安徽	江苏江宁*	进士	郎中
汪春熙	安徽	江苏清河*	举人	知县
汪士侃	安徽	江苏无锡*	进士	知县
吴熊光	安徽	江苏昭文*	举人	总督
许庭梧	安徽	江西南昌*	进士	知县
洪 晟	安徽	四川松潘直隶厅*	拔贡	知县
郑 城	安徽	浙江钱塘*	进士	知县
孙兰枝	安徽	浙江仁和*	举人	主事
云 铨	江苏	广东南海*	举人	知县
张 晒	江苏	河南汲县*	优贡生	知县
高赐禧	江苏	河南祥符*	进士	知县
周诵芬	江苏吴江*	湖北	举人	知县
叶继雯	江苏	湖北汉阳*	进士	郎中
蔡信芳	江苏	湖南善化*	进士	知县
芮泫铣	江苏	四川成都*	举人	知县
宫鉴桂	江苏	云南昆明*	拔贡	知县
孙燕翼	直隶	奉天承德*	捐贡	道
李师韩	直隶	江苏上元*	监生	知府
李世猷	直隶	山东菏泽*	进士	知县
贾声槐	直隶	山东乐陵*	进士	道
赖 勋	福建	四川万县*	进士	知县
何 菜	福建	四川岳池*	进士	知县

续表

姓名	祖籍地	寄籍地	出身	任职
朱上林	福建	浙江钱塘*	举人	知县
许鋐	福建闽县*	江苏	进士	直隶州知州
牛稔文	山西	直隶天津*	举人	道
解理	山西	江苏上元*	监生	知县
崔景仪	山西永济*	江苏	进士	道
陈学诗	湖北	河南祥符*	进士	知县
夏维翯	湖北	四川资州*	举人	知县
裘世璘	顺天大兴*	江苏	监生	知府
王揆一	陕西	甘肃礼县*	贡生	同知
岳炯	甘肃	四川中江*	拔贡	教谕
郭杰椁	江西	四川巴州*	举人	教谕
薛玉堂	四川	江苏无锡*	进士	同知
何烜	广东	广西郁林直隶州*	举人	知县
吴梯	广西	广东顺德*	举人	知县

说明:同表1。

二 嘉庆朝引见文官省籍分布与职官层级构成分析

(一)各省籍文官比与层级比

引见文官的任职层级是考量不同民族和区域占有选官权力资源的重要参照标准。引见官员基本上是道府以下的地方官员,道府以上的官员和朝官较少。为考察职官权力资源的构成,此处将道府一级正、从四品归为中层官员,凡属四品的学政、国子监祭酒、太常寺少卿、侍读学士等也归为中层官。四品以上的布政使、按察使、顺天府与奉天府府尹、盐运使、侍郎、巡抚等归为上层官,四品以下的直隶州知州、同知、通判、知县、监察御史、郎中、员外郎、主事、给事中、检讨等归为下层官。在取官员任职层级时，以《全编》所录最高层级为准。以此标准建任职层级表如下：

表3 嘉庆朝各省籍文官数及任职层级表

籍贯	人数	总数比	高层	中层	中高层	中高层比
八旗	639	15.8	64	211	275	43.0
奉天	14	0.4	0	5	5	35.7
江苏	379	9.4	19	71	90	23.7
浙江	354	8.7	30	50	80	22.6
安徽	204	5	10	34	44	21.6
山西	216	5.3	8	35	43	19.9
河南	159	3.9	6	23	29	18.2
江西	239	5.9	11	32	43	18.0
顺天府	265	6.5	11	36	47	17.7
直隶	199	4.9	3	32	35	17.6
湖北	111	2.7	5	14	19	17.1
甘肃	41	1	0	7	7	17.1
陕西	116	2.9	2	15	17	14.7
山东	273	6.7	6	31	37	13.6
湖南	111	2.7	2	13	15	13.5
四川	169	4.2	1	17	18	10.7
福建	107	2.6	1	10	11	10.3
广西	84	2.1	1	7	8	9.5
广东	170	4.2	1	15	16	9.4
云南	94	2.3	2	6	8	8.5
贵州	106	2.6	2	7	9	8.5
合计	4050		185	671	859	21.2

说明：第一列行政区划以《清史稿·地理志》为标准，顺天府和奉天府政治地位与各省相同，单独列项，八旗以旗统人，亦与政区并列。第三列"总数比"指该省区官员占全国引见文官总数的百分比。第六列"中高层"为中层、高层官员之和，末列为中高层官员占该省区文官的百分比。本表以末列，即嘉庆朝各省区中高层比降序排列。最右下单元格21.2为全体文官中高层比。

若计入信息欠缺者306人,则中高层官员占19.7%。这些信息欠缺者任职层级记录为:八旗272人,任职中、高层记录分别为1、4人,不明省籍34人无任职中高层记录。

由表3,旗籍文官占引见文官整数的20.9%,与乾隆朝很接近(20.2%)。若将信息缺失的下级文官计入,嘉庆朝旗籍文官占引见文官整数的15.8%,略高于乾隆朝(12.8%)。可见乾隆、嘉庆时期旗人任职比例持续高涨。

从官员层级构成看,中高层职官所占百分比以八旗为最高,官员比重高的省区中高层官员的比例也偏高,在竞争权力资源时占有优势,旗人、江浙一带和北方省份占优势,偏远省份明显呈劣势。官员比高的省区中高层官员的比例也偏高,说明二者有一定的相关性,其相关度以皮尔逊相关系数(Pearson Correlation Coefficient)衡量则 $r = 0.59$。

(二)各省籍文官比例与乾隆朝的对照

对比嘉庆、乾隆两朝各省籍官员比的变化,可观察乾隆、嘉庆年间人材地理及选官权力的民族、区域变迁,取表3"总数比"和同口径下乾隆朝各省区所占百分比,制成对照表4:

表4 嘉庆、乾隆朝各省籍文官比对照表

省区	嘉庆朝总数比	乾隆朝总数比	两朝差
八旗	15.8	12.6	3.2
顺天府	6.5	3.7	2.8
安徽	5	3.7	1.3
四川	4.2	3.8	0.4
山东	6.7	6.6	0.1
甘肃	1	0.9	0.1
广西	2.1	2.1	0
奉天	0.4	0.4	0
陕西	2.9	3	-0.1
贵州	2.6	2.7	-0.1

续表

省区	嘉庆朝总数比	乾隆朝总数比	两朝差
湖北	2.7	2.9	-0.2
湖南	2.7	2.9	-0.2
广东	4.2	4.4	-0.2
河南	3.9	4.3	-0.4
江西	5.9	6.5	-0.6
山西	5.3	5.9	-0.6
云南	2.3	3.1	-0.8
直隶	4.9	5.8	-0.9
浙江	8.7	9.6	-0.9
江苏	9.4	10.7	-1.3
福建	2.6	4.6	-2

说明："两朝差"为嘉庆朝总数比减去乾隆朝总数比之差，以其差降序排列。

由表4,可见各省区人材的比例相差甚大。以21各省区"总数比"数据计,嘉庆朝标准差为3.45,比雍正朝(2.98)和乾隆朝(3.20)高,说明各省区的人材不平衡在雍正、乾隆、嘉庆时期有递增趋势。①

以所占百分比计,嘉庆朝比乾隆朝增长的省区有6个,比乾隆朝下降的省区有13个,持平的2个。其中八旗和顺天府升幅最大,说明京城的选官资源优势比乾隆朝更突出,因为八旗和顺天府籍官员基本居京城。八旗文官比重在乾隆、嘉庆两朝保持较大升幅,可见旗人的选官优势不断上升。顺天府比重的加大,与江浙等省改籍顺天者增多有关。

三 嘉庆朝引见文官府县差别与地域构成

与乾隆、雍正朝一样,嘉庆朝各省区内的政治人材分布很不平衡,这种不平衡度超过省区之间的差异程度。中央政府在学额、科举考试录取

---

① 关于雍正朝引见文官的统计数据,参见王志明：《雍正朝官僚制度研究》,上海：上海古籍出版社,2007年。雍正朝相关统计数据又经补充和调整。

名额、选官籍贯等方面的调控主要是以省区为单位考量,对府县一级很少考虑,这使府县级选官资源分配更不均衡。兹取官员数较多的府级单位列如表5:

表5 嘉庆朝文官府籍表

浙江杭州府	134	四川成都府	35	湖北黄州府	21
江苏常州府	106	陕西同州府	35	山东兖州府	20
江苏苏州府	87	直隶河间府	34	江苏扬州府	20
浙江绍兴府	74	河南光州直隶州	33	福建汀州府	19
广东广州府	68	四川重庆府	31	山西霍州直隶州	19
浙江嘉兴府	56	直隶保定府	31	山东莱州府	19
直隶天津府	55	江苏松江府	30	广东肇庆府	18
江西建昌府	55	山东登州府	30	江西饶州府	18
江西南昌府	52	湖北汉阳府	29	广东嘉应直隶州	17
山西汾州府	52	山西平阳府	29	湖北武昌府	17
湖南长沙府	51	安徽宁国府	28	江苏通州直隶州	16
陕西西安府	46	贵州贵阳府	28	四川顺庆府	16
浙江湖州府	45	云南云南府	26	甘肃宁夏府	16
福建福州府	44	江苏镇江府	26	山东济宁直隶州	16
安徽安庆府	43	山东武定府	26	四川潼川府	16
山东济南府	42	云南临安府	26	直隶永平府	16
广西桂林府	40	山东曹州府	25	安徽凤阳府	15
江苏江宁府	40	广东惠州府	24	河南归德府	15
山西太原府	39	江西抚州府	24	山东沂州府	15
安徽徽州府	38	河南开封府	23	山东胶州直隶州	15
山东青州府	36	安徽庐州府	21	浙江宁波府	15

说明:本表仅列出有15名以上引见文官的府级单位。

与乾隆朝相比,嘉庆朝引见文官省区内各府(含府级行政单位直隶州)的差别情形主要体现在:**江苏省**以常州(106人)、苏州(87人)二府人材最集中,占全省半数以上。江宁、松江、镇江、扬州各府人材较多,苏北地区人材稀见。总的情形与乾隆朝接近,常州人材超过苏州则是嘉庆朝的重要特点。**浙江省**人材集中在浙北,杭州(134人)、绍兴(74人)、嘉兴(56人)、湖州(45人)四府占全省87%,尤其是杭州府人材地位更突出,超过云南、贵州、广西等省的官员数,这些特点与乾隆朝很相似。**安徽省**以安庆(43人)、徽州(38人)、宁国(28人)等皖南三府最集中,占全省53%。北方庐州(21

人)、凤阳(15人)二府人材也较前朝有明显增长,为嘉庆朝新特点。**江西省**以建昌(55)、南昌(52)二府人材最集中,占全省44%,其余各府相对均衡,总的情形与乾隆朝接近,但南昌府的人材优势不如乾隆朝。

直隶省以天津人材最突出(55人),河间(34人)、保定(31人)二府也较集中,三府占全省61%,人材集中在顺天府以南渤海湾以西河网密布地带,总体人材布局与乾隆朝接近,天津人材的突起是嘉庆朝的新特点。**山东省**人材以济南(42人)、青州(36人)居多,较乾隆朝各府的人材分布稍均衡。**河南省**光州直隶州(33人)、开封府(23人)人材居多,占全省36%,其余各府人材较为均衡,整体上较乾隆朝均齐。**山西省**人材集中在汾州(52人)、太原(39人)、平阳(29人)三府,占全省56%,南北人材少,以中部的汾水流域人材居多,总的情形与乾隆朝接近,但太原府的人材优势不如乾隆朝。

福建省官员107人,样本偏少,不足以显示福建人材分布特点。据有限样本,福州(44人)最集中,占全省41%。**广东省**人材明显集中于沿海,广州(68人)府最集中,广州、惠州(24人)、肇庆(18人)、嘉应直隶州(17人)、潮州(14人)等五府州占全省83%,这一分布与乾隆朝比较接近。**四川省**人材集中于成都(35人)、重庆(31人)二府,占全省40%,西部广袤地带罕见人材,整体上较乾隆朝均齐。

以下省区府级人材分布更接近乾隆朝的状况:**云南**人材以云南、临安(各26人)二府较集中,占全省54%,其他府县人材稀见;**陕西**人材集于西安(46人)、同州(35人)二府,占全省70%;**湖南**人材以长沙府(51人)最突出,岳州(14人)、衡州(12人)二府人材稍集中,西部边缘府县人材稀缺;**湖北**人材集中于长江东段的汉阳(29人)、黄州(21)、武昌(17人),西部府县人材稀少;**贵州**人材比较分散,贵阳府(28人)占全省26%,各府人材相对均衡;**广西**人材以桂林府(40人)占绝对优势,为全省48%,西北部人材稀少;**甘肃**人材稀少而分散,以宁夏府最集中。

首府(省会所在府)多是人材聚焦之地。上列18个省区中有13个首府人材居首位,按首府人材占全省的百分比降序排列为:广西桂林府(占48%)、湖南长沙府(46%)、福建福州府(41%)、广东广州府(40%)、陕西西安府(40%)、甘肃宁夏府(39%)、浙江杭州府(38%)、云南云南府(28%,与临安府持平)、贵州贵阳府(26%)、四川成都府(21%)、安徽安庆府(21%)、山西太原府(18%)、山东济南府(15%)。直隶天津府、江苏常州府、山西汾州府、湖北汉阳府、河南光州直隶州、江西建昌府等6州府文官数多于首府，其选官竞争力较强，如天津府、常州府在该省明显占据经济和文化优势。

县级政区(含散州)的人材分布也很不均，兹取有8人以上的县级政区列表6如下。

表6 嘉庆朝文官县籍表

顺天府大兴	117	山东济南府历城	14	浙江嘉兴府嘉善	11
顺天府宛平	85	江苏镇江府丹徒	14	直隶保定府清苑	11
浙江杭州府仁和	59	贵州贵阳府贵筑	14	安徽徽州府休宁	10
浙江杭州府钱塘	54	湖南长沙府长沙	14	河南光州直隶州商城	10
直隶天津府天津	34	江苏常州府常熟	14	江西建昌府新城	10
山西汾州府介休	29	江苏常州府江阴	14	浙江嘉兴府秀水	10
安徽安庆府桐城	28	浙江嘉兴府嘉兴	14	山东莱州府潍县	10
广西桂林府临桂	27	河南开封府祥符	13	江西瑞州府高安	9
江苏常州府阳湖	26	湖北武昌府江夏	13	直隶遵化直隶州丰润	9
浙江绍兴府山阴	26	福建福州府侯官	13	广东惠州府博罗	9
江苏苏州府吴县	24	广东广州府南海	13	湖南长沙府善化	9
江西建昌府南丰	24	湖北汉阳府汉阳	13	江苏镇江府溧阳	9
浙江湖州府归安	23	湖南长沙府湘潭	13	江苏松江府娄县	9
福建福州府闽县	22	江苏江宁府江宁	13	山东曹州府单县	9
江苏常州府武进	22	山东青州府诸城	13	山西太原府阳曲	9
浙江绍兴府会稽	22	山西汾州府汾阳	13	陕西西安府咸宁	9
江苏江宁府上元	21	陕西同州府蒲城	13	云南临安府石屏州	9
安徽徽州府歙县	20	浙江杭州府海宁州	13	浙江嘉兴府桐乡	9
广东广州府顺德	19	直隶河间府任邱	13	浙江绍兴府萧山	9
江苏苏州府长洲	19	广东广州府番禺	12	河南光州直隶州固始	8
顺天府通州	19	陕西太原府太谷	12	江苏苏州府元和	8
山西霍州州灵石	18	江苏常州府昭文	12	山东兖州府曲阜	8
江苏常州府金匮	18	四川重庆府涪州	12	山西平阳府洪洞	8
江苏常州府无锡	18	湖南岳州府巴陵	11	山西汾州府平遥	8
江西南昌府南昌	17	广东广州府新会	11	山西平阳府曲沃	8
安徽宁国府泾县	16	江西南昌府奉新	11	山西蒲州府永济	8
江西南昌府新建	15	山东济南府长山	11	陕西西安府长安	8
江西建昌府南城	15	陕西西安府三原	11	顺天府宝坻	8
云南云南府昆明	14	浙江湖州府德清	11		

说明：本表仅列出有8名以上引见文官的县级单位。

由于顺天府人材比例的增大,京城附郭大兴、宛平县籍官员最集中,特别是大兴县的官员数与湖南、湖北省的官员数相等。顺天府外,人材密集的县主要分布在人材大省,所列15人以上的人材大县有28个,江苏、浙江各有7个和5个,接近半数。还有不少江浙人员改籍顺天府,可见江浙为人材渊薮。杭州府附郭县仁和、钱塘两县人数仅次于大兴、宛平,因为杭州府为全国人材最突出的府级单位。天津县人材的跃升值得关注,这可能预示着天津城在嘉庆朝政治地位上升。介休县为山西地理和经济文化要地,也是晋商活动的重要场所,人材地位不断提高。桐城、临桂为传统优势使然,桐城县不是安庆附郭,但具有文风和官员乡土关系优势,临桂的山水和文化教育冠于广西,这与乾隆朝的情形一致。

从全国范围看,政治人材的分布又有东密西疏、南胜于北、京畿和江南为最大人材中心、江河湖海沿岸为人材聚集地等特点。以南北分野论政治人材,可将八旗、山东、直隶、顺天、奉天、河南、山西、陕西、甘肃及安徽、江苏的北部地区计入北方(颖州、凤阳、庐州、徐州、淮安诸府和泗州、六安、海州直隶州,计73人),其总数为1995人,占全体官员的49.3%,与雍正、乾隆朝一样接近半数。

北方的人材中心在顺天府和直隶省,旗人也主要居住京城,顺天、八旗、直隶官员总和为1103人,占全国27%。南方人材中心为江南地区,杭州、绍兴、嘉兴、湖州、苏州、常州、扬州、松江、镇江、江宁诸府及太仓直隶州的官员为627人,占全国16%。京畿和江南占全国43%。以同一标准计算,雍正、乾隆、嘉庆朝京畿官员占全国比例分别为23%、22%、27%,雍正、乾隆、嘉庆朝江南官员占全国比例分别为18%、18%、16%,可见嘉庆朝京畿人材比重比雍正、乾隆时期有小幅上升,江南人材则稍有下降。

四 嘉庆朝引见文官出身及各省区科甲比

(一)嘉庆朝引见官员的学历构成分析

科举制度将文化与权力相结合,科举所产生的进士、举人、贡生、监生、生员等不同等级的学历(即功名)是清代官员任职的基本身份,但科举出身功名等级与选官任职的关系又受到民族、地域等因素的制约。解析官员的学历结构,有助于探讨文化与权力的建构特点。嘉庆朝引见文官不明籍贯和族别、旗色者306人皆无学历记录,因而在讨论学历结构时,只能以信息较全者计算。

表7 嘉庆朝引见文官出身结构表

身份		人数	身份		人数
科甲 2299人	进士	1034		天文生	3
	举人	1265		监生	674
贡生 597人	岁贡	1	八旗学生 106人	官学生	89
	恩贡	6		义学生	17
	拔贡	185		翻译生员	43
	优贡	15	生员 76人	廪生	3
	副贡	63		增生	2
	廪贡	42		附生	2
	增贡	6		生员	26
	附贡	43	吏员 33人	吏员	13
	捐贡	7		供事	20
	贡生	229		笔帖式	76
监生 731人	荫生	52		其他类	7
	附监	2		不明出身	125
		总计	4050		

说明:"贡生"细目中的岁、恩、拔、优、副为"正途"出身;细目中的"廪贡""增贡""附贡"为廪生、增生、附生入贡者,不确定为正途还是捐贡者,一般说来廪贡、增贡属于正途者较多,附贡属于捐贡者较多;"贡生"为不明何种类别贡生。"监生"细目中"附监"指由附生入监者;"天文生"为特殊门类的学生,专攻天文历算,一般有家学背景,人数很少;"监生"为不明何种类别监生。笔帖式本身为官员(计162人),其记录有科名者归入科名统计,无科名记录者归入"笔帖式"项。"其他类"含前锋3,世袭轻车都尉2,护军、闲散各1。"不明出身"者一般为贡监生以下低级功名者。

由表7,科甲、贡监生为两大出身构成板块,分别占全体文官出身的56.8%和32.8%,而雍正朝科甲47.2%、贡监生46.5%,乾隆朝科甲65.4%、贡监生28.7%,可见嘉庆朝的科甲比重低于乾隆朝而高于雍正朝。嘉庆朝贡监生以下的低级功名者略有增加,主要原因是旗人尤其是满人比例增多,官学生等出身者有所增加。

嘉庆朝吏员地位高于乾隆、雍正朝。嘉庆、乾隆、雍正朝吏员各为33人、40人、50人,以所占比例计,嘉庆朝稍低于雍正朝,但远高于乾隆朝。① 从吏员任职情况看,雍正朝皆为知府以下官职,乾隆朝有4人任知府,而嘉庆朝吏员10人任知府,3人任上层官员:梁敦怀任太仆寺卿、赵鸿文任山西按察使、邹翰任安徽按察使。② 从籍贯分布来看,吏员出身者多为顺天府和浙江人,如嘉庆朝33吏员出身者中顺天籍19人(其中注明7人由浙江改籍顺天)、浙江籍8人。吏员出身者所占比例很低,是为官员办事、谋划的人员,其中最著名是浙江的"绍兴师爷",如乾隆朝40吏员中有9人是绍兴府籍。

(二)嘉庆朝各省文官比与省内科甲比

取嘉庆朝引见信息较全文官数据,制成各省籍官员科甲比例表8:

表8 嘉庆朝各省文官数与科甲比对照表

籍贯	省区数	总数比	进士	举人	科甲	科甲比
八旗	639	15.8	36	111	147	23.0
顺天府	265	6.5	52	65	117	44.2
安徽	204	5	43	48	91	44.6
山西	216	5.3	61	54	115	53.2
江苏	379	9.4	107	101	208	54.9
奉天	14	0.4	6	2	8	57.1
山东	273	6.7	86	74	160	58.6

① 关于雍正朝吏员的分析见王志明:《雍正朝官僚制度研究》,第356—357页。
② 《全编》2册第505、542、547页。

续表

籍贯	省区数	总数比	进士	举人	科甲	科甲比
浙江	354	8.7	101	111	212	59.9
直隶	199	4.9	53	72	125	62.8
陕西	116	2.9	24	50	74	63.8
湖北	111	2.7	47	28	75	67.6
河南	159	3.9	64	44	108	67.9
广东	170	4.2	39	78	117	68.8
江西	239	5.9	109	59	168	70.3
甘肃	41	1	16	13	29	70.7
湖南	111	2.7	37	45	82	73.9
四川	169	4.2	29	98	127	75.1
福建	107	2.6	49	35	84	78.5
贵州	106	2.6	24	69	93	87.7
广西	84	2.1	18	57	75	89.3
云南	94	2.3	33	51	84	89.4
合计	4050		1034	1265	2299	56.8

说明:"人数"为该省区官员数,"科甲"为进士、举人之和,"科甲比"为该省区官员科甲出身百分比,最右下格56.8为全体文官的科甲比率,本表以科甲比升序排列。

由表8可知,云贵、广西、四川等边远省份科甲比例最高,该区域的低学历者参与权力角逐的机会更少。旗人低学历者具有不少法定的权力竞争优势,如"满洲缺"的规定等等。表7的"八旗学生",其学历实际上还低于汉族生员,但八旗学生为官的总量远多于汉族生员,生员中的"翻译生员"(占过半生员数)也为旗人专属,可见旗人选官机会之优越。汉人内部的低学历者并无法定的歧视政策,但低学历者的权力竞争还需要有捐纳、保举等等经济条件和权力社会背景,经济和权力的格局差异导致边远省份的低学历者竞争处于劣势。

表8"总数比"与"科甲比"反向相关,即官员总数多、比重大省区,其

官员的科甲比有趋小的走向,取表8"总数比"与"科甲比"两列数据,求其皮尔逊相关系数 r = -0.73。

(三)嘉庆朝各层级官员科甲比与乾隆朝的比较

就全体引见官员而言,嘉庆朝科甲比为 56.8%,雍正和乾隆朝为 47.2%、65.4%。但各朝引见文官的层级比重不同,不同层级官员的科甲比更能说明问题,见表9。

表9 嘉庆朝文官层级与科甲比百分比

层级	朝代与人数	进士	进士比	举人	举人比	科甲比
中上层	嘉庆 856	258	30.2	132	15.4	45.6
	乾隆 2254	697	30.9	335	14.9	45.7
	雍正 395	134	33.9	38	9.6	43.5
下层	嘉庆 3194	776	24.3	1133	35.5	59.8
	乾隆 10609	2659	25.1	4721	44.5	69.6
	雍正 3569	872	16.2	1675	31.2	47.5

由表9可知,各朝中上层文官科甲比例比较接近,尤其是进士比例更接近。下层官员科甲比例则有阶梯型差别,乾隆、嘉庆、雍正各差约10个百分点,嘉庆朝下层文官科甲比重低于乾隆朝而高于雍正朝。

五 嘉庆朝旗籍官员构成分析

(一)旗籍文官构成表

满人为统治民族,满人和旗人具有很大的选官优势,兹将八旗文官族别、旗别、任职层级、科甲出身等项表列如下,无旗色、族别区别者不计入。

表10 嘉庆朝旗籍文官构成表

民族	旗别	总人数	高层	中层	中高层	进士	举人	科甲	
满洲	正黄旗	51	7	19	26	0	13	13	满洲382人,中高层201人(高层48人),占52.6%;科甲67人(进士12人),占17.5%。
	镶黄旗	68	12	22	34	4	13	17	
	正白旗	65	11	28	39	2	14	16	
	镶白旗	42	4	20	24	1	6	7	
	正红旗	36	4	16	20	0	4	4	
	镶红旗	38	2	15	17	1	1	2	
	正蓝旗	46	7	20	27	2	2	4	
	镶蓝旗	36	1	13	14	2	2	4	
蒙古	正黄旗	13	1	5	6	1	2	3	蒙古66人;中高层37人(高层8人),占56.1%;科甲10人(进士6人),占15.2%。
	镶黄旗	9	2	3	5	1	1	2	
	正白旗	5	1	0	1	1	0	1	
	镶白旗	12	0	8	8	0	1	1	
	正红旗	8	0	4	4	2	0	2	
	镶红旗	5	0	1	1	1	0	1	
	正蓝旗	7	1	4	5	0	0	0	
	镶蓝旗	7	3	4	7	0	0	0	
汉军	正黄旗	30	2	6	8	6	11	17	汉军191人,中高层37人(高层8人),占19.4%;科甲90人(进士18人),占47.1%。
	镶黄旗	30	2	5	7	4	5	9	
	正白旗	24	0	2	2	1	7	8	
	镶白旗	24	0	3	3	2	5	7	
	正红旗	20	1	2	3	1	3	4	
	镶红旗	21	1	4	5	1	8	9	
	正蓝旗	26	2	5	7	1	10	11	
	镶蓝旗	16	0	2	2	2	3	5	
总计		639	64	211	275	36	111	147	

由表10可知,嘉庆朝旗籍文官中满洲、汉军、蒙古所占比例分别为60%、30%、10%,而乾隆朝满洲、汉军、蒙古比例分别为55%、41%、5%,

而雍正朝为13%、87%、0。如果将不明旗别的满人计入,则满洲官员的比例更大。雍正、乾隆、嘉庆时期满洲和蒙古在旗籍文官的比例持续增大,汉军比不断减小。而且汉军官员的中高层比不及满洲和蒙古的一半,可见汉军在旗人选官中的劣势地位。

据表10,上三旗官员数最多,镶黄旗107人,正黄旗和正白旗各94人,三旗占八旗总数的46%,说明嘉庆朝上三旗较下五旗更有选官优势。

(二) 笔帖式和包衣出身

笔帖式是旗籍文官的重要出身。旗别不明的271名官员中,由于信息严重缺失,不能精确判定笔帖式人数,根据姓名合并情况看,其中笔帖式约有130名,亦即约有半数为笔帖式出身,这些主要是下层官员,可见嘉庆朝旗人下层文官笔帖式出身比例之高。

旗别明确的639名官员中,162人曾任职笔帖式,占25%,比例与乾隆朝相近(27%)。嘉庆朝引见文官笔帖式出身者中86人有更具体的身份记载:官学生28人,监生23人,生员20人,贡生和举人各4人,义学生3人,进士、护军、前锋各1人。可见官学生、义学生、生员这类低级学衔者主要是通过笔帖式途径步入仕途,此为旗人的特权。

162名笔帖式的民族构成为:满洲115人,汉军31人,蒙古16人,以满人为主体。162人中任职高层者29人,中层者79人,中高层占66.7%,高于满人的平均中高层官员比,可见笔帖式选官之优势,其中任督抚大臣者8人,皆为满族:

1. 富纲:正蓝旗,贵州总督(嘉庆三年六月)。

2. 伊桑阿:镶黄旗,贵州巡抚(嘉庆五年十月)、云南巡抚(嘉庆六年三月)。

3. 琅玕:正蓝旗,云贵总督(嘉庆五年十月)。

4. 倭什布:正红旗,两广总督(嘉庆八年正月)、陕甘总督(嘉庆九年十一月)。

5. 阿林保:正白旗,闽浙总督(嘉庆十一年五月)、两江总督(嘉庆十四年七月)。

6. 永龄:正黄旗,都察院左都御史(嘉庆十一年五月)。

7. 和舜武：镶蓝旗，山西巡抚（嘉庆二十二年七月）、山东巡抚（嘉庆二十三年四月）。

8. 成龄：镶黄旗，漕运总督（嘉庆二十四年九月）。①

包衣人是满州贵族的属民，学术界关注较多，其地位远远高于一般意义上的奴仆，在分享选官资源时有一定优势。本文在统计包衣人时，将"内务府属下"22 人也视同包衣人，则嘉庆朝旗籍官员包衣人 51 人。内务府直属皇家，占有较大选官份额。以族别计，内务府官员满洲籍 27 人，汉军籍 24 人。以出身计，内务府官员进士 4 人，举人 22 人，贡生 1 人，监生 10 人，官学生 3 人，生员 4 人，闲散 1 人，不明 1 人。以任职层级计，中上层官员 14 人（上层 1 人）。

上三旗由"天子自将"，"内务府属下"直属皇帝，上三旗和内务府官员文官比例尤高，说明接近皇权者享有更优厚的选官资源。

六　嘉庆朝引见文官年龄结构

嘉庆朝引见文官年龄结构，统计标准例同雍正、乾隆朝：分中高层文官和下层文官平均年龄进行统计，统计原则是：1 人选取 1 次年龄；凡有多次引见、履历年龄不同者，择年长，因为官职一般是后面的引见时提升；凡计入中高层统计者不再计入下层官员年龄统计。（有的履历片近旁标注有更高的升迁官职，但不能确定升职时的年龄，这类情况取升迁前的职务和年龄统计。② 有的官员任下层和中高层时皆有具体的年龄，则计入高层级的年龄，下层级年龄不计。）履历年龄按照古代计算方法，皆为虚龄。当然也有虚报年龄现象，以少报年龄居多，所以实际年龄应该比统计数据略高。

嘉庆朝不明籍贯和旗别等信息欠缺的文官没有年龄记录，所以统计

---

① 分别见《全编》2 册第 400、424、418、439、478、462、539、551 页。
② 如《全编》1 册赋璡，44 岁时任刑部郎中，其履历片上批乾隆十六年任知府，任知府时年龄不详，计入任郎中时的年龄。

年龄时与其余各朝相同,皆取信息较完备者。嘉庆朝引见文官有年龄纪录者共4016人,平均年龄46.3岁。

中高层官员有任职后年龄记录者715人,平均年龄48.6。最高年龄73岁,最低年龄24岁,主要年龄段人数为:30岁以下(不含30岁)3人,30—39岁106人,40—49岁257人,50—59岁292人,60—69岁56人,70岁以上1人。

下层官员有年龄记录者3301人,平均年龄45.7岁。最高年龄79岁,最低年龄19岁,主要年龄段人数为:19岁3人,20—29岁168人,30—39岁741人,40—49岁1145人,50—59岁1028人,60—69岁205人,70岁以上11人。

嘉庆朝中上层官员的平均年龄为48.6岁,乾隆朝为47.3岁。嘉庆朝下层官员的平均年龄为45.7岁,乾隆朝为44.3岁。嘉庆朝各层官员的平均年龄比乾隆朝增长1岁多,官员年龄老化也说明选官更难。

七 余论

本文通过对嘉庆朝引见文官地理分布、职官层级、科举出身等因素进行分析,并与乾隆、雍正朝引见文官相比较,认为嘉庆朝满人地位更突出:满人绝对比例升高,满族文官的高层级比例最大,满洲笔帖式出身者职位升高,而满族官员的科甲比率却最低。同时蒙古族地位上升,汉军地位大幅下降,汉人的选官权力进一步减弱,这些因素加深了满汉矛盾。在旗籍文官中,与皇权接近的上三旗和内务府属下人员选官更具优势。各省区之间的人材比重不平衡性比乾隆朝明显增加,居于京城人员在选官中所占比例上升幅度最大。民族、区域人材的差别一定程度上会影响嘉庆朝政治的平衡度,而官员老年化倾向也影响官僚队伍的健全,这些官僚人事的慢变量对嘉庆朝政权的平衡有负面影响。

(王志明 上海财经大学人文学院教授)

"中国通史"计划与《訄书》重订

——章太炎经史观述论之一

张 勇

【内容提要】 1902年,章太炎有撰写"中国通史"计划并付诸实行。稍后,计划中辍,但已撰成的部分初稿,则收入《訄书》,影响了《訄书》的重订。由"中国通史"计划与《訄书》的重订,可见章太炎经史观的早期内容和特点。

章太炎先生的经史观,大抵始终以"六经皆史"为质干。但其具体解说,则随时势迁移而呈现各具特点的面貌。梳理不同阶段的这些别样"面貌",不惟可见太炎学术思想与时消息的丰富内容和特点,亦可为近代以来经史观念的变迁,提供生动的个案。本此,以下仅就1902年前后,太炎拟作"中国通史"之计划及其与《訄书》重订之关系,略作爬梳条理,以见太炎经史观之早期面目,其余则俟另文。

一

太炎早年治经史，多经训考辨之作。① 若论其较成系统的经史论说，则可直截自其"中国通史"计划说起。

1902年，太炎有著述《中国通史》计划，并为此董理诸史，施以衡评。其致吴君遂(保初)书云：

> 史事将举，姑先寻理旧籍，仰梁以思，所得渐多。太史知社会之文明，而于庙堂则疏；孟坚、冲远知庙堂之制度，而于社会则隔；全不具者为承祚，徒知记事；悉具者为渔仲，又多武断。此五家者，史之弁髦也，犹有此失。吾侪高掌远蹠，宁知无所隕越，然意所储积，则自以为高过五家矣。②

太炎以为司马迁、班固、孔颖达、陈寿、郑樵五家史著，各有缺失；而用以衡量的标准中，则有时新的"社会"与"文明"，此亦正是太炎以为其所拟作可以高过五家之处(详后)。同书还谈到拟著作者为"通史"，及其关注所在：

> 修通史者，渔仲以前，梁有吴均，观其诬造《西京杂记》，则通史之污秽可知也。言古史者，近有马骕，其考证不及乾嘉诸公，而识断亦伧陋，惟愈于苏辙耳。前史既难当意，读刘子骏语，乃知今世求史，固当于道家求之。管、庄、韩三子，皆深识进化之理，是乃所谓良史者也。因是求之，则达于廓氏、斯氏、葛氏之说，庶几不远矣。太炎遗老者，二百五十年之彭铿也，其用在抽象不在具体，以是为过于彭矣。③

在太炎看来，今日修史，应当贯之于"进化之理"。深识此理者，在中国为道家之管仲、庄周、韩非，在西洋则为孔德(廓模得)、斯宾塞(斯宾塞

---

① 见章氏早期著作《膏兰室札记》《春秋左传读》等。
② 《致吴君遂书》(1902.7.29)，汤志钧编：《章太炎政论选集》上册，北京：中华书局，1977年，第165页。
③ 同上，第165—166页。

尔)、吉丁斯(葛通哥斯)等人的社会学说。而拟作通史即重在阐明此理,所谓"在抽象不在具体"。

大约同时,太炎又与梁任公书,详述其编写"中国通史"的计划。

> 酷暑无事,日读各种社会学书,平日有修《中国通史》之志,至此新旧材料,融合无间,兴会勃发。①

"各种社会学书"之新理新说,应是触发修史"兴会"的主要动因;而所以作通史(非专史或断代史)及其体例选择,亦以方便阐发新理、新说为主要思虑所在:

> 窃以今日作史,若专为一代,非独难发新理,而事实亦无由详细调查。惟通史上下千古,不必以褒贬人物,胪叙事状为贵;所重专在典志,则心理、社会、宗教诸学,一切可以熔铸入之;典志有新理新说,自与《通考》《会要》等书,徒为八面锋策论者异趣,亦不至如渔仲《通志》蹈专己武断之弊。然所贵乎通史者,固有二方面:一方以发明社会政治进化衰微之原理为主,则于典志见之;一方以鼓舞民气、启导方来为主,则亦必于纪传见之。四千年中帝王数百,师相数千,即取其彰彰在人耳目者,已不可更仆数。通史自有体裁,岂容为人人开明履历?故于师相文儒之属,悉为作表,其纪传则但取厉害关系有影响于今日社会者为撰数篇。犹有历代社会各项要件,苦难贯串,则取械〔机〕仲纪事本末例为之作记。全书拟为百卷,志居其半,志〔表〕、记、纪传亦居其半。盖欲分析事类,各详原理,则不能仅分时代,函胡综叙,而志为必要矣;欲开浚民智,激扬士气,则亦不能如渔仲之略于事状,而纪传亦为必要矣。②

太炎之"通史",志在发明新理以为世用,然其体例仍兼取旧史,合典志、纪传、纪事本末诸体于一。此致梁氏书后附有"史目",共计五表、十二志、十记、八考纪、二十七别录。③ 录之以见其原初设想:④

---

① 《致梁启超书》(1902.7),《章太炎政论选集》,第167页。
② 同上书,第167—168页。
③ 详见同上书,第168—169页。
④ 此"史目"后经删改收入《訄书》重订本,为《哀清史》篇所附《中国通史目录》。详后文。

五表:帝王表(以朴略时代、人文时代、发达时代、衰微时代概括之)。方舆表。职官表。师相表。文儒表。

十二志(志名,或病其旧,拟取《逸周书》篇题名号,改命曰"解",俟商):种族志。民宅志(此与"方舆志〔表〕"不同者,彼略记沿革,此因山川防塞,以明社会风俗之殊异,故不得不分为二)。食货志。工艺志。文言志。宗教志。学术志。礼俗志(除祭礼入宗教)。章服志。法令志。沟洫志。兵志。此十二志,每志约须分四五卷。

十记:革命记。周服记。秦帝记。南冑记。唐藩记。党锢记。陆交记。海交记。胡寇记。光复记。

八考纪:秦始皇考纪。汉武帝考纪。王莽考纪。宋武帝考纪。唐太宗考纪。元太祖考纪。明太祖考纪。清三帝考纪。

二十七别录:管商萧诸葛别录。李斯别录。董(仲舒)公孙(弘)张(汤)别录。刘歆别录。崔(浩)苏(绰)王(安石)别录。孔老墨韩别录。朱(熹)王(守仁)别录(其余学者,皆详"学术志"。此数人事迹较多,故列此两传)。许(衡)魏(象枢)汤(斌)李(光地)别录。顾黄王颜别录。盖(宽饶)傅(干)曾(静)别录。辛(弃疾)张(世杰)金(声桓)别录。郑(成功)张(煌言)别录。多尔衮别录。张(廷玉)鄂(尔泰)别录。曾李别录。杨(雄)庾(信)钱(谦益)别录。孔(融)李(绂)别录。洪秀全别录(此或入纪,俟商)。康有为别录。游侠别录。货殖别录。刺客别录。会党别录。逸民别录。方技别录。畸人别录。序录。

此拟"通史目录",面目古雅,内里满是"新"意。如"帝王表"之"朴略时代"云云,即以某某"时代"(非朝代)概括历史变迁的阶段特点,正是新体史书的特征;①"十二志"专为"发明社会政治进化衰微之原理",故或嫌"志"名之旧,不足以副新义,而所谓"种族""宗教"亦是新目;"十

---

① 此时正于《新民丛报》连载的梁启超《论中国学术思想变迁之大势》,即"画分我数千年学术思想界为七时代",即胚胎时代、全盛时代、儒学统一时代、老学时代、佛学时代、儒佛混合时代、衰落时代。下文说到的梁启超《东籍月旦》(见《新民丛报》第十一号),其中介绍日人桑原骘藏著《中等东洋史》,则全史分为四时代:汉族膨胀时代、汉族优势时代、蒙古族最盛时代、欧人东渐时代。

记"意在记"历代社会各项要件",则"革命""光复",陆海交通,俱见其现实关注所在;"考纪""别录"欲用以"开浚民智,激扬士气",故去取"厚今薄古",寄寓种族大义。

由太炎致任公此函,还可见当时日人所著中国史的影响和《新民丛报》倡言"新史学"的情况:

> 顷者东人为支那作史,简略无义,惟文明史尚有种界异闻,其余悉无关闳旨。要之彼国为此,略备教科,固不容以著述言之。其余史学原论,及亚细亚、印度等史,或反于修史有益,已属蔡君鹤庼购求数种。
>
> 顷阅《新民丛报》,多论史学得失,十一期报中又详举东人所修中史,定其优劣,知公于历史一科,固振振欲发抒者。鄙人虽驽下,取举世不为之事,而以一身任之,或亦大雅所不弃乎?①

此处太炎对日人著中国史的意见,与《新民丛报》十一号所载梁启超《东籍月旦》所论,大体一致,②可谓所见略同。而所谓《新民丛报》多论史学得失","公于历史一科,固振振欲发抒者"云云,则显然指梁任公自《新民丛报》第一号起,以《新史学》为代表的一系列历史新说及新作。③任公《新史学》振聋发聩,影响深远,太炎后来曾屡予驳斥;然当此太炎拟作《中国通史》之际,则显有引任公为同道之意,嘤嘤友声,桴鼓相应。任公很快即于《新民丛报》第十三号(1902.8.4)《饮冰室师友论学笺》栏,以《章太炎来简(壬寅六月)》为题刊发此函,太炎写作《中国通史》的计划遂公之于世。

---

① 《致梁启超书》(1902.7),《章太炎政论选集》,第168页。
② 如任公评市村瓒次郎、泷川龟太郎合著《支那史》云:"若我国学校据为教科书,则有所不可。盖日人以此为外国史之一科,则其简略似比以足。本国人于本国历史,则所以养国民精神、发扬其爱国心者皆于是乎在,不能以此等隔岸观火之言充数也。"见《东籍月旦》,《新民丛报》第十一号。
③ 迄第十一号,《新民丛报》此类作品之要者有:第一号"史传"栏之《新史学》;第三号"历史"栏之《新史学二》;第十一号"历史"栏之《新史学三》。而新史之作则有:第三、四、五、七、九号连载《论中国学术思想变迁之大势》;第六号《泰西学术思想变迁之大势》;第七、九号连载《生计学学说沿革小史》;第八、九号连载《中国专制政治进化史》等。又有《匈牙利爱国者噶苏士传》(四、六、七号)、《张博望班定远合传》(八号)、《意大利建国三杰传》(九、十号)等传记多种。

上述关于《中国通史》的计划,代表了太炎的史学新知;而在通史的撰写中,其对经学的认识亦遂添新得,又见于《致吴君遂书》(1902.8.8):

> 史事前已略陈,近方草创学术志,觉定宇、东原,真我师表,彼所得亦不出天然材料,而支那文明进化之迹,藉以发见。赤帝师蚩,犹无所吝,况二儒之彰彰者乎?斯论一出,半开党必谓我迂,亦不避也。麟家实斋,与东原最相恶,然实斋实未作史,徒为郡邑志乘,固无待高引古义。试作通史,然后知戴氏之学,弥仑万有,即小学一端,其用亦不专注六书七音。顷斯宾萨为社会学,往往探考异言,寻其语根,造端至小,而所证明者至大。何者?上世草昧,中古帝王之行事,存于传记者已寡,惟文字语言间留其痕迹,此与地中僵石为无形之二种大史。中国寻审语根,诚不能繁博如欧洲,然即以禹域一隅言,所得固已多矣。①

显然,太炎受西洋社会学启发,于惠栋、戴震小学经训中,发现"支那文明进化之迹",如此则乾嘉经说,就具有了中国文明史的意义;而太炎之夷经于史,或即始于此,与章学诚"六经皆史"似无学理上的关系。太炎论经史多及实斋,此书札即为较早的记述之一。太炎以为,实斋最恶东原,其虽以史学名,所作不过方志一类,故对戴氏学之价值,实无认识。同书又云:

> 下走之于实斋,亦犹康成之于仲师,同宗大儒,明理典籍,宗仰子骏,如晦见明,私心倾向久矣。独于是论,非所循逐,亦自谓推见至隐之道,较诸吾宗差长一日也。②

此处太炎说得分明,其与实斋,如同郑玄之于郑众,③所同者在皆推崇刘歆流略之学,至于史学之道(所谓"推见至隐"④),则自信胜过实斋一筹。此当为太炎论议实斋的基调。

---

① 《致吴君遂书》(1902.8.8),《章太炎政论选集》,第172—173页。
② 同上书,第173页。
③ 郑玄称郑兴、郑众父子为"同宗之大儒,明理于典籍,犗识皇祖大经《周官》之义"(见贾公彦《序周礼废兴》)。所谓"犗识",亦可视为太炎对实斋的评价。
④ "太史公曰:《春秋》推见至隐。"见《史记·司马相如列传》。

太炎所以得从乾嘉经说中,发现"文明进化"的历史,以及其"通史"计划所凭借之理据,实得益于其对西洋社会学新理、新说的熟稔。就在其计划撰写通史的同时,亦是"壬寅六月",太炎完成了日人岸本能武太《社会学》一书的翻译;八月,该书由上海广智书局出版。太炎为此译本所撰译序,可见其对"社会学"的认识:

> 社会学始萌芽,皆以物理证明,而排拒超自然说。斯宾塞尔始杂心理,援引浩穰,于玄密渊微之地,未暇寻也;又其论议,多踪迹成事,顾鲜为后世计,盖其藏往则优,而匮于知来者。美人葛通哥斯之言曰:社会所始,在同类意识,傲扰于差别觉,制胜于模效性,属诸心理,不当以生理术语乱之。故葛氏自定其学,宗主执意,而宾旅夫物化,其于斯氏优矣。日本言斯学者,始有贺长雄,亦主斯氏;其后有岸本氏,卓而能约,实兼取斯、葛二家,其说以社会拟有机,而曰非一切如有机,知人类乐群,亦言有非社会性,相与谐动。卒其祈向,以庶事进化,人得分职为侯度,可谓发挥通情,知微知章者矣。余浮海再东,初得其籍,独居深念,因思刘子骏有言:道家者流,出于史官。固知考迹皇古,以此先心,退藏于密,乃能斡人事而进退之。考迹皇古,谓之学胜;先心藏密,谓之理胜;然后言有与会,而非夫独应者也。岸本氏之为书,综合故言,尚乎中行,虽异于作者,然其不凝滞于物质,穷极往逝,而将有所见于方来,诚学理交胜者哉!乃料简其意,译为一编,无虑五万余言,有知化独往之士,将亦乐乎此也。①

所谓"藏往知来"(兼取斯、葛的社会学),所谓"考迹皇古,先心藏密"(道家史官之学),社会学即是历史学,这至少是太炎当时的认识。由此可见太炎经史观之早期渊源和时代风貌。

二

太炎《中国通史》的撰述,约自1902年8月间已开始着手。前引《致

---

① 《社会学自序》(1902.7),《章太炎政论选集》,第170—171页。

吴君遂书》(8月8日)，曾言及"学术志"的写作正在进行。一个月后(9月9日)，太炎又致书吴氏，谈及赴沪事云："重九前后，即当赴沪，要以史事成亏为进退。若闲处沪上，旷时废业，诚为无谓。"①则修撰"通史"仍为此时太炎首务。据年谱，次年二月，太炎应爱国学社之约赴沪；此前应仍居家乡里，从事修史之业。此后，太炎再谈及修史事，见1903年5月间致宋恕书：

> 昨岁欲为《中国通史》，日莫途远，未有头足。向著《訄书》，颇复增改，文既倍旧，至十万言。《客帝》《分镇》二篇，自匡其谬，稍已纯粹，无复保皇、变法之誓言矣。方欲付之铅墨，问道柱下，大抵不出半岁也。②

太炎此处云《中国通史》撰著"日莫途远，未有头足"，实为放弃"通史"计划的婉转说辞，且此后不再提起。但太炎此函却又提供了《訄书》修订的诸多信息：其一，《訄书》修订约与"通史"撰述同时进行；其二，《訄书》修订完成的时间，应在1903年4、5月间。

因而合理的推测是：太炎之修"中国通史"在先，后折入《訄书》的修订；《中国通史》撰述终弃去，其已成部分，则并入《訄书》，成为《訄书》重订本的组成部分。而由修史所得之诸新思，又影响了《訄书》重订的结构和主旨。

《訄书》重订本收文六十五篇，除前录《客帝匡谬》《分镇匡谬》二篇之外，大致以"学术""种族""政法""风教"分类次序。③ 其中，"学术类"自《原学》至《通谶》共15篇，较之初刻本新增7篇，即《原学》《订孔》《学变》《学蛊》《王学》《颜学》《清儒》，太炎《中国通史》学术志的部分成稿，或即在这些篇目之中。"种族类"自《原人》至《冥契》亦15篇，较之初刻本，新增者有《序种姓上》《方言》《述图》，其序列或与"通史"之"种族志"

---

① 见汤志钧编：《章太炎年谱长编》，北京：中华书局，1979年，第142页。
② 《与宋恕》(1903.5.17)，马勇编：《章太炎书信集》，石家庄：河北人民出版社，2003年，第17页。
③ 此用太炎《中国通史略例》中语。朱维铮先生将《訄书》重订本诸篇，以"学""人""变""教"归为四类，慧眼真识，大率如是。见朱维铮：《〈訄书〉发微》，收入氏著：《求索真文明》，上海：上海古籍出版社，1996年。

的拟议有关。"政法类"自《通法》至《议学》共16篇,较之初刻本,其增删去取,最见太炎对宋恕所说"稍已纯粹,无复保皇、变法之謷言矣"。"风教类"自《原教》至《解辩发》共17篇,较初刻本新增者,如《原教上》《订礼俗》《辨乐》,尤其是《尊史》《徵七略》《哀清史》《别录甲》《别录乙》等篇,更与《中国通史》之作有直接关系。《哀清史》所附《中国通史略例》《中国通史目录》,即前述"中国通史"计划的修订版,而《别录甲》《别录乙》即《中国通史目录》中的"杨颜钱别录"和"许二魏汤李别录"。

《訄书》重订本与太炎"中国通史"计划之关系的具体辩证,姑留待后考,此不赘述。以下仅就《訄书》重订本中与"中国通史"计划有明显联系且尤能表现太炎经史观念的篇章,略作疏通,以见太炎早期经史观之要点。

此类篇章,当然首推《哀清史》篇所附《中国通史略例》(以下简称《略例》)和《中国通史目录》(以下简称《目录》)。

《略例》于前述"中国通史"计划之理念与体例,作了更完整而详细的界说,最能代表太炎此时的史学认识,试为综述。

首先,《略例》纵论中国秦汉以来诸史籍之得失,以明《中国通史》"镕冶哲理"、致力于阐发"社会政法盛衰蕃变之所原"的主旨。太炎指出,秦汉以来纪传、编年、纪事本末各体例史著,"皆具体之记述,非抽象之原论";《通典》《通考》等典志类史书,"近分析法","然于演绎法,皆未尽也";王夫之《读〈通鉴〉论》《宋论》,"其法近演绎",然文辞无组织,尤于"社会政法盛衰蕃变之所原""暗焉不昭矣";王鸣盛、钱大昕等,则"昧其本干,攻其条末,岂无识大,犹愧贤者"。因此,"今修《中国通史》,约之百卷,镕冶哲理,以祛逐末之陋;钩汲眢沈,以振墨守之祸;庶几异夫策锋、计簿、相斫书之为者也"。[①]

其次,《略例》就《中国通史》之分为"典""记""表""考纪""别录"的新体例,分别予以解说。即:

"典"即中国史籍之"书志",其长处在"分析事类,不以时代封划","各为科目,使一事之文野,一物之进退,皆可以比较得之"。较之西方

---

① 《中国通史略例》,《章太炎全集》(三),上海:上海人民出版社,1984年,第328—329页。

"多分时代"的史作,后者"适于学校教科",前者("典")则为"成学讨论作也"。

"记",记述"系于社会兴废、国力强弱"之人事,即重大事件之始末。

"考纪""别录",记重要人物。相较于典志追溯人文、推迹古近,为藏往之学;纪传之用则"不在褒讥",而在于"振厉士气,令人观感","以知来为职志"。前者如"静社会学",后者如"动社会学"。

"表",为简省、条理而作。列"帝王表"以省"考纪","师相表"以省"别录";"儒林文苑,悉数难尽",列"文儒表"略为次第;"方舆古今沿革,必为作典,则繁文难理,职官亦尔",故作"方舆"、"职官"表,合为五表。①

再次,《略例》论议史职,以为"史职范围,今昔各异","要其素知经术者,则作史为犹愈";所谓"史学进化者",在能破能立,故新史之作,要在以新思想熔铸古经说。所谓"必以古经说为客观,新思想为主观,庶几无媿于作者"。②

最后,《略例》指出,"今日治史,不专赖域中典籍","洪积石层"材料,可补旧史不足,东西各国古史,亦可资比较;"若夫心理、社会、宗教各论,发明天则,烝人所同,于作史尤为要领",道家者流,出于史官,庄周、韩非,足为古之良史。又,"《通史》之作,所以审端径隧,决导神思",新录既成,旧史不废,史事浩博,未妨参考。③ 此时的太炎不惟重视新理新说,于地下考古之新学,亦取积极利用之态度。

《中国通史目录》,则由前引太炎致任公书所附"史目"删订而成。其中,五"表"未变;十二"志",则前述嫌旧之"志"名,终改称"典",且易"沟洫志"为"浚筑典"、"兵志"为"武备典",各典顺序有调整;十"记"不变,顺序调整;八"考纪"增"洪秀全考纪"为九考纪;二十七"别录",去"刘歆别录""朱(熹)王(守仁)别录""洪秀全别录",增"王猛别录",改"杨(雄)庾(信)钱(谦益)别录"为"杨颜(之推)钱别录",余不变。④

由《略例》《目录》,太炎治史之贵通史、重演绎、以哲理为要领、以知

---

① 《中国通史略例》,《章太炎全集》(三),上海:上海人民出版社,1984年,第329—330页。
② 同上书,第330—331页。
③ 同上书,第331—332页。
④ 《中国通史目录》,《章太炎全集》(三),第332—333页。

来为职志等诸特点,愈加显著;而其"必以古经说为客观,新思想为主观"的作史要则,则体现太炎对经史关系的一种新认识。这一认识的较早表述,已先见于前引《致吴君遂书》(1902.8.8);而在《訄书》重订本中,更集中表现太炎此时经史关系新见解者,则当属《清儒》一篇。

《清儒》首说六经源起:六经皆史,古史皆经。

"六艺,史也。上古以史为天官,其记录有近于神话。"据日人"宗教学"所述,"古史多出神官,中外一也"。而"人言六经皆史,未知古史皆经也"。具体而言:《易》言天地所序、万物以成之"道";《诗》《书》多杂神话,《乐》亦不免"怪迂侏大";《礼》与《春秋》,"其言雅训近人世",故荀子主张"隆礼义、杀《诗》《书》"。"礼义隆,则《士礼》《周官》与夫公冠、奔丧之典,杂沓并出而偕列于经。《诗》《书》杀,则伏生删百篇而为二十九,《齐诗》之说五际、六情,庋《颂》与《国风》,而举二《雅》。"①

继六经起源之后,《清儒》概述经学及其历史。太炎以为,治经之法有二:一为诵法,一为讨论。"诵法者,以其义束身,而有隆杀;讨论者,以其事观世,有其隆之,无或杀也。"以此比较两汉经学:

> 西京之儒,其诵法既陿隘,事不周浃而比次之,是故齟齰失实,犹以师说效用于王官,制法决事,兹益害也。杜、贾、马、郑之伦作,即知"国不在敦古"博其别记,稽其法度,核其名实,论其社会以观世,而"六艺"复返于史。神话之病,不渍于今,其源流清浊之所处,风化芳臭气泽之所及,则昭然察矣。

由此而言,则经学之用在"束身"与"观世",且以后者为大,而无关"制法决事"。东汉诸儒,深知此义("搏国不在敦古"),以"观世"为务,复还六艺"古史"之面貌,而弃其"神话",为后世治经树立了正轨。两汉之后,经学"乱于魏晋,及宋明益荡"。能"继汉有作"者,是为"清儒"。太炎指出:

> 大氏清世经儒,自今文而外,大体与汉儒绝异。不以经术明治乱,故短于风议;不以阴阳断人事,故长于求是。短长虽异,要之皆征

---

① 《清儒》,《章太炎全集》(三),第154—155页。

其文明。何者？传记、通论，阔远难用，固不周于治乱。建议而不雠，夸诬何益？魖鬼、象纬、五行、占卦之术，以宗教蔽六艺，怪妄！孰与断之人道，夷六艺于古史，徒料简事类，不日吐言为律，则上世社会汙隆之迹，犹大略可知。以此综贯，则可以明进化；以此裂分，则可以审因革。①

此处所谓"与汉儒绝异"之汉儒，由前文，则更多应指"西京之儒"。所谓"以经术明治乱""以阴阳断人事"之夸诬、怪妄，除此"西京之儒"外，则又更多地是对晚清今文经学的批判。太炎论经史始终有此一重因缘，不应忽视。而所谓"夷六艺于古史"，与其说是清代经儒治学的实相，不如说是太炎运用新知对乾嘉经术的现代解释；更是太炎对自身学术传承和学术使命的认识和界定：承乾嘉先贤之术业，以治史之法治经；通过将六经还原为古史(亦即审观古代社会因革进化的材料)，成就"以古经说为客观，新思想为主观"的新史学；其不求一时治乱之用，而致力于发明"文明进化"之原理。

《清儒》对经的认识，还表现在其裁减"十三经"的意见：

> 《孟子》故儒家，宜出。唯《孝经》《论语》，《七略》入之六艺，使专为一种，亦以尊圣泰甚，徇其时俗。六艺者，官书，异于口说。宜隶《论语》儒家，出《孝经》使傅《礼记》通论。即十三经者当财减也。②

太炎以为，《论》《孟》等非经，应自经类划出，归于儒家；其理由是"六艺者官书"(即为古代史官记录)，"六经皆史"，非史者不为经类。而等夷孔子于诸子，则又显然与《訄书》重订本之"订孔"相一致。

《訄书》重订本，以《订孔》篇次《原学》之后，为全书第二，然论其影响则实为重订本之首。《订孔》引日人远藤隆吉指责孔子"实支那之祸本"之说开篇，历数孔子"闻望过情"、名实不副之种种，所谓"虚誉夺实以至是也"；虽然，孔子仍有删定六艺之功，为"古良史也"：

> 辅以丘明而次《春秋》，料比百家，若旋机玉斗矣。孔子死，名实

---

① 《清儒》，《章太炎全集》(三)，第158—159页。
② 同上书，第160—161页。

足以侪者,汉之刘歆。①

如此订论,参之以上述崇史、重史之新说,于理而言,或可辩称未必即有贬低六经、孔子之意;然自情感及实际发生的效应而言,凡此种种实皆具毁损孔子、六经"神圣"信仰之影响。如许之衡所言:

> 余杭章氏《訄书》,至以孔子下比刘歆,而孔子遂大失其价值,一时群言,多攻孔子矣。②

要言之,《訄书》重订正当太炎打破"纪孔、保皇二关",③破关而出之时,其经史论说,的确具有浓郁的贬孔抑经情绪。

(张勇　清华大学历史系副教授)

---

① 《订孔》,前揭《章太炎全集》(三),第134—135页。
② 许之衡:《读〈国粹学报〉感言》,《国粹学报》第六期。
③ 此为太炎《致陶亚魂、柳亚庐书》中语,其时正值1903年5月,即《訄书》重订完成之际。见《章太炎政论选集》,第191页。

近代警察政治监控的微观考察
——以民初章太炎被羁北京事件为例*

丁 芮

【内容提要】 民国初年,名士章太炎曾被袁世凯政府软禁于北京3年(1913—1916),负责执行监控任务的京师警察厅留下了较为详细的档案记录。本文依据现存档案初步还原了警方监控章太炎的过程,通过观察警察执行监控任务的日常细节,可以了解民初警察制度的运作实情以及警察参与国家政治的态度和作用。

关于章太炎被羁北京一事,经由鲁迅等人的笔墨渲染,已经留下了大量的追忆文字,其间,"大闹总统府"一节更是被无数次演绎,甚至已成为民初政坛波澜起伏过程中不可缺少的生动篇章。在所有自称历史记载或者后人传播的文字中,着墨多在于章太炎本人的抗争和其学生、友人、家人对章的救助,而实际上,在这一事件中,自始至终参与其中的还有重要的一方——警察。当时以及后来的描述多将涉及此事的警察作为反面角色,以衬托章太炎斗争的无畏精神和学友救助的拳拳之情,以致几乎所有

---

* 本文系天津市哲学社会科学规划课题项目"警察与近代城市社会管理研究——以京津两市为中心"(项目编号:TJZL13—003)及天津社科院院重点项目"警察与近代京津城市社会管理研究"(项目编号:13YZD—02)的阶段性研究成果。

与闻者皆形成了憎恨、抨击警察"狗腿子"的认识,甚至在一定程度上造成了一种错觉,即章太炎斗争的对象不是袁世凯,而是直接负责监控他的警察们。

也许是因为主观判断的引导,也许是因为客观材料的局限,目前所见,述及章太炎被羁留北京3年这一事件的所有论著,均未曾对涉及其中的警察的所作所为加以清晰、细致的描述。其实,有关这一事件始末的警方档案至今保存完好。① 笔者本文即主要以北京市档案馆馆藏的这批档案为基础,来分析警察在这一事件中的具体行为,以求见微知著,从细节中观察警察是如何进行政治监控以及参与国家政治的。

警察机构作为政府倚重的权力机构,就像所有公权机构一样,听命于政府首脑,对有政治目的、意欲达到某种政治影响的行为加以控制。近代政府机构分工逐渐专业化,警察机构出现以后,传统军、警职能不分的状况发生改变,对内的监控任务主要由警察而非军队担任,其他力量如陆军的宪兵、步军统领衙门等虽然也参与监控等事务,但只是起辅助作用。1913年1月,袁世凯改组北京警察机构为京师警察厅,负责维护京城社会秩序,监视和控制异己力量是其重要任务之一。现存有关监控章太炎的档案即形成于京师警察厅。

一 初居化石桥共和党本部

1913年3月,宋教仁被刺身亡。在死前,他还对袁世凯抱有幻想,对身边的人说要提醒袁世凯"以共和为重"。② 宋教仁带着对袁世凯的幻想离世,但他的被刺身亡却让不少人对袁世凯的幻想破灭。章太炎即是其中一个。宋教仁死后,章太炎怒不可遏,以手中的笔投入到了反袁斗争行

---

① 有关京师警察厅软禁监视章太炎的警方档案,现存于北京市档案馆,始于1913年12月2日,止于1916年6月21日,全宗号为J181,目前所见档案全部刊登于《北京档案史料》2011年第3期。
② 参见陈永忠:《革命哲人——章太炎传》,杭州:浙江人民出版社,2008年,第152页。

列,先后发表多篇反袁文章,引起社会强烈的反响,"袁惧而畏之"。①

1913年第一届国会选举,国民党获得参众两院多数选票,共和党、统一党、民主党票数较少,三党于5月29日合并组成进步党。不久,该党中民社派(鄂人居多)因意见不合而用共和党的原名自树一帜,其党魁则仍遥戴黎元洪(时在武昌)领导,章太炎为副。当时共和党人较少,党势过弱,遂邀请章太炎北上,共策发展。章太炎素与黎元洪交好,且在海内享有大名,言论为世所重,所以共和党力邀其来京。章太炎亦想有所作为,即应招至京。② 1913年8月11日,章太炎入京,住在前门内化石桥共和党本部。③ 袁世凯因章太炎言论侃侃,好为诋诃,对其有所顾忌,对章到京,顿有"天堂有路尔不走,地狱无门自来投"之感。章太炎住在化石桥共和党本部,自以为无患,但党部门前已布列军警,名为保护,实为监控。④ 自此,章太炎开始了在北京长达3年的幽禁生活。

章太炎入京,一住进化石桥共和党本部,便被袁世凯限制了活动自由。关于监控章太炎的是宪兵还是警察,章太炎和时人有不同的记述。⑤

---

① 刘成禺:《洪宪纪事诗本事簿注》卷二,台北:文海出版社,1966年,第10页。
② 《章炳麟被羁北京轶事》,徐一士:《一士类稿》,沈阳:辽宁教育出版社,1997年,第43页。刘成禺《洪宪纪事诗本事簿注》卷二第10页有载:"鄂人陈某(陈宦)献策,谓彼有法致太炎于北京。袁领之。陈商之共和党郑某、胡某于党中集会,谓党势孤危,不如请太炎先生来京,主持党事。党议题之。未一月,先生来京。寓化石桥共和党本部。""未几,共和党发现郑、胡二人,以太炎先生为饵,得袁巨款,开大会登报,除郑、胡二人党籍,绝陈来往。"另据吴宗慈《癸丑之间太炎言行轶录》记载,章氏入京,是共和党在袁世凯的授意下"急电促章入都"。见汤志钧:《章太炎年谱长编》,北京:中华书局,1979年,第447页。
③ 汤志钧:《章太炎年谱长编》,第446页。
④ 《章炳麟被羁北京轶事》,徐一士:《一士类稿》,第43页。
⑤ 《民立报》1913年8月18日报道:"章太炎前日入京,大为袁世凯所注目,赵秉钧派四巡警出入监视。"(汤志钧:《章太炎年谱长编》第448页)刘成禺的《洪宪纪事诗本事簿注》卷二第10页记述:"太严先生既居共和党,袁命陆军执法处长陆建章派宪兵四名驻党监视。名为保护,意在禁其出京,并监察其言论,凡共和党往来函件,均须检验,行动、言论、通信自由之权,均被剥夺。"1913年8月11日入京当日,"咸严副司令陆建章以宪兵守门,余不得出,然入门者如故"(汤志钧:《章太炎年谱长编》,第426页)。民国成立后,清朝以八旗和绿营官兵为核心组成半军半警性质的北京地方治安机构步军统领衙门本应裁撤,但由于事关体制,被袁世凯暂时保存下来,主要负责北京四郊警察相关卫戍、警备和治安事宜,有时也协助京师警察厅处理内城事情。1913年7月,因牵涉宋教仁被刺事件,赵秉钧由国务总理改任步军统领。京师警察厅和步军统领衙门同隶内务部,二者之间是平行关系,赵秉钧无权调动警察人员,其调动的人员只能是步军士兵,而非警察。《民立报》所说章太炎入京由赵秉钧派巡警监控一节应修正。

从目前所见监控章太炎最早的档案可知,实际上执行监控任务的是化石桥共和党本部所属的京师警察厅内右一区警察署,该署每日派巡官马松绵等带领巡警轮流跟踪监视,并把详细跟踪情况汇报给该区署长,再由署长郑际平于第二日呈报给京师警察厅总监吴炳湘。① 从 1913 年 12 月份和 1 月份的档案可推知,章太炎住在化石桥共和党本部期间(1913 年 8 月 11 日—1914 年 1 月 3 日),在北京的一切活动都受到了警察的严密监控,但没有强制性干涉其活动,可以外出访客和就餐,亦允许有同行者跟随。摘录 1913 年 12 月 3 日的档案如下:

> 为共和党章太炎外出情形呈报事。窃据职署巡官马松绵等报称:界内化石桥共和党本部居住章太炎于本月二日下午六时余乘车他往。当经拦阻不允,遂饬巡警雇车跟随至煤市街同乐天饭馆,与章枚叔、易实甫、李雨林、嵩彦博、潘史、朱楚白、刘霖刚、麦雪铭、平刚等宴会。旋又前往韩家潭游逛小班二三处,至十时余,仍回共和党本部。余无事故。等情前来,理合谨呈
>
> 京师警察厅总监
>
> 内右一区警察署署长　郑际平
> 中华民国二年十二月三日②

这种较为宽松的监控状态因一件事发生了改变。因求去青岛和设考文苑皆不成,章太炎抑郁幽愤,计划离开北京。1914 年 1 月 3 日是章太炎计划离京赴津之日。据内右一区巡官郎守仁汇报:章太炎偕同该党党员张伯烈于 1 月 3 日下午 4 时余乘车外出。巡官遂饬长警雇车跟随,章至前门外东火车站意欲购票出京,火车已经开行,章等人遂赴东单牌楼南华东饭店食饭,饭毕章又赴西四牌楼北石老娘胡同钱恂宅会客,至 9 时余仍

---

① 《内右一区警察署呈报章太炎外出情形之一至十二》(1913 年 12 月 3 日—1914 年 1 月 5 日)、《袁世凯软禁章太炎史料》,《北京档案史料》2011 年第 3 期,第 293—297 页。
② 《内右一区警察署呈报章太炎外出情形之二》(1913 年 12 月 3 日),《北京档案史料》2011 年第 3 期,第 293 页。

回华东饭店住宿。① 综合分析,第一次出京失败,不应是常说的"火车失期""党人设宴"耽搁以及军警阻碍等原因,应是章太炎因计划不周而误车比较接近事实,因为章太炎没有计划查好车次、买好车票,且直到下午4时才乘车外出,不可能还参加党人设宴畅饮至5时。不过从监控巡官的报告来看,即便不误车,有警察亦步亦趋地跟随,章也不可能顺利成行。

章太炎出京不成,遂住进华东饭店。住宿华东饭店的3天里,章太炎外出活动如旧,仍由内右一区警察署派警尾随监督,但在1月4日,章太炎至校场五条一住户宅内访客,校场五条所属的外右三区警察署也参与了监控,其署长张厚田亦于第二天将详细情况呈报给总监吴炳湘。② 可见,在监控章太炎这样的重要政治人物时,涉及的不同警察区署会联合行动。

1914年1月7日是最著名的章太炎大闹总统府的日子,其情况已经由不少文字反复描述。③ 惟需澄清的一点即是,章太炎是如何离开的。据档案记载,章太炎当日下午在总统府大闹后,"大总统承宣处电饬派得力巡官长警数名速来本府,劝令章太炎回寓"。当时由内右一区警察署警佐佟联贵带着巡官傅允中、刘承福等前往承宣处,另有执法处庶务人员亦到,一同将章太炎劝出府门,乘坐马车至石虎胡同京卫军司令部内,交

---

① 《内右一区警察署呈报章太炎外出情形之十一》(1914年1月4日),《北京档案史料》2011年第3期,第296页。关于章太炎被羁期间第一次出京还有其他三种说法。其一是章太炎家书中的说法:"吾一月三日欲行,火车失期,黎公留之。"见汤国梨编:《章太炎先生家书》,上海:上海古籍出版社,1985年,第19页。其二是说:"决议出京翌日,党部同人,设宴为饯,逆知出京必被阻,约纵酒狂欢以误车表。尹硕权(昌衡)豪于饮,倡议以骂袁为酒令,一人骂则众人饮,不骂者罚,先生大乐。轰饮至下午五时。先生蹩然起曰:'时晏也。'遂匆赴车站,车站寂无一人,京奉车早开矣。"见吴宗慈:《太炎先生言行轶录》,陈平原、杜玲玲编:《追忆章太炎》,北京:中国广播电视出版社,1997年,第529页;刘成禺:《洪宪纪事诗本事簿注》卷二,第12页。其三是说军警阻碍:"翌日,果行,军警等随至东车站而截留之,章惟痛骂袁氏无状而已。"见《章炳麟被羁北京轶事》,徐一士:《一士类稿》,第45页。"章太炎来京日久,日前择期外出,已行至车站……忽被人干涉,不许出京,外间喧传有军警数人将章截去,不知何往,实则截留之。"见汤志钧:《章太炎年谱长编》,第467页。
② 《外右三区警察署呈报章太炎外出情形》(1914年1月5日),《北京档案史料》2011年第3期,第297页。
③ 具体可见刘成禺:《洪宪纪事诗本事簿注》卷二,第12—13页;《章炳麟被羁北京轶事》,徐一士:《一士类稿》,45—46页;汤志钧:《章太炎年谱长编》,第468—469页。

由该部人员暂时看管。① 大闹后,内务总长朱启钤和军政执法总长陆建章将章太炎邀至执法处会同查询,并派医生为之诊断。章太炎当时"瞠目直视,宛如梦呓"的情形正好为监控提供了恰当的借口,医生便按意开出了章太炎身患"精神病"的诊断结论。按照当时新刑律的规定,精神病人可因其情节施以监禁处分。朱、陆二人于是声称:章太炎身体羸弱,又年近五十,不至有强暴行为,在总统府滋扰亦仅限于恶声厉色,并非不可制止,本无监禁的必要。只是考虑到章太炎孤身在京,无亲属陪伴,如果放任不加限制,难保不再滋事,亦辜负副大总统(黎元洪)保全之意。再三商酌,才准备于章太炎精神未恢复以前,暂时交由京师警察厅选择合适住室,妥善安置。所需经费先由京师警察厅垫付。②

二 暂居龙泉寺

京师警察厅接到命令后,很快便觅妥宣武门外南下洼龙泉寺,并制定了《拟定守护章太炎住所规则十二条》《会晤章太炎规则》以及《护持太炎先生公约》。经过章太炎的大闹,警察对章太炎的监控较化石桥共和党本部时严密。虽然有我们熟知的袁世凯给陆建章定下的保护章太炎8条规则,③起居饮食用款不限,毁物骂人听其自便,但对其言论、出行的自由限制却是很严。京师警察厅派一名监护员随时前往监护,并负责稽查所有监控事宜,另还派巡长2名,巡警6名专任守护之责。每天不分昼夜派值班巡警2人,一个人在院内巡视,观察章太炎的行动,防止危害;一个人

---

① 《内右一区警察署为将章太炎送至京卫军司令部暂行看管的呈文》(1914年1月7日),《北京档案史料》2011年第3期,第298页。
② 《内务总长朱启钤关于处置章太炎的训令(附呈)》(1914年1月23日),《北京档案史料》2011年第3期,第299—300页。
③ 一、饮食起居用款多少不计;二、说经讲学文字,不禁传抄,关于时局文字,不得外传,设法销毁;三、毁物骂人,听其自便,毁后再买;四、出入人等,严禁挑拨之徒;五、任何与彼善者,而又不妨碍政府者,任其来往;六、早晚必派人巡视,恐出意外;七、求见者必持许可证;八、保护全权完全交汝。见许寿裳:《章炳麟》,重庆:重庆出版社,1987年,第46页。

守护室内,办理内勤及门禁。巡长随时监理。① 从档案上推断,巡警应该是每4小时换岗一次。② 求见章太炎者会晤时不能涉及政治问题,不能将有关系的谈论及文字公布,时长不超过2小时。在章太炎精神欠佳时,警察可以阻止会晤。③ 章太炎如需出门,应先电告警察厅,派便衣警察暗中跟随。所有政府认为是乱党者,一概不准与其联系。如有报刊或者好事者请将文章、信札刊布,一概拒绝。④

1914年2月21日,章太炎乘坐陆建章的马车移居龙泉寺。⑤ 当日,由龙泉寺所属外右五区警察署接管配合照料监管事宜。⑥ 龙泉寺内房屋有16间,预备有厨役、仆从,由警察照料一切。⑦ 章太炎移居龙泉寺之初,不满警察看管严密,"遣仆送信,即被拦阻,二客到门,亦遭格拒",曾愤然给警察总监吴炳湘写信进行斥责。⑧ 按警察厅的说法,章太炎与警察最初接触时,小有滋闹,但经人再三劝慰后逐渐平复。⑨ 之后至5月底,未见章太炎与警察冲突的直接记载,但从章太炎给家人的信中可知其会客和通信自由未见改善,仍处处受限,警察的态度也使其不满。⑩ 且章太炎自称当时在京所有饮食仆役的费用皆由自给,即将用罄,准备绝食。⑪ 5月30日,章太炎寄给长婿龚宝铨的信被警察厅以"语多妄诞,有

---

① 《京师警察厅训令(附1:拟定守护章太炎住所规则十二条)》,(1914年2月3日),《北京档案史料》2011年第3期,第301—302页。
② 据档案内记载各个巡警值班时所发生的事件推断。
③ 《京师警察厅训令(附2:会晤章太炎规则)》,(1914年2月3日),《北京档案史料》2011年第3期,第302—303页。
④ 《京师警察厅训令(附3:护持太炎先生公约)》,(1914年2月3日),《北京档案史料》2011年第3期,第302—303页。
⑤ 《内右一区警察署为章太炎移住龙泉寺的呈》(1914年2月21日),《北京档案史料》2011年第3期,第303—304页。关于章太炎何日移居龙泉寺,有不同记载,具体可见王兴科:《章太炎被拘龙泉寺时间辨正》,《近代史研究》1990年第1期。
⑥ 《外右五区警察署关于章太炎亦移住龙泉寺的呈》(1914年2月21日),《北京档案史料》2011年第3期,第304页。
⑦ 《京师警察厅为安置章炳麟情形致内务部呈(稿)》(1914年3月5日拟稿,3月6日发出),《北京档案史料》2011年第3期,第306页。
⑧ 《与吴炳湘书》,汤志钧:《章太炎政论选集》,第699页。
⑨ 《京师警察厅为安置章炳麟情形致内务部呈(稿)》(1914年3月5日拟稿,3月6日发出),《北京档案史料》2011年第3期,第306页。
⑩ 汤志钧:《章太炎年谱长编》,第465页。
⑪ 同上书,第473页。

碍章君前途"①为由给予扣留,直接促使其绝食。

据"龙泉寺守护所巡长呈报章太炎绝食情形"记录来看,章太炎的绝食始于6月1日,止于6月13日。首日,章太炎食水未进,只是随时吸烟;2日,仍未进食,只是随时吸烟,晚上10时3刻饮水一盏;3日,仍未用食水,惟随时吸烟,巡长派巡警关景岳由稻香村购来点心,交差弁王玉廷给章食用,章当即令拿走,并说:"我事不要过问。"②连续3天不食,事关重大,京师警察厅派医生对其进行诊断,并把详细情况呈报给大总统。③据徐一士记载:袁世凯不想背负逼死国学大师的罪名,告诫下属京师警察总监吴炳湘设法劝导,使章不至绝食陨生。京师警察厅官医院长徐延非为吴炳湘的亲信,吴与徐商量处理,由徐出具一个报告书,言章患病,龙泉寺与其病体不相宜,应迁地疗养,将章移居东城钱粮胡同徐的公寓中,以便随时调护治疗,一面由徐以医生之资格、慈善家之口吻劝说章太炎。此提议得到袁世凯允许,于是章暂时寄居徐住所,绝食举动无形结束。④ 从档案里看,吴炳湘所选的官医院长徐延非确实是劝导章太炎复食的关键人物。6月4日那天,巡长崔崇玉又派巡警于凤岐购来点心、鲜果,交由差弁王玉廷劝说章太炎食用,章坚定不食,只随时吸烟饮茶并与王玉廷谈话少许。5日下午2时,京师警察厅郑警正同徐(徐延非)、吴二位医官到龙泉寺诊视章太炎有无病症,并劝章饮食。章惟有饮茶吸烟,仍未进食。5时2刻郑警正等走后,至6时章太炎食用白米粥少许。夜里11时2刻食用少许白米粥、点心。⑤ 6日,徐再次前往龙泉寺与章太炎谈话,9时2刻二人同桌用饭。章太炎用白米粥后仍谈话,至11时徐医官离去。7日夜里,章又食用白米粥小半碗。情况至此看似好转,实则又有变故。从8

---

① 《京师警察厅致龚未生函(稿)》(1914年5月30日拟稿),《北京档案史料》2011年第3期,第305页。
② 《龙泉寺守护所巡长呈报章太炎绝食情形》(1914年6月2—4日),《北京档案史料》2011年第3期,第306页。
③ 《京师警察厅为章太炎绝食事致大总统呈(稿)》,《北京档案史料》2011年第3期,第307页。
④ 《章炳麟被羁北京轶事》,徐一士:《一士类稿》,第47页。
⑤ 《龙泉寺守护所警察续报章太炎绝食情形》(1914年6月4—6日),《北京档案史料》2011年第3期,第308—309页。

日开始，章太炎又拒绝食粥，仅饮水吸烟，食少量水果。至12日，章太炎已气短，食水难进，甚至令王玉廷置买棺材。档案中未见章太炎绝食反复的记载，不知其确实原因。只知13日下午6时，徐医生到龙泉寺谈话后，章太炎才又食粥少许，到8时，徐医生留饭，章太炎食白米粥2碗。此后，章太炎饮食逐渐恢复正常。① 章太炎是6月13日还居住龙泉寺时恢复饮食，而不是徐一士记载的迁居徐宅后结束绝食举动的。从档案记载来看，徐医生应与章太炎颇为投机，6日那天，从下午4时2刻谈到9时2刻，二人同桌用饭，用饭后继续谈话直到夜里11时。13日恢复饮食那天，从下午6时谈到9时。虽然具体谈话内容档案未载，但可推想，徐医生应该是摸透了章太炎的脾气，投其所好，顺其自然劝导其恢复饮食。据徐一士记载，章对徐，最初因为其态度殷勤，又是长者，颇能言说，且与谈医书尚洽，称其医道不错，后因话多不投机，才逐渐不喜欢。② 这种说法大致符合事实，因为从6月16日移居钱粮胡同徐医生宅起到1916年6月章太炎恢复自由止，除了在移离徐宅前几天二人以及章太炎的学生等人一并外出吃饭，再不见章、徐长谈以及二人一同吃饭的记载，只是有不少章太炎所发信件交由徐医生审阅的记载。

三　长住钱粮胡同期间

在徐医生宅居住十余天后，章太炎计划另寻宅院安居，在6月23、27、28日几天带着差弁王玉廷外出看房，巡警允其外出，但在暗处跟随。③ 绝食后，袁世凯每月为章太炎提供在京经费500元（当时普通警察一月薪饷只有八九元，警察总监吴炳湘月饷是500元），具体花费听便，还答应接

---

① 《龙泉寺守护巡长呈报章太炎起居及绝食情形》（1914年6月7—16日），《北京档案史料》2011年第3期，第310—313页。
② 《章炳麟被羁北京轶事》，徐一士：《一士类稿》，第47页。
③ 《龙泉寺守护所呈报章太炎在徐医官寓所之情形之七、十二、十三》（1914年6月28、29日），《北京档案史料》2011年第3期，第315—317页。

章太炎的家人来京。① 章太炎最终选定钱粮胡同路北文宅,于 1914 年 7 月 23 日下午搬去,这是章太炎被幽禁的最后一个居住点,也是时间最长的一个。②

经过章太炎绝食抗争,警察对其行动限制稍微放松,居住徐医生宅内一月余,巡警皆是在宅门外看守(亦可能考虑是居住徐医生家的缘故),亦允许其门生故友前往探望,常去的有朱希祖、钱玄同、马裕藻、李燮和、叶德辉、钱恂、马叙伦等人,章太炎想要见这些人,可使差役前去邀请。通信限制也有松动,可给家里或友人发信,只是所有发出的信件必须禀报警察厅,中外邮件寄给章太炎者,亦应先送往京师警察厅盖章代收,进行转交。③ 很长一段时间,所有寄给章太炎的信函一般是由徐医生来具体负责审查,④无关政治的即转交章太炎,有碍的即扣留。如 1914 年 8 月 28 日上午,收到武昌高等师范学校贺孝齐及上海英坡路国光社信各一件,监控巡警即呈给徐医生审阅,徐将国光社一件留存,贺孝齐一件转交给章太炎。⑤

章太炎在钱粮胡同文宅住定后,警察对其监控一切如旧。徐一士记载,章在钱粮胡同寓所所用仆役人、庖人等,共有 10 余人之多,其中一个仆人系之前由军政执法处处长陆建章所荐,曾随侍于龙泉寺,此外则是吴炳湘间接推荐(托与章相稔者出名介绍),都是由警察假充,皆负有暗中

---

① 汤志钧:《章太炎年谱长编》,第 466 页。当时,一个大学教授月薪最多也就 400 元,警察总监吴炳湘的月薪是 500 元,普通巡警是 7—9 元,巡长是 11—15 元。袁给经费每月 500 元已基本满足生活需要,1914 年 7 月 4 日,章太炎在给龚宝铨的信里,称已租定钱粮胡同的房屋,月租金 53 元,让其电请南洋筹款,3 年需要 2 万,如果有困难,半年也应 3000 元,这正好与绝食后袁世凯提供给他的数目一致,有可能是袁世凯通过京师警察厅检查信件得知了章太炎要求龚宝铨提供的数目。
② 《外右五区警察署呈报章太炎搬往钱粮胡同情形》(1914 年 7 月 24 日),《北京档案史料》2011 年第 3 期,第 317 页。
③ 《京师警察厅致北京一等邮局函(稿)》(1914 年 7 月 7 日),《北京档案史料》2011 年第 3 期,第 326 页。
④ 据档案可见,章太炎发出的信件,必须禀报徐医生,有时发给其妻汤国梨、钱恂、马叙伦的部分信件,以及发给马叙伦、叶德辉、李燮和的明信片,只需电禀徐医生知即可,不用呈阅,但电禀中有没有汇报内容不可知。
⑤ 《在钱粮胡同侦视章太炎之警察的呈报之二十三》(1914 年 8 月 28 日),《北京档案史料》2011 年第 3 期,第 334 页。

监控之责。① 徐的这一说法恐应有所修正,因为目前所见的所有档案中均未看出章太炎所用仆役、庖人为警察充当,只是记载警察厅预备厨役、仆役,并派警察妥善照料一切,遴选巡长、巡警常川便衣驻守,随时看护。② 仆役具体负责衣食住用,警察主要负责监管。在档案中,巡长和巡警的名字屡次出现,仆役的名字出现次数不是很多,其中差弁王玉廷出现最多,最早一次出现是在1914年6月3日章太炎绝食时,当时巡警买来点心交给王玉廷交给章太炎食用。徐一士所说的曾随侍于龙泉寺由陆建章推荐的仆人应是王玉廷。王应是章太炎相对比较信任的人,在1914年6月绝食期间,王多次劝说章太炎恢复饮食,章太炎多与其谈话,身体虚弱也多是让王搀扶躺卧,身后事亦是交代王去办,外出请人、看房、发信等事情亦皆是由王负责。虽不敢断定王玉廷为警察所充,但可断定一点的是,包括王玉廷在内的所有仆役皆受警察控制,他们负责从更细微处监控章太炎,遇有警察不便查看、询问的情况,事后这些仆役会向警察汇报。如1916年5月17日,章太炎计划第2次出逃前两日,当天有范腾霄拜访,与章太炎同往西厢房内,密谈数语。章太炎遂回北屋,拿出皮包一个,交给范腾霄。过了一段时间,陈干来,交给章太炎现洋200元。这些事情便是由章太炎当时的仆人沈贵报告给巡长的。监控的巡警长官依据沈贵汇报的细节,推断出章太炎"似有心怀叵测之状",恐生不虞,当天即报告给总监吴炳湘,提早做好防备。③

徐一士记载:章太炎的学生黄侃在1914年夏末常去请教,并常留下与章共餐,但厨子所做饭菜不能下箸,屡次建议更换厨子。章太炎听从黄侃建议,将所用厨子遣走,改用黄所推荐的四川厨子。被遣走的厨子为警察,失去差事,非常气愤。不几日,发生黄侃被逐等事,皆是由于该厨子回厅后有所捏报。④ 这里有两个细节,一是章太炎是否更换过厨子,二是黄

---

① 《章炳麟被羁北京轶事》,徐一士:《一士类稿》,第51页。
② 《京师警察厅为章太炎绝食事致大总统呈(稿)》(1914年6月3日),《北京档案史料》2011年第3期,第307页。
③ 《在钱粮胡同侦护章太炎之警察续报之三》(1916年5月17日),《北京档案史料》2011年第3期,第361页。
④ 《章炳麟被羁北京轶事》,徐一士:《一士类稿》,第51—52页。

侃被赶与更换厨子有无直接联系。遍查有关档案,暂未发现章太炎更换厨师的记载,惟有1914年8月31日那天有遣走茶役李荣一事。当天,章太炎发给巡长佟和工食洋5元,王玉廷9元,并告诉他们以后按此数发给。章太炎早于8月1日联系钱恂,将茶役李荣送往钱宅暂请留用,每月工食仍由章太炎发给。8月31日章太炎给钱宅5元,经钱恂转交李荣,并告知李荣章太炎已经不用他,"尔可仍回原处"。① 原处是哪里,不得知。这个记载亦不能直接看出李荣为警察,况且李荣从章太炎处走后,暂时是在当时的总统府顾问钱恂家中留用,如果是警察,那应该立时就回警察厅复命,钱恂也应不愿留警察在自己家中。

至于黄侃被赶一事,是否由更换仆役所致,不可知。但从档案中看到,从9月16日开始,黄侃入见章太炎,之后借住章太炎处至11月30日。② 在这期间,章太炎又出惊人之举。为反抗严密监控,章太炎给监控的警察和仆役定约束规则,1914年9月23日下午6时,"勒逼"驻守的巡长佟和等以及所有仆役各人写具结书一张,并将具结样式呈给总监吴炳湘。其具结书如下:

> 具结人王玉廷在章府当仆人,奉章大人命令四条:一件仆人对主当称大人,对客当称老爷,不得称先生。一件仆人当自称名回话。一件仆人每阳历一号、十五号至主人前磕头一次。一件仆人不得擅自撞客,违者或罚钱或罚跪。王玉廷情愿遵照。
>
> 具结人王玉廷③

当天9时,章太炎刚起床,就把佟和等人唤来施行规则。这种规定势必会引起警察和仆役的不满,之前章太炎让王玉廷请客人前来,王都会遵照执行,但在具结书写完后,章太炎的这种指令时常受到搪塞。如1914年11月30日下午3点,章太炎让王玉廷去请朱希祖,王不去,等了一个

---

① 《在钱粮胡同侦视章太炎之警察的呈报之二十九》(1914年9月1日),《北京档案史料》2011年第3期,第336页。
② 《在钱粮胡同侦视章太炎之警察的呈报之三十九—六十五十六》(1914年9月16日—1914年10月26日),《北京档案史料》2011年第3期,第338—344页。
③ 《在钱粮胡同侦视章太炎之警察的呈报之四十七》(1914年9月23日),《北京档案史料》2011年第3期,第341页。

时辰后,王托词朱先生未在家回复章太炎。第二天章太炎又让其请朱希祖,王又同样托词。据档案记载,11月30日当天早上8时,黄侃被警察逐出章宅,11时朱希祖前去,警察拦阻未让其进门。第二天章太炎所发信函呈给总监查阅后,收下未发,吕复来亦被警察拦阻,另一借住人闵广勋亦遵厅令迁出。① 由是推断,应是章太炎所定约束规则激化了和警察、仆役之间的矛盾,致使其被阻断了章之会客、通信自由,加之黄侃等人被逐,共同导致章太炎第二次绝食。

朱希祖等人从一开始就不赞成章太炎所定的约仆规则,在9月23日章太炎勒令签具结书一小时后,朱希祖就暗地告诉巡长佟和与仆役王玉廷,说你二人明早到我家,有事商说,现在钱恂先生已知此事,叫我劝你二人暂时安心办事,不必给他磕头等等。② 在章太炎绝食期间,其门生故友在极力劝说章太炎复食的同时,也尽力沟通章太炎与警察和仆人的关系。1915年1月8日,章太炎的同乡陈汉第、汪大燮、董鸿祎、邵章4人联名致信吴炳湘,请求予以照顾,信中说了是因"仆役之故,发生龃龉",章太炎才愤而绝食。③ 第二天汪大燮等人就收到了京师警察厅的复函。京师警察厅用委屈的腔调说:

> 章太炎君为海内文豪,前日间有精神瞀乱之病,政府意在保全,特派本厅详加调护,于医院外另设相当住室,精备饮馔,广置图史,使其调养精神,以期日就痊愈。惟本厅既任调护之责,于章君饮食起居不得不特加注意,其能耗费精神、触发旧疾者,尤须稍加限制,庶足以政府保持之心,并慰章君交好关切之意。日前因章君尚有误会之处,经其门弟子等公请另定规约,与章君身心有益,而不背本厅调护之旨

---

① 《在钱粮胡同侦视章太炎之警察的呈报之六十—六十一》(1914年12月1日—1914年12月2日),《北京档案史料》2011年第3期,第344—345页。徐一士的描述与档案记载稍有出入。据徐记载:"某日之深夜,黄正在黑甜乡中,忽有警察多人,排闼直入,其势汹汹,立促黄起,谓奉厅中命令,前来令其即时搬出此宅。""黄本章氏最得意之弟子,章亦愿其常相晤谈,以稍解郁闷,因欣然许之。不料不数日,而黄突为警察逐出,而章氏因之复有绝食之事。"见《章炳麟被羁北京轶事》,《一士类稿》,第49页。
② 《在钱粮胡同侦视章太炎之警察的呈报之四十六》(1914年9月23日),《北京档案史料》2011年第3期,第340—341页。
③ 《汪大燮等致吴炳湘函》(1915年1月8日),《北京档案史料》2011年第3期,第346页。

者,亦经商订妥协。①

陈汉第等4人的信和京师警察厅的回信证实了章太炎第二次绝食最主要是由于和警察、仆役之间发生矛盾,而不单纯是因黄侃等被逐。徐一士等人为亲者讳,只强调章太炎反抗性格的狂放,而隐去了约仆规则刺激他和警察、仆役发生矛盾是导致其绝食的最初原因。

1915年1月9日,章太炎小女到北京。章太炎见到其女,非常喜悦,畅谈良久,当日7时2刻,与其女同用晚餐。其实,在当天上午10时,章太炎已食白年糕一碟,下午2时1刻食栗子鸡一小碗、玉兰片一小碗、鸡汤卧鸡蛋5枚。② 可见,章太炎于1915年1月9日已经进食,但之前是否进饮食不确定,只是据汪大燮四人致吴炳湘信中所言章太炎"奄卧床褥,越月逾时"可知,至少在1月8日章太炎还未正式恢复饮食。综上,可推断,章太炎第二次绝食正式结束是在1915年1月9日其女来京当日。徐一士、马叙伦皆强调章太炎是在马叙伦的劝说下复食的,但据档案推知,应为三方原因共同促使章太炎结束第二次绝食举动:一是章太炎小女来京,二是京师警察厅与其弟子另定规约,调和章太炎与警察、仆役之间的矛盾,三是章门弟子的劝说。

这次绝食抗争,经由章太炎门生故友从中调和,章太炎和监控方双方各退一步。档案中再不见之前章太炎差遣较多的差役王玉廷的名字,而之后相继又出现了王成、沈贵等人帮助章处理事情,王玉廷应该是这次矛盾爆发时被章逐走。袁世凯方面,为安抚章太炎,允许其家人前来陪同,章的女儿、女婿先后来京,入住钱粮胡同陪伴。至于负责执行的京师警察厅方面,也放宽了对章太炎的监控,除章本人的通信、会客自由仍受限制外,允许其友人金兰芳、吾孟超、金朝藩、章焕等人先后暂住,暂住的家人、友人行踪不受限制,其两女和友人常外出但未有警察跟随。章太炎的女婿龚宝铨入住期间,杭州《之江日报》社几乎每日给其邮报纸一份,龚本

---

① 《京师警察厅复函(稿)》(1915年1月9日),《北京档案史料》2011年第3期,第347页。
② 《在钱粮胡同侦护章太炎之警察的呈报之四十六》(1915年1月10日),《北京档案史料》2011年第3期,第347—348页。

人收发信函亦不受限制。① 来客访问也很少受阻。有家人的陪伴和门生故人的探访,1915年这一年章太炎的情况还较为平稳,当然,这与京师警察厅采取了更为灵活的监控策略也有关系。

1915年12月12日,袁世凯正式称帝,引起全国声讨,成为众矢之的,南方多省相继独立,孙中山发表《讨袁宣言》。章太炎欲了解南方实况,②决计施行第二次出京。章太炎自称,当时他有友人在海军部,与日本海军增田大佐、柴田大尉相知,他们共同商议让章太炎穿和服乘火车到天津,但当天被日本驻津领事携带宪兵以及警察阻截于车站,带回巡警总厅。③章的自述与实际情况有所出入。档案对这次出逃有更为详细的记录,其具体情况应该是:5月18日,章太炎上午11时身着中国便服,带着仆人沈贵乘坐马车出寓。巡长佟和、巡警张吉顺等在暗地跟随。章太炎到东单牌楼羊肉胡同长春亭日本妓院内与日本海军提督增田高赉、柴田以及范腾霄会合后,让其仆人沈贵带着两个日本妓女乘坐章太炎的马车逛农事试验场。沈贵等走后,巡长佟和立即电话将另一负责监控的巡长崔崇玉唤来。到下午3时,章太炎更换日本和服,同一个日本人乘坐人力车快速奔向前门火车站购买车票。巡长警一直跟随其后。在车站时,佟和又喊来外左一区巡警2名共同跟随,见章太炎与日本同伴欲登火车,即上前拦阻,假称章太炎欠债未还,质问其想往何方逃奔,揪住章太炎要到法庭理论。章太炎灵活应对,声称自己不姓章,何人欠你的债,又拿出一陈姓名片。巡长警等遂大呼巡警,有警官张乐斌以及铁路巡长警等赶到,后又有侦缉队,以及警察厅所派人员赶至,日本人乘乱逃避,巡长警等遂将章太炎"拥护"至铁路巡警局,后解送京师警察厅。讯问后,各警察将章太炎仍送回钱粮胡同寓所,并加派4名巡警进行守护。④ 相比第一次出逃,章太炎显然较早进行了规划,但之前放松了对仆役和警察的防备,使其看

---

① 《在钱粮胡同侦护章太炎之警察的呈报之一——三十九》(1915年1月10日—1915年12月16日),《北京档案史料》2011年第3期,第347—360页。
② 汤志钧:《章太炎年谱长编》,第517页。
③ 同上。
④ 《在钱粮胡同侦护章太炎之警察续报之五》(1915年5月19日),《北京档案史料》2011年第3期,第362页。

出破绽,提早加强了守卫。章太炎当日出门后,警察步步跟随,其所使用的调虎离山之计(章太炎让其仆人沈贵带着日本妓女乘坐自己的马车逛农事试验场,并叮嘱沈贵在外要逛到下午6时才准回去)显然已被警察识破。章太炎将要登车时,警察不是强制扣留,而是使用了"欠债还钱"的借口进行伪装执法,虽然章太炎也有相应对策,出示了假名片,但终究被多方警察阻拦,未能成行。这次出逃,章太炎与警察之间几番较量、斗智斗勇,终因章太炎计划不周,警察监控到位而失败。但据章太炎自己说,当时袁世凯已病,警吏气焰已衰,只是敦促其归邸而已,并未为难。①

袁世凯死后,章太炎看重的黎元洪以副总统职代理大总统,但章并未被立即释放,其求见黎元洪的请求也被吴炳湘驳回。10天后的6月16日,内务总长王揖唐才命令京师警察厅解除对章太炎的监控。② 当日夜晚11时,京师警察厅司法处下令,所有监视的巡长警等立即回厅,回厅之前应见章太炎说明情况。至夜内12时,巡长警等一同回厅任差。③ 仆役去处未载。至此,警察监控章太炎的任务结束。

四 结语

京师警察厅监控章太炎的档案保存下来的不全,也存在记录偏颇的问题,但就目前所见,已基本能梳理清楚章太炎被幽禁3年过程中的情形。单从担任监控任务的警察一方来说,这批档案已能充分地展示警察如何担任监控任务。在监控实施者中,京师警察厅总监是被监控人和政治上层之间联系沟通的重要人物,虽然内务总长以及相关机构负责人也会参与其中,但京师警察厅是承令负责监控的机关,警察总监当然是最重要的中间人,负责对上汇报监控状况,对下指导规划监控安排,

---

① 汤志钧:《章太炎年谱长编》,第517页。
② 《内务部为解除监视章太炎致京师警察厅饬令》(1916年6月16日),《北京档案史料》2011年第3期,第367页。
③ 《侦护钱粮胡同警察为奉命撤销监视章太炎情形的呈文》(1916年6月17日),《北京档案史料》2011年第3期,第368页。

并负责处理突发事件以及协调各方关系。不过,总监所发挥作用的大小与其自身能力及对各方人际关系的协调有很大关系,在监控章太炎过程中,吴炳湘的作用就比较突出。绝食期间所选进行劝说的官医院长徐延非也是较为合适的人选,对事件的灵活处理和对章太炎绝食心理的较好把握体现了警察总监吴炳湘圆通的政治智慧。在总监之下是各个警察区署,原则上说,每个区署负责自己辖区内的监控任务,但在重大监控任务如对章太炎的监控中,所派出具体执行任务的警察是由警察厅统一遴选的,而不是管辖区署所派。从档案中推知,从1914年初章太炎移居龙泉寺开始,负责监控的巡长巡警中间有更换,但大部分应该没有变化,如巡长崔崇玉、巡警张吉顺等即是连续监控章太炎两年半,这可能有他们熟悉章太炎生活、便于监视和相处的考虑。警察厅所派巡长警是监控任务的具体执行人,但章太炎居住在不同的警区,各个区署应配合照料监管。在龙泉寺是由所管外右五区警察署协助监控,在钱粮胡同是由内左二区警察署协助监控,别的区署和侦缉队亦在紧急时刻进行相关配合。

　　就履行职责而言,警察对章太炎的监控任务比较认真负责。他们详细记录章太炎每天的生活起居与交友访客,并将记录及时呈报给总监,所汇报内容也比较详细,如章太炎吃苹果几个、喝汤水几杯、粥几碗,来访者姓名、几时到、几时回,收到什么样的书信,几时休息、几时起床,甚至心情如何等。一般是第二日汇报前一日的情况,在出现重要情况(如章太炎绝食)时,当天即时汇报,多则一天会汇报二到三次。警察也有一定的监控技巧,暗中尾随、化妆便衣、随机应变,并根据政治形势以及与章太炎相处情况的变化调整监控的松严程度。警察除了限制与政治相关的言谈、通讯、外出自由外,对于章太炎的生活限制不严,巡警长官对于照料其饮食起居还算比较尽责,倒符合警察档案里常用的一个词"监护",既有监控又有保护之意。有时反而能看出些许温情,如章太炎绝食时,警察为使章太炎进食,不断进行劝慰,从外面买来点心、水果屡次劝章太炎食用,在向总厅汇报时还特地提及章太炎精神颇见瘦弱,通过其动作推测其有愁思,心情不快等。这可当作是警察的柔性监控,当然也可以看作是警察对章不乏同情之心。虽然警察对章太炎的监控引起了章本人以及社会多方面的不满和愤慨,但对于长达3年的监控来说,还算平稳有效,章太炎保住了性命,袁世凯也落了个惜才之名,从这一点来看,警察的任务应算是完成得比较成功。

(丁芮　天津社会科学院历史研究所副研究员)

民国初年经学退出学制的反应与影响

朱 贞

【内容提要】 民国建立,经学最终退出了学堂的学制体系。这是经学退出历史舞台的重要阶段性标志。经学退出后,如何填补维系伦理秩序的道德真空,以及传承中学不使变形,成为相当棘手的难题,不仅造成民初以来政治、思想、学术等方面的纠结与困惑,而且引发了学人的重新思考和争议。

经学在民初退出学制,按照西学办法被肢解到国文、哲学、历史等学科中。肢解后的经学名存实亡,失去维系伦理道德的作用。伦理社会的中国丢掉经学之后,陷入了道德失序的状态。民国以来,时人在重建道德准则的过程中,不断思考学校经学教育的问题。到了1930年代,因日本侵华危机,引发恢复民族自信的需要,恢复学校读经的讨论再度出现。

一些学人忧心于文化传承的断裂,以各种形式继续保存经学。并对当时的学校制度提出质疑,检讨用西洋系统条理中国固有学问的做法,采取种种办法补救,但却始终难得两全之道。

一　民初经学退出学制的反应

民初壬子(1912)、癸丑(1913)学制颁布后,因为教育部的人事安排,以及主事者旨在建立一个适应共和政体的教育体制,使得经学退出学制体系。然而,废除经学在学校体系中的存在并非一条坦途。民初教育部的做法遭到了一些舆论的批评,学校恢复读经的主张开始出现。

民初教育部初建,内部职员中已有马一浮这样反对经学退出学制的主张。而对旧学的眷恋,彼时并不罕见。时任北大校长严复也不主张将经学一科彻底删除,建议把经科并入文科,"将大学经、文两科合并为一,以为完全讲治旧学之区,用以保持吾国四五千载圣圣相传之纲纪彝伦道德文章于不坠。且又悟向所谓合一炉而治之者,徒虚言耳,为之不已,其终且至于两亡。故今立斯科,窃欲尽从吾旧,而勿杂以新,且必为其真,而勿循其伪"。①

不赞成废除经学一科者,不在少数。孙雄在清季中央教育会的讨论中,即已反对废除小学堂读经。辛亥革命后,认为政体纵有变更,而经正民兴之理,则没有变化,"非明伦无以立国,非读书无以明伦",故编《读经救国论》六卷,"曰政治,曰伦理,曰理财,曰教育,曰兵事,曰外交。均于经文之下,节录汉宋诸子暨近代耆儒学说,复附己意以申之"。② 姚文栋也认为"尊孔将以复经,复经所以明伦,人伦明而圣功毕。圣人,人伦之至也",反对废经,并创立学古社。③ 陈衍对辛亥后的废经废孔言论严辞以斥,"孔子圣之时,赞《易》则言革命,《礼运》则表大同,憒不知者,乃于孔教有违言,可谓失之毫厘,谬以千里"。并在编纂《福建通志》时,别立《儒行传》,以示对于庸德庸言之敦崇。④

---

① 《与熊纯如书·三》,王栻主编:《严复集》第三册,北京:中华书局,1986年,第605页。
② 俞寿沧:《常熟孙吏部传》,卞孝萱、唐文权编:《辛亥人物碑传集》,北京:新华书店,1991年,第724页。
③ 许汝棻:《景宪先生传》,《辛亥人物碑传集》,第733页。
④ 唐文治:《井陈石遗先生墓志铭》,卞孝萱、唐文权编:《民国人物碑传集》,北京:团结出版社,1995年,第680页。

在倡设孔教会等尊孔社团的过程中,时人同样阐发了对于壬子、癸丑学制废除经学学科的不满。孔教会对于教育部的教育政策明显不满,以至于有观点认为,孔教会成立的初衷就是由于民初学制"荒经蔑古"的规章,"民国改建,首停孔祀,废孔经,毁孔庙,同人鉴此,惧国将不保,种亦沦亡,发起孔教会"。① 美国基督教北长老会的丁义华也持类似观点:"原国教之说之所由起,实种因于二年以前,民国第一任临时内阁教育总长蔡元培,逞其一偏之心思,欲为惊人之创举,昌言曰废孔。……蔡氏去位,此案全翻,未几而孔教出焉。"②

孔教会成立之初,不少都督或民政长官都先后通电表达了支持。鉴于废除读经后社会出现的问题,以及孔教会的影响,各地尊孔之风一度高涨,学校读经的问题也屡被讨论。并有重新恢复读经的主张提出,"今学堂不重读经,乱之所生,即病之所入也。果能改良,以读经为本,以余力习有用之科学,即戡乱之上策,治病之良方也。"吁请袁世凯饬教育部改良教法,大学、中学校、小学校均严读经之令,并鼓励自行延师专课四书、五经,以补官学之所不及。③ 在此背景下,民初学制办法发生了短暂的变化。

1915年2月颁布的《特定教育纲要》,提出将经学课程重新规划到学堂各阶段教育中去,"中小学校均加读经一科,按照经书及学校程度分别讲读,由教育部编入课程,并妥拟讲读之法,通咨京外转饬施行"。详细规定了读经书的办法,各阶段学堂重新增设经学课程。④ 并新定教育宗旨七条,依次为:爱国、尚武、崇实、重自治、戒贪争、戒躁进、法孔孟。加入了"法孔孟"的尊经条文,显示了教育方针的改变。⑤ 此后,教育部开始修

---

① 《孔教会致倪嗣冲函》,中国第二历史档案馆编:《中华民国史档案资料汇编第三辑·文化》,南京:凤凰出版社,1991年,第22页。
② 丁义华:《教祸其将发现于中国乎》,沈云龙主编:《民国经世文编》(宗教),《近代中国史料丛刊》第50辑,第5147页。
③ 《倪嗣冲呈请大总统提倡经学教育的有关文件》,《中华民国史档案资料汇编第三辑·文化》,第17页。
④ 《1915年1月:袁世凯特定教育纲要》,朱有瓛主编:《中国近代学制史料》第三辑上册,上海:华东师范大学出版社,1990年,第43—53页。
⑤ 《袁世凯颁定教育要旨》,《中国近代学制史料》第三辑上册,第97—107页。

订各项学堂课程,将经学一科重新加入。

洪宪时期对于恢复读经课程,并非没有考量。袁世凯政府认识到,中、小学读经一事久为新旧学者争论所在。不读经书的理由在于"儿童心理及教材排列与夫道德实用而论,经书诚有不能原本逐读之理由",读经书则是由于"为道德教育计,为保存民族立国精神计,经书亦有读之理由"。两相权衡之下,提出了读经课程仍宜变通存在,"现在删经编经之事既不能行,惟有仿照外国宗教专科办法,列为专科。……其讲授之法,亦应参考外国教授宗教之法,曲为解释,以期与现今事实上不生冲突,而数千年固有道德之良将及沦丧之时,要可借此重与发明,以维持于不敝。应由教育部妥拟教授读经之法,总期得教德与保存民族精神之益,而救济以上所指之困难"。①

洪宪前后的学制调整,随着袁世凯的死去而被迅速取消。1916年,新的教育总长范源濂表示,要恢复执行民国元年的教育方针,撤销袁氏政府颁布的《特定教育纲要》,"民国五年九月,由国务院议决撤消"。② 经学课程经过短暂的回流,再次被从学制体系内撤出。

随着新文化运动的进行,民主共和、尊孔复古被视作对立的两面,经学更难以在学校教育系统内立足。此后舆论,大都把读经视作冒天下之大不韪,如下所述:

> 数千年中,君主之制度未变,故读经之作用甚大;今当民国,经中所载之道,多与国体相违,民国元年令废各校读经,未为非也。反之,如有野心家,欲帝制自为,变人民为一姓一家驯顺之臣妾,则读经势所必行,无待讨论。故当伪洪宪时代,曾通令各级学校读经矣。③

---

① 璩鑫圭、唐良炎编:《中国近代教育史资料汇编·学制演变》,上海:上海教育出版社,1991年,第753页。
② 《郑鹤声先生的意见》,龚鹏程编:《读经有什么用:现代七十二位名家论学生读经之是与非》,上海:上海人民出版社,2008年,第120页。
③ 《方天游先生的意见》,《读经有什么用:现代七十二位名家论学生读经之是与非》,第224页。

这种观念随着新文化运动影响的扩大得到延续,①"读经"被视作逆流,再也无法获得学制中的位置。在国家教育层面上,经学终至退出学制体系。地方上或偶有风浪,湖南、广东等地也曾下令中小学读经,却无法改变整个学制的安排。

二 1930年代的大讨论

1930年代,湖南、广东等省当局强令中小学读经,教育部通令纠正,并禁止小学诵习文言文。《时代公论》上,汪懋祖、吴研因、龚其昌、余景陶、柳诒徵、任叔永先后撰文对此加以评议,各有主张,意见纷纷,莫衷一是。胡适与任叔永先后在北方的《独立评论》发表言论,不仅反对读经,而且不赞成使用文言文。受其影响,《教育杂志》采用集思广益的办法,邀请全国专家就读经问题发表意见。在70多种意见中,就中小学校应否读经的问题,分成了绝对赞成、相对赞成和反对、绝对反对三大类。

而提倡恢复学校读经的意见中,面临解释读经"合法性"的问题,即读经到底有没有用。时人从以下几个方面论述了学校恢复读经的必要:

第一,道德培养的问题。安徽大学文学院教授陈朝爵认为大、中、小学校教育读经必当恢复。小学校读《孝经》《论语》《孟子》,可以培养德性,且为文理作法之导源,引导国文初步,实则两利兼收。中学校教育,为保存民族精神、维持社会道德计,不可不亟行恢复读经。大学课程,负有发挥本国文化学术之责任,并为维持国本、挽回人心计,不可不加重经学地位。至于程度次第深浅、学分分配、讽读讲解之方法、笺疏训诂之审择,则须"另案拟具,详备讨论"。② 广州岭南大学教授杨寿昌也认为民德堕落,新失其新,旧失其旧,彷徨歧路,莫知所归。只有恢复读经,才能解决

---

① 有学人提出,后人对于五四的理解从政治层面转向文化层面时,眼光停留在提倡白话文和反对孔教两点上,也无意识地卷入了五四反儒学观念的制造过程。参见欧阳军喜:《五四新文化运动与儒学:误解及其他》,《历史研究》1999年第3期,第42—57页。
② 《陈朝爵先生的意见》,《读经有什么用:现代七十二位名家论学生读经之是与非》,第24—26页。

道德之根本问题。①

第二,民族根本的问题。时值"九·一八"后,随着局势危急,悲观的人甚至发出"中国必亡"的论调。为挽救国运,纠正思想,恢复民族自信心,开始重新提倡读经。②"国势陵夷,至于今日。政治不及别人家,军事不及别人家,经济不如别人家,固然可耻到万分,然而一切的学术都比不上人家,都在水平线以下,连自己的先民所创造或记述下来的学术遗产,都研究得不及人家,这真是顾亭林所谓'亡天下'之痛了。"③何键于湖南提倡读经,也有类似考虑,"国于天地,必有与立。与立者何?民族精神其大端也!"在国家危乱之时,"吾人苟认昌明固有文化为时代急需之要求也,读经斯为必由之路矣"。④王杰明确提出,彼时中国的民心、民气、民力都出现问题,"返观吾国,民心之涣散,民气之消沉,民力之困顿,至斯而极",原因在就在废除读经,"欲挽救垂亡之中国,必自复兴经学始,欲发扬吾国伟大之真精神,必自表彰经学始"。⑤

第三,比附三民主义,把三民主义与读经联系起来。唐文治以孙中山民族主义的言论为佐证,认为应读《孝经》和《大学》,强调经书不独可以固结民心,且可以涵养民性,和平民气,启发民智。⑥湖南长沙名为忆钦者也提出:"但看孙先生各种著作,多举出经书作根据,作凭证,便可知固有道德和智识的策源地即在经书。而恢复固有道德和智识,也只有从读经下手。"⑦钱基博应江苏省立无锡中学校邀请演讲国学,即以"国学在普

---

① 《杨寿昌先生的意见》,《读经有什么用:现代七十二位名家论学生读经之是与非》,第44—58页。
② 何炳松:《全国专家对于读经问题的意见》,《读经有什么用:现代七十二位名家论学生读经之是与非》,第9页。
③ 《郑师许先生的意见》,《读经有什么用:现代七十二位名家论学生读经之是与非》,第102页。
④ 《何键先生的意见》,《读经有什么用:现代七十二位名家论学生读经之是与非》,第38—39页。
⑤ 《王杰先生的意见》,《读经有什么用:现代七十二位名家论学生读经之是与非》,第32—36页。
⑥ 《唐文治先生的意见》,《读经有什么用:现代七十二位名家论学生读经之是与非》,第14—15页。
⑦ 《忆钦先生的意见》,《读经有什么用:现代七十二位名家论学生读经之是与非》,第60页。

通学上之意义,中山学说在国学上之意义"为题,提出非尽读四书、五经,不能贯彻三民主义中心思想。① 顾实专门辑出《三民主义》中有关读经问题可资为国民宝训者数条。②

第四,来自东洋汉学的压力。日本东京帝都大学汉文科行开学式,哲学博士服部宇之吉演说:"在学诸君要努力专攻支那经学,十年以后,支那无人认得经学了,我们预备到支那去讲授经学。"听闻此说的郑师许虽然年纪很小,已然觉得是奇耻大辱。日本汉学界的发展,"虽然服部的造就甚少,而狩野直喜、内藤虎诸人的确已值得我们佩服了"。这种压力,推动了民国时期读经论的重新提出,"看了别人家的进步,我们哪得不惭愧不惊讶。所以我说我们读经的人如果读得不好,这种学问便不为我中国所专有,而须与世界学者所共有了。后之研究吾国经学者,将不必需要到我们中国来了"。③

在主张恢复读经的意见中,出现了如何于学校内开展读经的详细办法,结合清末学堂读经的经验,对经学的课程分配、读法和内容安排给出了具体意见。

无锡国专学校校长唐文治提出了各阶段学校读经的办法:初级小学三年级应读《孝经》,高级小学三年应读《大学》及上半部《论语》,初级中学校三学年应读下半部《论语》及《诗经》选本,高级中学校应读《孟子》及《左传》选本,专科以上及研究院应治专精之学。④

江亢虎将读经的学级学程分配为:初级小学应读《论语》。高级小学应读《孟子》。初级中学校应读《诗》《书》《易》。高级中学校应读《孝经》及《礼记》《左传》节本。时间上则小学读经应占全部学程五分之一。中

---

① 《钱基博先生的意见》,《读经有什么用:现代七十二位名家论学生读经之是与非》,第78—79页。
② 《顾实先生的意见》,《读经有什么用:现代七十二位名家论学生读经之是与非》,第84—87页。
③ 《郑师许先生的意见》,《读经有什么用:现代七十二位名家论学生读经之是与非》,第100页。
④ 《唐文治先生的意见》,《读经有什么用:现代七十二位名家论学生读经之是与非》,第15—16页。

学校应占八分之一。①

朱君毅提议从高小阶段开始读经,则读经对于初小四年之义务教育或普及教育,不致发生阻碍。自高小第一年起,至大学第二年止,共有十年。以十年读占十三经全经分量约百分之六十的五种经书,可使学生不致因读经妨碍其他科学之学习。②

在其他意见中,南京的郑鹤声主张初小不宜读,高小以上都不妨选读。北平研究院的李叔华,上海的胡朴安、陈鹤琴,国立编译馆的刘英士,南昌中学校长吴自强等人主张大学中作为一种专门的研究,中学校中不妨选读几篇,小学读经却是有害无益。上海中学校长郑西谷、浙江大学的黄翼和复旦大学的章益都主张初中以下不宜读经,应从高中起。武汉大学的范寿康、安徽大学的谢循初、中山大学的陈钟凡、中央大学的赵廷为等都主张经书固不妨自由研究,但不宜叫中学校以下的学生去读。厦门大学的杜佐周、湖北教育学院院长姜琦等人都认为经学非无研究的价值,不过应让专家去埋头研究,不应叫年轻人都走到故纸堆里去讨生活。③

就上述主张来看,在西学教育已经居于主流的时代背景下,即便主张读经者,在处理中西学的问题时也无法不受其影响,经学课程的安排向着进一步简化的方向靠拢。各种意见,对于小学要不要读经、各阶段应读何经的看法参差不齐,立论的前提已是不要影响学生的西学教育。

但注重西学实用,不能解决人们对于道德培养的忧虑。民国以来种种读经问题的症结所在,就是经学退出后,一直无法找到重塑道德风气的代替品,伦理秩序出现道德真空。张群对此曾有过形象概括:

> 自从海禁大开,和西洋思想接触以来,这个中心思想便渐渐被摇动了。甚至保守色彩极浓的张之洞也不能不主张"中学为体,西学为用"来妥协调停。直到民八,有一个新文化运动起来。这个运动

---

① 《江亢虎先生的意见》,《读经有什么用:现代七十二位名家论学生读经之是与非》,第105—106页。
② 《朱君毅先生的意见》,《读经有什么用:现代七十二位名家论学生读经之是与非》,第132页。
③ 何炳松:《全国专家对于读经问题的意见》,《读经有什么用:现代七十二位名家论学生读经之是与非》,第11页。

在破坏方面确奏大功,而在建设方面却是毫无成绩。固有的中心思想是被摧毁了,而新的中心思想却未曾建立起来。弄得大家都彷徨歧路。同时外来的思想又是很混乱的冲了进来,左边从布尔雪维克起,右边到法西斯止,真是五花八门,应有尽有。同时大家又不肯埋头的去下一番研究的工夫。于是公说公有理,婆说婆有理,益发教人茫然无所适从了。我国现代青年的烦闷,就是这样形成了。①

三 经学渐成"绝学"

宋代张载的横渠四句,"为天地立心,为生民立命,为往圣继绝学,为万世开太平",多为传统读书人用以自勉。为往圣继绝学,直指中国固有学问的传承问题。民初的学制改革,学校不设经学课程,经学教育失去延续,引发了经学渐成"绝学"的倾向,学人保存经学之余,开始检讨以西洋系统条理中学的做法。但在如何传承中学不使变形的问题上,始终没有找到有效途径。

章太炎认为自民初学制颁布,经学陷入荒废的境地。经学荒废,显示在学校学生不识经书上面,"近代经学荒废,自中学以下,未尝通《论语》《孝经》,及入大学,乃以《经学概论》与之强聒,此与沙门上首为老妪讲《华严》何异。其间偶有达者,盖其家庭之教素可凭借耳"。而问题的源头,与民初学制废除读经有一定关系,"自民国初小学废读经,今已几二十岁,学者或不知大禹、周公,故志失坠,不知其几。及今逆以挽之,犹愈于已。若因循不改,又二十年,吾知汉族之夷于马来也"。②

缺乏经学教育的青年学生,逐渐与老辈学人难以沟通。沈曾植感慨与当时少年无法对话,"今时少年未曾读过四书者,与吾辈言语不能相通"。马一浮也发现,在与人交谈的过程中,引经据典的谈话方式已经很

---

① 何炳松:《全国专家对于读经问题的意见》,《读经有什么用:现代七十二位名家论学生读经之是与非》,第8—9页。
② 章太炎:《与某人论读经书》,章氏国学讲习会编印:《制言》第21期,1936年7月16日。

难被人理解,"每与人言,引经语不能喻,则多方为之翻译"。这些饱学宿儒,在不得不学习普通的交流方式之余,感慨于传统学问的衰落,中国已非昔日的中国,"日日学大众语,亦是苦事,故在祖国而有居夷之感。处今日而讲学,其难实倍于古人"。① 王国维任教仓圣明智大学,教授经学,却很难取得成效,原因也在于"当时园里中学生的国学程度,还是非常幼稚,更不会了解他"。②

学生不习经书,不辨文体,以至于1924年,有人发现八股文已如同广陵散般,成为绝响:"按八股文字,今日已成广陵散,非特无人读之,并无人阅之,而后生少子未经科举者,且不知此种为何物,无怪其弃如尘羹土饭也。"③

中国传统学问讲究功力根底,由于民国时期教育乏途,经学在一般知识群体中,逐渐丧失了对话的可能性。1922年章太炎上海讲学,听众日益减少,笔录也多出错。因帮《民国日报》(上海)整理章太炎讲稿而一举成名的曹聚仁,在《回想四十八年前事》一文中提及这段亲身经历时说:"章师的余杭话,实在不容易懂;他所讲的国故课题,对一般人已经太专门了。社方原派了两位专人在讲台上作笔记,从《申报》上发表的讲稿看来,他们的国学常识实在太差,错误百出。"④

一批学界的老辈,在对于当时的学校制度不满的同时,通过自己的办法延续旧学,或在西学科目下行讲经之实,或自为讲学,或另立专门,或建设书院,希望借之延续中国固有学问。导致了经学仍以各种形式在学堂(校)和社会上存在。

对于学制中不设经学的做法,一些旧学背景的文、史科教员不以为然。民国建立后,许多旧学大师不得不适应新社会的转变,作为教员,进入当时的学校谋生。但在按照西学分类办法设立的学科中,许多人所教所讲名义上是文学、史学,实际仍多在讲经。像任鸿隽长川大时,中文系

---

① 丁敬涵校点:《马一浮集》第二册,杭州:浙江古籍出版社、浙江教育出版社,1996年,第518页。
② 李恩绩:《爱俪园梦影录》,北京:三联书店,1984年,第59页。
③ 张棡著,俞雄选编:《张棡日记》,上海:上海社会科学出版社,2003年,第342页。
④ 曹聚仁:《中国学术思想史随笔》,北京:三联书店,1986年,第55页。

龚道耕仍旧在讲三礼,萧参仍在讲《诗经》。江瀚执教山西大学,讲授《毛诗》。1914年底,陆军部次长徐树铮办正志中学校,实际上是一所军官预备学校,择定桐城派诸人为教师:姚永概授《孟子》《左传》和《尺牍选钞》,林纾教《史记》,姚永朴教《论语》、文学、文选和修身,马其昶教《春秋》。① 无锡江苏省立第三师范学校惯例,国文教师随班递升。从一年至此班四年级毕业,再回任一年级。国文一科外,每年必兼开一课,第一年文字学,第二年《论语》,第三年《孟子》,第四年国学概论,教者各自编撰讲义。钱穆自1923年在此任教,第二、第三年,分别编撰《论语要略》《孟子要略》讲义。②

坚持讲经,于学人看来能够延续旧学,颇为值得自豪。时任光华大学文学院院长钱基博,自称服务学校教育二十年,"有一事差以自慰,并以告慰于国人父老者",即时以《四书》为诸生诵说是也。认为"自五四运动以迄今日,青年之思潮,几经剧变。而仆所服务之学校,自小学以至大学,亦几改易。然仆未尝间一岁废四书不讲。校中无此课程,仆则发心为诸生课外授之,而诸生之听吾讲者,必先课以圈点,考其勤惰,而后为之讲解。积诚所至,相说以解,诸生亦未尝以为不入耳之谈,而有味乎其言之!"强调五经虽不易精贯,四书必当熟览。③

新旧学人,由于学问的本源不同,对于文、史学科的处理办法出现差异。北大哲学门讲授中国哲学史的教师有陈黻宸、陈汉章两位,都是旧学家。讲授的办法也都遵循传统,讲中国哲学史上溯到三皇五帝。据冯友兰回忆,陈黻宸给他们讲中国哲学史,从尧、舜讲起,讲了半年才讲到周公。④ 陈汉章也是按照经书时序,从伏羲讲起,讲了一年才讲到《尚书·洪范》,这显然是旧时讲经的办法。至胡适接手该课程,即不管以前的课业,重新讲起,开头第一章是"中国哲学的结胎的时代",用《诗经》作时代

---

① 姚永概著,沈寂等标点:《慎宜轩日记》,合肥:黄山书社,2010年,第18页。
② 严耕望:《钱穆宾四先生行谊述略》,卞孝萱、唐文权编:《民国人物碑传集》,1995年,第500页。
③ 《钱基博先生的意见》,《读经有什么用:现代七十二位名家论学生读经之是与非》,第76—80页。
④ 冯友兰:《北大怀旧记》,王世儒、闻笛(编):《我与北大——"老北大"话北大》,北京:北京大学出版社,1998年,第371页。

的说明,截断众流,丢开唐、虞、夏、商,径从周宣王以后讲起。据顾颉刚回忆,"这一改,把我们一般人充满着三皇五帝的脑筋,骤然作一个重大的打击,骇得一堂中舌挢而不能下"。① 顾颉刚的惊骇,在于胡适所讲,不合传统办法,过于标新立异。从正统治经的眼光来看,胡适用西学办法切割中国学问的讲法,站不住脚。陈汉章一见到胡适讲义,即笑不可抑,称"只看这个讲义的名称,我们就可以知道胡某人不通"。②

少数人的努力,无法挽回经学退出历史舞台中心的整体趋势。1920年代,学人发现当时学校的学生旧学知识已极为荒疏,"近在上海闻有中学教员问其弟子者,初云孟子何代人,答言汉人,或言唐宋明清人者殆半。次问何为五常,又次问何为五谷,则不能得者三分居二。中学弟子既然,惧大学过此亦无几矣"。③ 既有研究也指出,民国时期坚持读经的学校数量逐渐减少:1920年代以前,湖南大约有14%的学校存在程度不同的读经现象。到20年代初,根据湖南省教育厅对全省75县的调查统计,全省仅有湘乡、龙山、古丈、临湘、慈利、临澧六县各校课程多授读经,另有常宁县学生课余在塾读经,永顺县有读四书、五经者。④

四 学人的反思

一些学人开始将矛头指向当时的学校制度,表达了对民国时期学校教育方式和内容的不满。章太炎1924年发表《救学弊论》,指陈当时的学校制度得失,尤其是文科问题最为严重,"然今诸科之中,唯文科最为猖披,非痛革旧制不可治"。就经学而言,学习时间太长,"然夫穷研训故,推考度制,非十年不能就"。学校教习也难以担任经科教授,"必求如

---

① 顾颉刚:《〈古史辨〉第一册自序》,《古史辨自序》,石家庄:河北教育出版社,2000年,第52—53页。
② 冯友兰:《北大怀旧记》,《我与北大——"老北大"话北大》,第372—373页。
③ 章太炎:《救学弊论》,《太炎文录续编》,《章太炎全集(五)》,上海:上海人民出版社,1985年,第97—102页。
④ 张朋园:《湖南现代化的早期进展(1860—1916)》,长沙:岳麓书社,2002年,第370页。

杜林、卢植者以为师,则又不可期于今之教员也"。①

章太炎要求当时文科教授去除比附外人之弊,慎定教师人选。并可将经书移入历史教授项内,"其经典明白者,若《周礼》《左氏内外传》,又可移冠史部,以见大原(昔段若膺欲移《史记》《汉书》《通鉴》为经,今移《周礼》《左氏》为史,其义一也)"。可以方便教授,省功易进。并预估依此而行,可致人于高明光大之域,使日进而有志者,不出此道。并提议如欲治经者,可另立专馆从事研究,"史学既通,即有高材确士欲大治经术,与明诸子精理之学者,则以别馆处之。诚得其师,虽一二弟子亦为设教。其有豪杰间出,怀德葆真,与宋明诸儒之道相接者,亦得令弟子赴其学会。此则以待殊特之士,而非常教所与也。能行吾之说,百蠹千穿,悉可以使之完善。不能行吾之说,则不如效汉世之直授《论语》《孝经》,与近代之直授《三字经》《史鉴节要便读》者,犹愈于今之教也"。②

马一浮一生曾数次拒绝大学之邀,明确不满民国时期高等阶段学校教育欠缺固有学问的做法。③ 1917年,时任北大校长的蔡元培邀请马一浮前往北大执教,马一浮致信表达了婉拒理由,"其所以不至者,盖为平日所学,颇与时贤异撰。今学官所立,昭在令甲。师儒之守,当务适时。不贵遗世之德、虚玄之辩"。④ 认为由于自己坚持旧学的办法和学堂偏重西学的取径不一致,在当时北大"适时"为主的教育体系内,自己并不适合担任教习一职,只能退守在家,坚持自己治学的理念。1929年,代理北大校长陈大齐力邀马一浮前往北大,并委托马的友人马相伯说项。马一浮在致马相伯的信中,解释了自己拒绝的理由:"今儒术方见绌于时,玄言亦非世所亟。乃欲与之扬周鲁之风,析夷夏之致。偭规改错,则教不由诚;称性而谈,则闻者恐卧。以是犹疑未敢遽应。虽荷敦勉之切,虑难仰称所期。与其不能解蔽于一时,吾宁俟悬解于千载耳。希为善谢陈君,别

---

① 章太炎:《救学弊论》,《太炎文录续编》,《章太炎全集》(五),第97—102页。
② 同上书,第103—104页。
③ 有人曾对于马一浮数次拒绝学校邀请的事实做出梳理,以展现马一浮与现代教育制度反反复复的纠葛。参见刘炜:《古闻来学 未闻往教》,《读书》2009年第3期,第128—135页。
④ 《马一浮集》第二册,第453页。

求浚哲,无以师儒责之固陋。"①认为学校中不设经学专科,经学已经衰落。自己前往执教,不合于时,很可能使学生失去兴趣,出现"闻者恐卧"的情况。

陈大齐于1930年再次邀马担任北大研究院导师。马一浮阐述了自己施教理念与学生所学取向并不一致,在追求实用学说的前提下,讲授经学很难顺利开展,"方今学子务求多闻,则义理非所尚。急于世用,则心性非所先"。除非学生状况如同稷下学宫一般,能够进行交流,才有可能出山赴任,但"亦须干戈载戢,弦歌无虞。虽不设于皋比,将无辞于游履,但今殊未可必耳"。②

对于屡请不动的原因,马一浮后来自己总结,经学不在学校教育体系之内,是其顾虑的一个很重要的方面,"良以今时学校所以为教,非弟所知。而弟平日所讲,不在学校之科,亦非初学所能喻。诚恐扞隔不入,未必有益,不如其已,非以距人自高也"。③ 1936年,浙大校长竺可桢屡次拜门,终于请动马一浮,不过马的条件仍旧是要在大学之内另立一国学研究所机构,任由学生来学,"今竺君复再三挽人来说,弟亦不敢轻量天下士,不复坚持初见。因谓若果有学生向学真切,在学校科目系统之外,自愿研究,到门请业,亦未尝不可"。最终变通"来学"为"往教","此实勉徇来教,不欲过拂竺君之意。昨竺君复枉过面谈,申述一切,欲改来学为往教。为体恤学生计,此层尚可通融"。④ 打动马一浮的重要理由就在于"竺君不以弟为迂阔,欲使诸生于学校科目之外更从弟学,大似教外别传,实为特殊办法"。⑤

但是,马一浮教授经学的主张,显然与竺可桢差别很大,"但竺君所望于弟者,谓但期指导学生,使略知国学门径。弟谓欲明学术流别,须导之以义理,始有绳墨可循,然后乃可求通天下之志"。马一浮更想完整教授学术门径,以解"群言淆乱而无所折衷"的学子大患,"若只泛言国学,

---

① 《马一浮集》第二册,第455—456页。
② 同上书,第516页。
③ 同上书,第517页。
④ 同上书,第517—518页。
⑤ 同上书,第518页。

譬之万宝全书、百货商店,虽多亦奚以为?且非弟之所能及也"。只有竺可桢同意这个条件,马一浮才赴邀约。并要求该项国学研究机构的学生应有求学的热情和一定资质,"非如普通教授有一定程序可计日而毕也",并放宽讲授条件,"故讲论欲极自由,久暂亦无限制",如此才允担任教习,"乃可奉命,否则敬谢不敏"。①

对于马一浮提出的种种条件,竺可桢虽同意于学校教育体系以外授课,却并不希望马一浮将这种特殊性扩大化:"谓其所授课不能在普通学程以内,此点余可允许,当为外国的一种 Seminar[研究班课程]。但一浮并欲学校称其谓国学大师,而其学程为国学研究会,则在座者均不赞同,余亦以为不可。大师之名有类佛号;名曰会,则必呈请党部,有种种麻烦矣。余允再与面洽。"②

最终,马一浮接受了竺可桢的建议,以开办"国学讲座"的名义赴浙大任教,"其词曰:可以避地,可以讲学。吾方行乎患难,是二者固其所由之道也。非以徇人而求食,乐则行之,忧则违之,不居学职,则去住在我;不列诸科,则讲论自由"。③ 显然,马一浮一方面担任讲学,决定保留旧学的读书种子,"不欲令种子断绝,此天下学者所同然"。④ 但又对学校内讲授经学的做法坚持保留一定自由,要求不担任教职,不列入学科,方便自己随时抽身。

民国时期的一些学人不仅对学校制度表达不满,更提出了在学制体系内出如何补救经学教育的办法。沈曾植提议设立经科大学,"公尝云:欲复兴亚洲,须兴儒术;欲兴儒术,须设立经科大学,尤须先设亚洲学术研究会"。⑤ 郑师许打算在已办国学研究所的大学里特地开设一个经学深造班,或经学专攻班,"聘请国内的经学大师或国外的汉学专家共同主持。招集些国学研究所毕业而又有相当现代科学修养的,或社会科学研究所毕业而有能力翻检《清经解》《续清经解》的学子,在那里来研究来诵

---

① 《马一浮集》第二册,第518页。
② 竺可桢:《竺可桢日记》第一册,北京:人民出版社,1984年,第47页。
③ 《马一浮集》第二册,第557页。
④ 同上书,第518页。
⑤ 陈鸿祥:《王国维年谱》,济南:齐鲁书社,1991年,第214页。

读,养成将来的标准的经学大师。专一经或兼通全经,明源流派别而又懂得整理,给后人以可走的路"。①

在学制体系外,开展专门旧学教育的念头也开始出现,并付诸实施。江亢虎提议以地方公费特设书院式研究所,造就各学校国学教员,经学为重要一专科。②而一些旧学硕儒,开始重新探讨授受经学等旧有学问的途径,许多独立于学校系统之外的专门机构诞生。唐文治在无锡开办国学专修馆,达数十年之久。姚永朴执掌秋浦周氏宏毅学舍校务。马一浮后来在四川筹设复性书院,任院长兼主讲。均是希望能够延续旧学,免致薪尽烬灭。并在一定程度上保持了学校体系外经学的延续。

在此背景下,一些学人也开始反思自己早年欧化的倾向,转而致力于经史之学,王国维即为代表人物。王国维早年提倡哲学,还曾就癸卯学制不设哲学科一事,对张之洞设学办法提出质疑。民国后,他不再提早年种种,据友人回忆,"静庵之学乃一变,鼎革以还,相聚海上,无三日不晤,思想言论,粹然一轨于正,从前种种绝口不复道矣"。③也有学人先参与新潮,后又退而专门从事旧学研究。如商务印书馆编译所的孙星如,早年译书,也做过白话的常识书,后参与国故研究,专治旧学,不复谈新学。当蔡元培问他为何不再做白话文,孙的回答是:"已在这里面寻得趣味,故不愿放弃。"④1919年,杨树达参与长沙教育界兴办的健学会以响应新潮,到1937年,就发出"温故而不能知新者,其人必庸;不温故而欲知新者,其人必妄"的感慨。⑤

---

① 《郑师许先生的意见》,《读经有什么用:现代七十二位名家论学生读经之是与非》,第102页。
② 《江亢虎先生的意见》,《读经有什么用:现代七十二位名家论学生读经之是与非》,第105—106页。
③ 张尔田:《与黄晦闻书》,《学衡》第60期,文苑,文录,第4—5页。虽然如此,王国维的办法还是难入一些旧学根底深者的法眼。黄侃即提出批评,"国维少不好读注疏,中年乃治经,仓皇立说,挟其辩给,以眩耀后生,非独一事之误而已"。参见黄侃著,黄延祖重辑:《黄侃日记》,北京:中华书局,2007年,第302页。
④ 《胡适日记》1921年8月11日,季羡林(主编):《胡适全集》第29卷,合肥:安徽教育出版社,2003年,第411—412页。
⑤ 杨树达:《积微翁回忆录·积微居诗文钞》,上海:上海古籍出版社,1986年,第13、129页。

由自身学术根基出发，旧派学者常常有"补救"的念头。早在1920年11月4日对湖南第一师范演讲《研究中国文学的途径》时，章太炎即指出新起学人在学问研究上"根柢不足"的一面，"近来有人说中国学问无用，却不足怪，因为他们并不曾有系统的研究，于中国学问当然茫无头绪"。① 被称为"海上三子"之一，而博雅超过王国维、孙德谦的张尔田，晚年尤笃信孔孟，有犯之者，大声急呼以斥，虽亲旧，无稍假借，"谓人心败坏至此，必有沧海横流之祸，屡有论述，归本礼教，欲为匡救"。②

　　对于后学因根柢不深，而致在解释经书古籍时盲目比附外人的问题，学人也多有警惕。金毓黻对于新文化倡导者并无异见，但认为他们有所缺失，"新文学家之缺点，不在主张之不当，乃在根柢之不深"，所以造成了"彼辈泰半稗贩西籍，不入我见，日以发挥个性诏人，曾不知己身仍依傍他人门户以讨生活，此根柢不深之失也"。③ 在1923年发表的《华国月刊发刊词》中，章太炎也表示了对盲目偏重西学、抛弃固有文化根本的状况欲有所补救的情怀，"大抵稗贩泰西，忘其所自，得矿璞以为至宝，而顾自贱其家珍，或有心知其非，不惜曲学以阿世好，斯盖萦情利禄，守道不坚者也……民国既建……睹邪说之昌披，惧斯文之将坠，尝欲有所补救"。④ 而章太炎补救的措施，可见于民国期间的数次讲学。

五　结语

　　经学退出学制体系，教育没有门径，导致越来越多人不了解经书内容，不明旧学伦理。而即便有经生宿儒，施教也极其困难。长此以往，经学的交流圈自然越来越小，仅在少数人中流传。民国时期一批拥有旧学教育背景的学人，中学具有根柢，尚能维持一段时间。随着他们的相继故

---

① 马勇编：《章太炎讲演集》，石家庄：河北人民出版社，2004年，第75—79页。
② 邓之诚：《张君孟劬别传》，《民国人物碑传集》，第452页。
③ 金毓黻：《静晤室日记》第1册，沈阳：辽沈书社，1993年，第512页。
④ 章太炎：《华国月刊发刊词》，姚奠中、董国炎：《章太炎学术年谱》，太原：山西古籍出版社，1996年，第347—348页。

去,传统文化的传承出现断裂的问题。后人以西方分科治学的视野衡量经学,以文学眼光看《诗经》《论语》,以哲学眼光看《孟子》《礼记》,早已失去中国学问本来的味道。

随着经学在学堂体系内外的淡出,中学按照西洋系统被肢解为各种存在,如文学、历史、哲学等。中体西用的问题到了后来,中体本身也被肢解,不复存在。中学整体上被西学整合,后人逐渐习惯用西式观念看待中国传统文化,"所谓的国学,从内容上看,也就是哲学、文学、史学等的东西,都是可以作为世界学术的一部分"。①

清楚认识到中西学问题关键所在的学人,试图跳出后来的西学分科体系,回到旧学本身脉络上来。王国维本来在清季大力宣扬哲学,讲叔本华,民国后,"思想言论,粹然一轨于正,从前种种绝口不复道矣"。② 刘师培辛亥前,在《周末学术史序》讲周代各种学术分科,分周代学术为心理学、伦理学、论理学(即名学)、社会学、宗教学、政法学、计学、兵学、教育学、理科学、哲理学、术数学、文字学、工艺学、法律学、文章学等数种,③后来在北大任教期间,再也不提此种言论。

然而,回归本原,也并非易事。一些学人试图跳出近代分科的限制,去重述经学的脉络。但离开各种分科,却不知如何讲起。被视为"新儒家"的熊十力等也意识到中学存在问题,想纠正对于经学认识的偏颇,可是在各种西学分科已经成为习惯性存在的情况下,其在讲解孔门四科之时,不可避免地用了哲学、社会科学、政治学与文学的观念来做诠释。④ 实则已有一套先入为主的"西式分科观念",仍不能完全跳出西式体系的影响。

钱穆指出:"文化异,斯学术亦异。中国重和合,西方重分别。民国以来,中国学术界分门别类,务为专家,与中国传统通人通儒之学大相违

---

① 曹朴:《国学常识》,文光书店,1948年,第2页。
② 张尔田:《与黄晦闻书》,《学衡》第60期,文苑,文录,第4—5页。
③ 刘师培著,钱钟书主编,李妙根编:《刘师培辛亥前文选》,北京:三联书店,1998年,第211—288页。
④ 熊十力:《读经示要》,熊十力著,萧萐父主编:《熊十力全集》第二卷,武汉:湖北教育出版社,2001年,第558—564页。

异。循至返读古籍,格不相入。"①可谓一语中的。由于清末民初几番学制分科办法的改造,中国学问被逐步肢解。而经过西学的彻底整合,经学丧失其本,渐至沦为"绝学"。

(朱贞　北京大学历史学系博士后流动站研究人员)

---

① 钱穆:《现代中国学术论衡》序,北京:三联书店,2001年,第1页。

百济冠带文化论

宋成有

【内容提要】 古代东亚各国官制无不受到中国朝堂政治文化的影响,但各具特色,同源异流。其中,地处朝鲜半岛西南部的百济,接受中国文化的影响既早且深,官制建设进展快,璀璨多彩。内政改革和官僚制度建设的需要,催生了百济冠带文化。接受中国儒释道文化要素的影响并加以吸收和再创造,则是百济冠带文化发展的重要条件。较之高句丽和新罗,百济冠带文化具有崇德、尚紫和多样性的特点。作为大陆文化向日本列岛传播的主渠道,百济向倭国传播了包括官制在内的各种文化,促进了那里的历史进步。

2010年9月,笔者参加世界百济文化节组委会(GBWFOC)在公州举行的国际学术讨论会,并在会上发表论文《百济通交中国与两国的文化交流》,提及百济"冠带文化"这个概念,与会评论者对此颇感兴趣,但当时限于篇幅,并未展开论述。实际上,韩国考古工作者和研究者经过不懈努力,在当年百济故地,即今天的忠清南北道、全罗南北道,包括首尔部分地区的古坟遗址中,发现了多个百济的金铜冠和金银制作的花形冠饰,相关研究亦成果累累。

本文认为,朝堂礼仪之中的冠带文化源出中国。首先有必要对中国礼仪中的"冠"与"带"的基本含义和样式加以探讨,从而为理解百济冠带文化提供参照。在此基础上,重点探讨百济冠带文化产生与盛行的内外原因;通过与海东高句丽、新罗等国的比较,寻找百济冠带文化的基本特色;并以百济冠带文化对日本冠位十二阶官制的影响为例,审视百济在古代东亚世界国际文化交流过程中发挥的作用和地位。

一 见诸典籍的百济冠带文化

作为体现礼仪制度的冠带文化,无论其理念还是规制均源出中国,而后传入周边国家。源与流呼应互动,构成古代东亚诸国政治文化的一大亮点。中国古人重视冕服衣装,视之为体现文明程度的标尺。《易·系辞》说:"黄帝、尧、舜垂衣裳而天下治。"意为黄帝、尧、舜时,进入穿用衣裳,有条不紊治理天下的文明阶段。仓颉造字,夏禹立国,开化在先的中原族群遂以"华夏"自名。其实,"华夏"一词的含义多与"衣裳""冕服"有关系。如《书经》所称:"冕服采装曰华,大国曰夏。"《左传·定公十年》疏曰:"中国有礼仪之大故称夏,有服章之美谓之华。"《尚书正义》注云:"冕服华章曰华,大国曰夏。"在古代,出现在隆重场合的整套"冕服",包括头戴冕冠、上衣下裳,腰束衣带,蔽膝佩玉,厚底乌屦。出席朝会,穿着朝服、公服;平时居家则穿用常服。但无论何种场合,皆须戴冠或系巾、束带。换言之,服、冠、带、履四者缺一不可,冠不离带,带必配冠,两者并用才能展示"衣冠上国""礼仪之邦"的风采。当冕服意识引入官制时,在君臣冠冕堂皇的礼仪之中,冠带文化跃然于庙堂。

更重要的是,冕服与统治天下的政治需要直接挂钩。《论语·卫灵公篇》有文曰:"颜渊问为邦。子曰:行夏之时,乘殷之辂,服周之冕,乐则韶舞,放郑声,远佞人。"[①]这段话的意思是,颜渊问治国之道,孔子答:"采用夏朝历法,乘坐商朝车子,戴周朝的礼冠,奏《韶》乐和《舞》乐,舍弃郑

---
① 《论语·卫灵公》。

国乐曲,疏远奸佞之人"。可见,孔子在强调"行夏历"的天时、"乘殷辂"的地利的同时,更注重礼仪规矩的"服周之冕",以加强礼乐教养,用人得当。这样,冕服成为治天下的必备之物,且离不开束腰的带。唐阎立本的《历代帝王图》中的晋武帝司马炎,腰间束用"大带"系牢蔽膝,同时束有"革带"以悬挂佩剑。这幅画像,具体展现了冠、服、带、履俱全的帝王装束。

"冠带中国"在环视周边国家和民族时,视冠冕文化的浸润程度为进入文明领域不同层次的体现。《隋书·东夷传》载曰:"今辽东诸国,或衣服参冠冕之容,或饮食有俎豆之器,好尚经术,爱乐文史,游学于京都者,往来继路,或亡没不归。"①"冠冕之容"与"俎豆之器""经术""文史"相提并论,列为文明进步的重要标志。在古代东亚,百济是海东诸国中接受中国文化既早且广泛的国家。因此,中韩两国史籍对"辽东诸国"百济冠带服色的记述不绝于史,反映了百济冠带文化演进的轨迹。

(一)《周书》所载的百济官制和冠带

在中韩史籍中,成书于唐贞观十年(636)的《周书》,最早记载百济冠带制度。其文曰:"(百济)官有十六品。左平五人,一品;达率三十人,二品;恩率三品;德率四品;扞率五品;奈率六品。六品已上,冠饰银华。将德七品,紫带;施德八品,皂带;固德九品,赤带;李〔季〕德十品,青带;对德十一品,文督十二品,皆黄带;武督十三品,佐军十四品,振武十五品,克虞十六品,皆白带。自恩率以下,官无常员,各有部司,分掌众务。内官有前内部、谷部、肉部、内掠部、外掠部、马部、刀部、功德部、药部、木部、法部、后官部。外官有司军部、司徒部、司空部、司寇部、点口部、客部、外舍部、绸部、日官部、都市部。都下有万家,分为五部,曰上部、前部、中部、下部、后部,统兵五百人。五方各有方领一人,以达率为之;郡将三人,以德率为之。方统兵一千二百人以下,七百人以上。城之内外民庶及余小城,咸分(肄)〔隶〕焉。"②

---

① 《隋书》卷八一《东夷传》传论。
② 《周书》卷四九《异域传上·百济》。

(二)《梁书》的简略记载

唐贞观十年(636)成书的《梁书》记载极其简略,难以得窥百济冠带制度的具体情况。其文曰:"呼帽曰冠,襦曰复衫,袴曰裈。其言参诸夏,亦秦韩之遗俗云。"①

(三)《隋书》对百济官制和冠带的记载

全书完成于唐显庆元年(656)的《隋书》记载相当详尽。其文曰:百济"官有十六品:长曰左平,次大率,次恩率,次德率,次扞率,次奈率,次将德,服紫带;次施德,皂带;次固德,赤带;次季德,青带;次对德以下,皆黄带;次文督,次武督,次佐军,次振武,次克虞,皆用白带。其冠制并同,唯奈率以上饰以银花。长史三年一交代。畿内为五部,部有五巷,士人倨焉。五方各有方领一人,方佐贰之。方有十郡,郡有将。"

(四)《北史》中的百济官制和冠带

唐显庆四年(659)成书的《北史》记载也相对详尽。其文曰:"官有十六品:左平五人,一品;达率三十人,二品;恩率,三品;德率,四品;扞率,五品;奈率,六品。已上冠饰银华。将德,七品,紫带。施德,八品,皂带。固德,九品,赤带。季德,十品,青带。对德,十一品;文督,十二品,皆黄带。武督,十三品;佐军,十四品;振武,十五品;克虞,十六品,皆白带。自恩率以下,官无常员。各有部司,分掌众务。内官有前内部、谷内部、内掠部、外掠部、马部、刀部、功德部、药部、木部、法陪、后宫部。外官有司军部、司徒部、司空部、司寇部、点口部、客部、外舍部、绸部、日官部、市部,长吏三年一交代。都下有万家,分为五部,曰上部、前部、中部、下部、后部,部有五巷,士庶居焉。部统兵五百人。五方各有方领一人,以达率为之,方佐贰之。方有十郡,郡有将三人,以德率为之。统兵一千二百人以下,七百人以上。城之内外人庶及余小城,咸分隶焉。"②

---

① 《梁书》卷五四《诸夷传·东夷·百济》。
② 《北史》卷九四《百济传》。

另外,《北史》还对百济君臣的冠饰有进一步的记述,即:"若朝拜祭祀,其冠两厢加翅,戎事则不。"①由此可知:(1)冠饰插置在冠的左右两侧,恰如鸟翅飞展向上。从出土的百济王金冠饰的形状来看,"其冠两厢加翅"的记述准确且栩栩如生。(2)这种冠饰用于祭祀场合,若发生战争,出战的百济君臣不戴缀有冠饰的礼帽,而是戴上战斗时用于自我保护的头盔。

以上诸史籍中,均有百济六品以上官僚"冠饰银华"的记述。众所周知,此处的"华"与"花"通用,故"银华"即"银花"。在全罗南道罗州伏岩里百济贵族墓出土的银制冠装饰,为了解6—7世纪百济"冠饰银华"提供了实物佐证。这枝饰冠的银花,因年代的久远而呈现银黑色,两朵类似并蒂莲的唐草纹花蕾自主枝向后弯曲,造型优美。这枚经历了岁月风霜的银制冠花,现陈列在韩国国家博物馆的百济文物展厅。

(五)《旧唐书》中的百济官制和冠带

成书于后晋开运二年(945)的《旧唐书》记载出现了变化,仅百济"王服大袖紫袍",官员"尽绯为衣",庶人被排除在外。其文曰:"其王所居有东西两城。所置内官曰内臣佐平,掌宣纳;内头佐平,掌库藏事;内法佐平,掌礼仪事;卫士佐平,掌宿卫兵事;朝廷佐平,掌刑狱事;兵官佐平,掌在外兵马事。又外置六带方,管十郡。"又载曰:"其王服大袖紫袍,青锦袴,乌罗冠,金花为饰,素皮带,乌革履。官人尽绯为衣,银花饰冠。庶人不得衣绯紫。"②

在以上记述中,对百济王的袍服、冠带、绔履均加以具体化。百济王冠为"乌罗冠",饰以金花;带为"素皮带",冠带齐全。乌罗冠当为黑色的丝织品,难以保存,因此考古发现的文物只能是不易腐蚀的冠饰金花。韩国第154号国宝为出土于忠清南道公州武宁王陵的金制冠饰,通高30.7厘米,宽14.0厘米,雕以忍冬纹,呈现枝叶茂盛、花蕾密布的强劲生命力。第155号国宝为武宁王妃金花冠饰,通高22.6厘米,宽13.4厘米,亦用

---

① 《北史》卷九四《百济传》。
② 《旧唐书》卷一九九上《东夷传·百济国》。

金片制成,采用凤鸟莲花纹。两对金制冠饰轻巧通灵,整体呈火焰式的向上腾飞状,庄重而不失轻盈,体现了百济金制品高超的工艺技术,以实物展现了6世纪百济冠饰的美轮美奂。①

(六)《新唐书》中的百济官制和冠带

北宋嘉祐五年(1060)完成的《新唐书》所载与《旧唐书》雷同。其文曰:"王居东、西二城,官有内臣佐平者宣纳号令,内头佐平主帑聚,内法佐平主礼,卫士佐平典卫兵,朝廷佐平主狱,兵官佐平掌外兵。有六方,方统十郡。"又载:"王服大袖紫袍,青锦裤,素皮带,乌革履,乌罗冠饰以金花。群臣绛衣,饰冠以银花。禁民衣绛紫。"②

(七)《三国史记》中的百济官制和冠带

在韩国,现存最早的史籍《三国史记》详记百济第八代王古尔王二十七年(260)定官制、正服色的史迹。众所周知,《三国史记》是金富轼奉高丽仁宗之命,于1145年成书。关于百济官制冠服的记述,与《周书》比较接近。其文曰:"春正月,置内臣佐平,掌宣纳事;内头佐平,掌库藏事;内法佐平,掌礼仪事;卫士佐平,掌宿卫兵事;朝廷佐平,掌刑狱事;兵官佐平,掌外兵马事。又置达率、恩率、德率、扞率、奈率及将德、施德、固德、季德、对德、文督、武督、佐军、振武、克虞。六佐平并一品,达率二品,恩率三品,德率四品,扞率五品,奈率六品,将德七品,施德八品,固德九品,季德十品,对德十一品,文督十二品,武督十三品,佐军十四品,振武十五品,克虞十六品。二月,下令六品已上服紫,以银花饰冠,十一品已上服绯,十六品已上服青。"③关于古尔王冠冕服色的记述同《旧唐书》《新唐书》。其文曰:"古尔王二十八年,春正月初吉,王服紫大袖袍、青锦袴、金花饰乌罗冠、素皮带、乌韦履,坐南堂听事。"④

与中国史籍记述百济官制所本之《周书》相比较,《三国史记》对百济

---

① 《百济冠饰》,《百济之冠》,2010年世界大百济节特别纪念展,第55—57页。
② 《新唐书》卷二二〇《东夷传·百济》。
③ 《三国史记》卷二四《百济本纪》第二,古尔王二十七、二十八年条。
④ 同上。

自佐平至克虞的十六品官制记述大同小异。所谓"大同",是指官品、服色的记述一致;所谓"小异"是指《三国史记》中的"佐平"六名,在《周书》中记作"左平"五名。百济十六品官的执掌各有所司,分工明确,上下等级判然,并以冠帽银饰做出明显的区别。其中,一品官中"佐平"至六品官"奈率"以上"冠饰银华"。

两者最大的记述差异,主要是:一、在记述群臣的服色时,两者取舍不同。《周书》未提及百济官吏的服色,而《三国史记》明记"六品已上服紫","十一品已上服绯,十六品已上服青"。二、在记述群臣的绶带时,两者同样取舍不一。《周书》记述七品官"将德"以下至十六品官"可虞"则分别佩带紫、皂、赤、青、黄、白六色的绶带;而《三国史记》未记载百济官吏绶带及其颜色。换言之,《周书》《北史》《隋书》上述官位的高低,以冠帽银饰和六种绶带的不同颜色来区别,形成颇有百济特色的庙堂"冠带文化"现象。

二 百济冠带文化产生的原因和条件

百济冠带文化产生早并快速趋于成熟的现象并非偶然,是国内改革的需要和不断输入中国的文化,即内外因素互动的必然结果。

(一) 国内原因

在海东三国之中,何以会在百济较早形成相对完整的冠带制度?与此相关的一个问题是:来自秽貊族系的百济当自有其冠带文化,那么其原初形态究竟如何?征诸文献典籍,"秽貊"一词的语义,与皮制衣帽有关联。其道理不难想见。秽貊族祖居冬季严寒之地,即使迁居至朝鲜半岛中南部依然要在冬季度过零下10度上下的寒冷季节,保护头部的帽子为必不可少。而且海东三国争霸战争历经多年,拼杀中的将士还需要金属头盔来自我保护。今天,在百济故地出土多具金铜头盔,就是一个明证。在这里,笔者主要就古尔王时代冠带制度形成的原因,略作探讨。就内部原因而言,出自制度建设的需要。

自百济立国以来,北有强邻高句丽南下的强大压力和靺鞨的不断袭扰,东临与之展开领土争夺的新罗,生存与发展的环境严峻。在这种情况下,百济王只能立足国内的建设,苦练"内功"以应对外来挑战和压力。

　　史载,自开国之君温祚在世时,百济就树立了王者纳谏、亲民的政治传统。温祚率众南迁途中,采纳乌干、马黎等十臣的建议,在汉江南岸建都慰礼城,国号"十济"。温祚王治国有方,百姓闻风前来投靠,遂改国号为"百济"。① 第二代王多娄王"器宇宽厚,有威望";在巡视东西两部时,对贫穷而不能存活的庶民"给谷人二石",以示亲民。② 第三代王己娄王劝奖农耕,逢"大雨浃旬,汉江水涨,漂毁民屋","命有司补水损之田"。③ 第四代王盖娄王、第五代王肖古王、第六代王仇首王和第七代王沙伴王在位期间,百济多次与新罗、靺鞨展开激烈战争,互有胜负,损耗了不少国力。因此,仇首王在位时,"下令劝农事"。④

　　至第八代王百济古尔王时,百济推行以组建官制为中心的内政改革,卓有成效。古尔王是盖娄王次子,王侄仇首王驾崩时世子嗣位称沙伴王,但因其年幼不能处理国事,遂由年富力强、政治经验的古尔执掌政权。危难中受命的古尔王,必须格外精心处理国务,展示治国能力,以不负臣民所望,稳固统治地位。

　　古尔王在位53年间(234—286),励精图治,大力推行富国强兵的各种举措。首先,古尔王启用能臣强将,拜真忠为左将,委以内外兵马事;又重用忠毅善谋的叔父扶余质为右辅,处理军国大计。其次,古尔王操练兵马,培养精兵强将。亲自阅兵石川、当场展示高超的骑射本领,激励士气,多方增强百济军善骑射的战斗能力;设南坛、祭祀天地以强化内部凝聚力,鼓舞民气。再次,古尔王重视农事,体恤民意。在位期间,下令开田于釜山,鼓励国人在南泽开发稻田,增收粮食,充实国库;每遇干旱则开仓赈恤,救济灾民,减免一年租调。⑤ 对外,在派遣使节与中国王权通贡并交

---

① 《三国史记》卷二三《百济本纪》第一(上),温祚王条。
② 同上书,多娄王元年、十一年条。
③ 《三国史记》卷二三《百济本纪》第一(下),己娄王四十年条。
④ 《三国史记》卷二四《百济本纪》第二(上),盖娄王九年条。
⑤ 《三国史记》卷二四《百济本纪》第二(上),古尔王六、七、九、十四、十五年条。

结倭国大和朝廷的同时,采用和战并用的两手政策,优待鞬鞨使者,用兵新罗,防备高句丽,乘机开边扩土,为百济国势隆兴奠定了基础。

在推行富国强兵治国策略的过程中,古尔王需要定官制、正服色,建立强有力的官僚体制。处于官僚体制最高层的一品官"佐平"兼掌文武国事,处于官僚基层的官僚均为武官,即前述"武督十三品,佐军十四品;振武十五品;克虞十六品,皆白带"。冠带制度的建立,构成官制改革相当重要的环节。众所周知,整治吏治、组建有效率的官僚体制,是安邦立国、保障国家机器顺畅运转的关键所在。古尔王建立的冠带制度,收到了理顺群臣的上下尊卑关系而致政通人和之效。与此同时,古尔王对贪官污吏严惩不贷,奖罚分明,树立官纪作风。恩威并用,双管齐下,组建高效而廉洁的官僚体制,夯实内政建设的基础。由此不难看出,冠带制度不仅是古尔王内政改革举措的重中之重,而且先于高句丽和新罗,较早地掌握了冠带文化官僚体制的奥秘。

(二)外部条件

世纪之交,百济立国。在此后的400余年间,中国史籍称之为"韩""马韩""伯济"等。《后汉书·韩传》所提供的相关信息,主要是:(1)三韩"凡七十八国,伯济是其一国焉";(2)韩"地合方四千余里,东西以海为限,皆古之辰国也。马韩最大,共立其种为辰王,都目支国,尽王三韩之地。其诸国王先皆是马韩种人焉";(3)马韩经常受到北方势力的冲击:"初,朝鲜王准为卫满所破,乃将其余众数千人走入海,攻马韩,破之,自立为韩王。准后灭绝,马韩人复自立为辰王。"①

马韩与中国王权通交的最初记载,见于《后汉书》建武二十年(44)记事。其文曰:"韩人廉斯人苏马諟等诣乐浪贡献。光武封苏马諟为汉廉斯邑君,使属乐浪郡,四时朝谒"。② 寥寥数语,难以断定前往乐浪郡贡献的"韩人苏马諟等"是否马韩王派出的使节。从光武帝册封的封号为"汉廉斯邑君",而非"马韩王"来看,这次出访当属地方豪强的个人行为。尽

---

① 《后汉书》卷八五《东夷列传·韩》。
② 同上。

管如此,"苏马諟等诣乐浪"仍可视为马韩人与东汉通交之始。理由是苏马諟等并非普通的马韩人,而是有一定代表性的称雄一方的地方豪强。由此可知,百济是以地方豪强通贡中国王权的方式,揭开了两国交往600余年的序幕。

220年,曹丕废汉献帝,东汉灭亡,魏蜀吴三国鼎立。在此后的360余年间,除西晋(265—316)实现了短暂的统一之外,中国陷入300余年的分裂与战乱的漩涡,周边民族和国家活跃发展。《三国志·东夷传·韩》详细列举了马韩五十余国的国名,位列第八者为"伯济国",即百济;还记述了海东王权的变更和马韩人的风俗习惯。马韩王遣使通贡在西晋时期:"武帝太康元年、二年,其主频遣使入贡方物,七年、八年、十年,又频至。太熙元年,诣东夷校尉何龛上献。咸宁三年复来,明年又请内附。"①晋咸宁三年、四年,分别为277年、278年;太康元年、二年、七年、八年、十年,则分别为公元280年、281年、286年、287年、289年。这一期间在位的百济王恰恰是古尔王,十二年间遣使七次,不可谓不频繁。

百济国与中国文化接触较早,引进的程度最为广泛。但儒学、道教何时进入百济,因记载不甚明确而难以考定。据现有的史料推断,儒学、道教在两汉魏晋之间传入大致可信。从大的历史环境来说,公元前109年汉武帝出兵灭卫满朝鲜,108年设玄菟、乐浪、临屯、真番等四郡。公元前82年,汉昭帝罢临屯、真番二郡,其地划归乐浪郡。翌年,玄菟郡西迁至辽东。至东汉末年,辽东公孙康在乐浪南部设带方郡。至313年高句丽进占乐浪之地,汉四郡历时约400年。其间,中原文化持续不断进入朝鲜半岛,为百济提升文化档次提供了便利的条件。

1. 汉代儒学的影响

儒家"留意于仁义之际","祖述尧舜,宪章文武,宗师仲尼,以重其言,于道为最高",具有"助人君,顺阴阳,明教化"等多重功效。② 春秋战国时代,百家争鸣,儒家不过是诸学派的一家。在秦代,焚书坑儒,惨遭重创。进入两汉,儒学才逐步恢复元气,并升格为国家学说。在汉代,董仲

---

① 《后汉书》卷八五《东夷列传·韩》。
② 《汉书》卷三十《艺文志·诸子略·序》。

舒倡导"三纲五常",刘歆推广古文经学、瞩目《周礼》。汉儒倡今古经文,以崇尚皇权为要,儒学也被皇权赋予"独尊"的地位,社会影响力急剧扩大。魏晋南北朝时期,魏人夏侯玄、王弼、何晏等以老庄思想释儒,使之玄学化。尽管如此,儒学"祖述尧舜,宪章文武"以及"留意于仁义之际",即强调圣人之学、仁义道德的道统并未改变。自汉代至魏晋,正值百济国家制度的草创时期,在大量引进汉儒的过程中,接受其影响。

百济第六代王仇首(台)王"笃于仁信,始立国于带方故地。汉辽东太守公孙度以女妻之,遂为东夷强国"。①金富轼作《百济本纪》时,对此提出质疑说:"未知孰是。"②仇首王在汉献帝建安十九年(214)嗣位,青龙二年(234)薨。在位期间,中国正值东汉末年、三国时代的乱世。辽东太守公孙度(150—204)自立为辽东侯,割据一方。公孙度恰好死于仇首王嗣位的10年之前,因此"以女妻之"在时间上存在较大误差;《三国志》的《公孙度传》记其有二子为公孙康、公孙恭而未记其女。因此,金富轼的怀疑并非没有道理。《北史》记述仇首王在位期间,"笃于仁信"一语,③说明儒学已浸润百济的政治文化。在某种意义上说,3世纪初期至少是儒学进入百济的一个时间段。百济借助地理之便,得以大量吸收中国儒学道统,以加强本国的制度建设。这样,其"冠带文化"与汉文化产生了密切的联系。

但是,由于海东是多民族聚居地区,不同民族的联姻成为文化交流催化剂,也不乏其例。公元前19年嗣位的高句丽琉璃王续娶汉女雉姬为妃,因后宫争宠不和,汉女盛怒出走。琉璃王追之而不归,依树作歌曰:"翩翩黄雀,雌雄相依。念我之独,谁其与归?"④琉璃王能即兴吟出汉代乐府诗,恐怕与将汉文化带入高句丽宫廷的汉女贤内助有关。不难想象,具有相当汉文化水平的汉家女子嫁入百济王族,并在短时间内提高王族汉文化的水平,可能是公孙度"以女妻之"的历史真相。百济的冠带文化突出道德意识,与儒学的影响不无关系。

---

① 《北史》卷九四《百济传》。
② 《三国史记》卷二三《百济本纪》第一,百济始祖温祚王条。
③ 《北史》卷九四《百济传》。
④ 《三国史记》卷十三《高句丽本纪》第一,琉璃王三年条。

2. 道家、道教的受容与尚紫的风习

道教源出春秋战国和秦代的神仙信仰和长生不老之术,其教义与道家关系密切。道家经典《黄帝内经》《庄子》《列子》载黄帝向广成子等仙人问道的神话,道教视其为始祖,奉《黄帝九鼎神丹经》《龙虎经》《黄帝阴符经》《黄帝内经》为道教经典。老子著《道德经》,道教认其为教祖。故秦汉以来,道家通称"黄老之学"。由道家而道教,是在东汉末年之后。张陵(道陵)、张鲁等奉老子为教祖,著道书(符书)或创建五斗米道(天师道),与于吉的太平道分别兴起,产生广泛影响,奠定了道教的社会基础。魏晋南北朝时期,在与佛教的竞争和融合的过程中,道教形成具有自身特点的经典、消灾除厄之法、符箓章醮祭仪,成长为中国的本土宗教。

《三国史记》载:近仇首王元年(375),百济太子率军在半乞壤大破高句丽军,乘胜向北追击至水谷城西北。此时,将军莫古解向太子上"穷寇勿追策"说;"尝闻道家之言,知足不辱,知止不殆。今所多矣,何必求多。"太子接受了这个建议,停止了追击。① 将军莫古解所说的"知足不辱,知止不殆",来自老子《道德经》:"名与身孰亲?身与货孰多?得与亡孰病?甚爱必大费,多藏必厚亡。故知足不辱,知止不殆,可以长久。"② 莫古的言论确属来自道家学说,太子则言听计从地付诸行动。可见,在此之前,道家已东传百济,并浸润百济君臣的内心世界。

刘宋文帝元嘉二十七年(450),百济毗有王"上书献方物","表求《易林》《式占》、腰弩,太祖并与之"。③《易林》16卷,诠释《周易》卦象,占验吉凶;《式占》记述以太乙、六壬、奇门遁甲三式来占卜吉凶祸福等内容,盛行于南朝宫廷,百济王亦热心引进。上述史料说明道教已进入百济的宫廷。1971年百济武宁王陵和1993年百济古都扶余的陵山里寺遗址的考古发掘证明四神信仰已进入百济的宗教信仰之中。武宁王陵四壁上绘有青龙、白虎、玄武、朱雀四神像的壁画,凸显了百济政治文化深受道教文化的影响。

---

① 《三国史记》卷二四《百济本纪》第二,仇首王。
② 《道德经》第四十四章。
③ 《宋书》卷九七《夷蛮传·百济国》。

3世纪中后期,古尔王时代的冠带制度规定六品官以上者服色为紫,与国王的紫色袍服相同。进入7世纪初期百济武王临朝之时,距古尔王定官制、正服色已过去了三个半世纪。这一期间,百济冠带制度出现若干变化,即"其王服大袖紫袍,青锦裤,乌罗冠,金花为饰,素皮带,乌革履",但"官人尽绯为衣,银花饰冠。庶人不得衣绯紫"。① 穿着"大袖紫袍"而体现"尚紫",成为百济王独享的特权,文武百官官则一律穿用绯色的朝服,庶民百姓不得穿着紫色与绯色的服装。

百济冠带文化尚紫以及紫色袍服逐渐被王权所垄断的谜底何在?其一,与道教的影响有关系。众所周知,道教尚紫。紫色由蓝红两色调和而成,蓝色代表阴,红色代表阳,蓝红两色融合为紫色,体现了道教阴阳相济的理念。道教讲究修炼"先天罡气",即人得天地之正气,则外邪不侵。《修真后辩》《道法会元》《上清大洞真经》等道教经典在讲解修炼过程时,将五方五色之气炼成紫色的纯阳之气为最终结果。在道教的神话传说中,教祖老子骑青牛西出函谷关化胡,出现"紫气东来"的祥瑞景象。在古人道教意识中,仙人居住的地方称为"紫海",神仙饮水处则称为"紫泉"等,均同紫色有关。

其二,与王权的自我强化有关系。紫色不仅仅局限在道教的神秘传承中,东亚的君王往往把尚紫与王权联系起来,加以神秘化和神圣化。古代君主自称天帝之子,自比为"紫微星垣",故《广雅·释天》曰:"天宫谓之紫宫"的说法。于是,君王居住的宫殿亦称为"紫极""紫禁城""紫垣""紫宫""紫宸殿",君王的园林中也敷设"紫气东来"的景观。由此不难理解,接受了道教尚紫影响的百济君臣何以尚紫数百年,并在王权存活的后期由君王个人独享了。换言之,尚紫是探索百济冠带文化底蕴之门的一把钥匙。

3. 接受汉传佛教

据《三国史记》记载,枕流王元年(384)"秋七月,遣使入晋朝贡。九月,胡僧摩罗难自晋至,王迎之,致宫内,礼敬焉。佛法始于此"。枕流王

---

① 《旧唐书》卷一九九上《东夷传·百济国》。

对佛教持开放和礼敬的态度,"二年春二月,创佛寺于汉山,度僧十人"。①于是,佛教三宝在极短的时间内进入百济,并得到迅速的发展。

南梁武帝中大通六年(534)、大同七年(541),百济圣王"累遣使献方物,并请《涅盘》等经义、《毛诗》博士并工匠画师等,并给之"。② 作为雅文化主流的佛教、儒学经典,及其高级教学、研究人员,以及技艺高超的工匠、画师都被圣王引入国内,务求提升文化档次。

众所周知,佛教在传入东亚国家传播的过程中,与王权结下了不解之缘。无论是中国的汉族、胡族王权,还是在高句丽、百济,以及先遇质疑而后畅通无阻的新罗和日本,佛教,特别是大乘佛教得到各国王权的保护,受到黎民百姓的欢迎,很快就形成钟鼓齐鸣的梵音世界,汉传的大乘佛教也因此成为东亚文化的一个标识。王权礼敬佛教的原因何在?佛教的传入,对百济冠带文化带来了哪些影响?这的确是值得探讨的问题。

佛教受到东亚各国朝野欢迎的原因比较复杂。在这里,仅从大的视角来探讨佛教与王权的互动架构,以着重说明百济冠带文化与佛教的关联。概言之,这种关联来自巩固王权的现实政治需要。一般来说,大乘佛教的理念认为,三世佛主导着时空浩淼、大千世界的芸芸众生。在纵向的时空观念中,过去佛燃灯古佛、现在佛释迦牟尼佛和未来佛弥勒佛等纵三世佛指导迷津,点化俗众。在横向的时空观念中,东方琉璃光世界的药师佛与西方西方极乐世界的弥勒佛掌管过去世和未来世,位居中央娑婆世界的现世佛释迦牟尼言传身教,与众生共证菩提,离苦得乐,超越轮回而往生西方极乐世界。三世佛分别由法力超群的日光普照、月光普照、大势至、观世音、文殊、普贤等诸菩萨从旁胁侍,尚有十六、十八乃至五百阿罗汉虔诚追随,手执兵器的持国、增长、广目、多闻等四大天王神将分守东、南、西、北四大洲,构成庞大的佛国世界。若观察三世佛的位次排列,则不难发现:无论是纵三世佛序列,还是横三世佛序列,现世佛佛释迦牟尼总是处于居中的主佛位置上。胁侍释迦牟尼佛的众菩萨、罗汉、神将等级分明、按部就班,如同现实世界中的君王与臣僚。由芸芸众生主要顶礼膜

---

① 《三国史记》卷二四《百济本纪》第二(下),枕流王元年、二年条。
② 《南史》卷七九《夷貊传下·百济》。

拜的对象释迦牟尼佛,很容易联想到王权序列中地位尊贵的人世君王。在不经意间,居中结跏趺坐的释迦牟尼佛与临朝高座、接受臣民匍匐礼拜的赫赫王权实现了重叠。恰恰是佛教与王权强化的微妙关联,揭开了东亚王权普遍接受佛教的谜底。百济王权欢迎并保护佛教也是出于这个原因。

说到底,百济的冠带文化的实质,在于拱卫王权中心的统治秩序。随着佛教的传入,百济王权逐渐趋向集权化,紫色袍服从古尔王时代国王与六品官以上臣僚同享,到武王时代的国王独享,从一个侧面展示了这种过程。正是在强化王权的关键点上,佛教发挥着与冠带文化异曲同工的作用。

三 与高句丽、新罗比较:百济冠带制度的几个特点

在海东三国,高句丽、百济和新罗的政治文化各有不同的特点。比较是发现事物特点的基本方法。为把握百济冠带制度,有必要先来考察一下高句丽和新罗的官制、服色。

(一) 高句丽的官制与服色

《后汉书》记载高句丽有渭奴都、绝奴部、顺奴部、灌奴部、桂娄部等五部,"其置官,有相加、对卢、沛者、古邹大加、主簿、优台、使者、帛衣先人"。① 《三国志》也做了类似的记载,只是将"古邹大加"写成"古雏加",少了一个"大"字;将"优台"写成"优台丞",多了一个"丞"字,并强调诸官"尊卑各有等级"。② 至于高句丽官员品位、服色如何,则语焉不详。

《梁书》载曰:"其官,有相加、对卢、沛者、古邹加、主簿、优台、使者、皂衣、先人,尊卑各有等级。言语诸事,多与夫余同,其性气、衣服有异。

---

① 《后汉书》卷八五《东夷传·高句丽》。
② 《三国志》卷三十《魏书·东夷传·高句丽》。

本有五族,有消奴部、绝奴部、慎奴部、蘿奴部、桂娄部。"《梁书》记述了官员的朝服官帽:"其公会衣服,皆锦绣金银以自饰。大加、主簿头所著似帻而无后;其小加著折风,形如弁。"①在这里出现了"公会衣服"和官帽的记载。前者略记作"锦绣金银以自饰";后者如大加、主簿头着的冠帽"似帻而无后",小加头着"形如弁"的冠帽"折风"。

《魏书》载曰:"其官名有谒奢、太奢、大兄、小兄之号。头著折风,其形如弁,旁插鸟羽,贵贱有差。"这段文字对官员官帽的记述大体上同《梁书》,但增加了冠帽的装饰,"旁插鸟羽"。这些记述,可以从考古发现的高句丽壁画人物画像中得到印证。官员的朝服记述,亦同《梁书》:"其公会,衣服皆锦绣,金银以为饰。"②

《周书》载曰:"大官有大对卢,次有太大兄、大兄、小兄、意俟奢、乌拙、太大使者、大使者、小使者、褥奢、翳属、仙人并褥萨凡十三等,分掌内外事焉。其大对卢,则以强弱相陵,夺而自为之,不由王之署置也。"朝野衣服的特点是:"丈夫衣同袖衫、大口裤、白韦带、黄革履。其冠曰骨苏,多以紫罗为之,杂以金银为饰。其有官品者,又插二鸟羽于其上,以显异之。妇人服裙襦,裾袖皆为袂。"③值得注意的是,在《周书》的记述中,出现了关于"带"的记述,尽管极为简略:"白韦带。"按照一般的解释,"韦带"即刮掉毛,未加金铜带钩之类装饰,实用而简朴的皮革衣带。成语"布衣韦带"即指平民或未入仕为官者。高句丽的官吏使用此种革带,显示了其官场的一个特点。总之,在《周书》中,高句丽的冠带均有所记述。

《隋书》载高句丽官位曰:"官有太大兄,次大兄,次小兄,次对卢,次意侯奢,次乌拙,次太大使者,次大使者,次小使者,次褥奢,次翳属,次仙人,凡十二等。复有内评、外评、五部褥萨。"服饰的特点是:"人皆皮冠,使人加插鸟羽。贵者冠用紫罗,饰以金银。服大袖衫,大口袴,素皮带,黄革履。妇人裙襦加襈。"④令人感兴趣的是,《隋书》对高句丽人的冠帽作了相对详细的记述,"人皆皮冠"。此处的"皮冠"当为"皮弁",即《仪

---

① 《梁书》卷五四《诸夷传·东夷·高句丽》。
② 《魏书》卷一百《高句丽传》。
③ 《周书》卷四九《异域传上·高丽》。
④ 《隋书》卷八一《东夷传·高丽》。

礼·士冠礼》中注明的"以白鹿皮为冠"。"太大使者""大使者""小使者"的冠帽加插鸟羽,其上者以紫罗为冠,饰以金银。

《北史》载高句丽官制曰:"官有大对卢、太大兄、大兄、小兄、竟侯奢、乌拙、太大使者、大使者、小使者、褥奢、翳属、仙人,凡十二等,分掌内外事。其大对卢则以强弱相陵夺而自为之,不由王署置。复有内评、五部褥萨。"服饰特色是:"人皆头著折风,形如弁,士人加插二鸟羽。贵者,其冠曰苏骨,多用紫罗为之,饰以金银。服大袖衫、大口袴、素皮带、黄革履。妇人裙襦加襈。"①

《旧唐书》载曰:"其官大者号大对卢,比一品,总知国事,三年一代,若称职者,不拘年限。交替之日,或不相祗服,皆勒兵相攻,胜者为之。其王但闭宫自守,不能制御。次曰太大兄,比正二品。对卢以下官,总十二级。外置州县六十余城。大城置褥萨一,比都督。诸城置道使,比刺史。其下各有僚佐,分掌曹事。"《旧唐书》还首次相对详细地记载了高句丽王的冠带服色:"衣裳服饰,唯王五彩,以白罗为冠,白皮小带,其冠及带,咸以金饰。官之贵者,则青罗为冠,次以绯罗,插二鸟羽,及金银为饰,衫筒袖,袴大口,白韦带,黄韦履,国人衣褐戴弁,妇人首加巾帼。"②这些记述得到考古发现的支持。例如,在平壤大城区出土的5—6世纪的高句丽火焰纹透雕金铜宝冠,在1500年后的今天,依然金光灿灿地展现着其高超的制作技术,③与《旧唐书》所载"咸以金饰"相吻合。

《新唐书》载曰:"官凡十二级:曰大对庐,或曰吐捽;曰郁折,主图簿者;曰太大使者;曰帛衣头大兄,所谓帛衣者,先人也,秉国政,三岁一易,善职则否,凡代日,有不服则相攻,王为闭宫守,胜者听为之;曰大使者;曰大兄;曰上位使者;曰诸兄;曰小使者;曰过节;曰先人;曰古邹大加。其州县六十。大城置褥萨一,比都督;余城置处闾近支,亦号道使,比刺史。有参佐,分干。有大模达,比卫将军;末客,比中郎将。分五部:曰内部,即汉桂娄部也,亦号黄部;曰北部,即绝奴部也,或号后部;曰东部,即顺奴部

---

① 《北史》卷九四《高丽传》。
② 《旧唐书》卷一九九上《东夷传·高丽》。
③ 今藏韩国国立中央博物馆高句丽历史展厅。

也,或号左部;曰南部,即灌奴部也,亦号前部;曰西部,即消奴部也。"对高句丽君臣的服色加以具体记述:"王服五采,以白罗制冠,革带皆金扣。大臣青罗冠,次绛罗,珥两鸟羽,金银杂扣,衫筒袖,裤大口,白韦带,黄革履。庶人衣褐,戴弁。女子首巾帼。"①

(二) 新罗的官制与服色

新罗立国初期,国内分六部落,由朴、昔、金三姓年长而有德望者交替为王。据韩国史籍《三国史记》载,至第三代国王儒理尼师今改六部之名,赐李、崔、孙、郑、裴、薛等六姓,设置伊伐湌、伊尺湌、迊湌、波珍湌、大阿湌、阿湌、一吉湌、沙湌、级伐湌、大奈麻、奈麻、大舍、小舍、吉士、大乌、小乌造位等官位十七等。② 至于各级官吏的冠带服色,则略而不述。

据最早记载新罗国号的中国史籍《梁书》所载,新罗"其俗呼城曰健牟罗,其邑在内曰啄评,在外曰邑勒,亦中国之言郡县也。国有六啄评,五十二邑勒。土地肥美,宜植五谷。多桑麻,作缣布。服牛乘马,男女有别。其官名,有子贲旱支、齐旱支、谒旱支、壹告支、奇贝旱支。其冠曰遗子礼,襦曰尉解,袴曰柯半,靴曰洗。其拜及行与高骊相类。无文字,刻木为信。语言待百济而后通焉。"③

《隋书》载曰:"其官有十七等:其一曰伊罚干,贵如相国;次伊尺干,次迎干,次破弥干,次大阿尺干,次阿尺干,次乙吉干,次沙咄干,次及伏干,次大奈摩干,次奈摩,次大舍,次小舍,次吉士,次大乌,次小乌,次造位。"④

《北史》载曰:"其官有十七等:一曰伊罚干,贵如相国,次伊尺干,次迎干,次破弥干,次大阿尺干,次阿尺干,次乙吉干,次沙咄干,次及伏干,次大奈摩干,次奈摩,次大舍,次小舍,次吉士,次大乌,次小乌,次造位。外有郡县。"⑤

---

① 《新唐书》卷二二〇《东夷传·高丽》。
② 《三国史记》卷一《新罗本纪》第一,儒理尼师今九年条。
③ 《梁书》卷五四《诸夷传·东夷·新罗》。
④ 《隋书》卷八一《东夷传·新罗》。
⑤ 《北史》卷九四《新罗传》。

《旧唐书》载曰:"王之所居曰金城,周七八里。卫兵三千人,设狮子队。文武官凡有十七等","朝服尚白"。①

《新唐书》载曰:"朝服尚白,好祠山神。八月望日,大宴赉官吏,射。其建官,以亲属为上,其族名第一骨、第二骨以自别。兄弟女、姑、姨、从姊妹,皆聘为妻。王族为第一骨,妻亦其族,生子皆为第一骨,不娶第二骨女,虽娶,常为妾媵。官有宰相、侍中、司农卿、太府令,凡十有七等,第二骨得为之。事必与众议,号"和白",一人异则罢。"又载曰:"男子褐裤。妇长襦,见人必跪,则以手据地为恭。不粉黛,率美发以缭首,以珠彩饰之。男子翦发鬻,冒以黑巾。"②

《旧唐书》与《新唐书》仅用"朝服尚白"四个字来记述新罗君臣服色特征,语焉不详。至于新罗君臣的冠与带的记述,也不见载于中国史籍之中。在这个方面,新罗历史遗址的考古发现,以实物见证了新罗冠带文化的精彩。名列韩国第191、192号国宝的5世纪新罗王的金冠、金腰带堪称新罗黄金文化的精品。金王冠和金腰带均饰以绿宝石、勾玉,类似萨满教巫师的帽形与腰带。可见,在5世纪尚未颁发律令、启动百官公服制之时,巫术尚在国家政治文化中占有相当重要的地位。此外,从韩国国宝第630号金制鸟翼型冠饰,③也可以看出新罗官僚冠帽上的黄金文化表现形式。

直至新罗法兴王"七年(523)春正月,颁示律令,始制百官公服,朱紫之秩。"④此后真平王即位,在兵部之外,先后设置位和府(吏部)、船府署、调府(掌贡赋)、乘府(掌车乘)、礼部、领客府等官署,分置令、大监、弟监等官职。⑤ 上述记载虽提及新罗建百官公服制,服色采"朱紫之秩",但所述过于简略而不得要领。

总之,高句丽、新罗冠带制度的几个特点是:一、冠服色彩斑驳华丽,但与道德理念缺乏联系。换言之,冠服的实用价值大于道德寓意。高句

---

① 《旧唐书》卷一九九上《东夷传·新罗》。
② 《新唐书》卷二二〇《东夷传·百济》。
③ 今藏韩国国立中央博物馆新罗展厅。
④ 《三国史记》卷四,《新罗本纪》第四,法兴王七年条。
⑤ 同上书,真平王二、三、五、六、八、十三年条。

丽国王服五采,以白罗制冠,革带皆金扣,色彩对比强烈;出土的新罗金王冠和金腰带均饰以绿宝石、勾玉,辉映着珠光宝气。此种冠带装饰突出了国王的富有、奢华和尊贵,淡化了王权在冠带服饰上的道德寓意。二、注重冠帽颜色区别,忽略衣带的色彩差异,服色或尚白或转尚朱紫,表现官品尊卑的冠带服色差异相对简略。例如,高句丽君臣冠帽主要有白、青、绛等三种颜色,所束白韦带则基本相同;新罗朝服由尚白改为用朱紫之秩,国王冠带则金玉并用。三、形成时间较晚。例如,523年新罗法兴王定百官公服制度,已经比百济古尔王设诸官服色制度整整晚了260余年。新旧唐书所记"王服五采,以白罗制冠,革带皆金扣。大臣青罗冠,次绛罗,珥两鸟羽,金银杂扣,衫筒袖,裤大口,白韦带,黄革履"等高句丽的冠带制度,①较之新罗法兴王定公服制度,又推迟了若干年。

(三)百济冠带制度的几个特点

相对于高句丽、新罗的冠带制度而言,百济的冠带制度的以下特点十分鲜明:

1. 突出"德"意识

百济官职的称谓,强调"恩""德"等理念,特别突出为官牧民之"德"意识,其中,四品官称"德率",七品官至十一品官,分别以"将德""施德""固德""季德""对德"命名。粗略计算可知,四品官以下的官位中,带"德"字者有六,占十六品官位的三分之一强。从带"德"字官职的名称来看,特别是"德率""将德""施德""固德"等官职名,含有用道德来率领、实行道德或巩固道德的含义。这些并非随意命名的官职,自然给人留下强烈的以德治国的印象。

百济官制突出道德意识,又与诸官职分司掌有关。百济诸官分为内官和外官两大序列,都城有居民万家,分为上下前后中五部,由二品官达率统领;郡将三人,以四品官德率为之;都城内外民庶及其余诸城,由其他诸官分别统辖。换言之,德率及将德、施德、固德、季德、对德等诸品官,执掌民事及首都之外的地方诸城治安防务,多与地方官吏或庶民直接打交

---

① 《新唐书》卷二二〇《东夷传·高丽》。

道。其官德如何,直接涉及中下层官僚管理机构的运转,涉及民心民意,事关国家的长治久安。因此,百济对官吏的官纪规定相当严格。古尔王二十九年春正月,下令:"凡官人受财及盗者,三倍征赃,禁锢终身。"①对违反官纪的官员加收非法所得的三倍财产,终身不许为官。可见,古尔王惩治贪官污吏、整顿吏治的手段相当果断。

相对于百济官场强调德意识,对贪污受贿、盗窃资财的官吏给予查抄财产、终身不许为官的严厉处罚,高句丽、新罗官场也难免贪官污吏的侵蚀,但见诸史籍明确记载者,鲜有类似古尔王二十九年的记事。

2. 君臣服色尚紫

古尔王"二十六年,秋九月,青紫云起宫东,如楼阁"。二十七年"二月,下令六品已上服紫","十一品已上服绯,十六品已上服青"。官服分紫、绯、青等三色,六品以上官员均着紫色官服而为尊。史载:古尔王二十八年,春正月初吉,"王服紫大袖袍、青锦袴、金花饰乌罗冠、素皮带、乌韦履,坐南堂听事"。② 一国之君在新春大吉之日接受群臣朝贺之际,身穿紫色大袖长袍,头戴金花装饰的乌罗冠高踞于群臣之上,闻听奏报。古尔王在颁发十六品官员服色令一年后,亲自以紫色朝服、金花王冠和系于腰间的素皮带,展示了百济冠带文化的多姿多彩。匍匐于朝堂的六品以上诸臣,皆身穿紫色朝服。其他等级官员的朝服则或绯或青,虽非衣紫之臣,服色却莫不近紫。

在南朝刘宋时代,宫廷舞乐中流行《百济伎乐》,后传入北朝。至唐代,《百济乐》的表演形式为:舞者"二人,紫大袖裙襦,章甫冠,皮履";伴奏的乐器则有"筝、笛、桃皮筚篥、箜篌"等,边歌边舞。③ 从古尔王到武王、义慈王,数百年间,百济冠带制度尚紫的文化特色并未变化,并表现在宫廷舞乐之中。

相形之下,新罗与百济不同,不尚紫而尚朱。前述法兴王七年"始制百官公服,朱紫之秩"的记载,说明新罗即把朱色排列在紫色之前,构成

---

① 《三国史记》卷二四《百济本纪》第二,古尔王二十九年条。
② 《三国史记》卷二四《百济本纪》第二,古尔王二十六年、二十七年、二十八年条。
③ 《旧唐书》卷二九《音乐志二》。

简练而鲜明的"朱紫之序"。高句丽君臣服色若何,尚未在史籍中发现确凿的证据,只能依据出土的高句丽贵族墓壁画,通过所见身着土黄色、白色、朱红色、青绿色、赭石色袍服的人物图像,加以想象而已。

3. 冠帽的种类繁多

迄今为止,在韩国和日本出土了 10 个百济金铜冠。其数量,远超已发现的高句丽、新罗或加耶的金铜冠。此类金铜冠多为武冠,即用诸军事的头盔或曰兜鍪,基本功能是在枪林箭雨中保护头部。因为是王者使用,故鎏金,雕刻精美。同时,由于古人留有发髻,因此金铜冠的冠高都要给发髻留出必要的空间。例如,益山笠店里 1 号墓出土的点列纹金铜冠高 13.7 厘米、罗州新村里 9 号墓出土的国宝第 295 号金铜冠高 25.5 厘米、高兴吉头里雁东古坟出土的金铜冠高 23.2 厘米、瑞山富长里 5 号墓出土的金铜冠高 15.0 厘米、公州水村里Ⅱ—4 号墓出土的金铜冠高 19.0 厘米,另外在日本奈良藤木古坟、滋贺鸭稻荷山古坟、茨城三昧冢古坟也出土了金铜冠。①

2007 年 2 月 20 日,忠清南道历史文化院文化遗产中心公开了 2003 年在公州水村里Ⅱ—1 号古墓出土的金铜冠,引起关注。据介绍,这顶金铜冠制作于公元 4 世纪后期至 5 世纪初,是目前发现的年代最久远的金铜冠。其底部直径为 14.7 厘米、高 15 厘米,雕刻了 14 条象征最高权位的龙纹。在现有的百济金铜冠中,此冠的龙纹数量最多。因年代久远,金铜冠上面的莲花装饰腐蚀严重,难以分辨。忠南历史文化研究院历史文化研究室室长、东洋大学博物馆馆长李汉相认为这顶金铜冠是"做工最精巧的金铜冠";之所以在公州发现,是因为当时定都汉江下游慰礼城的百济王将金铜冠赐予镇守南方的将领,以"威慑"当地的豪强。②

除考古发现之外,古代的绘画提供了另一种见识百济之冠的资料。例如,出现在梁朝《职贡图》中的百济使臣所戴浅色礼冠,以及出现在唐代阎立本《王会图》的百济遣唐使所戴的深色礼冠,③反映了在和平交往

---

① 《百济之冠》,2010 年世界大百济节特别纪念展,第 22—25、34—39 页。
② 《1600 年前百济金铜冠重见天日》,中朝收藏网信息中心 2008—12—15 12:39:57。
③ 《百济之冠》,2010 年世界大百济节特别纪念展,第 22—25、34—39 页。

的正式场合下,百济人使用的另一种冠。礼冠不同于前述主要用于保护头部的武冠,其基本用途是用来包裹发髻,形制美观,多用纤细藤条编织并敷以丝织品,系于下颚。至于朝堂使用的礼冠,体量更大,以铁丝制成的铁心固定了礼冠的外形,构成一顶漂亮的冠帽。前述古尔王"服紫大袖袍、青锦袴、金花饰乌罗冠、素皮带、乌韦革履,坐南堂听事"中的"金花饰乌罗冠"当属于此类罗冠。因为藤条和丝织品均为容易腐烂的有机物,千百年间早已化为腐土而不可见,铁心也锈迹斑斑。倒是作为乌罗冠的冠饰金花依旧光亮优美,给人以无限的想象空间。

百济礼冠的冠饰,是冠带文化的重要标志。从百济故地,即今韩国扶余、公州、罗州、益山、南原、论山、瑞山、青阳等处百济时代的古坟出土的冠饰,竟有龟甲纹、云纹、唐草纹、忍冬纹、莲花纹、龙纹、凤凰纹、鱼鳞纹、点列纹、波状纹、双叶纹、三叶纹、火焰纹等 14 种之多。[①] 其中,百济王的金花冠饰为忍冬纹,王妃冠饰为金制莲花纹。其他银制冠饰为各级臣僚使用,种类繁多的银花冠饰,反映了百济官僚不同的等级和地位。

四 百济冠带文化对日本的影响

百济冠带文化以儒释道为根干,将东亚传统文化要素用诸政治文化领域和朝堂礼仪之中。在传播传统文化的大背景下,百济对日本政治文化的发展,发挥了桥梁作用。一般认为,古代日本接受了来自中国大陆和朝鲜半岛先进文化的影响。这里的"朝鲜半岛",主要是指百济。其原因,首先是百济与日本的民族、文化关系渊源久远。其次,是百济面临的国际生存环境使然。百济立国以来,时常受到高句丽、新罗以及靺鞨的侵攻,国家安全的压力沉重,不得不远交近攻,以求自保。在交好倭国的同时,通交中国胡汉王权,遣使求封,乃至乞师援救。然而,北朝无意与高句丽轻启战端,乞师无望;东晋和南朝诸国,均偏安于江南,又远在海西,不可能在军事上援助百济。于是,百济寄希望于倭国,通过济倭同盟,威慑

[①] 《百济之冠》,2010 年世界大百济节特别纪念展,第 58—82 页。

新罗、高句丽,以守为攻。周边强邻环顾,为自强自立,百济君臣将文化输出视为密切济日关系的重要手段。在这场情况下,百济成为向日本列岛输入先进文化的一大枢纽。

据《日本书纪》所载,应神十六年(285),自称为汉高祖后裔的百济人博士王仁,携带《论语》等典籍南渡倭国,是为儒学进入日本的最早记载。太子菟道稚郎子师事王仁,习诸典籍。① 这一记述是否真实,不妨存疑。但从儒学流经朝鲜半岛而后传入日本的途径,以及百济与倭国来往密切来看,此说恐非子虚乌有。换言之,将王仁东渡作为儒学通过百济进入日本的事例,不必过于拘泥时间的准确,则与事实相去不远。367年,近肖古王遣使赴倭国,赠送七支刀、七子镜等礼物,以示友好。至6世纪的继体、钦明两朝,五经博士段杨尔、五经博士王柳贵、易博士王道良等遂奉百济王命,先后赴日。从此树立了百济儒学者轮番南渡,在日本传播早期儒学的传统。与此同时,百济还向日本传播占卜、历法、医药等新知识。

大化改新后,天智朝设立大学寮和国学等国家和地方两级教育机构,由明经博士教授汉唐训诂儒学,《论语》《孝经》《周易》《礼记》《毛诗》等儒家经典,为律令体制下五位以上官僚子弟接受教育的基本教材,盛况空前。751年成篇的《怀风藻》,称颂自王仁启蒙以来,日本"俗渐洙泗之风,人趋齐鲁之学",②成为礼仪之邦,显示了汉唐儒学东传扶桑的社会效果。

百佛教圣王在位期间(523—554),百济将佛教传入日本。552年冬十月,圣王遣使"献释迦佛金铜像一躯、幡盖若干、经论若干卷",并在表文中盛赞佛法"于诸法中最为殊胜,难解难入,周公孔子尚不能知","此法能生无量无边福德果报",甚至赋诗赞美说:"譬如人怀随意宝,逐所须用尽依情。此妙法宝亦复然,祈愿依情无所乏。""(钦明)天皇闻已,喜欢踊跃。诏使者云:朕从昔来,未曾得闻如是微妙之法,然朕不自决。"③经

---

① 《日本书纪》卷十,应神天皇十六年春二月条。
② 《怀风藻·自序》。
③ 《日本书纪》卷第十九,钦明朝十三年冬十月条。

过大和朝廷内部的一番争论,钦明命宿祢大臣苏我稻目迎入并兴隆佛教。与《日本书纪》同时代成书的《上宫圣德法王帝说》《元兴寺伽蓝缘起并流记资财帐》等,皆记载钦明七年戊午10月、12月百济圣明王遣使送来佛像、佛器和佛经。虽然钦明朝并无戊午年,上述两著在传入的年代上记载有误,但综合以上诸说,佛教来自百济,传入时间为6世纪前半期等说法,足资凭信。

继圣王之后嗣位的威德王,也多次遣使,将戒律、观音信仰待到日本,继续发挥佛教传播桥梁的重要作用。

一般认为,与道教相关的图书传入日本的最早记录,见于《日本书纪》推古天皇十年(602)记事。其文载:"冬十月,百济僧观勒来之,仍贡历本及天文地理书,并遁甲方术之书也。"推古朝廷选书生三四人学习于观勒,"皆学以成业"。① 至大化改新时孝德朝的祥瑞改元、天武朝盛行遁甲之术并设置阴阳寮、占星台,道教因素成为增强王权的工具。在藤原京遗址出土的木简上,记有"道可道,非常道"等《老子》(《道德经》)的开篇文字,②用实物证实道教经典传入日本。

总之,儒释道等东亚标志性的传统文化要素之传入日本,无一不与百济有关。在本文中,特别要强调的是百济冠带文化对日本早期官僚制度的影响。603年圣德太子颁发《冠位十二阶》,确定朝廷诸臣的位阶制度。据《日本书纪》记载,推古十一年,圣德太子"施行冠位十二阶。十二月,戊辰朔壬申,始行冠位,大德、小德、大仁、小仁、大礼、小礼、大信、小信、大义、小义、大智、小智并十二阶,并以当色绉缝之。顶撮总如囊,而著缘焉。唯元日著髻华";"十二年春正月,戊戌朔,始赐冠位于诸臣,各有差"。③ 官位分为大小两个序列的冠位十二阶,各以浓淡两色的紫、青、赤、黄、白、皂六种颜色,来代表"德""仁""礼""信""义""智"。

推古朝的冠位十二阶制度,给人的第一印象即其对百济官位十六品制度的刻意模仿。首先,日本的冠位十二阶突出儒家、道家的德意识。其

---

① 《日本书纪》卷二十二,推古朝十年冬十月条。
② 新川登龟男:《日本古代与道教》,《特集·反映在日本文化中的道教》,勉诚出版社,1999年,第15页。
③ 《日本书纪》卷二十二,推古朝十一年十二月、十二年春正月条。

中,"德"居首位,其下依次为"仁""礼""信""义""信",其次,官服以紫色为尊,也为尚紫的一种表现;再次,官员所戴的六色与百济官员绶带的六色相同,均为紫、青、赤、黄、白、皂六色;朝臣分为大小两个系列等方面,显然参照百济官位十六品制度。

但大和朝廷改革者圣德太子毕竟是在组建具有本国特色的官僚体制,因此日本的冠位十二阶又与百济的官位十六品又有若干差异。其一,百济冠带制度的适用对象,为君王与朝臣,但日本冠位制度的实施对象为皇族和朝臣,天皇超越于冠位制度之外。百济冠带制度完整,日本有冠而无带,冠带制度不完整。古尔王之后很长的一段时间里,百济冠带制度规定六品以上,冠饰银花,服色为紫;七品官至十六品官的服色或绯或青,绶带则分别为紫带、皂带、赤带、青带、黄带、白带,"冠"与"带"齐备。日本的冠位十二阶有冠而无带,故只能称为"冠位"。其二,对"冠"的理解不尽相同。百济六品官以上诸臣,冠帽饰以银花;日本冠帽为六种不同颜色的丝织品缝制而成。只是正月初一喜庆的元日,才在发髻上以花装饰。其三,在紫、青、赤、黄、白、皂等六色的排列上,除第一位为紫色、第三位为赤色相同之外,其他四色的排列位置并不相同。造成这些差异的原因,值得进一步探讨。显然,在政治文化的发展程度和制度上,上述差异或多或少地表明百济走在日本的前面。

1500年后的今天,在日本各地考古发现中,大量百济式金铜冠头盔重见天日,以实物见证了百济冠文化对日本的影响。韩国学者研究认为,百济金铜冠自汉江下游经朝鲜半岛南部陕川,渡海进入日本九州中部。这一路径,可以从熊本县江田船山古坟出土的百济式金铜冠得到验证。以此为起点,百济金铜冠继续向四国和关东、东北地区传播。这一路径,可以从香山县峰之冢古坟、福井县十善之森古坟、群马县古城古坟、富山县朝日长山古坟中百济式金铜冠的陆续出土,[1]得到确认。

---

[1] 《百济之冠》,2010年世界大百济节特别纪念展,第85—95页。

五　结论

（一）百济冠带文化特色独具

见诸中韩两国史籍的大量记载和在韩国、日本考古发现的出土金铜冠,表明崇德、尚紫和冠带的多样性,构成了百济冠带文化的基本特色。这些特色的形成不是偶然的。概言之,是百济君臣出于内政改革、制度建设的需要,大量吸收来自文化大国中国的儒学、道教和佛教等基本文化要素的结果。在这个过程中,输入需求和输出优势达成默契,并在互动中,萌发出百济冠带文化崇德、尚紫以及多样性的特点。这些特点适应了百济政治文化的生长环境,因此得以长期存在,并根据百济自身的需要而有所调整,有所保留。例如,尚紫风习历久而不衰,但享用紫色的特权逐渐集中于君王而离开了六品官以上的臣僚。再例如,崇德的风习始终伴随着百济王国的兴亡而未退色,末代国王义慈王虽为亡国之君,却以"海东曾闵"而享誉中国,留名史册。在日韩两国多处发现的百济金铜冠,包括金银制冠饰,也以样式多彩、制作工艺精湛和融实用与美感于一体而备受称赞。从一个侧面,反映了海东"文化盛国"百济的风采。纵观历史风云,较之多变的政治、经济和军事,如同金铜菩萨造像洋溢着的"百济的微笑"饮誉世界那样,百济文化魅力无穷,且不以君王的成败得失而黯淡其光辉。

（二）百济在古代东亚国际文化交流中的地位和作用值得再审视

在中韩文化交流的漫长过程中,交流渠道多样,交流领域广泛。其中,百济与中国的文化交流涉及典章制度、儒学训诂、道佛宗教、文学史书、诗词歌赋、舞蹈演乐、丹青美术、天文历法、医学本草、阴阳卜筮、节庆习俗等诸多方面。在海东三国之中,百济尤其注重与文化传统深厚的中国汉族王权的交往,着力吸收先进的异质文化。于是,百济"岁时伏腊,同于中国。其书籍有《五经》、子、史，又表疏并依中华之法"，①进入文化先进国的行列。换言之，百济在文化选择上，从一开始就瞄准了当时水平最高的外来文化。起点高、着手早、善于吸收和再创造，这可能是百济成为"文化盛国"的基本原因。与此同时，在大陆、半岛、列岛等三大板块之间的文化交流过程中，文化先进国百济扮演了向日本列岛输出文化的重要国际角色。通常所说的日本吸收来自大陆和朝鲜半岛先进文化的表述，若进一步展开分析，则不难发现，其中"朝鲜半岛"的代表者，正是指百济而非新罗和高句丽。换言之，文化先进国百济无愧于古代东亚国际文化交流桥梁的称誉。

（三）百济冠带文化依然是常谈常新的学术课题

本文对百济冠带文化的特色，特别是对中国文化对百济政治文化和制度建设，以及百济对日本的政治文化及其制度建设产生广泛的影响，进行了初步探索。但是，在接受中国文化之前百济冠带文化的原生状态如何、百济本土文化的基本内容及其特征如何；在接受中国文化影响过程中，诸如儒学和道教传入百济的途径和时间、外来文化如何在引进的过程中被"百济化"、百济十六品官位的演进和发展、如何给百济冠带文化以准确的历史定位等问题，依然值得付出努力，以求得新的研究进展。在本课题研究过程中，曾围绕上述问题，与韩国学者展开切磋和交流，笔者受到不少启发，并因此而愈加感到尚需继续求索不止。这，恐怕就是百济冠带文化魅力无限的原因吧。

附记：2011年11月，笔者在洪城青云大学访问期间，写成《简论百济冠带文化》一文，仍有许多问题尚待探明。例如，文章多以史籍文献资料为据，考古资料使用不足，难免对认知百济冠带文化留下许多缺憾。再如，依据史籍，笔者虽然对冠带文化中的"带"进行了分类，对"冠"则笼而统之，未作分类论述，从而在论述的广度和深度上尚有若干不足，等等。2012年1月，韩国学中央研究院的李瑞行教授及研究院韩国文化交流中

---

① 《旧唐书》卷一百九十九上，《列传》第一百四十九上《东夷·百济国》。

心主任梁泳均教授支持笔者进一步就此开展研究。其间,笔者前往公州、大田和首尔访问,寻找史料,交流观点。在百济故都公州,2010年世界大百济节组织委员会委员长、国立公州大学校长崔锡源教授,忠清南道历史文化研究院历史文化研究室室长李勋教授,还有研究院的金教授、李教授等韩国学者热情接待笔者的来访,赠予珍贵的研究资料,探讨了与研究课题有关的若干学术问题。在大田,忠南大学史学科的张寅成教授特意在百济文化研究所里,与笔者畅谈研究的难点和值得探讨的课题。在首尔查找资料时,东国大学中国学系的朴永焕教授的研究室藏书相当丰富,他还陪同笔者参观了国立中央博物馆,拍摄了不少金铜冠的图片。此外,还有多位韩国学者对笔者完成该课题给予了极大的援助。在此,一并表示诚挚的感谢。

(宋成有　北京大学历史学系教授)

中世纪的罪与赎

——以托马斯·阿奎那的赦罪观念为核心*

惠 慧

【内容提要】 异端和大众虔敬运动困扰着12、13世纪的西欧基督教会。它们纷纷挑战教会权威,宣称平信徒也分有赦罪的权力,由此引发神学界有关赦罪有效性的争论。本文以托马斯·阿奎那的赦罪观念为例,展示经院神学家对教会权威的理解。在阿奎那看来,教会持有的"钥匙的权力",其本质是施予恩典的权力。面对人类罪的现实,他认为正义的律法需由爱的恩典作为补充,才有可能建立更加和谐的社会秩序。因此,权威主体内在的神圣性是其效力长久的根本保证。

西欧的基督教社会经历了中世纪早期的动荡之后,到12、13世纪渐趋安定,经济复苏、文化繁荣。与此同时,基督教会在精神、思想和世俗权力方面的影响逐渐达到顶峰。然而,罗马教会的权威仍然面临严峻的冲击和挑战,12世纪此起彼伏的大众异端派别纷纷质疑或修正神职人员的

---

* 本文写作承蒙彭小瑜老师耐心指导。吴天岳、赵雪纲、夏洞奇、侯深等老师,阚建容、周诗茵等学友对文章初稿提出颇为中肯的修改意见,使我受益匪浅。在此一并致谢!

权威。与此同时,关于教会在基督教世界掌控的至高无上的权力,中世纪的神学家们也有着截然不同的理解。

有的神学家注意到异端思想与异教文化对基督教世界的侵蚀,强调教会在捍卫正统信仰、维护基督教世界的统一中不可推卸的责任。在这一视角下,镇压异端、征讨异教徒成为基督教会伸张正义、行使权力的正当行为。① 而另一些神学家考虑到人类不完满的生存状态,有意淡化非正统信仰的危害和教会在实现天国拯救过程中必不可少的媒介作用。他们倾向于将教会的权威相对化,转而关心教会在匡正错误倾向、重建正义秩序时应采取的有效途径。托马斯·阿奎那(Thomas Aquinas,1224/25—1274)是后者的典型代表。在这一论争中,关键的问题是:教会权威的本质是什么? 权威的有效性源自何处?

而在12、13世纪的异端运动中,教会权威合法性的问题集中地体现在赦罪权力的实践上。长期由教会所垄断的"钥匙的权力"(Power of the Keys,即赦罪权,详见下文)遭遇了前所未有的危机和挑战,成为当时社会史和思想史的一个重大事件。托马斯·阿奎那常被看作这一论争的集大成者。他对教会权威,尤其是赦罪权的反思影响深远。从根本上重塑了时人对教会本性的体认,为化解上述危机提供了坚实的理论基础。

晚近西方学者和神学家们已从圣事性(sacramentality)和道德生活两个角度就阿奎那的赦罪观进行了深入的研究。② 他们虽然已经触及了赦罪过程中"钥匙的权力"和"赦免的形式"等关键要素,③但是均未将其置

---

① 西铎会(the Cistercian order)的重要领袖——明谷的贝尔纳(Bernard of Clairvaux,1090—1153)积极投入对异端的谴责,便是典型的例证。参见 Jean Leclercq, *Bernard de Clairvaux*, Paris: Desclée, 1989, pp.73-75。

② 晚近关于阿奎那的赦罪观念的专门研究,参见 Henk J. M. Schoot, ed., "*Tibi soli peccavi*": *Thomas Aquinas on Guilt and Forgiveness: A Collection of Studies Presented at the First Congress of the Thomas Instituut te Utrecht, December 13-15, 1995*, Leuven: Peeters, 1996; Eric Luijten, *Sacramental Forgiveness as A Gift of God. Thomas Aquinas on the Sacrament of Penance*, Leuven: Peeters, 2003; Romanus Cessario, "Christian Satisfaction and Sacramental Reconciliation," in Matthew Levering and Michael Dauphinais eds., *Rediscovering Aquinas and the Sacraments: Studies in Sacramental Theology*, Chicago: Hillenbrand Books, 2009, pp.65-75; Maria C. Morrow, "Reconnecting Sacrament and Virtue: Penance in Thomas's *Summa Theologiae*," *New Blackfriars*, 91(2010), pp.304-320。

③ Luijten, *Sacramental Forgiveness*, pp.142-217。

于13世纪西欧社会和信仰状况的时代背景中去理解。他们也因此未能触及阿奎那思想中教会权威问题的本质。因此,本文以12、13世纪西欧基督教会与异端派别的复杂关系为背景,围绕经院神学家们激烈争论的赦罪问题的个案,考察阿奎那的权威观念。

首先,我们注意到阿奎那之前的神学论争集中于赦罪有效性的本原。一方强调痛悔,而另一方则突出赦免本身的意义及相关的教会建制。而阿奎那的主张则另辟蹊径,力图引入亚里士多德的质形说来调和上述两条神学进路间的张力。而要准确地在历史语境中把握阿奎那教会思想的独到之处,就必须更深入地反思"钥匙的权力"或赦罪权这一核心概念。这将是本文第二部分的主要内容。正是在这里,我们意识到对教会这一特殊社会共同体的考察必须充分考虑其属灵的内在特性,而不是将其简单地同我们所熟悉的政治权威相类比。在本文的最后一部分,我们将沿着阿奎那对于"钥匙的权力"中恩典的强调,通过对比法学与神学有关赦罪问题的不同研究路径,来展示如何从教会实践自身来理解教会。这不仅有助于澄清教会思想史的一个关键转折,而且将为我们今天更准确地理解教会建制及其整个历史提供借鉴。

一 痛悔与赦免

西欧中世纪社会是基督教社会。中世纪人自然地接受从上帝创世、原罪到末世拯救的一整套世界观。在这一文化语境中,赦罪极为重要,它关乎基督徒死后能否进入天堂得到拯救的终极问题。然而,自基督教兴起以来,赦罪的权力始终掌握在教会手中:平信徒忏悔,而神职人员赦罪这种信仰表达方式源自犹太传统。[①] 在基督教会传统中,逐渐演化出以下两种形态:首先是罗马帝国之后形成的"教规式赎罪"(canonical penance)程序:它将悔罪者当众公开悔罪和严格履行主教所布置的责罚任务

---

① Joseph Martos, *Doors to the Sacred: A Historical Introduction to Sacraments in the Catholic Church*, Garden City, New York: Image Books, 1982, pp.313-315.

相结合。其次是中世纪早期,传教士们在凯尔特地区发展出的"课税式赎罪"(tariff penance):这是一种面对修道院德高望重的修士的私人悔罪和重复悔罪的程序。① 它随后逐渐传入欧洲大陆。

到了 12 世纪,早期经院神学家们开始系统地解释教会的这一圣事实践。他们通常将忏悔圣事(或称告解圣事,即忏悔礼,*sacramentum poenitentiae*)区分为痛悔(*contritio*)、告解(*confessio*)、补赎(*satisfactio*)和赦免(*absolutio*)四个阶段。以彼得·阿伯拉尔(Peter Abelard, 1079—1142)和彼得·隆巴德(Peter Lombard, 约 1096—1164)为首的大部分神学家强调痛悔在忏悔圣事中的主导作用。他们认为,由对上帝的爱所驱动的完满的痛悔是将罪从人的心灵中消除的关键。在忏悔圣事中,是上帝接受忏悔者内心的悔改,从而宽恕了罪。因此,神父的赦免并不是必须的。这种观点事实上削弱了教会权威在赦罪程序中的决定意义。

与此相反,圣维克多的休(Hugh of St. Victor, 约 1096—1141)和圣维克多的理查(Richard of St. Victor, 卒于 1173),以及其后以邓·司各脱(John Duns Scotus, 约 1126—1308)为代表的晚期经院学者都强调:基督已将宽恕罪行的权力,即"钥匙的权力"授予使徒和他的继承者。拥有圣秩的神父的权威及他们宣布赦免罪行的言语(*verba*)才是罪行被宽恕的前提。他们不再认为面对平信徒修士的私人告解的悔罪模式仍然有效。对他们而言,只有教会的认可才是信徒能否得救的关键。

经院学者们的争论,并非无关痛痒的言辞之辩。在 12 世纪这样一个异端繁盛、大众虔敬运动兴起的时代,其意义非同小可。彼时各类异端分子纷纷宣称,他们作为平信徒同样拥有赦罪的权力。例如,源自法国南部里昂地区的韦尔多(Peter Waldès, 约 1140—约 1218)和他的追随者、意大利北部米兰和维罗纳(Verona)附近的谦卑派(*Humiliati*)、弗兰德斯(Flanders)和莱茵河地区的伯格因(Beguines)和伯格(Beghards)等等,都是由

---

① 值得注意的是,尽管私人悔罪逐渐兴盛,但是公开悔罪并未消亡。在中世纪,两种悔罪形式始终并存。参见 Martos, *Doors to the Sacred*, pp. 313-335. David N. Power, "Sacrament and Order of Penance and Reconciliation," in Francis Schüssler Fiorenza and John P. Galvin eds., *Systematic Theology: Roman Catholic Perspective*, Minneapolis: Fortress Press, 2011, pp. 545-551.

虔诚的平信徒自发地集结起来的信仰团体。他们热衷于清贫的生活与布道的牧灵工作。活跃于莱茵地区和法国南部的纯洁派（或译为卡塔尔派[Catharism]，也称阿尔比派[Albigensians]）异端甚至在临终前向信徒施予一种与基督教截然不同的拯救仪式——"安慰"（*consolamentum*）仪式，洗涤他们生前的所有罪恶。他们宣称这样可以将信徒的灵魂从撒旦的权能中解救出来。①

平信徒的布道活动和异端派别的赦罪行为，显然危及了地方主教的权威与利益。依中世纪教会法规，布道和授权布道是主教的职责，即使是修道院的修士，未经许可也不能在堂区教堂内布道。② 面对平信徒攫取教会内神职人员手中赦罪权力的趋势，阿奎那引入亚里士多德的"质形说"（hylomorphism），试图平衡忏悔圣事中痛悔与赦免的张力。

亚里士多德的"质形说"认为，我们所生活的物理世界的个别事物及其变化，都包括"质料"（*materia*）和"形式"（*forma*）两个方面。形式规定了事物可以被人认识、加以分类的特征，而质料则是这一特征的载体。在阿奎那看来，人的行为（*actus humani*）构成忏悔圣事中的质料。完满的悔罪的质料包括痛悔、告解和补赎三方面内容。③ 而那些掌握"钥匙的权力"的神父，他们赦免的言语"我赦免你"（*Ego te absolvo*）是忏悔圣事必

---

① F. Donald Logan, *A History of the Church in the Middle Ages*, London and New York: Routledge, 2013, pp. 189-194. Malcolm Lambert, *Medieval Heresy: Popular Movements from the Gregorian Reform to the Reformation*, Oxford: Blackwell, 1992, pp. 106-111. Bernard Hamilton, *Religion in the Medieval West*, London: Hodder Arnold, 2003, pp. 131-132.

② Clifford Hugh Lawrence, *The Friars: The Impact of the Early Mendicant Movement on Western Society*, London, New York: Longman, 1994, p. 70.

③ *Summa Theologiae*（《神学大全》，以下简写为 *ST*）. IIIa, q. 90 a. 1 co. "... in sacramento poenitentiae actus humani se habent per modum materiae. Et ideo, cum plures actus humani requirantur ad perfectionem poenitentiae, scilicet contritio, confessio et satisfactio..." 所有引文除首次出现时列出原文、中译书名及所参考西文译本外，一律按 http://www.corpusthomisticum.org/ 网站格式，在引述拉丁文标题或简写之后，依次注明部（pars）、卷（lib.）、章（cap.）、题（q.）、论（a.）等。本文所引《神学大全》拉丁原文采用当今西方学界公认的校订本——利奥版（Editio Leonina），*Sancti Thomae Aquinatis, Opera omnia iussu impensaque Leonis XIII P. M. edita*, t. 4-12, Romae, 1888-1906. 英译本参考 Thomas Aquinas, *Summa Theologiae*, 61 volumes, Cambridge: Cambridge University Press, 2006。

不可少的形式。① 在亚里士多德哲学中,形式使质料获得明确的规定性,从而完成物质的现实性。因此在圣事中,神父的言语使圣事的意义得以更明确、更完满地表达。②

然而,中世纪的神学家们并不满足于"质形说"对赦罪过程的诠释,他们在讨论赦罪的有效性时常常引入完满的痛悔(contritio)和不完满的后悔(attritio)的区分。他们认为,由于畏惧上帝的惩罚所产生的后悔是不完满的痛悔,其本质上是非自愿的,因此它不足以推动意愿悔改而抗拒再次犯罪的冲动。阿奎那同样认为,赦罪的有效性在于完满的痛悔,而出于畏惧的后悔只是某种对犯过的罪的厌恶,它并不完整。在他看来,罪(peccatum)是无序的自愿的行为。③ 意愿(voluntas)既是罪的行为的本原和承载者,④也是它直接的原因。⑤ 由于罪出于人的自由意愿,阿奎那认为,只有出于犯罪者意愿本身的、由对上帝的爱所推动的完满的痛悔才有

---

① 由于病逝,阿奎那未能完成其后期系统神学作品《神学大全》的第三部,他关于忏悔圣事和与之相关的"钥匙的权力"的论述还未能在此展开。因此本研究只能依《〈箴言集〉评注》《反异教大全》《论赦免的形式》和《〈玛窦福音〉评注》的相关论述为准。《论赦免的形式》(De forma absolutionis)作于1269年,应多明我会总会首韦尔切利的约翰(John of Vercelli,约 1205—1283)的要求,阿奎那在文中阐释忏悔圣事中赦罪时的习惯用语、以及相关习俗的理论依据。此时,阿奎那已经逐渐接触到了亚里士多德的全新拉丁文译本。关于《论赦免的形式》和弗拉芒多明我会修士穆尔贝克的威廉(William of Moerbeke, 1215—约 1286)的亚里士多德翻译的简单介绍,参见 Jean-Pierre Torrell, *Saint Thomas Aquinas*. Vol. 1. *The Person and His Work*. trans. Robert Royal, Washington, D. C.: The Catholic University of America Press, 2005, pp. 167-169, 174-178. *De forma absolutionis*, cap. 1. "Potestas autem tradita Petro est potestas clavium; potest igitur habens claves ex tradita sibi potestate dicere: *ego te absolvo*. Non solum autem hoc convenienter dicere potest, sed necessarium esse videtur. Sacramenta enim novae legis efficiunt quod figurant; figurant autem sive significant sacramenta et ex materia et ex forma verborum..."拉丁文采用利奥版 Sancti Thomae de Aquino, *Opera omnia iussu Leonis XIII P. M. edita*, t. 40 C: *De forma absolutionis*. Ad Sanctae Sabinae, Romae, 1968。法译本参考 Saint Thomas d'Aquin. *Sur la Forme de l'Absolution. Au Supérieur Général de son Ordre*. Nouelle traduction, corrigée à partir de l'édition Vivès, par Charles Duyck, février 2005. Édition numérique, http://docteurangelique.free.fr, 2008. *ST*. IIIa, q. 60 a. 7 co. Power, "Sacrament and Order of Penance," p. 552。

② Luijten, *Sacramental Forgiveness*, pp. 163-165.

③ *ST*. Ia-IIae, q. 72 a. 1 co. "ad rationem peccati duo concurrunt, scilicet actus voluntarius; et inordinatio eius, quae est per recessum a lege Dei."; *ST*. Ia-IIae, q. 72 a. 8 co.

④ *ST*. Ia-IIae, q. 74 a. 1 co.

⑤ *ST*. Ia-IIae, q. 75 a. 1 co.; *ST*. Ia-IIae, q. 80 a. 1 co.

可能彻底弃绝罪的习性。① 而被动的、畏惧的后悔无法抵挡恶的习性的再次来临。因此,犯罪者本人悔改的意愿才是罪被赦免的基础,是整个赦罪过程的起点。

阿奎那相信,由于人的意愿是可变的,因此,尽管从绝对意义上讲罪的行为无法避免,人可以通过某种方式借助改变自己心灵无序的状态而改变恶的习性,从而减少罪发生的可能性。在他看来,上帝的恩典通过爱(caritas)作用于人的心灵,在恩典的帮助下,人可以重新体会到上帝的爱,这种爱使人产生对自己所犯罪过的痛恨与悲哀,从而重新建立以爱为核心的善的心灵秩序。重建心灵秩序的过程既包含对善的渴望,也包含对罪的痛悔。②

因此,向神父告解(confessio)和口头认罪成为罪人内心悔改、渴望解救自己的外在表现,它也构成了悔罪过程的下一个阶段。虽然,阿奎那主张,完满的痛悔足以避免再次犯罪。但是,对神父的告解和补赎(satisfactio)依旧有必要,③因为它们使得赦罪更为完满。在《反异教大全》中,他如此表述:

> 一个人在现实地使自己服从教会的钥匙之前,如果他已有让自己服从钥匙的意愿,钥匙在这个人那里就已经产生效果;然而,当他通过告解和接受赦罪现实地使自己服从钥匙时,他才获得了更完满

---

① *Scriptum super Sententiis*(《〈箴言集〉评注》,以下简写为 *Super Sent*.), lib. 4 d. 17 q. 2 a. 1 qc. 2 ad 3. 拉丁文采用19世纪60年代帕尔玛版(Parma Edition):Sancti Thomae de Aquino, *Opera omnia*, t. 7/2: *Commentum in quartum librum Sententiarum magistri Petri Lombardi*. Typis Petri Fiaccadori, Parmae, 1856. 利奥版待出。原文引自 http://www.corpusthomisticum.org/。法译本参考 Saint Thomas d'Aquin, *Commentaire du Livre des Sentences de Pierre Lombard*. traduction et notes par Jacques Ménard, 2007, 2008. Deuxième édition numérique http://docteurangelique.free.fr。

② *Summa Contra Gentiles*(《反异教大全》,以下简写为 *SCG*). lib. 4 cap. 72 n. 4; *SCG*. lib. 4 cap. 72 n. 5 拉丁文据马里耶蒂版(Marietti Edition):Sancti Thomae de Aquino, *Liber de veritate catholicae Fidei contra errores infidelium seu Summa contra Gentiles*, t. 2-3. ed. P. Marc, C. Pera, P. Caramello. Marietti, Taurini-Romae, 1961。英译本参考 Thomas Aquinas, *Summa Contra Gentiles*, 5 volumes. Translated, with an Introduction and Notes by Charles J. O'Neil, Notre Dame, London: University of Notre Dame, 1975。

③ *Super Sent*., lib. 4 d. 17 q. 2 a. 1 qc. 1 ad 8.

的恩典与赦免。①

由此可见,在神恩的护佑下,出于人的自由意愿的痛悔本身使得赦罪有效,代表教会权威的神父的介入使得恩典与宽赦更为完满。在这里,阿奎那并没有直接论及平信徒能否代替神职人员布道,并参与赦罪这样尖锐的理论问题,而是转而强调对善的渴望的悔改与教会的宽赦相互结合对于犯罪之人的意义。

对于中世纪的基督徒来说,罪恶感与拯救的焦虑始终困扰着他们。② 阿奎那注意到,树立对善的信心与建立仁爱的社会秩序,才是解决罪的问题的关键。因此,教会的神职人员不应为难已经意愿悔改的信徒,而应设法成全他们向善的回归。然而,信徒死后能否进入天堂似乎由基督在尘世的代理人——教会决定着。传统认为只有罗马大公教会掌握着天堂大门的钥匙。下面将通过阿奎那对教会掌握的"钥匙的权力"的理解,探讨他如何看待异端这个对中世纪教会而言非常棘手的问题。

二 "钥匙的权力"

"钥匙的权力"(*potestas clavium*)这个概念起源于《圣经新约·玛窦福音》(《马太福音》):

> 你是伯多禄(磐石),在这磐石上我要建立我的教会,阴间的门决不能战胜她。我要将天国的钥匙交给你:凡你在地上所束缚的,在天上也要被束缚;凡你在地上所释放的,在天上也要被释放。(玛:

---

① SCG. lib. 4 cap. 72 n. 13 "sic et claves Ecclesiae efficaciam habent in aliquo antequam eis se actu subiiciat, si tamen habeat propositum ut se eis subiiciat; pleniorem tamen gratiam et remissionem consequitur dum se eis actu subiicit confitendo, et absolutionem percipiendo." 本文中所有阿奎那著作的引文均由笔者从拉丁原文译出。

② 法国学者让·德吕莫(Jean Delumeau,1923—)有专著研究从中世纪到近代基督教世界的罪恶感与恐惧感的历史,参见 Jean Delumeau, *Sin and Fear: The Emergence of a Western Guilt Culture 13th-18th Centuries*, translated by Eric Nicholson, New York: St. Martin's Press, 1990。

16:18—19)①

"钥匙的权力"也被称为"束缚和释放的权力"(*potestas ligandi et solvendi*),它通常指钥匙权力的持有者在属灵事务中所履行的决定权。②

阿奎那在《〈箴言集〉评注》中论及忏悔圣事中司祭的权力时,对"钥匙"和"钥匙的权力"进行了详细的阐述:钥匙是打开天堂大门的工具。基于原罪和现实的罪,天堂的大门因罪所产生的污点和惩罚的债而被关闭。人们需要圣事的恩典去除通向天堂的障碍,这就是"钥匙的权力"。③而罪的赦免是通过基督受难的权能(*virtus passionis Christi*)而生效的,因此"钥匙的权力"不是圣事施予者或司祭自己的权力,而是源自基督,源自圣三位一体(*Trinitas*)的权力。所以,"钥匙的权力"也称作"教会的钥匙"(*clavis Ecclesiae*)、"司祭的钥匙"(*clavis ministerii*),④它是施予恩典(*gratia*)的权力。⑤

---

① 本文引用《圣经》以天主教思高本《圣经》译文及缩写为准,人名和圣事名称以天主教通行译文为准,括号内注明新教常用译名。
② 西欧中世纪的法学家和神学家们通常从两方面阐释"钥匙的权力":一方面在忏悔圣事的背景下讨论神职人员所拥有的赦罪权威,另一方面从教宗权威的角度,即通过诠释"钥匙的权力",讨论罗马主教拥有的全权(*plenitudo potestatis*)的问题。Wolfgang Beinert, "Schlüsselgewalt,"in *Lexikon für Theologie und Kirche*, vol. 9, Freiburg: Herder, 2006, pp. 167-168。多数当代教会史学者们从教宗权威的角度理解阿奎那关于"钥匙的权力"的观点,参见 Charles Zuckerman, "Aquinas' Conception of the Papal Primacy in ecclesiastical government," *Archives d'Histoire Doctrinale et Littéraire du Moyen Âge*, 40 (1973), pp. 100-114。Serge-Thomas Bonino, "La place du pape dans l'Église selon saint Thomas d'Aquin," *Revue Thomiste*, 86 (1986), pp. 398-404。而德国学者霍斯特(Ulrich Horst,1931—)则认为阿奎那所谓"钥匙的权力"首先针对忏悔圣事和罪的赦免。Ulrich Horst, "Das Wesen '*potestas clavium*' nach Thomas von Aquin," *Münchener Theologische Zeitschrift*, 11 (1960), p. 200。本文只分析阿奎那对"钥匙的权力"在赦罪权威中的理解,而并不涉及教宗权威角度对"钥匙的权力"的解读,以及阿奎那关于圣秩权与治权的复杂讨论。
③ *Super Sent.*, lib. 4 d. 18 q. 1 a. 1 qc. 1 co.; *Super Sent.*, lib. 4 d. 18 q. 1 a. 1 qc. 1 ad 1.
④ *Super Sent.*, lib. 4 d. 18 q. 1 a. 1 qc. 1 co.
⑤ *Super Sent.*, lib. 4 d. 18 q. 1 a. 1 qc. 1 ad 3 不过,阿奎那在《论赦免的形式》中明确反对忏悔圣事作为无条件的恩赐的圣事说。*De forma absolutionis*, cap. 2. "Quod videntur imitari praelati cum dicunt: *benedicat vos Deus vel divina maiestas*; et non dicunt: *ego te benedico*. Ubi aperte decipitur, quia benedictio ista non est sacramentalis; sed ubi sacramentalis benedictio occurrit, sicut in sacramento Eucharistiae, tunc ipsi sacerdotes benedicere dicuntur."他坚持认为赦罪的本原在于痛悔,没有悔罪者发自内心的悔悟,赦罪的恩典将无法实现。

既然"钥匙的权力"本质上是施予恩典的权力,而教会之外无救恩,它因此只掌握在教会的神职人员手中。因为基督亲自将通往天堂的钥匙交给了伯多禄(Petrus,即彼得),并传递给他的继任者。中世纪的教会宣称,属灵的恩典只能由通过正统授职仪式祝圣过的神职人员施予。然而,当被问及平信徒主持的忏悔圣事是否有效时,12世纪著名神学家彼得·隆巴德的回答却耐人寻味:在不能找到一位神父的情况下,向一位邻居或朋友做告解也依旧有效。因为上帝看到的是罪人悔改的心。一个人只要有向神父做告解的欲求就可以了。① 阿奎那在《〈箴言集〉评注》中也持相同观点:他认为尽管听取告解的职能属于神父(sacerdos),但在必要的情况下平信徒(laicus)可以代替神父听取告解。② 经院神学家的这一理论妥协,其用意在于避免信徒因无法找到神父听告解的客观原因而含恨死去。在这里,我们可以清楚地看到中世纪教会的思想领袖如何根据当时的牧灵实践来调整自己的理论主张,其宗旨在于尽可能使更多的信徒获得最终的救赎。

在中世纪的西欧,随着基督教会权力日趋集中,各种教会法规也变得细致而苛刻。在这一历史背景下,隆巴德和阿奎那对告解行为相对宽松的理解屡受时人抨击。当时巴黎大学的教师们强调,如果没有出自神父的"我赦免你"的言语,赦免将是毫无意义的。③ 阿奎那却认为,赦罪关乎信徒拯救的终极问题,在必要情况下平信徒可以代替神父,使得赦罪的程

---

① Peter Lombard, *The Sentences. Book* 4: *On the Doctrine of Signs*. trans. Giulio Silano, Toronto: Pontifical Institute of Mediaeval Studies, 2010, pp. 101-102.
② *Super Sent.*, lib. 4 d. 17 q. 3 a. 3 qc. 2 co.; *Super Sent.*, lib. 4 d. 17 q. 3 a. 3 qc. 2 ad 2.
③ 他们依据12、13世纪的神学家欧塞尔的威廉(William of Auxerre,卒于1231)、前巴黎主教奥弗涅的威廉(William of Auvergne,1180/90—1249)和圣维克多的休的主张,阐述自己的论断。参见 *De forma absolutionis*, cap. 2. "Quarto etiam inducit sic sensisse quosdam antiquos famosos magistros, scilicet magistrum Guillelmum de Altissiodoro, et magistrum Guillelmum Alvernum quondam episcopum Parisiensem, et dominum Hugonem quondam cardinalem; de quibus quod ita senserint non constat; sed, et si ita senserunt, numquid eorum opinio praeiudicare poterit verbis domini dicentis Petro: *quodcumque solveris super terram*? Numquid, etiam si nunc viverent, praeiudicare possent communi magistrorum theologiae sententiae Parisius legentium qui contrarium sentiunt, decernentes absque his verbis: *ego te absolvo*, absolutionem non esse per solam deprecativam orationem?"

序得以完成。① 二者的差别在于,没有得到教会和解的圣事并未完满地完成;②如果条件允许,教会的钥匙对罪的赦免是最确定无疑的。③ 阿奎那也将这样一种相对宽松的解读运用到有关圣洗圣事(即圣洗礼,*baptismum*)的争论之中。在婴儿洗礼成为普遍习俗的中世纪,阿奎那大胆地指出:考虑到拯救的需求,在必要的情况下,不仅平信徒可以施行圣洗圣事,④妇女甚至未受洗的人也可以为他人施洗,只要遵循天主教会所规定的洗礼形式,他们的洗礼就是有效的。但这种情况只在极端紧急的情况下被允许,否则将被视为重罪。⑤

需要注意的是,阿奎那对赦罪教义相对宽松的理解并不是对异端神职人员主持圣事、参与赦罪的无限度的宽容。正如其他研究中世纪的现代学者注意到的,阿奎那对异端的态度没能摆脱中世纪教会固有的思维模式。⑥ 在阿奎那看来,异端(*haeresis*)是一种危害教会内信仰群体的重罪(*peccatum mortale*),⑦教会不仅应通过绝罚(*excommunicatio*)手段将他们同正统的天主教社区隔离开来,而且应将那些屡教不改的笃信者转交

---

① *Super Sent.*, lib. 4 d. 17 q. 3 a. 3 qc. 2 co.
② *Super Sent.*, lib. 4 d. 17 q. 3 a. 3 qc. 2 ad 3.
③ *De forma absolutionis*, cap. 1 "... quinimmo certissimum est in hoc sacramento per claves Ecclesiae remissionem peccatorum conferri, nisi sit impedimentum ex parte confitentis, sicut etiam accidit in Baptismo."
④ *ST.* IIIa, q. 67 a. 3 co.
⑤ *ST.* IIIa, q. 67 a. 4 co.;*ST.* IIIa, q. 67 a. 5 co.
⑥ 参见彭小瑜:《教会法研究》,北京:商务印书馆,2003 年,第 424—425 页。
⑦ 中世纪神学家们在讨论人在尘世生活中现实的罪时,常常采用 *peccatum mortale* 和 *peccatum veniale* 的二分。有学者将其译为"永劫之罪"和"可宽恕之罪",参见刘城:《中世纪西欧基督教文化环境中"人"的生存状态研究》,北京:北京师范大学出版社,2012 年,第 8 页;或者"死罪"和"小罪",参见白舍客:《基督宗教伦理学》,第一卷,静也、常宏等译,雷立柏校,上海:华东师范大学出版社,2010 年,第 334—342 页。本文将二者译为"重罪"和"轻罪",因为阿奎那并不认为 *peccatum mortale* 是永远不能被宽恕的罪,或者必死之罪。在他看来,任何罪都是可以被宽恕的。二者的区别在于:"重罪"指背离上帝、摧毁爱的罪的行为。在中世纪的历史语境中,"重罪"包括杀人、异端、背教、亵渎上帝、伪誓、通奸等。重罪破坏了上帝秩序的根本原则,所以因其自身无法修补同上帝的关系,只有通过上帝的权能才可医治。而"轻罪"是由人的感性欲求的驱使所犯的罪,它并未背离上帝,也没有摧毁爱。常见的例子是偷窃。因此"轻罪"并未破坏人与上帝的友善关系,可以不经忏悔圣事即被宽恕。阿奎那对二者的区分参见 *ST.* Ia-IIae, q. 88 a. 1 co.; *ST.* Ia-IIae, q. 88 a. 2 co。

世俗法庭,即施以严酷的死刑。① 在这里阿奎那要表达的是,异端违背自己在宗教信仰方面曾经明确表白的意愿,其本身是不应被宽恕的背叛行为。然而,阿奎那同样看到,教会的仁爱(caritas)应拨给每一个人——他的朋友和敌人,因为耶稣基督曾经教导:"你们当爱你们的仇人。"(玛:5:44)这似乎又给那些犯错而意愿悔改的异端分子带来新的希望,在《神学大全》中,他写道:

> 回归教会的异端,不管他们曾经跌倒过多少次,他们的悔罪都被教会接纳,通过悔罪,救赎之路被带给他们。②

在这里,阿奎那既肯定教会接纳悔改的异端分子的意愿,也认可教会拥有绝罚,甚至将异端分子送上火刑柱的尘世的权威。他坚持认为,不同于圣洗圣事,妇女和被教会公开绝罚或停职的异端神职人员,由于他们不再拥有"钥匙的权力",即教会内的治权,他们不被允许主持忏悔圣事。因此,经由他们的赦罪是无效的。③

显然,在赦罪问题上,阿奎那反对异端神职人员的赦罪行为,同时又适当地为平信徒参与赦罪打开了一个缺口。他的观点似乎有些自相矛盾,其实不然。异端神职人员赦罪之所以无效,在于他们有意背叛了正统信仰,而阿奎那这里所说的平信徒指的则是正统教会内的平信徒。而那些未受洗礼的施洗者也应理解成那些并不有意敌视正统信仰的不信者。否则,其依照大公教会仪礼施洗的行为就不可理喻了。

由此可见,阿奎那既致力于维护正统教会的权威,但在不危及这一权威的前提下,他又拒绝教条主义的解读,而是以牧灵之需求为第一要务。与法学家不同,神学家关心的始终是一个个活生生的信徒的心灵状态。阿奎那虽精通法理学,但作为巴黎大学的神学教授,其赦罪观却明显有别于中世纪其他法学家,而表达出强烈的牧灵关怀。

---

① *ST.* IIa-IIae, q. 11 a. 3 co.
② *ST.* IIa-IIae, q. 11 a. 4 co. "... haeretici revertentes, quotiescumque relapsi fuerint, ab Ecclesia recipiuntur ad poenitentiam, per quam impenditur eis via salutis."
③ *Super Sent.*, lib. 4 d. 19 q. 1 a. 1 qc. 3 ad 4; *Super Sent.*, lib. 4 d. 19 q. 1 a. 2 qc. 1 co.

三　法学家与神学家

正如教会史学家马陶斯(Joseph Martos)所论,在平信徒积极参与指导灵性生活的热潮中,中世纪盛期的神学家和教会法学家们对平信徒是否有权赦免忏悔者的罪从不同角度进行论述。① 神学家们关心的是圣事在基督徒灵性生命中的作用;而法学家们考虑的则是圣事在教会建制中的意义。神学家们分析圣事的自然本性,以及在圣事中基督徒接受恩典的属灵意义;而法学家们考虑的是个别的圣事行为,以及圣事"有效性"(validity)的前提和圣事"合法性"(liceity 或 legality)的最低标准。②

两种研究路径的差异自然地引发了与忏悔圣事相关的论争。阿奎那在1269年撰写的《论赦免的形式》(De forma absolutionis)中注意到绝罚的赦免和忏悔圣事中罪的赦免的区分。③ 这一区分可以追溯到多明我会著名法学家佩尼亚福特的雷蒙多(Raymond of Peñafort,约1175—1275)的《悔罪案例大全》(Summa de Casibus Poenitentiae)的注解,其中强调绝罚的赦免不需要像忏悔圣事的赦免中那样说"我赦免你"。在对这类观点的回应中,阿奎那将二者进行了对比,认为前者是司法性的,是治权的结果;而后者是圣事性的,是"钥匙的权力"的结果。④ 因为,绝罚的赦免的有效性来自于法官意图的言辞,所以说不说"我赦免你"并不重要。而忏悔圣事中赦免的言语的有效性来自于圣统制(institutio divina),⑤即只有

---

① Martos, *Doors to the Sacred*, pp. 335-342.
② Ibid., pp. 85-91.
③ 关于《论赦免的形式》的创作背景,参见本文第224页注①。
④ *De forma absolutionis*, cap. 2 "... deinde ut postillatori non fiat iniuria, dicamus quod alia ratio est de absolutione ab excommunicatione quae non est sacramentalis, sed magis iudiciaria iurisdictionem consequens, et aliud de absolutione a peccatis in sacramento poenitentiae, quae consequitur potestatem clavium et est sacramentalis."
⑤ *De forma absolutionis*, cap. 2 "In illa enim verba habent efficaciam ab intentione dicentis; unde non refert quibuscumque verbis utatur ad exprimendum suam intentionem. In sacramentis autem verba habent efficaciam ex institutione divina; unde tenenda sunt verba determinata consonantia divinae institutioni."

通过教会官方正式的授职仪式祝圣的神职人员宣布的、符合教会规定的圣礼的赦免言语——"我赦免你"才是真正有效的。但在阿奎那看来,法学家们没有意识到二者更深刻的区别。

这样一个看起来琐屑的言辞之争使我们注意到罪的赦免涉及治权(*potestas jurisdictionis*)和圣秩权(*potestas ordinis*),也就是司法和圣事两个不同的领域。而阿奎那根据其神学对二者都作了明确的界定。我们先看司法权。阿奎那在《神学大全》中论及"人法"(*lex humana*)中所牵涉的权力(*potestas*)时阐释道:

> 任何法律的规定都是为了人类共同的福祉,且由此获得法律的强制力和本质;如果背离[共同的福祉],[法律]便失去其约束力。因此,法学家说:法律和公正既然是为了人类的益处而善意地引入的,那么不论是法律的本质,还是公平的善意二者都不能允许[我们]给予严格的解释,苛求大众,而违背人类的福利。①

在这里,阿奎那要申明的是,当法律条文被"严格地解释"而违背了人类共同的福祉时,这种严格的解释是不合适的,无论它是以法律的本质为理由,还是以诉诸公平为目的。换句话说,阿奎那在这里批驳的是一种律法主义(legalism)的观点。对阿奎那而言,法律的强制力和法律的本质在于法律指向人类共同的福祉这一目的。法律的本质必须在这个终极目的中来理解。而律法主义观点则从立法者的权威来理解法律的本质,认为法律之为法律,其定义本身即包含了它的强制力和有效性。

作为中世纪自然法理论的开创者,阿奎那对律法主义观点的态度是强硬的。在论及法律管辖之下的人能否逾越法律条例的问题时,阿奎那

---

① *ST*. Ia-IIae, q. 96 a. 6 co. "... omnis lex ordinatur ad communem hominum salutem, et in-tantum obtinet vim et rationem legis; secundum vero quod ab hoc deficit, virtutem obligandi non habet. Unde iurisperitus dicit quod *nulla iuris ratio aut aequitatis benignitas patitur ut quae salubriter pro utilitate hominum introducuntur, ea nos duriori interpretatione, contra ipsorum commoda, perducamus ad severitatem.*" 引文由笔者从拉丁原文译出,参考中译本:圣多玛斯·阿奎那,《神学大全》,第六册《论法律与恩宠》,台南:中华道明会/碧岳学社,2008年,第69—70页。

毫不含混地指出:"当遵守一条法律对共同的福祉有害时,它不应被遵守。"①在阿奎那看来,不仅当法律违背人类共同的福祉之时,人们可以不遵守它;而且在必要的情况下,即当人们面对某种紧急的危害,以至于有限的时间不允许他们请求法律的制定者来修改法律时,必要性本身也可以使人们不遵守法律,因为阿奎那认为"必要性不服从法律"。②

阿奎那这样一种法理学观念,为我们理解他对罪的赦免的态度开启了新的解释空间。如果具体的法律条文违背法律颁布的最初目的,或在极端必要情况下,人们不必刻板而严格地阐释法律条文并加以遵守。同样,当我们理解神父在忏悔圣事中赦免的言语的有效性时,应该首先考虑教会传统制定这条教规的最初目的是什么。一方面,教会希望引导信徒在告解的过程中认识到自身错误的严重性,通过赦免悔罪者的罪,让罪人体会到上帝的仁慈与恩典,以图最终的得救。另一方面,考虑到普通信徒无法辨别异端学说对他们信仰生活的危害,所以教会认为在正统教阶体系内、经过相关神学知识训练的神职人员更适合作他们的告解员。

不仅如此,阿奎那还注意到,人的智慧不能够考虑到所有个别情况,即任何"人的法律"所能触及的东西都是有限的。法律不能涵盖人类生活的全部,因此人们不能希图仅仅通过遵守律法而带来美好生活。立法者所能顾及的只能是通常发生的大多数情况。③ 虽然阿奎那肯定人类理性的积极意义,但他坚持认为人类理性不是万能的,只有恩典的注入才能使自然更加完满。④ 这就不难理解为什么阿奎那在《神学大全》第二部分中先讨论了罪的问题,而后分析律法,紧接着对恩典进行了阐述。由此可见,在阿奎那的体系中,只有将罪、律法和恩典作为整体来理解,才能切实领会其法律思想和权威概念的真谛。

---

① *ST.* Ia-IIae, q. 96 a. 6 co. "Unde si emergat casus in quo observatio talis legis sit damnosa communi saluti, non est observanda."
② *ST.* Ia-IIae, q. 96 a. 6 co. "Si vero sit subitum periculum, non patiens tantam moram ut ad superiorem recurri possit, ipsa necessitas dispensationem habet annexam, quia necessitas non subditur legi."
③ *ST.* Ia-IIae, q. 96 a. 6 ad 3.
④ *Super Sent.*, lib. 2 d. 9 q. 1 a. 8 arg. 3: "*Gratia non tollit naturam sed perficit.*" *ST.* Ia, q. 1 a. 8 ad 2.

同样，阿奎那对于"钥匙的权力"的界定也必须在其神学背景中，尤其是恩典学说中来理解。我们看到，阿奎那在《〈玛窦福音〉评注》中明确解释了钥匙的使用：

> 由此，[基督]表达了钥匙的使用：凡你在地上所束缚的，在天上也要被束缚。但是这样的阐述似乎并不合适，因为钥匙的使用并非关闭而是开启。我认为这样的使用才适合钥匙。事实上天堂本身已经敞开；《默示录》：4:1：我看见天上有一个门开了。因此[天堂]不必被打开；但是那些应该进去却被束缚的人，理应被释放。①

在这里阿奎那强调：天堂的大门既然已经敞开，神职人员决不能为难已经愿意悔改的信徒，因为上帝已经赦免了他们。忏悔圣事的内在法庭有别于教会外在的诉讼法庭。② 在信徒的拯救问题上，神父不能依律法主义的观点，僵化理解自己手中的赦免权力。因为圣事的权能从根本上就不属于他们。

教会掌握的"钥匙的权力"，即施予恩典的权力是一种属灵的权力，其本原在上帝那里。③ 阿奎那一方面承认隆巴德的观点，认为上帝及圣子耶稣基督是圣事的本原，施予恩典和赦免罪的权能都来自基督对自己

---

① *Super Evangelium S. Matthaei lectura*(《〈玛窦福音〉评注》，以下简写为 *Super Mt.*)，cap. 16 l. 2. 拉丁文采用马里耶蒂版：S. Thomae Aquinatis. *Super Evangelium S. Matthaei lectura*, Reportatio Leodegarii Bissuntini, Ed. R. Cai. 5ᵃ ed.，Marietti, Taurini-Romae, 1951. 利奥版待出。法译本参见 Thomas d'Aquin, *Lecture de l'Évangile de Saint Matthieu*, trans. Dominique Pillet, Jacques Ménard and Marie-Hélène Deloffre, 2005. Première édition numérique : http://docteurangelique. free. fr/index. html. "Consequenter ponit usum clavium *quodcumque ligaveris super terram*, *erit ligatum et in caelis*. Sed videtur quod inconvenienter ponatur, quia usus clavis non est ligare, sed aperire. Dico quod clavium conveniens iste usus est. Ipsum enim caelum apertum est; Apoc. cap. IV, 1: *vidi ostium apertum*. Unde non est necessarium ut aperiatur; sed ligatus qui debet introire, oportet quod solvatur."另见 *De forma absolutionis*, cap. 1。
② 诉讼法庭的意义在于通过某种程序辨别嫌疑人是否有罪，并给予罪人适当的惩罚以示公正。而忏悔圣事与此不同：为了得到良心的安宁与死后获得赦救的确信，中世纪的基督徒将自己的心灵依托在良心和悔罪的内在法庭之中，即忏悔圣事之中。因此，忏悔圣事的意义在于拯救，其中的神父首先是牧者而非审判者。关于教会法庭的外在法庭和内在法庭，即诉讼法庭和忏悔圣事的区分，参见 Joseph Goering, "The Internal Forum and the Literature of Penance and Confession," *Traditio* 59（2004），pp. 175-176。
③ *Super Sent.*，lib. 4 d. 18 q. 1 a. 1 qc. 1 ad 3.

身体的献祭。另一方面,在他看来,人的能力(*facultas humana*)无法实现圣事的权能,即普通人无法赦免忏悔者的罪而使人成圣。除非某人通过圣秩圣事(即授职礼,*sacramentum ordinis*)接受了施予圣事的权能,他通过圣事权能的传递过程而拥有施予恩典的属灵的权力。所以,神职人员本人是否拥有的德性并不影响他赦免罪的圣事的有效性,因为教会的司祭(*ministri Ecclesiae*)是通过基督的权能,而不是他自己的权能主持圣事,施予恩典。① 圣事的属灵的拯救权能只能通过圣秩传递。② 所以,阿奎那也肯定了圣维克多的休对神职人员主持忏悔圣事的强调。阿奎那认为,在圣事中,基督同神职人员之间是行动的本原(*principale agens*)与工具(*instrumentum*)的关系。③ 钥匙的有效性从根本上来自基督的受难,是基督本人为世人开启天国的大门。④ 因此,不论是教会法还是教宗本人的权威都不是终极权威。在基督教语境下,只有上帝、圣子耶稣基督及圣灵享有最高权威。

余论:教会的权威

罗马大公教会的宗教性质和救赎使命决定了其终极目的不是追求任何世俗意义的财富与权力。因而,其最高权威永远不是尘世的个人,而是仁慈的上帝。然而,权威的神圣性(holiness)并不单纯意味着某些个人、集体或组织机构所宣称的神圣起源,不管它是自上而下,还是自下而上。权威的神圣性包含权威主体自身具有且在行使权力的过程中不断向世人呈现出来的崇高性。因此,教会权威的实质恰恰体现在耶稣基督的可见生命之中。

---

① *SCG.* lib. 4 cap. 77 n. 5; *SCG.* lib. 4 cap. 77 n. 7; *ST.* IIIa, q. 64 a. 5 co. ; *ST.* IIIa, q. 64 a. 10 co.
② *Super Mt.* , cap. 16 l. 2.
③ *SCG.* lib. 4 cap. 74 n. 2; *SCG.* lib. 4 cap. 77 n. 5; *ST.* IIIa, q. 64 a. 5 co.
④ *SCG.* lib. 4 cap. 72 n. 11 "Huiusmodi autem claves a passione Christi efficaciam habent, per quam scilicet Christus nobis aperuit ianuam regni caelestis."

尘世有形的教会组织的活动一旦偏离圣言爱的诫命,权威将逐渐失效。在基督神性的感召下,善的目的和手段只有保持一致,才有可能避免某些机构或个人成为他人谋取利益的工具。通过这种方式,权威拥有真正长久的效力。正如当代宗教哲学家让-吕克·马里翁(Jean-Luc Marion)所言,如果没有神圣性的权威,任何制度的权威都是空洞的。[1]

中世纪经院神学家托马斯·阿奎那正是看到了这一点。在社会急剧变化的13世纪,阿奎那同宣道会(Ordo Praedicatorum,即多明我会,Dominican Order)的会祖古斯曼的多明我(St. Dominic of Guzman,约1171—1221)一样,深切地体会到人类理性和武力的有限性。然而,罗马教廷的态度与他们不同。深受当时久久无法解决的异端问题的困扰,教宗依诺森三世(即英诺森三世,Innocent III,1198—1216在任)逐渐对法国南部的异端分子失去了耐心。他在1209年发起了"阿尔比十字军"运动(Albigensian Crusade,1209—1229),借助法国北方贵族的武力对纯洁派异端分子进行残酷镇压。[2] 在那些艰难的日子里,圣多明我将他的弟兄们送往西班牙、博洛尼亚和巴黎学习神学,而自己却坚持留在朗格多克地区继续以非暴力的方式进行布道活动。在长期的辩论交锋中,多明我和他的托钵僧们见证了武力打击异端效果甚微的事实,而随之而来的暴力恐惧对普通信众心灵的侵害却是难以弥补的。

新兴的多明我会对于布道的热诚,感染了年轻的托马斯·阿奎那毕生致力于学问与传教的事业。在充分认识到人类无法逃避罪的现实性和人类理性有限性的基础上,阿奎那表明了他对异端分子(haeretici)、异教徒(pagani),特别是犹太人(Judaei)宽容的态度。在他看来,至善的上帝允许世间很多恶的存在,因为在恶的事件中有时也会产生善的行为。某些恶的存在之所以被允许,有时是为了避免更大的恶的泛滥。在《神学大全》中,他甚至援引奥古斯丁的论断"清除人间的妓女,你将让世界因

---

[1] Mary Frohlich, "Authority" in Amy Hollywood and Patricia Z. Beckman eds., *The Cambridge Companion to Christian Mysticism*, Cambridge: Cambridge University Press, 2012, p.314.

[2] Walter L. Wakefield, *Heresy, Crusade and Inquisition in Southern France 1100-1250*, London: George Allen & Unwin Ltd, 1974, pp.96-129.

情欲而不安",来说明不信教者的礼仪(ritus infidelium)应被宽容。① 特别是当不信教者人数众多的情况下,教会曾经多次宽容了他们。② 在这里,阿奎那反对严格律法主义的态度同样清晰而明确。

在他的神学语境下,教会不仅是以教会法为根基的有形的教阶制度,更意味着圣灵浇灌的信徒团体(congregatio fidelium)和基督的神秘奥体(corpus mysticum)。③ 作为身体一部分的每一个信徒都分享着奥体的荣耀与力量,但同时也肩负着重大的责任——医治可能的罪的疾病。因为"天主是爱"(若一:4:16),所以基督的奥体,即教会团体,也是爱的共融。

忏悔圣事的赦罪程序,其最终目的是通过圣灵的恩典带领有罪的基督徒走向拯救;而不是将犯罪的人在肉体上消灭,或是将他们拒于爱的团契之外。因为耶稣基督说过:"因为[上帝]使太阳上升,光照恶人,也光照善人;降雨给义人,也给不义的人。"(玛:5:45)

尽管中世纪教会严密的等级结构,特别是神职人员与平信徒的鲜明区分,遭到新兴市民阶层的挑战,阿奎那对罪的态度始终保持正义的律法与爱的恩典的平衡。直到16世纪宗教改革运动的冲击,彻底打破神职人员与平信徒的界限,颠覆了这一平衡。④ 随着罗马天主教会逐渐丧失固有的权威,基督教世界在信仰层面开始走向宗派化与碎片化。自此,教会的含义发生了根本的改变。

(惠慧 北京大学历史学系博士研究生)

---

① 在阿奎那的神学体系中,异端(haeresis)和背教(apostasia)都归属在不信教(infidelitas)的范畴之下。参见 ST. IIa-IIae, q. 11 a. 1 co.; ST. IIa-IIae, q. 12 a. 1 co.
② ST. IIa-IIae, q. 10 a. 11 co.
③ Luijten, *Sacramental Forgiveness*, pp. 196-210.
④ 神职人员(即通常所说的教士)与平信徒的张力几乎贯穿整个中世纪,且在宗教改革运动和法国大革命时期尤为突出,直至当代教会生活的各个层面。因此,二者间的关系问题一直是教会史的重要议题之一。新近的译著《欧洲的宗教与虔诚》的作者斯旺森就是以这个着眼点描述1215—1515年西欧的宗教生活,参见罗伯特·诺布尔·斯旺森著:《欧洲的宗教与虔诚:1215—1515》,龙秀清、张日元译,上海:上海三联书店,2012年。

走向领主权：中世纪欧洲史研究的新趋势

黄春高

【内容提要】 领主权研究的兴盛是晚近英美中世纪史学界的突出现象。然而，这一现象并没有引起国内外学者的特别关注。本文试图描述领主权研究兴起的历程，并分析其特征。本文认为，领主权研究的兴起与西方封建主义研究的式微前后相承，体现了从封建主义走向领主权的学术新趋向。之所以如此，一方面是因为领主权比封建主义更为具体，另一方面则是因为领主权乃是中世纪欧洲历史中的普遍存在。不过，具象的领主权研究同样体现了抽象的思考。在关于领主权是政府性还是非政府性的争论中，它已然成长为认识中世纪历史的新的话语方式。

20世纪后期以来，英美学界关于中世纪欧洲领主权的研究取得了显著的成就。① 笔者以为，领主权研究的兴起并非偶然，它与封建主义研究

---

① 行文之初，做几点说明。其一，本文曾经收录在马克垚先生80华诞纪念文集（《多视角下的"封建主义"》，北京：社会科学文献出版社，2013年）中，此次发表做了全面的修改。其二，本文的"封建主义"和"领主权"几乎都是就学术史意义来展开，并不从历史史实层面来讨论它们的是与非。其三，本文的"封建主义"主要在非马克思主（转下页）

的主流学术变迁有直接的关联。事实上,在相当长的时期,领主权只被看作封建主义的题中之义,直到晚近才渐有挣脱封建主义束缚的迹象。此乃从封建主义走向领主权的历程。然而,这一现象并没有引起英美学者特别关注。甚至可以说,他们对此次学术转向的重要性并没有清晰的认识。①有鉴于此,本文以晚近领主权研究的兴起为讨论对象,剖析英美界中世纪欧洲史研究学术转向的特征,期望对学界有所裨益。

一 背景:封建主义研究的危机

领主权研究兴起于封建主义研究衰微之时。

以封建主义视角来认识与理解中世纪欧洲的历史,一直是学界的主流叙事。说封建主义史学就是中世纪欧洲史学,可能有所夸大,但说封建主义史学对后者有着巨大而深远的影响,则与实际相去不远。在中世纪欧洲历史研究的各个范畴和领域,在绝大多数中世纪学者那里,封建主义都是一个不可回避、绕不过去的主题。从18世纪一直到20世纪后期,西方封建主义史学的发展与繁荣就是明证。②大体上可以说,在20世纪后期之前,封建主义话语是中世纪欧洲历史研究中的范式。

然而,在这种繁荣之中,已然孕育着危机。封建主义的成长是一个从相对狭义的概念走向一个无所不包的广义理论的历程,也是一个不断自

(接上页)义意义上的使用,至于马克思主义的封建主义与领主权问题,尚待专文论述。其四,本文所用"领主权"一词对应英文 lordship,法文 seigneurie,德文 Herrschaft,以及拉丁文 dominium。尽管它们各自的含义并非单一,笔者仍将其统一译为"领主权",既有遵从习惯的意思,也有对权力范畴的思考在其中。

① 在笔者有限的阅读中,仅见到一位学者对此有关注。参见 Marjorie Chibnall, *The Debate on the Norman Conquest*, Manchester: Manchester University Press, 1999. chapter 6, The Later Twentieth Century: from feudalism to lordship, pp. 79-96; Marjorie Chibnall, "Feudalism and lordship", in Christopher Harper-Bill and Elisabeth van Houts, eds, *A Companion to the Anglo-Norman World*, Woodbridge: The Boydell Press, 2003, pp. 123-134。值得注意的是,作者的视野局限在盎格鲁—诺曼英格兰,未能辐射到中世纪欧洲。

② 封建主义研究的成果浩如烟海,此处只能从略。相关论述参见马克垚先生新作:《封建经济政治概论》,北京:人民出版社,2010年。

我强化、自我更新的历程。① 如我们所知,封建主义最初是在法律意义上使用的,随后不断扩大至军事、政治、社会、经济,甚至文化意义上。这一历程造成了封建主义在中世纪欧洲历史研究中的强势,也激起了诸多纷争。在理论层面上的争论在于:什么是封建主义? 狭义论者坚持应该从更技术意义上的法律及政治层面来理解封建主义,广义论者则认为可以放宽封建主义的界限,以涵括更为复杂多样的历史实际。狭义与广义之争,关键在于谁更能够揭示封建主义的内在特征。②而在实际层面上的争论在于:封建主义概念是否与历史实际符合? 这一争论带有哲学上的名与实的争论意味,即封建主义到底只是一个名称还是实际的存在。正如学者马尔科姆·巴贝尔所言:"事实上,当现代历史学家思考如'封建主义'这样的术语跟持有土地、享有司法权利及负有军事义务的千万个体之间的关系的时候,他面临同样的问题(指名与实的关系问题——引者)。对'唯名论者'的历史学家来说,'封建主义'不拥有任何实体,而且因为它经常误导人们,所以它作为一个'便利术语'的价值可能也被视为高度可疑。"③事实上,在学者们挖掘出来的越来越丰富而多样的历史事实面前,封建主义概念也在不断进行着调适。例如,德国学者奥托·亨茨不得不将封建主义分为三种类型,即军事封建主义、政治封建主义以及社会经济封建主义,以此来对应特征差异明显的不同历史阶段。④ 法兰

---

① Susan Reynolds, *Fiefs and Vassals: The Medieval Evidence Reinterpreted*, Oxford: Oxford University Press, 1994, paperback, 1996, Chapter one. J. G. A. Pocock, *The Ancient Constitution and the Feudal Law*, Cambridge and New York: Cambridge University Press, first published 1957, reprinted 1987, Chapter 4, 5.
② 狭义论的代表是比利时历史学家弗朗索瓦·冈绍夫,广义论的代表则是年鉴学派大师马克·布洛赫。当然,封建主义研究的成果,未必能够以狭义与广义来概括。例如,美国历史学家约瑟夫·斯特雷耶对封建主义的理解和定义,就介于狭义与广义之间。参见 F. L. Ganshof, *Feudalism*, translated by Philip Grierson, London: Longman Group Limited, third English edition, 1964, eighth impression, 1979. Marc Bloch, *Feudal Society*, translated by L. A. Manyon, London: Routledge and Kegan Paul, 1965. J. R. Strayer, *Feudalism*, Princeton: D. Van Nostrand Company, Inc., 1965。
③ Malcolm Barber, *The Two Cities: Medieval Europe, 1050-1320*, London and New York: Routledge, 2000, p.444.
④ Otto Hintze, "The Nature of Feudalism", in F. L. Cheyette, ed., *Lordship and Community in Medieval Europe: Selected Readings*, Huntington and New York: Robert E. Krieger Publishing Company, original edition, 1968, reprint 1975, pp.22-31.

克王国加洛林时期则被弗朗索瓦·冈绍夫称为"加洛林封建主义",以区别于经典的封建主义。① 马克·布洛赫本人也以1050年为界,将其封建主义架构分为前后两个时期。②英国学者则在英国本土历史中,发现了非正常形态的封建主义,故而将其称为"变态的封建主义"。③

学术争论既使封建主义研究走向深入,更使封建主义问题走向复杂。对封建主义是什么的追问,事实上逐渐消解着封建主义话语的强势。1974年美国学者伊丽莎白·布朗对封建主义"建构的专制"展开强烈批判。④1994年英国学者苏珊·雷诺兹的专著《封土与封臣》的出版引起了极大反响,它对狭义封建主义模式或者说冈绍夫模式给予沉重而深刻的打击。激进的学者甚至使用"封建主义的终结""别了,封建!"等醒目的字眼来宣告它的衰亡。⑤ 2006年9月,在挪威的卑尔根(Bergen)召开了以封建主义为主题的国际学术会议,会议文集题为《封建主义:辩论的新景观》。编者的主旨在于:"本文集主要聚焦于对冈绍夫的封建主义定义的挑战。"⑥

在此情形下,中世纪欧洲历史研究的实践,逐渐呈现出疏离乃至弃用封建主义的趋向。英国学者霍尔特甚至这样说:"我们已经不再相信封建主义了。"⑦ 在回顾《封土与封臣》一书出版12年后有关情形时,雷诺兹得出这样的结论:"相当数量中世纪学者宣称他们不再使用封建主义一词。"⑧此类表达或许有所夸大。但是,封建主义研究的危机乃是不容

---

① F. L. Ganshof, *Feudalism*, pp. 15-61.
② Marc Bloch, *Feudal Society*, Chapter 4.
③ K. B. McFarlane, "Parliament and 'Bastard Feudalism'", *Transactions of the Royal Historical Society*, Fourth Series, Vol. 26 (1944), pp. 53-79.
④ E. A. R. Brown, "The Tyranny of a Construct: Feudalism and Historians of Medieval Europe", *American Historical Review*, Vol. 79, No. 4 (Oct., 1974), pp. 1063-1088.
⑤ Paul R. Hyams, "The End of Feudalism?" *The Journal of Interdisciplinary History*, Vol. 27, No. 4 (Spring, 1997), pp. 655-662. Patrick Wormald, "Farewell to the Fief", *Times Literary Supplement*, No. 4797(March 10, 1995): 12.
⑥ Sverre Bagge, Michael H. Gelting, and Thomas Lindkvist, eds., *Feudalism: New Landscapes of Debate*, Turnhout: Brepols Publishers, 2011, pp. 2-3.
⑦ 转引自 Marjorie Chibnall, "Feudalism and lordship", p. 124。
⑧ Susan Reynolds, "Fiefs and Vassals: After Twelve Years", in Sverre Bagge, Michael H. Gelting, and Thomas Lindkvist, eds., *Feudalism: New Landscapes of Debate*, p. 23.

否认的现实。①

二 领主权:走出封建主义的历程

在封建主义研究呈现危机之时,领主权研究却日渐兴起并取得巨大成就。二者之间有何关联呢? 笔者以为,学界经历了一个从封建主义研究逐渐走向领主权研究的学术历程。此历程大体上可分为两个阶段。

第一阶段,是领主权研究寄生于封建主义范式的时期。当封建主义话语强势之时,领主权其实已经存在于封建主义范式之内。在梅特兰的许多论著中,对诸如自由人与领主的关系、领主对土地的权力、领主的司法权等具体问题,都有不同程度的讨论。梅特兰还认为,领主权尤其是领主的司法权甚至比军事封土制更为重要,是封建主义一切现象的深刻根源。不过,总体上,梅特兰还是在封建主义理论框架下进行讨论。② 1932年斯坦顿出版名著《英国封建主义的第一个世纪》,其主题是封建主义,但作者以很大的篇幅去探讨以贵族身份、贵族法庭、贵族领地、领主家庭、骑士、城堡等为对象的领主权问题。③ 斯坦顿描述和刻画的领主权现象还被一些学者直接以"领主世界"(seignorial world)来表达。④ 同梅特兰一样,此时的斯坦顿并不认为领主权与封建主义是对立的,而是强调领主

---

① Marcus Bull, *Thinking Medieval*: *An Introduction to the Study of the Middle Ages*, New York: Palgrave Macmillan, 2005, pp.59-60.
② F. W. Maitland, *The Constitutional History of England*, Cambridge: Cambridge University Press, first published 1908, reprinted 1948, pp.142-164. Sir F. Pollock and F. W. Maitland, *The History of English Law Before the Time of Edward I*, Cambridge: Cambridge University Press, first published 1895, reissued 1968, reprinted 1978, Vol.1, pp.29-31; Vol.2, pp.3-5. F. W. Maitland, *Domesday Book and Beyond*: *Three Essays in the Early History England*, Cambridge: Cambridge University Press, first published 1897, reprinted 1989, pp.104, 172, 223-224.
③ F. M. Stenton, *The First Century of English Feudalism*, *1066-1166*, Oxford: Clarendon Press, first edition 1932, reprinted 1954, pp.4, 8, 41-82.
④ Paul Dalton, *Conquest*, *Anarchy and Lordship*, *Yorkshire*, *1066-1154*, Cambridge: Cambridge University Press, 1994, first paperback edition, 2002, pp.257-259. S. F. C. Milsom, *Framework of English Feudalism*, Cambridge: Cambridge University Press, 1976, p.183.

权在封建主义架构下的存在,甚至将其表述为"封建领主权"(feudal lordship)。① 弗兰克·巴洛的著作虽然对忏悔者爱德华时期的领主和领主权,诺曼征服以及以后的英国贵族、骑士及城堡等领主权问题都有较为充分的讨论,但其主题仍然落脚于英格兰王国的封建化讨论。②

此类著作,也许在研究对象上各有侧重,但领主权基本上是作为封建主义研究的补充而存在。甚至在许多时候,领主权往往被等同于一个封土,或者直接视其为封建主义。③ 德国学者奥托·亨茨就认为,从领主权的基本特征来看,它最终导致的是封建主义。④ 可以看出,此时的领主权研究事实上为封建主义研究所遮蔽。正如美国学者托马斯·比森所说,"在中世纪历程中,存在一个如此恒久且普遍的现实世界,以至领主权容易被同化或被包摄在其他命题之下:例如,王权,封建主义,地产等级;而正是此类命题被证明容易犯概念的年代错误。"⑤

第二阶段,则是领主权研究逐渐疏离并最终独立于封建主义范式的时期。自20世纪中叶以来,学者们逐渐认识到领主权与封建主义两个概念的区别。尤以法语学界对 féodalité 与 seigneurie 进行区分产生的影响最为直接。事实上,在《封建社会》及其《历史学家的技艺》两书中,马克·布洛赫已经对 seigneurie 与 féodalité 做了区分。不过,此时布洛赫的区分,强调的是 seigneurie 的经济层面。⑥ 20世纪70年代,法国史学界关于"封建革命"大讨论的一个副产品,就是从非经济层面来理解 seigneu-

---

① F. M. Stenton, *The First Century of English Feudalism*, 1066-1166, p. 8.
② Frank Barlow, *The Feudal Kingdom of England*, London: Longman, 1955, pp. 6-14, 107-111.
③ 戈登史密斯特别指出,领主权就是旧制度时期的法国人称呼的封建主义。James Lowth Goldsmith, *Lordship in France*, 500-1500, New York: Peter Lang Publishing, Inc, 2003, p. 1. F. R. H. Du Boulay, *The Lordship of Canterbury, An Essay on Medieval Society*, London: Thomas Nelson and Sons Ltd, 1966.
④ Otto Hintze, "The Nature of Feudalism", in F. L. Cheyette, ed., *Lordship and Community in Medieval Europe: Selected Readings*, Huntington and New York: Robert E. Krieger Publishing Company, original edition, 1968, reprint 1975, pp. 24-25.
⑤ T. N. Bisson, "Medieval Lordship", *Speculum: A Journal of Medieval Studies*, Vol. 70, No. 4 (Oct., 1995), p. 746.
⑥ Marc Bloch, *Feudal Society*, p. 279. Marc Bloch, *The Historian's Craft*, New York, 1953, p. 171.

rie。随着大历史学家乔治·杜比等人在研究中发现禁用领主权(seigneurie banale)的存在,①越来越多的学者对此问题产生了兴趣。② 这些学者们认为,基于非土地因素而产生的领主所享有的那些具有司法意义的权力,即禁用领主权才是中世纪欧洲发生巨变的根本所在。③ 因此,"封建革命"被有的学者等同于禁用领主权。④ 至此,封建主义与领主权才真正分离。正如蒂墨斯·鲁特尔言:"封建主义……被严格地与凌驾于农民或者依附者之上的私人领主制度('seigneurialism')区分开来。而且,经常作为一种本能的反应,二者之间的任何必然联系被断然否认;甚至更为激进地认为前者根本就不存在。"⑤

英美学者也积极参与"封建革命"大讨论。1994年,托马斯·比森撰写长文《论封建革命》。文章起于"封建革命"的历史分析,落脚点则在于领主权的成长与发展。⑥ 跟进比森并参与讨论的其他学者,也从不同的

---

① G. Duby, *La société au xie et xiie siècles dans la région maconnaise*, Hollande : Editions de L'Ecole des Hautes Etudes en Sciences Sociales, 1953, reimpression, 1982. G. Duby, *The Three Orders : Feudal Society Imagined*, translated by Arthur Goldhammer, Chicago and London: The University of Chicago Press, 1980, Phoenix edition, 1982.
② Pierre Bonnassie, *La Catalogne du milieu du Xe a la fin du XIe siècle: croissance et mutations d'une société*, 2 vols. Toulouse : Publications de l'Universite de Toulouse-Le Mirail, series A 23, 29, 1975-1976. Jean-Pierre Poly, *La Provence et la Société Féodale (879-1166)*, Contribution à létude des structures dites féodales dans le Midi, Paris: Bordas Editions, 1976. Jean-Pierre Poly et E. Bournazel, *La mutation féodale, X^e - XIIe siècle*, Paris: Presses Universitaires de France, 1980. Jean-Pierre Poly et E. Bournazel, *The Feudal Transformation 900-1200*, translated by Caroline Higgitt, New York and London: Holmes & Meier Publishers, Inc., 1991.
③ 根据约翰·亨讷曼的理解,seigneurie 的领主可分为三类:一类是拥有自己佃户的领主,一类是拥有依附于禁用权者的领主,一类是拥有因封土而效忠者的领主。他还认为,早期领主权的经济特征明显,到12世纪则禁用领主权更为突出。John Bell Henneman, JR, "seigneur/ seigneurie", in William W. Kibler, Grover A Zinn, Lawrence Earp, John Bell Henneman, JR, eds., *Medieval France: An Encyclopedia*, New York & London: Garland Publishing, Inc., 1995, This edition published in the Taylor & Francis e-Library, 2006, pp. 1641-1643.
④ 作者使用的表达方式是,"the feudal revolution/seigneurie banale model"。James Lowth Goldsmith, *Lordship in France, 500-1500*, pp. 9-10.
⑤ Timothy Reuter, "The Medieval Nobility in Twentieth-Century Historiography", in Michael Bentley, ed., *A Companion to Historiography*, London and New York: Routledge, 1997, p. 182.
⑥ T. N. Bisson, "The 'Feudal Revolution'", *Past & Present*, No. 142 (Feb., 1994), pp. 6-42.

角度回应了领主权与封建主义问题。① 这些,正体现了法语学界对于区分领主权与封建主义两大概念的直接而积极的影响。② 英语学界关于"变态封建主义"的大讨论,与"封建革命"的大讨论有类似的功效:它们都在事实上有助于领主权概念与封建主义的分离。随着麦克法兰将变态封建主义概念引入英国中世纪晚期的历史研究,20世纪80、90年代英美学者对该问题展开了较大规模的讨论。诸如变态封建主义的定义与理解,它所适用的时间与空间,它的基本特征等问题,都是学者争论的主题。尽管大讨论众说纷纭,但学者们所描述的变态封建主义的那些特征,如以契约取代封土,以人身契约纽带取代封建臣服关系,以家内服役取代军事服役等,在很大程度上反映的是领主权的表征。③ 正如麦克法兰所说:

---

① 巴特勒密、怀特、鲁特尔、威克翰和比森等人在《过去与现在》杂志上就"封建革命"展开了激烈的讨论。参见 Dominique Barthelemy , "Debate : The 'Feudal Revolution' : I" ; Stephen D. White , " The 'Feudal Revolution' : II ," *Past & Present* , No. 152(Aug. 1996), pp. 196-223;Timothy Reuter , "Debate: The 'Feudal Revolution' : III ," *Past & Present*, No. 155(May, 1997) , pp. 77-195;Chris Wickham , "Debate: The 'Feudal Revolution' : IV ," *Past & Present*, No. 155 (May, 1997), pp. 196-208;T. N. Bisson , "Debate: The 'Feudal Revolution' : Reply ", *Past & Present*, No. 155 (May, 1997), pp. 208-225。

② Theodore Evergates, trans. ed., *Feudal Society in Medieval France: Documents from the County of Champagne*, Philadelphia: University of Pennsylvania Press, 1993, p. xvii. 在诸多自法语翻译为英文的著作中,seigneurie 往往被对译为 lordship,突出了领主权的意味。参见 Guy Fourquin, *Lordship and Feudalism in the Middle Ages*, translated by Iris and A. L. Lytton Sells, New York: Pica Press,1976。事实上,英国马克思主义历史学家罗德尼·希尔顿就曾经专文讨论过封建主义与领主权的关系。Rodney Hilton, "Feudalism or *Féodalité* and Seigneurie in France and England", in Rodney Hilton, *Class Conflict and the Crisis of Feudalism: Essays in Medieval Social History*, London and New York: Verso, 1990, pp. 154-165.

③ Scott L. Waugh, "Tenure to Contract: Lordship and Clientage in Thirteenth-Century England," *The English Historical Review*, Vol. 101, No. 401 (Oct., 1986),pp. 811-839. P. R. Coss, "Bastard Feudalism Revised", *Past & Present*, No. 125 (Nov.,1989),pp. 27-64. David Crouch and D. A. Carpenter, "Debate: Bastard Feudalism Revisited", *Past & Present*, No. 131(May, 1991),pp. 165-189. P. R. Coss, "Debate: Bastard Feudalism Revisited, reply", *Past & Present*, No. 131(May,1991), pp. 190-203. J. G. Bellamy, *Bastard Feudalism and the Law*, London: Routledge, 1989. Michael Hicks, *Bastard Feudalism*, London and New York: Longman Group Limited, 1995. D. A. Carpenter, "The Second Century of English Feudalism", *Past & Present*, No. 168 (Aug., 2000),pp. 30-71. M. W. Bean, *From Lord to Patron: Lordship in Late Medieval England*, Manchester: Manchester University Press, 1989),pp. 1-8.

"变态封建主义的精髓就是有偿服务。领主权观念被保留下来了,但因为它是从土地保有权中分离出来的,所以它经受了几乎不可见的质变历程,除了一些不变的偶然之物,它放弃了一切。"① 这里,麦氏一方面承认领主权乃是从封建主义中分离出来,另一方面又强调此领主权已经非彼领主权了。因此,此次大辩论,从历史本身及理论层面阐述了领主权与封建主义之间存在的差异。

总之,自20世纪中后期以来,在对封建主义的深入挖掘、反思与批评中,学者们逐渐建立起对领主权的清晰认识。例如,斯特雷耶的"两层次封建主义"说,不仅丰富了他本人对封建主义的理解,而且其中的下层封建主义,在一定程度上呼应着领主权。② 托马斯·比森也是一方面批评封建主义,另一方面又从中寻求到了领主权这一新路径。③ 弗里德里克·切耶特主编的《领主权与共同体》一书已经将封建主义与领主权做了明确的区分,其书名也旨在突出领主权而非封建主义。④ 早在20世纪80年代,苏珊·雷诺兹就一直努力在封建主义之外寻找新的理解历史的话语。在建立共同体模式的时候,她也将不同层面的领主权呈现在读者面前。⑤ 斯蒂芬·怀特的史学文集在反思封建主义问题的同时,也对领主权与封建主义有所区分。⑥

事实上,无论在理论层面还是在实践层面上,领主权研究的重要性得到越来越多学者的肯定。1995年,托马斯·比森撰写《中世纪领主权》一

---

① K. B. McFarlane, "Parliament and 'Bastard Feudalism'", pp. 53-79.
② Joseph R. Strayer, "The Two Levels of Feudalism", in *Medieval Statecraft and the Perspectives of History: Essays by Joseph R. Strayer*, Princeton: Princeton University Press, 1971, pp. 63-76.
③ T. N. Bisson, "The Problem of Feudal Monarchy: Aragon, Catalonia, and France," *Speculum: A Journal of Medieval Studies*, Vol. 53, No. 3(Jul. 1978), pp. 460-461. T. N. Bisson, "Medieval Lordship", pp. 743-744.
④ F. L. Cheyette, ed., *Lordship and Community in Medieval Europe: Selected Readings*, Huntington and New York: Robert E. Krieger Publishing Company, original edition, 1968, reprint 1975, p. vii.
⑤ Susan Reynolds, *Kingdoms and Communities in Western Europe, 900-1300*, Oxford: Clarendon Press, 1984, pp. 219-249.
⑥ Stephen D. White, *Re-Thinking Kinship and Feudalism in Early Medieval Europe*, Burlington: Ashgate Publishing Company, 2005, pp. x-xiv, 1-18.

文,对该问题不受重视等缺憾给予了批评,号召学界加强对领主权的研究。① 里斯·戴维斯则批评英国学界对领主权缺乏关注,认为导致此现象出现缘于英国人的宪政史学传统。② 而对具有独立于封建主义特征的领主权进行研究的成果更是不断涌现。例如,奥地利学者奥托·布伦纳早年关于奥地利领主权的经典著作被翻译为英文出版。③乔治·杜比的成名作《11和12世纪马贡奈地区的社会》,被学界公认为领主权研究的经典,属于"划时代的研究"(epoch-making study,里斯·戴维斯语)。④里斯·戴维斯早年受到麦克法兰的影响,对领主权问题产生了浓厚的兴趣,尤其是威尔士边区的领主权,⑤后来将其视野扩到整个不列颠群岛。2009年出版其身后专著《晚期中世纪不列颠群岛的领主与领主权》,它既有领主权的理论性思考,也有实证研究,可以看作戴维斯领主权研究的代表作。⑥受到戴维斯影响的一批学者,更在不同的领域中展开对领主权或直接或间接的研究。⑦ 我们还要特别提及一批马克思主义史学家对领主权的研究。罗德尼·希尔顿是研究封建主义的大家,而在其众多著作中,

---

① T. N. Bisson, "Medieval Lordship", pp. 743-759. T. N. Bisson, ed., *Cultures of Power: Lordship, Status, and Process in Twelfth Century Europe*, Philadelphia: University of Pennsylvania Press, 1995.

② Rees Davies, *Lords and Lordship in the British Isles in the Late Middle Ages*, edited by Brendan Smith, Oxford: Oxford University Press, 2009, pp. 1-5.

③ Otto Brunner, *Land und Herrschaft: Grundfragen der Territorialen Verfassungsgeschichte Osterreichs im Mittelaleter*, Vienna, 1939; translation and introduction by Howard Kaminsky and James, Van Horn Melton, *Land and Lordship: Structures of Governance in Medieval Austria*, Philadelphia: 1992.

④ Rees Davies, *Lords and Lordship in the British Isles in the Late Middle Ages*, p. 3.

⑤ Rees Davies, *Lordship and Society in the March of Wales 1282-1400*, Oxford: Clarendon Press, 1978.

⑥ Rees Davies, *Lords and Lordship in the British Isles in the Late Middle Ages*, pp. 1-19.

⑦ Huw Pryce and John Watts, eds., *Power and Identity in the Middle Ages*, Essays in Memory of Rees Davies, Oxford and New York: Oxford University Press, 2007. 在纪念戴维斯的论文集中,戴维斯的领主权研究是学者们讨论的主题。其中,直接以领主权为名的研究就有Alexander Grant, "Lordship and Society in Twelfth-century Clydesdale"; Robin Frame, "Lordship and Liberties in Ireland and Wales, c. 1170-c. 1360"; Brendan Smith, "Lordship in the British Isles, c. 1320-c. 1360: the Ebb Tide of the English Empire?"利伯尔曼的专著也是献给戴维斯的。Max Lieberman, *The Medieval March of Wales: The Creation and Perception of a Frontier, 1066-1283*, Cambridge: Cambridge University Press, 2010.

领主权也是其从未回避的主题。① 2003年9月英国伯明翰大学举行纪念希尔顿的国际学术会议——"罗德尼·希尔顿的中世纪(400—1600年)",其中一个主题就是"领主权对社会与经济有何影响"。②

至于美国的领主权研究,很大程度上得益于哈佛大学教授托马斯·比森的提倡与推动。比森自20世纪80年代开始转向中世纪领主权研究,完成了一系列重要的学术成果。其中,《痛苦的声音》一书描述和刻画的是中世纪加泰罗尼亚的农民所经历的领主权。③ 2009年比森出版《12世纪的危机:权力、领主权与政府的起源》一书,是作者领主权研究的总结性成果。④ 受到比森等前辈学者的影响,美国中生代及新生代学者领主权研究的成果也不少。亚当·科斯托的著作以加泰罗尼亚的书面协议为讨论对象,一方面对封建主义的研究成果有直接的回应,另一方面又以权力作为自己关键词。⑤ 理查德·巴尔顿的专著《缅因伯爵领地的领主权》是很有影响力的新锐之作,其研究直接回应和实践着比森的领主权主张,当然作者对比森也不无修正。⑥ 2003年,在英国召开的国际学术会议以探寻中世纪的权力历程为主题。会议论文集中收录的文章大都与领主权问题有直接的关系。⑦

---

① Rodney Hilton, *Class Conflict and the Crisis of Feudalism: Essays in Medieval Social History*, 1990. Rodney Hilton, *The English Peasantry in the Later Middle Ages*, Oxford: Oxford University Press, 1975.
② 2007年《过去与现在》杂志增刊(*Past & Present*, Supplement 2[2007])发表的纪念文章中直接讨论领主权的不少。Christopher Dyer, "The Ineffectiveness of Lordship in England, 1200-1400"; Phillipp R. Schofield, "Lordship and the Peasant Economy, c. 1250-c. 1400"; Wendy Davies, "Lordship and Community: Northern Spain on the Eve of the Year 1000"。当然,我们要意识到马克思主义史学家与非马克思主义史学家所理解的领主权之间的差异。
③ T. N. Bisson, *Tormented Voices: Power, Crisis, and Humanity in Rural Catalonia, 1140-1200*, Cambridge: Harvard University Press, 1998.
④ Thomas N. Bisson, *The Crisis of The Twelfth Century: Power, Lordship, and the Origins of European Government*, Princeton and Oxford: Princeton University Press, 2009. 此著作引起了西方学界的广泛关注。有学者认为,它将跻身学术经典之列。
⑤ Adam J. Kosto, *Making Agreements in Medieval Catalonia: Power, Order, and the Written Word, 1000-1200*, Cambridge: Cambridge University Press, 2001.
⑥ Richard E. Barton, *Lordship in the County of Maine c. 890-1160*, Woodbridge: The Boydell Press, 2004.
⑦ Robert R. Berkhofer III, Alan Cooper, Adam J. Kosto, eds., *The Experience of Power in Medieval Europe, 950-1350*, Burlington: Ashgate Publishing Company, 2005.

至此,我们看到,领主权研究兴起与封建主义的衰落有不容割裂的关联。领主权话语最初寄生于封建主义架构之内,继而与之疏离,到最后获得独立的地位,这正是从封建主义研究走向领主权研究的过程。

三 领主权:从"少抽象"到"遍在性"

现有的研究已经证明,封建主义这一术语在中世纪历史中从未出现,它是后中世纪的产物;尤其是当封建主义范式发展到鼎盛时期,它已经成为极其抽象的存在。切耶特称其为一个"概念—理论"(a 'concept-theory')。① 斯坦顿认为:"封建主义是为了历史学家的方便而发明的一个术语。"② 布莱恩·蒂尔尼也认为:"封建主义是一个模糊不清的词语,杜撰于中世纪时代之后很久。它通常被历史学家用来描述在中世纪进程中成长出来的社会、军事和政治安排的一种复杂的模式。对于使用这样一个抽象、概述的术语来指称中世纪社会的复杂实际,一些现代学者滋生了怀疑。"③

在许多学者看来,领主权则不同,它是历史话语而非后出的建构,是中世纪本身的产物。在宗教的信仰中,在世俗的统治中,在文学作品中,在日常的表达中,人们都能够读到众多关于领主权的直接或间接的表达。例如,希尔对早期英语文学贝奥武弗、马尔顿战役之歌等进行研究,指出在盎格鲁—撒克逊时期领主权的重建是真实的存在。④ 伯恩斯认为,拉丁文领主权(dominium)一词的意涵所指不尽相同,但其使用非常普遍,因此它是中世纪社会生活的"绝对基础事实"。⑤ 斯卡伦则从乔叟的《坎

---

① F. L. Cheyette, ed., *Lordship and Community in Medieval Europe: Selected Readings*, Huntington and New York: Robert E. Krieger Publishing Company, original edition, 1968, reprint 1975, pp. 2, 32-61.
② F. M. Stenton, *The First Century of English Feudalism*, 1066-1166, p. 214.
③ Brian Tierney, *Western Europe in the Middle Ages*, 300-1475, sixth edition, Boston: McGraw-Hill Education, 1999, pp. 157-158.
④ John M. Hill, *The Anglo-Saxon Warrior Ethic: Reconstructing Lordship in Early English Literature*, Gainesville: University Press of Florida, 2000.
⑤ J. H. Burns, *Lordship, Kingship, and Empire, the Idea of Monarchy*, 1400-1525, Oxford: Clarendon Press, 1992, p. 18.

特伯雷故事集》中认识到,中古英语领主权(lordshipe)一词使用及背后的历史都是绝对的真实。①正是从这里出发,领主权及其所指的历史就不是抽象而是具体的存在。领主权研究也正是不满于以抽象的封建主义概括一切历史现象,不满于封建主义概念将历史现象抽象化的结果。正如英国学者罗宾·弗莱姆所说:"较少抽象的术语'领主权'可能更为有用。"②弗莱姆的表达反映了这样一个学术取向:以更少抽象的领主权一词来进行更为具体的研究。

最直观的景象自然是我们肉眼可见的存在。于是城堡、城市等成为领主权研究的历史侧重。正如皮特·乔纳克所言,"城市和城堡是领主权的中心"。③ 城堡不仅是贵族生活起居的场所,更是"领主权的象征",在山巅在海岸叙述着复杂多样、亲切可感的历史。④因此,城堡的数量、城堡的观念、城堡主如何成为领主、如何创造骑士、如何建立堡垒与武装、城堡主对其民众的统治等等,都成为学者们笔下描述的对象,自然也是领主权的构成要素。⑤ 于是,历史的自然景观与领主之间发生了关联。从景观来看领主权,从领主权来看景观,成为领主权研究的新的视野,形成所

---

① Larry Scanlon, *Narrative, Authority, and Power: The Medieval Exemplum and the Chaucerian Tradition*, Cambridge: Cambridge University Press, first published 1994, this digitally printed version 2007, pp. 17, 69, 214. 在欧洲其他语言中,自然有同样的语词存在。如爱尔兰语中的 tighearnas 就与拉丁语 dominium 或者英语的 lordship 同义。Linda Doran and James Lyttleton, eds., *Lordship in Medieval Ireland: Image and Reality*, Dublin: Four Courts Press, 2007, p. 17.
② Robin Frame, "Conquest and Settlement", in Barbara Harvey, ed., *England: The Twelfth and Thirteenth Centuries 1066-1280*, Oxford: Clarendon Press, 2001, pp. 44-45.
③ Peter Johanek, "Merchants, Markets and Towns", in Timothy Reuter ed., *The New Cambridge Medieval History, Vol. III c. 900-c. 1024*, Cambridge: Cambridge University Press, first printed 1999, reprinted 2006, p. 84.
④ Christian D. Liddy, *The Bishopric of Durham in the Late Middle Ages: Lordship, Community and the Cult of St Cuthbert*, Woodbridge: The Boydell Press, 2008, p. 12. Charles L. H. Coulson, *Castles in Medieval Society: Fortresses in England, France, and Ireland in the Central Middle Ages*, Oxford: Oxford University Press, 2003.
⑤ R. Allen Brown, "A List of Castles, 1154-1216," *The English Historical Review*, Vol. 74, No. 291 (Apr., 1959), pp. 249-280. P. R. Coss, *Lordship, Knighthood, and Locality: A Study in English Society c. 1180-1280*, Cambridge: Cambridge University Press 1991, pp. 11, 13. Abigail Wheatley, *The Idea of the Castle in Medieval England*, Woodbridge: The Boydell Press, 2004, p. 7.

谓"领主权景观"(landscape of lordship)。①

城市,也是领主权的直观存在。新的城市史研究试图突破宪政史学的传统,着眼于领主权与城市的相互作用,尤其是领主权对城市发展的积极功能。例如,理查德·郭达尔德对考文垂的研究,主旨就是领主权之于城市化及商业化的积极作用。② 在关于达勒姆城市共同体的研究中,玛格丽特·博内讨论的是上级教会领主对该城市的控制和管理,尤其是以法庭审判、罚金及其他处罚来维持法律和秩序。③ 大卫·福特研究意大利一个城市市民社会的发展,着眼的是主教领主权与城市的关系。④

在本义上,领主权一词更多地指贵族的权力,故领主权研究往往与贵族研究相伴随。关于贵族身份、贵族领地等问题的研究,在事实上成为领主权研究的重要构成要素。⑤ 从土地贵族对其领地的统治,⑥到作为最高领主的国王对其领地的统治,都是实际上的领主权。诸如盎格鲁—撒克逊晚期麦西亚伯爵的统治、晚期中世纪德斯孟德伯爵领地的衰落,以及晚期中世纪英国顿斯特领主权的出售等等,都属于领主权具体而真实的存在状态。⑦ 至于作为最高领主的英国王室,既对各级郡治或者城市进行

---

① Robert Liddiard, "*Landscapes of Lordship*": *Norman Castles and the Countryside in Medieval Norfolk*, *1066-1200*, British Archaeological Report, Oxford: John and Erica Hedges Ltd, 2000.

② Richard Goddard, *Lordship and Medieval Urbanisation*: *Coventry*, *1043-1355*. Woodbridge: The Boydell Press, 2004.

③ Margaret Bonney, *Lordship and the Urban Community*, *Durham and Its Overlords 1250-1540*, Cambridge: Cambridge University Press, 1990, Chapter 6.

④ David Foote, *Lordship*, *Reform*, *and the Development of Civil Society in Medieval Italy*, *the Bishopric of Orvieto*, *1100-1250*, Indiana: University of Notre Dame Press, 2004, Chapter 4.

⑤ Paul Dalton, *Conquest*, *Anarchy and Lordship*, *Yorkshire*, *1066-1154*, pp. 2-3.

⑥ Rees Davies, *Lords and Lordship in the British Isles in the Late Middle Ages*, p. 82.

⑦ Stephen Baxter, *The Earls of Mercia*, *Lordship and Power in Late Anglo-Saxon England*, Oxford: Oxford University Press, 2007. Anthony M. McCormack, *The Earldom of Desmond*, *1463-1583*: *The Decline and Crisis of a Feudal Lordship*, Dublin: Four Courts Press, 2005. S. J. Payling, "Legal Right and Dispute Resolution in Late Medieval England: the Sale of the Lordship of Dunster," *English Historical Review*, Vol. 126, No. 518 (Feb. 2011), pp. 17-43.

统治,①更对苏格兰、威尔士以及爱尔兰这些征服地进行统治。② 而从教会的角度来看,教会贵族对主教区、大主教区的统治同样是教会领主权的集中体现。③ 甚至在教会及其他共同体对自杀者的关注与惩罚中,也存在着不同乃至竞争性的领主权。④

领主与其治下的民众的关系,自然也属于领主权讨论的直接构成。这里,有领主与同一阶级属性的贵族的关系,也有领主与被统治阶级的农民的关系。这种人与人之间的统治与被统治关系,是并非抽象的具体存在。例如,比森对加泰罗尼亚农民在领主权下经受苦难的描述,就属于人类学意义上的真实呈现。在罗撒蒙德·费斯笔下,英国农民的生产、生活与领主权的成长相始终。⑤ 在朗顿的文章中,农民在磨坊业中的日常消费与领主权之间的关系相当复杂。⑥在一些学者的讨论中,农民的婚姻更

---

① Paul Dalton, *Conquest, Anarchy and Lordship, Yorkshire, 1066-1154*. P. H. W. Booth, *The Financial Administration of the Lordship and County of Chester 1272-1377*, Manchester: Manchester University Press, 1981, Preface.

② Rees Davies, *Lordship and Society in the March of Wales 1282-1400*, 1978. Rees Davies, ed., *The British Isles, 1000-1500, Comparisons, Contrasts an Connections*, Edinburgh: John Donald Publishers LTD, 1988. Brendan Smith, "Lordship in the British Isles, c.1320-c.1360: The Ebb Tide of the English Empire?" in Huw Pryce and John Watts, eds., *Power and Identity in the Middle Ages, Essays in Memory of Rees Davies*, 2007. Robin Frame, *English Lordship in Ireland, 1318-1361*, Oxford: Clarendon Press 1982. Linda Doran and James Lyttleton, eds., *Lordship in Medieval Ireland: Image and Reality*, 2007. Richard Oram, *Domination and Lordship: Scotland, 1070-1230*, Edinburgh: Edinburgh University Press, 2011.

③ F. R. H. Du Boulay, *The Lordship of Canterbury, An Essay on Medieval Society*, p.3. John Eldevik, *Episcopal Power and Ecclesiastical Reform in the German Empire: Tithes, Lordship and Community, 950-1150*, New York: Cambridge University Press, 2012. Christian D. Liddy, *The Bishopric of Durham in the Late Middle Ages: Lordship, Community and the Cult of St Cuthbert*, 2008.

④ R. A. Houston, *Punishing the Dead? Suicide, Lordship, and Community in Britain, 1500-1830*, Oxford: Oxford University Press, 2010, pp.2-3, 366-367.

⑤ Rosamond Faith, *The English Peasantry and the Growth of Lordship*, London: Leicester University Press, 1997, Introduction, Chapter 1, pp.3-4.

⑥ John Langdon, "Lordship and Peasant Consumerism in the Milling Industry of Early Fourteenth-Century England," *Past & Present*, No. 145 (Nov., 1994), pp.3-46.

是受到领主权的巨大影响。①

以上种种,或是关注具体的物与人,或是青睐自然的景观,都是在"少抽象"上努力前行。然而,从具体而细致的领主权研究中,学者们似乎又走向了同一条路径,即认同领主权是一种普遍存在,即遍在性(ubiquity)。如,里斯·戴维斯特别强调领主权这一概念之于中世纪欧洲的政治、社会、学术语汇而言,可以算是一个"关键术语"。它是"遍在和基础的术语"。②他还认为"领主权"这一概念是一个很好的分析工具。③ 理查德·巴尔顿认为,"无论考察的是900年还是1160年的贵族世界,都真正是世俗领主权的力量盛行的世界"。"支配是中古社会的基本史实。因而,领主权是中世纪社会关系中最为普遍的存在。"④托马斯·比森也将领主权看作为中世纪社会生活的基础。他认为,"领主权既广泛又多样地被实践着","领主权变得越来越普遍"。在他看来,"领主权是贯穿欧洲历史的现象"。⑤ 法国学者罗伯特·佛西埃也认为,"领主权是10至18世纪之间日常生活中最基层的组织"。⑥戈登史密斯认为,领主权是法国历史中最持久的制度之一,具有无处不在的"遍在"特征。⑦

---

① 斯尔勒、布兰德、海亚姆斯、费斯以及博克费尔等人就领主对妇女婚姻的控制问题于《过去与现在》杂志上进行了激烈的讨论。参见 Eleanor Searle, "Seigneurial Control of Women's Marriage: The Antecedents and Function of Merchet in England", *Past & Present*, No. 82 (Feb., 1979), pp.3-43. Paul A. Brand, Paul R. Hyams, Rosamond Faith, "Seigneurial Control of Women's Marriage", *Past & Present*, No. 99 (May, 1983), pp. 123-148. Eleanor Searle, "Seigneurial Control of Women's Marriage: A Rejoinder", *Past & Present*, No. 99 (May, 1983), pp.148-160. Robert F. Berkhofer III, "Marriage, Lordship and the 'Greater Unfree' in Twelfth-Century France", *Past & Present*, No. 173 (Nov., 2001), pp. 3-27.
② Rees Davies, *Lords and Lordship in the British Isles in the Late Middle Ages*, p. 1.
③ Rees Davies, "The Medieval State: The Tyranny of a Concept?" *Journal of Historical Sociology*, Vol. 16, No. 2 (June 2003), pp. 280-300.
④ Richard E. Barton, *Lordship in the County of Maine c. 890-1160*, pp. 19, 220, 223-224.
⑤ T. N. Bisson, "The 'Feudal Revolution'", pp.6-42. T. N. Bisson, "Medieval Lordship", p. 747.
⑥ R. Fossier, "Seigneurs et Seigneuries au Moyen Age", in *Seigneurs et Seigneuries au Moyen Age* (Actes de 117ᵉ congres des societes savant), Paris, 1995, p.9, 转引自 Rees Davies, *Lords and Lordship in the British Isles in the Late Middle Ages*, pp. 1-2。
⑦ James Lowth Goldsmith, *Lordship in France, 500-1500*, p. 1.

所谓的遍在性,不仅体现在学者们这样直接的宣称,而且贯穿在关于中世纪历史的研究成果中。从空间上来看,领主权存在于欧洲各个角落。诸多研究显示,从伊比利亚半岛到斯堪的纳维亚半岛,从大西洋围绕的英国和法国到东欧平原的德国、波兰等国家和地区,到处都充斥着领主权。① 而具体到某个国家或者地区,领主权的存在可以是全局性,也可以是地方性的。以英国为例,空间最大的领主权是英国对不列颠群岛的支配。次之,则为英格兰、苏格兰、爱尔兰、威尔士这些地区的领主权。② 再次之,则可能是某一贵族对其领地的领主权。甚至,一个庄园也可能是一个领主权的存在。从时间上来看,领主权研究已经涉及整个中世纪的千年历史的各个阶段。从相关研究可以看出,从中世纪早期一直到晚期,领主权从未消失过。不同的时期,其强弱并不尽相同,特性也未尽相似,但其存在不容质疑。还是以英国为例。有人讨论早期英国文学中领主权的重建,有人讨论盎格鲁—撒克逊时期的领主权,有人讨论盛期英国领主

---

① James Lowth Goldsmith, *Lordship in France, 1500-1789*, New York: Peter Lang Publishing, INC., 2005. Kathleen Thompson, *Power and Border Lordship in Medieval France: The County of The Perche 1000-1225*, Woodbridge: The Boydell Press, 2002. Christopher Allmand, ed., *War, Government and Power in Late Medieval France*, Liverpool: Liverpool University Press, 2000. Benjamin Arnold, *Princes and Territories in Medieval Germany*, Cambridge: Cambridge University Press, 1991. Christina Jular Perez-Aifaro and Carlos Estepa Diez, eds., *Land, Power and Society in Medieval Castile: A Study of Behetria Lordship*, Turnhout: Brepols Publishers, 2009. Gregory B. Milton, *Market Power: Lordship, Society, and Economy in Medieval Catalonia (1276-1313)*, New York: Palgrave Macmillan, 2012. Piotr Gorecki, *Economy, Society, and Lordship in Medieval Poland, 1100-1250*, New York, 1992. Bjorn Poulsen, Soren M. Sindbaek, eds., *Settlement and Lordship in Viking and Early Medieval Scandinavia*, Turnhout: Brepols Publishers, 2011. Markus Cerman, *Villagers and Lords in Eastern Europe, 1300-1800*, New York: Palgrave Macmillan, 2012. Steven Tibble, *Monarchy and Lordship in the Latin Kingdom of Jerusalem, 1099-1291*, Oxford: Clarendon Press, 1990. Hermann Moisl, *Lordship and Tradition in Barbarian Europe*, Lewiston, Queenston, Lampeter: The Edwin Mellen Press, 1999.
② Alexander Grant and Keith J. Stringer, eds., *Medieval Scotland. Crown, Lordship and Community: Essays Presented to G. W. S. Barrow*, Edinburgh: Edinburgh University Press, 1993. Steve Boardman and Alasdair Ross, eds., *The Exercise of Power in Medieval Scotland, c. 1200-1500*, Dublin: Four Courts Press, 2003.

权,有人则以晚期中世纪英国的领主权为研究对象。①从研究的范畴和内容来看,则涉及中世纪欧洲的政治、社会、经济、宗教以及文化等诸多方面。例如,教会与世俗的领主权、城市与乡村的领主权、男人与女人的领主权、想象与真实的领主权等等。可以说,这些涵盖面极其广泛的研究,都在诉说着领主权的无处不在。

"少抽象"将研究引向具体的领主权,"遍在性"则将研究推向更具有抽象特征的思考。遍在性凸显的似乎只是术语所意指的历史现象,但抽象出来之后,则成为了概念与现象之间的关系。领主权不仅是具体而微的一个个对象,而是可以用以理解、解释、说明中世纪历史的重要概念和术语。学者们因此而展开的领主权为何物的讨论,在述说着他们进行抽象思考的努力。在某种程度上,从注重少抽象到对遍在性的强调应该是一种必然。一旦领主权概念跳出小范畴,走向大视野,则其作为主题性概念最终会朝着抽象前行。无论何种语言的领主权,所寻求的是一种能够涵盖更大领域、更深层次的状态与面貌。纷繁多样的领主权研究,如果缺乏理论的提升是不可想象的。或者说,领主权正从一个历史名词逐渐演变为一个学术概念,乃至理论。

然而,问题正是自对遍在性的强调中生发而出:学者们所强调和认同的遍在性的领主权究竟是什么呢?进一步的追问是,存在一个为大家所认同的领主权吗?人们也许会认同领主权外在的遍在性特征,如某个领主对其领地的拥有与管理,领主行使权力的外在手段,权力行使与实施的场所(如城堡)等外在景观。而一旦超出了事实或者外在的层面,则领主权为何物,争论也就不可避免。正如苏珊·雷诺兹所言:"给领主权下定义是相当困难的,因为它是一个模糊不清的词语……与其相对应的拉丁文领主权(dominium)甚至更模糊。"②因此,在外在的认同之外,更存在对

---

① Wendy Davies and Paul Fouracre, eds., *Property and Power in the Early Middle Ages*, Cambridge: Cambridge University Press, 1995. John M. Hill, *The Anglo-Saxon Warrior Ethic: Reconstructing Lordship in Early English Literature*. Stephen Baxter, *The Earls of Mercia, Lordship and Power in Late Anglo-Saxon England*. Simon Walker, *Political Culture in Later Medieval England*, edited by Michael J. Braddick, Manchester: Manchester University Press, 2006.

② Susan Reynolds, *Kingdoms and Communities in Western Europe, 900-1300*, pp. 219-220.

领主权内在理解上的差异。

存在明显对立的两种理解,一是领主权即政府论,一是领主权非政府论。一种理解强调领主权的政府和公共的特性。法国历史学家米歇尔·布尔认为,"领主权是一种政府制度,在那里,领主为了自己的利益而行使权力,该权力起源于王室的具有公共特征的权力。……从这一角度来看,领主(lord)不能被称作拉丁文的dominus,而应该是领主(senior)及其附庸(vassi)。……领主权的形成是王国分割的结果,从王国诞生了诸侯领地、男爵领地或者城堡领地,以及由城堡生发而来的地方生活的那些细胞。"①苏珊·雷诺兹则是从共同体的角度来承认领主权与政府类似。她认为,一旦任何领主有效而公正地统治一个地区一段时间,其权威最终都会为那些关于习惯、良好秩序等的流行观念合法化;因此,其权力就不仅仅是私人权力而是公共的权威,也就有了政府的特征。②艾略特·肯德尔则由文学材料来分析领主权的特性,认为大贵族家庭的领主权模式带有突出的政治特征。③克里斯蒂安·李迪在考察达勒姆主教区时特别强调:"领主权是达勒姆政治生活中的事实。"④这些都是将领主权置于政治范畴之下。

另一种理解则强调领主权的非政府特性。正如苏珊·雷诺兹所指出的,许多人更愿意将领主权视为政府的对立面,因为政府往往意味着非人身的公共的权威,而领主权则意味着更多人身的更少公共的政治权力。⑤奥托·布伦纳关于领主权的定义直接来自马克斯·韦伯,领主权是"强迫人们服从于特别指令的能力"。因此,"强制与禁止""强迫与支配"之

---

① Michel Bur, "The seigneuries", in David Luscombe and Jonathan Riley-Smith, eds, *The New Cambridge Medieval History*, Volume IV c. 1024-1198, part II, Cambridge: Cambridge University Press, 2004, p.530.
② Susan Reynolds, "Government and community" in David Luscombe and Jonathan Riley-Smith, eds, *The New Cambridge Medieval History*, Volume IV c. 1024-1198, part I., Cambridge: Cambridge University Press, 2004, p.86.
③ Elliot Kendall, *Lordship and Literature: John Gower and the Politics of the Great Household*, Oxford: Clarendon Press, 2008, pp.1-8,18-27.
④ Christian D. Liddy, *The Bishopric of Durham in the Late Middle Ages: Lordship, Community and the Cult of St Cuthbert*, p.241.
⑤ Susan Reynolds, "Government and community", p.86.

于所有形式的领主权都很普通。① 鲁特尔认为,领主权没有多少合法性,当然也少公共特性;相反,它是公共权威私人化和人身化的结果。②巴尔顿也认为,领主权区别于封建主义的本质在于其非政治法律的特征。他说:"我有意识地从非法律、非制度的视角来看待缅因伯爵领地的领主权历程。"③戴维斯则引法国历史学家罗伯特·布特鲁歇的定义来理解领主权:"领主权是支配、强制和利用的权力。它也是行使此类权力的权利。"④可见,戴维斯对其权力特征给予了充分的认同。戴维斯甚至认为,领主权是中世纪权力词典中的"主名词"(master noun),它完全可以替代"国家"这一概念,因为后者"禁锢乃至扭曲了我们对于过往社会的理解"。⑤

最为鲜明且系统地揭示领主权的非政府特征的学者,非比森莫属。比森认为,"领主权就是以极其多样的方式进行的一个人或者少数人对多数人的支配"。他还说:"领主权指对依附人群的人身支配,他们可能是半奴役地位的农民,可能是骑士,可能是拥有或正在寻求精英地位的附庸。"⑥在比森看来,领主权是权力的,是非政治的存在。它与人们所熟知的政府、政治有本质的不同。它以私人性的甚至暴力性的权力来行使其支配力量。领主权也有其兴衰的历程。8—11世纪中期是领主权成长的时期,11世纪中期—12世纪中后期是其兴盛时期,12世纪之后则是其衰落时期。在经历了权力危机之后,领主权逐渐衰退而公共的权力——政府则开始兴起。当然,13世纪之后,领主权仍然存在,不过是一种在公共权力之外的存在。⑦

---

① Otto Brunner, *Land und Herrschaft: Grundfragen der Territorialen Verfassungsgeschichte Osterreichs im Mittelaleter*, p. 96.
② Timothy Reuter, "Introduction: reading the tenth century", in Timothy Reuter ed., *The New Cambridge Medieval History*, Vol. III c. 900-c. 1024, p. 18.
③ Richard E. Barton, *Lordship in the County of Maine c. 890-1160*, p. 221.
④ 转引自 Rees Davies, *Lordship and Society in the March of Wales 1282-1400*, p. 2。
⑤ Rees Davies, "The Medieval State: The Tyranny of a Concept?" pp. 280-300.
⑥ Thomas N. Bisson, *The Crisis of The Twelfth Century: Power, Lordship, and the Origins of European Government*, pp. ix, 3.
⑦ Robert R. Berkhofer III, Alan Cooper, Adam J. Kosto, eds., *The Experience of Power in Medieval Europe, 950-1350*, Chapter 17.

两种认识导致不同的研究路径。① 承认领主权的政府性和公共性,就意味着对政治法律方面的强调。我们知道,封建主义研究以政治法律为其最根本的路径,故而过分强调领主权的政府特性,往往造成它自身与封建主义纠缠。这在一定程度上背离了领主权研究要远离封建主义的初衷。但以领主权的政府特性替代封建主义,其实也将领主权抽象化了。而对领主权的权力属性的强调,则使领主权理论与封建主义模式有了清晰的区分。领主权能够走向抽象,甚至能够在封建主义范式之外自成体系,很大程度上缘于领主权概念中的权力特性。或者说,对领主权概念的权力属性的强调是其不同于封建主义研究的地方。正因为如此,领主权也不再只是散乱地在历史语境中存在,而是能够从不同的地区不同的阶段呈现其共时性和历时性的许多共性特征。

值得特别注意的是,不仅那些主张领主权非政府的史学家,甚至那些并没有对政府与非政府做区分的学者,也都认识到概念与历史之间的距离。换言之,后者并不排斥权力在领主权研究中的存在。前引奥托·布伦纳、罗伯特·布鲁特歇以及里斯·戴维斯等人,都直接与马克斯·韦伯关于权力的定义发生了关系。杜比将中世纪领主权力的本质归之于家内的和世袭的,也在一定程度上呼应着韦伯家产制权力的相关论述。② 比森关于领主权的定义也脱胎于韦伯,他还将韦伯关于世袭统治的论述与领主权联系起来。此外,比森还从米歇尔·福柯那里吸取权力理论来源。③理查德·巴尔顿糅合韦伯的权力定义和卡里斯玛(charisma)概念,来理解中世纪的领主权。④ 这些体现了历史学者对社会学权力理论的关注。而从另一个角度来看,在非政治的、非制度的路径上前行的领主权,

---

① Stephen Baxter, *The Earls of Mercia, Lordship and Power in Late Anglo-Saxon England*, pp. 11-12.
② G. Duby, *France in the Middle Ages 987-1460: From Hugh Capet to Joan of Arc*, translated by Juliet Vale, Oxford: Blackwell Publishers, 1991, pp. x-xi, xiv.
③ T. N. Bisson, "The Politicising of West European Societies (c. 1175-c. 1225)," in Claudie Huamel Amado and Guy Lobrichon, eds., *Georges Duby: L'écriture de l'Histoire*, Brussels: De Boeck Université, 1996, p. 247. Thomas N. Bisson, *The Crisis of The Twelfth Century: Power, Lordship, and the Origins of European Government*, pp. 19, 494. T. N. Bisson, "Medieval Lordship," p. 757.
④ Richard E. Barton, *Lordship in the County of Maine c. 890-1160*, p. 7.

对于权力理论不无补益。当一般性权力遭遇到特殊性权力的时候,后者对于前者的补充与修正是可期的。因此,中世纪欧洲权力的历程所呈现的文化特征,不仅属于人类学意义上的文化厚描,而且为权力理论的深入与发展提供了更为广阔的疆土。

无论两种观点如何对立,各方学者所寻求的都是以自己的定义与理解来阐释整个中世纪历史。领主权的遍在性,也在他们的定义中得到实现。因此,在定义争论中,在遍在性的主张中,领主权概念渐渐抽象起来。以一个普遍存在的领主权来修正乃至替代普遍存在的封建主义,成为许多领主权学者解释中世纪欧洲历史的方向。法国学者在研究早期卡佩王朝历史之时,甚至使用"领主权时代"(seigneruial age)来称呼之。让·弗罗里认为,加洛林王朝解体之后,中央权力碎化而落入地方领主之手,开始了领主权时代。他甚至强调,"封建主义这一概念是领主权时代的产物"。①比森本人也在进行以领主权概念来解释中世纪历史的学术实践。甚至可以说,比森的领主权研究已经具有替代封建主义的特点。比森认为领主权是比封建主义更为合适的术语:"中世纪的人们服务、害怕且有时爱他们的领主。他们的忠诚、保有地和封土让历史学家如同领主们一样先入为主,从而忽略了他们经历的领主权。然而,忠诚明确了领主权也明确了封臣制,没有领主便不会有封土。习惯地贴上了'封建主义'或者'封建社会'标签的封土制度,其实是最突出的领主权制度。这就是大多数当时人所观察到的 12 世纪的领主权。"②里斯·戴维斯也认为,领主权这一术语可以有助于理解和建构晚期中世纪英国历史的面貌和特征。③理查德·巴尔顿更主张从非政治法律的心态文化以及社会的视角来认识领主权,可见其视野不只是局限在法国的一个伯爵领地。④

---

① 这一术语容易让人们联想到诸如"封建时代""封建社会"等传统表达。Jean Flori, "Knightly society", in David Luscombe and Jonathan Riley-Smith, eds, *The New Cambridge Medieval History*, Volume IV c. 1024-1198, pp. 150-151.
② T. N. Bisson, "Medieval Lordship", p. 759.
③ Rees Davies, *Lords and Lordship in the British Isles in the Late Middle Ages*, pp. 1-9,216.
④ Richard E. Barton, *Lordship in the County of Maine c. 890-1160*, pp. 1-20.

四 领主权:在封建主义范式之外

领主权研究的兴起,从历史学本身来看,不过是历史研究者们不满于传统条条框框的束缚,开辟新路径的努力与尝试。正如比森在回忆其导师们的学术理路的时候所说:"但是,我并不是要批评那些历史学家们,尤其是我尊敬的老师们,没有拯救封建主义;我只是想解释为何我不得不寻求一种新的途径。"[①]前辈学者们所忽视或者轻视的领主权这一术语,被赋予了新的内涵与地位,也为中世纪领主权的历史开拓了无限的疆域。尤其是当领主权从具象朝着抽象发展,并且以其"遍在性"特征来覆盖整个中世纪欧洲历史的时候,它就已经达到了范式的高度。

如我们所知,封建主义范式有两大基石,即封土和封臣。它们所体现的是封建的土地关系和人身关系。因此,从封建主义范式脱胎而出的领主权研究,在土地关系与人身关系上体现了不同于封建主义范式的特点。

在封建主义模式中,封土是以等级梯级状态而存在。关于封土的法律及实践的中心,在于封臣因由该封土而应该承担的责任与义务,以及封君对封土所享有的权利。它是一个法律适用社会实践的过程;或者说,封土模式试图用一套体系来同构土地关系的复杂存在。但问题是,封土的视角乃是封臣的视角,而不是领主的视角。即在探讨封臣土地上的权利、利益的时候,它的中心在于封土与其上级领主之间的权利与义务方面。更准确地说,封建主义的封土模式是在叙说着两个或者多个法人对象之间的真实与虚拟共存的那些权利义务关系。

而领主权模式中,土地的阶梯关系并不是其主体存在。当领主权将土地的占有直接与某位领主勾连在一起的时候,土地关系就鲜明地表现为领主对土地的占有、所有或者掌控。即是说,领主权处理土地关系的中心及重点并不一样:它将土地的直接领主对土地的统治作为中心,而不太过问那些垂直或者平行的领主之间的关系。虽然从爵位体系来看,贵族

[①] T. N. Bisson, "Medieval Lordship", p.744.

土地占有可能来自于更高一级的领主,但从上级到下级之间的土地等级关系并没有建立起来。更重要的是,虽然土地占有之于领主权的重要性不能忽视,①但从领主的视角出发,领主权可以在种族、王国、辖地、依附农民、拥护的臣民等等之上行使。因此土地之于领主权的重要性,远不及封土之于封建主义。正如杜比等法国学者研究所显示的,禁用领主权(banal seigneury)不是"土地领主权",而"是位于大众头上的领主权"。那些男男女女可能居住、也可能不居住于其领地上。② 土地或者庄园等要素缺失的领主权的存在,也是时有所见。③

在封建主义模式中,人身关系的重点在于一个自由人对另一个自由人的依附,所谓人必有其主。并且从主流的封建理论中推演出主、臣之间的梯级关系,"人"与"人"之间在依附与被依附中共存。对封建主义的批评大体在于此:将简单而真实的统治关系复杂化和虚拟化。更进一步地说,封建主义将中世纪社会关系割裂,从法律视角区分了自由与非自由,也从该视角将封建依附关系复杂化为自由人之间的依附关系以及自由人与非自由人之间的依附关系。所谓的封建金字塔理论,并不能够说明领主与农民之间的关系。封建主义的封臣模式将目光集中在极少数的自由人之间的人身关系,而忽视了历史上的大多数。正如苏珊·雷诺兹的批评:"我仍然认为,非马克思主义的封建主义观念制造了一种扭曲的中世纪观。它专注于上层阶级,极大地忽视了至少十分之九的人口,甚至通过在上层阶级与余下的人群之间划分界限而扭曲了上层阶级自身的观念。"④

---

① John Hudson, *Land, Law, and Lordship in Anglo-Norman England*, Oxford: Clarendon Press, 1994, paperback, 1997, pp. v,1-2,10.
② G. Duby, *The Chivalrous Society*, trans., Cynthia Postan, Berkeley: University of California Press, 1977, pp. 15-58. L. K. Little & B. H. Rosenwein, eds., *Debating the Middle Ages: Issues and Readings*, Malden: Blackwell Publishers Ltd, 1998, p. 108.
③ Samuel Clark, *State and Status: The Rise of the State and Aristocratic Power in Western Europe*, Québec City: Mcgill-Queen's University, 1995, p. 129.
④ Susan Reynolds, "Fiefs and Vassals: After Twelve Years", p. 24. 事实上,苏珊·雷诺兹作为一个非马克思主义的史学家,却在极力强调马克思主义的封建主义概念比非马克思主义的概念更具有解释力。参见 Susan Reynolds, *Fiefs and Vassals: The Medieval Evidence Reinterpreted*, p. 3。

而在领主权模式中,领主是研究视野的起始,领主并不必然与封臣建立直接或者间接的依附关系,而是对其所管辖势力范围内一切民众行使权力。领主是领主权的重心所在。在这里,无论民众自由与否,都是权力笼罩的对象。① 在这里,自由民众无须以一种特殊的主臣依附关系来显示自己的存在;非自由的民众,也无须如马克·布洛赫那般扩大封建主义的内涵和外延才能够进入封建模式之中。在领主权式的贵族权力行使中,人身关系的基本面目乃是:它从领主及其统治出发来说明中世纪社会中的人身关系。在里斯·戴维斯强调乡村作为"在乡精英"贵族财富和权力来源的论述中,②在戈登史密斯强调领主权是关于财政的存在的认识中,③这一点都得到了很好的体现。

综上所见,从封建主义走向领主权已成为中世纪欧洲史研究的新趋势。这一趋势提醒人们反思国家、政治、政府等现代话语在历史研究中的使用,④尤其是反思封建主义这一主流概念。在相关历史研究中,除了封建,还需关注领主权、共同体、家族等其他话语。⑤领主权模式是对封建主义话语体系的挑战,甚至试图替代后者。然而,领主权真的能够取代封建主义吗?从封建主义话语演进的学术史来看,就此确信它会为学界所完

---

① Paul R. Hyams, *King, Lords and Peasant in Medieval England: The Common Law of Villeinage in the Twelfth and Thirteenth Centuries*, Oxford, 1980. Paul R. Hyams, "Warranty and Good Lordship in Twelfth-Century England," *Law and History Review*, Vol. 5, No. 2 (Autumn, 1987), pp. 437-503.
② Rees Davies, *Lords and Lordship in the British Isles in the Late Middle Ages*, p. 82.
③ James Lowth Goldsmith, *Lordship in France, 500-1500*, p. 381.
④ Rees Davies, "The Medieval State: The Tyranny of a Concept?" pp. 280-300. Susan Reynolds, "There Were States in Medieval Europe: A Response to Rees Davies," *Journal of Historical Sociology*, Vol. 16, No. 4 (Dec., 2003), pp. 550-555. Susan Reynolds, "The Historiography of the Medieval State", in M. Bentley, ed., *A Companion to Historiography*, London: Routledge, 1997, pp. 117-138. James Lowth Goldsmith, *Lordship in France, 500-1500*, pp. 1-10. Paul Freedman and Gabrielle M. Spiegel, "Medievalism Old and New: The Rediscovery of Alterity in North American Medieval Studies," *American Historical Review*, Vol. 103, No. 3 (June, 1998), pp. 677-704.
⑤ 萨缪尔·科纳克认为,整个中世纪有四项基本的组织:领主权、亲属关系、共同体及宗教。Samuel Clark, *State and Status: The Rise of the State and Aristocratic Power in Western Europe*, p. 129. 利特尔等人试图为封建主义寻求替代者,给出的语汇包括家族、氏族、共同体等。L. K. Little & B. H. Rosenwein, eds., *Debating the Middle Ages: Issues and Readings*, p. 107.

全弃用,则未免过于乐观。① 封建主义在不断被批评中顽强地影响和左右了几代人的学术研究。当领主权亦如封建主义一样,渐渐走向抽象化及理论化,它也将面临封建主义曾经遭遇过的困境。领主权在中世纪欧洲历史研究中的前景如何,尚待时间的检验。

(黄春高　北京大学历史学系教授)

---

① 事实上,坚持使用封建主义概念的学者并不少见。如英国学者斯旺森认为,"'封建主义'和'封建'仍然是学术词汇的构成部分,也仍然是历史的构成部分"。斯旺森著,刘城主编:《不列颠与欧洲中世纪晚期历史大观》,北京:首都师范大学出版社,2011年,第46页。至于晚近西方马克思主义学者,如罗德尼·希尔顿、克里斯托弗·戴尔、克里斯·威克翰、皮埃尔·博纳西斯、盖伊·布瓦(Guy Bois)等人所坚守的马克思主义的封建研究,则属于另一个学术叙事。

释"American Dream"

何顺果

【内容提要】 本文以务实的态度,对"美国梦"进行了具体、系统而又严谨的考察;指出它在意识形态属性上应归为"社会理想",而有别于纯粹的属于生理现象和过程的梦幻;它首先是移民的梦、个人的梦,但在北美反英革命中随着《独立宣言》(1776)的发表而上升为国家的梦、民族的梦;《宣言》也因引入"人人生而平等"并因而拥有"生命、自由和追求幸福之权"而成为"美国梦的宪章",而"美国梦"也随之演变成为"塑造了一个民族"的理想,因为它赋予该民族以鲜明的个性、风格和特点;"美国梦"比流行已久的"自由""民主"更具普罗与生命色彩,但又不排斥此类概念。

2012年,我应约在《人民论坛·学术前沿》8月号上撰文,以美国强悍的"战力"为窗口,分"战力""科技""经济""制度""理想"和"精神"几个层次,逐步深入地观察和探讨美国之强大及其原因,以深化对美国崛起与发展、文明与历史的研究。

在该文中,我所表达的思路是:尽管美国长期深陷金融和经济危机,但其"战力"(或军力)的强悍仍有目共睹,然而"战力"的强悍只是美国强大的一种"标志",而不是其强大的根本原因。为此,我在文中首次正式引用了太史公司马迁有关大国崛起经验的重要总结和概括:"非兵不强,非德不昌",以及恩格斯关于"暴力"原本也是"经济力"的重要思想和观点,旨在揭示强军与经济发展的内在联系,并在文末把"美国梦"作为其"软实力"的一个更具概括性和包容性的概念提了出来,在我国这样一个高端平台上第一次给予它以正面的评述。因为它是直接发自几乎每一个美国人心灵深处的呼唤和憧憬,因而超越流行已久的"自由"与"民主"之类的概念但又不排斥它们,有很强的普罗和生命色彩。① 但因主题和篇幅关系,拙文当时未对"美国梦"展开论述,只是在写法上留下悬念。鉴于它在理解和研究美国问题时的极端重要性,此处特撰专文略做考察和解释,以飨读者,并祈赐教。

一

美国的历史,如果从 1607 年英国殖民者在弗吉尼亚建立第一个永久性定居点詹姆斯敦算起至今已有 407 年。但"美国梦"的本名,即英文"American Dream"这一概念的正式诞生、使用和流行,却只是 20 世纪 30 年代初即美国发生"大萧条"期间才有的事情,可视作美国人意志、信心及乐观面对"大萧条"的顽强表现。其产生和流行主要涉及三个历史文献:一个是 1931 年詹姆斯·特拉斯洛·亚当斯(James Truslow Adams,1879—1949)在波士顿出版的《美国史诗》(*The Epic of America*)一书;另一个是 1933 年剧作家乔治·奥尼尔(George O'Nell)创作的《三幕话剧:美国梦》(*American Dream:Play in Three Acts*);第三个便是 1933 年国际法学家菲利普·马歇尔·布朗(Philip Marshall Brown)在图斯库卢姆学院(Tusculum College)所作的同样题为《美国梦》(*American Dream:An Address*)的报告。亚当斯的祖先是"契约奴",本人是当时最优秀的史家之一,同

---

① 参见何顺果:《战力:一个观察美国强大真因的窗口》,《人民论坛·学术前沿》2012 年 8 月号(上)。

时写过有关美国史的系列通俗著作。其《史诗》用 400 页的篇幅分 13 章描绘了美国人从旧世界到新大陆,然后又从东海岸到大西部的迁徙、拓殖和创业的艰辛历程。他在该书"结论"第 5、第 6、第 12、第 19、第 21 和第 27 段六次提到"American Dream",其中第一次用了斜体而非印刷体以示初次使用,说明他认为自己才是这一概念的真正发明人。他在此处第一次使用"American Dream"这个概念时留下了这样一段重要的文字:"If, as I have said, the things already listed were all we had had to contribute, America would have made no distinctive and unique gift to mankind. But there has been also the *American dream*, that dream of a land in which life should be better and richer and fuller for every man, with opportunity for each according to his ability or achievement."①其意思是说:"美国梦是要让每一个人生活得更美好、更富裕也更充实,但要看他们自个能否抓住为其提供的机会,并凭借其本人的能力或业绩。"我以为这就是他关于"美国梦"的正式定义,因为它不仅出现在该研究的"结论"中,而且对此概念有完整的表述,一看就是经过慎重考虑。② 应该说这是一个很不错的定义,因为它将梦想的实现与"机会""能力""业绩"联系了起来。此定义出现于该书的"结论"部分表明,"American Dream"既是对三百年来其理想与实践的概括和升华,同时也是对此后美国文明与历史演进的启迪与预言。只可惜,独立前的文献、《独立宣言》和《合众国宪法》都使用过的一个概念,却没有出现在亚当斯的定义中,这个概念就是"幸福"。③ 亚当斯也使用过"幸福"一语,有所谓"让我们每一个阶层的全体公民都拥有更美好、更富裕也更幸福生活的美国梦"④的说法,但该词组是出现在《史诗》的"前言"而不是"结论"中,所指为"全体公民"而不是"每一个人",从而限制了它

---

① James Truslow Adams, *The Epic of America*, Boston, 1931, p. 404.
② 笔者查过《美国史诗》1931、1932、1938 和 1946 年的版本,发现该书中间增加了"第 14 章 新的时代和新政",因此,篇幅也相应增加了几十页,但"结论"从篇幅到文字都未发现有任何改动。
③ 《弗吉尼亚权利法案》及《独立宣言》用的都是"happiness",而《合众国宪法》用的却是"blessing",但都包含有"幸福"之义。
④ 其原文为"that American dream of a better, richer, and happier life for all our citizens of every rank"。James Truslow Adams, op. cit., p. viii.

的涵盖面,而且对"美国梦"的表述既不全面也不完整,又在"结论"的定义中用"fuller"一词取代了"happier"一词。而此处所用的"fuller"一语,有美国学者曾指出有时它(与 better、richer 一起)是用"金钱"(money)来定义的,而在当代美国"金钱"几乎是其唯一的定义,尽管亚氏使用时可能还包括宗教转型、政治改革、教育造诣乃至性的表达等其他含义,但显然并不包括"happiness"的基本或核心内涵,我们可以理解为"更充实"或"更满足",但却不是构成"幸福"的充分条件和因素,要获得"幸福"还应当满足其他一些因素和条件,因而不能取代"幸福"的概念。在亚当斯看来,美洲并非是给人类的独特的和唯一的赠礼,美国人所做的一切(包括"美国梦"在内)也是对人类的贡献,而这一切都是事先安排好的。有趣的是,在美国有许多人,包括像《韦氏新编高级英语辞典》(第 9 版)这样流行和权威的辞典,却不把 1931 年而是把 1933 年当作"American Dream"正式产生的年代,①这是因为乔治·奥尼尔的三幕话剧的标题就是"American Dream",②且其有关消息堂而皇之地刊登在 1933 年 2 月 28 日《普林斯顿日报》第二版上,显然比亚当斯的历史书更贴近大众和生活,因而也更广为人知。而国际法学家布朗的报告,是在图斯库卢姆学院举办的,是直接面对学生及教职工听众的,应该有更强的鼓动性和传播力。我猜,如果只有亚当斯的书,而没有奥尼尔的话剧和布朗的报告,"美国梦"这一概念在当时能否流行起来,可能都要存疑。据说,亚当斯就曾担心,没有人愿意花 3 美元去买一本有关美国梦的书,最终还是拒绝了出版商(Brown Little)将该书命名为《美国梦》的建议,而按初衷取名《美国史诗》。

二

查商务印书馆出版的《新华字典》,对"梦"的释义只有一个:"虚

---

① Meriam-Webster, *Webster's Ninth New Collegiate Dictionary*, Springfield, Massachusetts, 1991, p.78.
② 见 *The Daily Princeton*, February 28, 1933。

幻"。① 但在英文字典中,对"dream"的解释则丰富得多:它的第一层释义也是"虚幻",但与之相对的释义在我看来却并不虚:指"美好的人和事",而令我最感兴趣的是一个介于两者之间的释义:"幻想""梦幻般的感觉",②其意思接近于"理想"的概念,因而值得注意。还有一种区别,就更不为我们的研究者所注意了,这种区别就是:日常人们所做的梦,一般来说是一种纯粹的生理现象和过程,尽管有一种说法叫做"日有所思,夜有所梦",而像"美国梦"这类现象往往与特定时期、特定环境、特定社会有关,属于社会思潮、社会构想、社会运动的范畴,有时甚至还会因此形成某种流派,有独特而丰富的社会内涵,在研究它们时不能简单予以处理。正因为如此,只要仔细研究就可发现,在美国流行的和权威的著述中,在意识形态上一般是把"美国梦"视作"social ideal"或"social ideals""social idea"(社会理想)进行诠释的,这一概念实际上是对有关社会及其改革、改造和发展的各种思想、理念、主意、创意、策划、规划、想象、目的的总称,因而常常使用复数,就像亚当斯在其结论中论及作为"social ideals"的"美国梦"时所做的那样,而"ideals 或 ideas"含义中最积极的部分是"理想""典型""极致",这也与本人在上文中强调过的英文"dream"的重要内涵相一致,但又有别于"dream",不可不察。例如,1991 年出版的《韦伯斯特新编高级英语辞典》(第 9 版)关于"美国梦"的释文为:"American dream(1933):an American social ideal that stressed egalitarianism and esp. material prosperity."③释文包括了三个要点:第一,它指出"美国梦"的意识形态属性是"一种社会理想",而不是一般的幻想;第二,它认为这种"社会理想"主要指的是"平等主义"和"物质繁荣",包括了物质和精神两方面;第三,在这些"社会理想"中,"物质繁荣"显然比"平等主义"更重要,为此它用"特别"一词作了强调。请注意,在极左思潮泛滥的年代,"物质繁荣"往往被批为"物欲横流",其实它的积极意义是发展生产力、繁荣经济,而与"美国梦"一词的发明者亚当斯所说的关于"美好生活"的

---

① 《新华字典》(第 10 版),北京:商务印书馆,2008 年,第 332 页。
② A. S. Hornby and others, eds., *The Advanced Learner's Dictionary of Current English with Chinese Translation*, Oxford, 1970, p.331.
③ Meriam-Webster, op. cit, p.78.

追求相一致。当然,也不能将"平等主义"等同于"平均主义",因为在美国社会生活中"平均主义"从来就没有占过上风,美国人追求的更多的是"权利平等""机会平等"。不过,关于"美国梦"的诠释问题,由朱迪·迪塞尔所编的《新编牛津英语词典》,可能要比韦氏辞典更为全面和充分,因为此辞典包含了一些韦氏辞典没有的重要内容,此辞典1998年由牛津克拉伦敦出版社出版,其释文是:"美国梦指美国传统的社会理想,包括平等、民主和物质繁荣等。"(American dream: The traditional social ideals of the United States, such as equality, democracy, and material prosperity.)① 它的诠释有几点值得注意:其一,它为韦氏辞典的诠释增加了"民主"的内容;其二,它强调"平等""民主"和"物质繁荣"是美国社会理想的"传统";其三,它没有忽视美国社会理想中发展经济的内容,但也没有特别加以强调。还应当指出,和亚当斯的定义一样,上述两种辞典也未将"幸福"一词纳入释文之中,而"幸福"是大众一开始就有的有关"美国梦"的最重要的追求,其特点是强调精神上的"自由",而不仅仅是物质上的充裕与满足。不过,亚当斯的定义虽然没有使用"幸福"一语,但该定义由于把目光聚焦于大众最基本的追求,即对于"美好生活"(good life)的追求,不惜对"life"用了"better""richer""fuller"这样三个修饰语,堪称有关"美国梦"的经典定义。该定义还告诉我们:虽然"业绩"即工作、劳动及其成就主要靠本人的主观努力,但任何梦想的实现都不是单纯个人的事情,还需要一定的外在的或社会的条件,因为"机会"可遇而不可求,而"能力"主要靠后天知识和经验的积累,二者都离不开一定的环境和社会条件,其中最重要的就是来自"教育"的帮助,而"教育"主要来自社会和家庭,特别是当地政府的作为。在民智如此开化的当今之世,一个人受教育的程度如何,几乎被公认是改变其社会地位而实现其"垂直移动"的决定性因素,任何一个对人民负责任的政府,都高度重视教育问题,为此

---

① Judy Dearsall, ed., *The New Oxford Dictionary of English*, Clarendon Press, Oxford, 1998, p.53. 查20卷的《牛津英语词典》,它对"美国梦"的释文简单却也有趣,它称"American dream"为"妙语"(catch-phrase),说"美国梦是指民主和繁荣社会的理想,而这样的社会是美国人传统的目标"。J. A. Simpson & E. S. C. Weiner, eds., *The Oxford English Dictionary* (Second edition), Clarendon Press, Oxford, 1989, Vol.1, p.397.

投入大量精力和财力。我们可以设想,即使亚当斯的定义没有用"fuller"一词取代"happier"一词,但却根本不涉及"机会""能力"和"业绩"之类,那"美国梦"就成了无源之水、无本之木,就可能成为真正的"虚幻"。可见,亚当斯的思想已融入了现代社会意识,"美国梦"也因他的点化而凸显其个性,值得肯定。

三

在 1492 年"新大陆"被"发现"前,这里虽然有土著印第安人居住,但人烟稀少,到处是辽阔的处女地。在 1776 年 13 个英属北美殖民地宣布独立前,在北美不存在国家,甚至在合众国诞生后很长一个时期,美国人仍然把主要精力放在六七倍于原有版图的"大西部"的拓殖上,所以所谓"美国梦"首先应是移民的梦、个人的梦,它最初就源于移民前往美洲避难、征服新大陆荒原和追求美好生活的愿望。而从研究的角度看,最重要的是要弄清"成功的含义""取得成功的主意或设想""谁在追求成功""追求什么样的成功""这样的成功为什么值得追求"等问题,①因为追梦者没有一个人是不期盼成功圆梦的。奥尼尔的《三幕话剧:美国梦》首次公示的 1933 年之所以被《韦氏新编高级英语辞典》认定为"美国梦"产生的年代,很可能就是因为它所反映的刚好是这样一个典型的移民家庭的经历:1650 年,丹尼尔·宾格林(Daniel Pingreen)为了反抗其像英国国教徒一样狭隘而又古板的清教徒父亲,寻求宗教自由,离开英国前往美洲;1849 年,这个家庭的另一位也叫丹尼尔·宾格林的后生,为了逃避工业革命带来的对环境的破坏,又不得不从新英格兰迁往加利福尼亚;1933 年,这个家庭第三个叫丹尼尔·宾格林的人,因气候变化、环境污染令其健康状况恶化,在企图逃离加州去追求现代社会生活而不得的情况下,选

---

① Jennifer Hochschild, *Facing Up to the American Dream: Race, Class, and the Soul of the Nation*, Princeton University Press, 1995, pp.15-25.

择了自杀以示抗议。① 新大陆被西欧人视为"避难所",而大西部则被美国人称为社会的"安全阀",是一代又一代移民及其后裔追求美好生活、实现各自梦想的"希望之乡""机会之乡"。研究发现,美国人对"美好生活"的追求至少有三次高潮或者说不同形式:其一是殖民时代清教徒向新英格兰的迁徙、创业与活动,即所谓"清教伟业"(the Puritan Enterprise);其二是之后和同时发生的美国人通过教育等方式改变其社会地位的"垂直移动"(Upward Mobility);其三是建国后大规模到西部"边疆"(dream of the Coast)寻找机会和从事拓殖的运动。② 殖民时代留下的一些诗篇,记录了移民们当时的期望与梦想,尽管新大陆充满了风险,但他们仍"忍受饥渴、辛苦操劳",因为他们要"让英国知道我们欣然情愿,正是这样我们的工作才算优秀"。但"美国梦"所追求的并非仅仅限于"美好生活",因为正如"美国梦"这一概念的发明人亚当斯所言:"美国梦本身对各种有关价值观的问题是开放的。"(The American dream itself opens all sorts of questions as to values.)③随着时代的变迁、社会的发展,它会吸纳新的内容和形式,人们对它的理解不应过于狭窄,过于简单化。事实也是如此,1620年时由几十名男女移民签署的那份《五月花号公约》,就为此后移民社会的治理提供了美国历史上第一份宪法性文件,它在处理自愿与强制、立法与司法、整体利益与个人自由、实行法治与自觉服从等问题时,为未来美国的立国大业和民主建设,引入了系列设想和概念。如果说该公约是务实大于理想,那么,1630年约翰·温斯罗普在移民船"阿尔贝拉号"上所做的布道词则理想大于务实,因为它第一次将《圣经·新约全书》中的一个千年理想与一个即将在新大陆打造"山巅之城"(a City upon a Hill)的伟大实践结合了起来,其理想的宝贵之处就是它的"典范"(model)意识,而布道词的标题便是《基督教仁爱的典范》。④ 在其心目

---

① 见 *The Daily Princeton*, February 28, 1933。
② Jim Cullen, *The American Dream: A Short History of an Idea That Shaped a Nation*, Oxford University Press, 2003.
③ James Truslow Adams, op. cit., p. 407.
④ John Winthrop, "A Model of Christian Charity", in Richard S. Dunn and Laetitia Yeandle, ed., *The Journal of John Winthrop, 1630-1649*, Harvard University Press, 1996, pp. 1-11.

中,这个"山巅之城"就是这样一个充满"正义和仁爱"的典范,它是而且必须是"一个彼此愉快相处的共同体",在这里人们"一起娱乐、一起悲伤、一起劳动、一起受苦",以便"为自己打造一个不一样的环境"。① 这可能是对早期"美国梦"最清晰、最重要也最著名的表述了。此外,尤其应当提请注意的是,早在13个英属北美殖民地于1776年宣布独立之前,"自由"和"平等"的观念就在各殖民地流行并深入人心,因为这些殖民地是在17世纪初才陆续建立、在新大陆上逐步成长起来的新的移民社会,可以说从一开始就是建立在资本主义之上,既没有从母国引入多少旧时代的封建制残余,也缺少旧大陆上几乎无处不在的等级制度和观念。七年战争(1756—1763)后,殖民地与宗主国的矛盾上升为主要矛盾,在人民的一片反抗声中英属北美殖民地的独立活动此起彼伏,各殖民地先后宣布脱离英国而自行独立,召开民选议会、建立新的政府、制定新的宪法并附有详略不等的《权利法案》,不少法案就引入了"人人生而平等"的条款,虽然还来不及真正付诸实行,但都是广大移民和民众理想和诉求的直接反映,它以鲜明的价值观为"美国梦"注入了新的要素、品格和活力,而弗吉尼亚《权利法案》(1776年6月12日)的有关表述最为完整:"一切人生而同等自由独立(All men are by nature equally free and independent),并享有某些天赋的权利,这些权利在他们进入社会的状态时,是不能用任何契约对他们的后代加以褫夺或剥夺的,这些权利就是享有生命和自由,取得财产和占有财产的手段,以及对幸福(happiness)和安全的追求和获得。"② 说到靠自我努力、抓住机会实现梦想的人士,在美国历史上真是"数不胜数":殖民时代的典型是本杰明·富兰克林,他由一个学徒成长为举世瞩目的世界名人,写过多篇有关经济学的论文,也做过从"闪电"中取电的实验,其成功的秘诀是:"时间就是金钱";"西进时代"的代表是亚伯拉罕·林肯,他作为一位拓荒者的儿子登上美国总统的宝座,最大的

---

① 其原文是:"We must delight in each other, make others' condition our own, rejoice together, mourn together, labor and suffer together." Richard S. Dunn & Laeititia Yeandle, ed., op. cit., p.10. 见 Jim Cullen, op. cit., p.12。
② Henry S. Commager, ed., *Documents of American History*, Vol. 1, New York, 1963, p. 103.

业绩是颁布《解放黑奴宣言》及《宅地法》，并领导联邦战胜南部奴隶主的反叛，其理想是建立一个"民有、民治、民享"的政府；亨利·福特本是一位爱尔兰移民的后裔，对机器的兴趣促使他由市郊搬进底特律，并利用一切机会提升和发展自己，最后因创办福特汽车公司、生产T型汽车、发明装配流水线而成为工业化时代的英雄，他的最大抱负是"为每一个美国人造一部汽车"。史蒂夫·乔布斯乃一未婚母亲之子，靠别人收养长大且只上过6个月大学，却创办了当今世界市值最高（2012年为6250亿美元）的苹果公司，并以自己的系列发明（包括第一台台式电脑Macintosh）将电脑与动画、音乐、商务、娱乐等相结合，从而开启个人电脑让位于智能移动的"后个人电脑时代"，助其成功的格言是："如果有努力、决心、远见，凡事皆有可能。"还有其近乎癫狂之语："别关注正确，只关注成功。"如此等等。不难看出，这些光辉而又真实的故事，无一不是对"美国梦"的生动诠释。

四

不过，应当指出，"美国梦"既是移民的梦、个人的梦，也是国家的梦、民族的梦，即上文引用过的"美国梦"一词的发明人亚当斯所说的"dream of a land"（国家的梦），那种与之相反的看法是站不住脚的。这是因为，在北美独立战争期间，伴随着美利坚民族的独立和美利坚合众国的建立，"美国梦"发生了由移民的梦、个人的梦向国家的梦、民族的梦的转变，而发生这种转变的标志即转折点，便是1776年7月4日由13个殖民地的代表"共同一致通过"的《独立宣言》的发表，以及1787年《合众国宪法》的通过。因为《宣言》开创性地将一个被殖民地民众广泛信仰和追求的原则和口号，写进了这个对美国的立国和建设、发展至关重要的纲领性文件，从而将"美国梦"由移民的梦、个人的梦上升为国家的梦、民族的梦。在此，尚需特别提请注意的是，《宣言》并非仅仅将"人人生而平等"纳入这个纲领性文件，而且还将其置于整个"立国原则和精神"的核心地位。从行文看，《宣言》发起人和起草者在其中所表达的思想和逻辑清晰而新颖：首先，他们认为，正因为"人人生而平等"，他们才无一例外地拥有某些"不可转让的权利"，其中最重要的是"生命、自由和追求幸福之权"；其次，他们认为，如果把人与人之间的平等推及民族与民族之间的平等，就可把当时殖民地与英帝国的关系定为"一个民族"与"另一个民族"的关系，北美就拥有了"分离"即独立的权利；再次，政府组织者的有限权利，是在他们与人民订立"契约"时转让的本来不能转让的部分权利，而这种"契约"关系建立的前提便是人与人之间的平等。① 总之，"平等"俨然成了"美国的头等大事"(king of America：The Dream of Equality)，②成了一种思想、理论和逻辑，决定并贯穿于合众国政府组织与运作的全过程，同时波及美国社会和民众生活的方方面面。诚如美国学者吉姆·库伦(Jim Cullen)所言，如果说"美国梦"是"塑造了一个民族的理想"(an idea that shaped a nation)，那么，1776年发表的《独立宣言》就是整个"美国梦的宪章"(the charter of the American Dream)。③ 关于个人梦、国家梦与《独立宣言》的这种关系，没有任何人比马丁·路德·金在"我有一个梦想"中讲得更清楚，他在1963年8月28日这一著名演讲中说："尽管眼下困难重重、颇多挫折，我仍然有一个梦想。它深深植根于美国梦。""我梦想这个国家总有一天将站立起来，实现它的信条的真谛：'我们认为这些真理不言自明：人人生而平等。'"④至于《合众国宪法》与"美国梦"的关系，只要读一读宪法的"序言"就清楚不过了，"序言"讲了这样几层意思：一是将"我们人民"(We, the People)确立为宪法的主体；二是决定要"完善"联邦体制以确保国家的独立与发展；三是将保障人民的"安全"与"福祉"置于立国的最高目标的地位；四是用"the Blessings of Liberty"(自由之福)一语强调了"自由"之于"幸福"的重要性；五是宣布立宪不仅为了"我们这一代"，还要顾及"子孙万代"(posterity)。⑤ 其中最令本文作者关注的是"自由之福"一语，因为它不仅强调了"自由"之于"幸福"的重要性，而且

---

① Henry S. Commager, op. cit., pp.100-101.
② Jim Cullen, op. cit., p.103.
③ Ibid., p.59.
④ 参阅何顺果：《美国文明三部曲》，北京：人民出版社，2011年，第139页。
⑤ Henry S. Commager, op. cit., p.139.

还令我们看到了人民的"幸福"在美国建国之父们心目中的重要地位,对"幸福"的界定即使在整个早期资产阶级革命文献中也堪称别致和经典,因为尽管自16世纪以来欧洲人通过对异域社会的接触和研究已发现了"原始的快乐",尽管启蒙思想家已认识到人的自然权利不仅是"生命权""自由权"还应包括"追求幸福的权利",但此前对"幸福"的最高境界也仅仅认识到:"幸福是社会的唯一目的",①而对"幸福"本身却鲜有如此重要而明确的界定,这就以国家的名义给"幸福"打上了美国的烙印,而这却是"美国梦"的核心组成部分。这样,"美国梦"的某些基本概念就被纳入了美国的最高法,从而最终完成了由移民梦、个人梦向国家梦、民族梦的转化,而对"平等"和"幸福"的追求便成了国家与个人之间沟通的桥梁和纽带,同时也令这些概念拥有或获得了非凡的意义。但很少有人注意或意识到,"人人生而平等"其实是美国这个现代资本帝国中所采纳的"一条非资产阶级的原则",因为这一原则和条款本是源于古代的"自然法",而"自然法"按商务印书馆1997年版查士丁尼《法学总论》的说法,"它是在人类的原始时由自然所规定的"②,是原始社会即非阶级社会的信条。不过,笔者发现,上引商务版查士丁尼的话只是意译,它根据的是朗曼·格林出版公司1910年伦敦版即英文版,英文翻译及作序作注人是托马斯·科利特·桑德斯(Thomas Colett Sandaers),其英文译文是"the Law of nature, established by nature at the origin of mankind",③而查1999年由中国政法大学出版社出版的该书(书名译为《法学阶梯》)拉汉对照本,拉丁原文为"cum ipso genere humano rerum natura prodidit",直译应是"它是由自然与人类本身同时传授的事务"。④但这并不要紧,因为接下来的话三个版本都是一致的,这就是:自然法是城邦建立、长官设置和成

---

① Adville, *Histoire de Gracchus Babeuf*, Paris, 1884, II, p.34. 转引自霍布斯鲍姆:《如何改变世界:马克思和马克思主义的传奇》,北京:中央编译出版社,2014年,第18页。
② 查士丁尼:《法学总论》,北京:商务印书馆,1997年,第50页。
③ M. A. Thomas Collet Sandars, *The Institutes of Justinian*. London, 1903, p.94. 此书初版于1898年,目前笔者查到的是1903年的版本,即第7版,亦附有拉丁原文。据英译者为第7版写的前言说,除初版序言结尾处所附《法学总论》提到的主要法典和法律变化年表外,只对该书作了仔细的修订,几乎未作任何增补。
④ 优士丁尼著,徐国栋译:《法学阶梯》,北京:中国政法大学出版社,1999年,第114—115页。

文法律之前的事情。所不同者,商务版将"城邦"译为"国家",而拉丁文的《法学阶梯》使用的是"civitates"一词。换言之,"人人生而平等"是无阶级社会人类意志和要求的反映,把这样一个原则和条款写进美国《独立宣言》,甚至纳入美国立国精神的核心组成部分,我认为正是美国革命的真正伟大之处,也是其立国精神的魅力所在,体现了上升时期资产阶级的革命性和进步性。当然,这在理论上也是说得通的,因为尽管人类后来被划分为这样或那样的阶级或阶层,但永远不能离开自然而存在,并永远是自然的一部分。

五

上文谈到"美国梦"在意识形态属性上可归为"社会理想",还谈到吉姆·库伦认为"美国梦"并非一般的"社会理想",而是一个"塑造了一个民族的理想",而《独立宣言》堪称"美国梦的宪章"。这种意见对不对呢？它的根据又何在呢？对此,也许人们会提出这样或那样的看法,所谓"仁者见仁,智者见智",不过我是持肯定意见的。凑巧,几年前我国有关方面下达"世界文明之路"的研究任务,而有关美国的部分点名笔者来做,乃有机会对此问题做较深入的探索和思考。有关这次探索和思考的结果,大致可以表述如下:(1)在这一探索和思考中,我发现了美国文明与历史发展中的三个"亮点":一是发生于18世纪末和19世纪初北美革命和立国过程中合众之国家体系的建构;二是发生于19世纪末和20世纪初垄断和反垄断斗争中对四大经济关系的调整;三是发生于二次大战后的"民权运动"及由此推动的社会改革,此三点可以共同构成美国文明与历史发展的基本路径和主要线索。它们之所以可以构成美国文明演进的"基本路径和主要线索",是因为每一阶段的改革都有自己明确的重点,并且均涉及了这个国家的根本制度及当时面临的重大问题,而从整体上看它们又呈现出相互联系和逐步推进的特点;(2)在这条发展道路上,每一站都产生了自己影响深远的重要的立法和司法成果。在立国时期除《独立宣言》外,有《合众国宪法》(1787)、《权利法案》(1790)、《1789年司法法》及1803年约翰·马歇尔代表联邦最高法院所做的判决,可能还须加上第14条宪法修正案(1868),否则美国"制度"创设的过程就不能说完整。美国反垄断的斗争实际上有两个高潮,新老罗斯福总统都为之做出了贡献,其立法成果除《谢尔曼反托拉斯法》(1890)、《克莱顿反托拉斯法》(1914)和《联邦贸易委员会法》(1914)外,还要加上"新政"时期的《合理劳动标准法》(1938)、《国家劳资关系法》(1935),以及被视为"司法立法"的联邦最高法院有关"新泽西美孚石油公司诉合众国案"之类的断决。"民权运动"和改革时期,"司法立法"的作用似乎更为突出,沃伦法院对"布朗诉托皮卡教育委员会案"等一系列案例的判决几乎成了运动和改革层层推进的标志和推手,但也还有一些重要的不可忽视的立法,如5个"民权法案"及《1964年经济机会法》;(3)这些立法和司法成果并非一般的法律成果,绝大多数属于国家"最高法"的范畴,且每一次都提出或产生了一些重要的法律原则和观念,从而提升和推动了美国文明的水准和进程。例如,在立国过程中,不仅确立了"有限政府",以及与此有关的"地方分权""三权鼎立"和"相互制衡"等概念,为保障司法公正还先后引入了"正当法律程序"和"平等法律保护"的原则和条款,有关州和人民"保留权利"的规定更是"闻所未闻"。又如,在反垄断斗争中,除了"集体谈判""最低工资"及政府对企业实行"监督、控制和管理"外,最重要的是提出和确立了"合理规则"和"公平竞争"的原则,因为它并非简单的商业原则,一旦由立法加以确立就会渗透并影响到社会生活的方方面面,甚至重塑社会生活的面貌。再如,"民权运动"期间的立法和司法,不仅全面废除了"种族隔离"制度,落实了黑人的公民权和选举权,也在权利的内涵、层次和深度上广泛地推进了美国的"人权"事业,对"弱势群体"和"隐私权"的保护便是新的进展,对公众人物的批评也不再受到限制。据此,笔者认为,在美国文明三部曲中,真正的主旋律或核心概念是"平等"而不是"自由",因为"三权鼎立"的前提是三权的"分立和平等",反垄断斗争最重要的成果是"公平竞争"概念的确立,而"民权运动"的原因和结果都可归为"人人生而平等"。这样看来,说"美国梦"是一种"社会理想",而认为这种理想"塑造了一个民族",一点也不为过。因为两百多年来的这些演进包含了有关自由与平等、民主与法治、改革与创新的丰富内涵,同时赋予该民族以鲜明的个性、风格和特点,其意义不仅丰富了追求"美好生活"的内容层次与形式,也超越了单纯的对"美好生活"的追求。正如"美国梦"一词的发明人亚当斯在给该概念下定义时就指出的:美国梦"是一种不同于欧洲上层阶级已经充分解释,以及太多的我们自己的人日益增长的厌恶和疑惑的梦,它也不仅仅是关于汽车和高工资的梦想,而是一种社会体制和制度的梦想"。① 我的这些探索和思考,已写入 2011 年由人民出版社出版的《美国文明三部曲:"制度"创设—经济"合理"—社会"平等"》一书,其副标题算是笔者对美国文明演进"基本路径"的初步概括。我想说明的是,该书篇幅虽然不大,但其内涵是丰富、客观和严肃的,因为我找到了"法律"这个进行文明探索的有效工具,而一些重大的涉及全局性的法律及其概念往往是这个国家各种势力互相博弈的结果,并体现着该民族精神和文明发展的水准。

* * *

最后,我还想在此提请读者注意,尽管"美国梦"作为一种"社会理想",在塑造美利坚民族的文明与历史中发挥了巨大作用,但美国本是一个充满"悖论"的国度,对其成就既不能估计过高也不能估计过低,否则很容易导致两种错误倾向:或者夸大美国人追求"平等"的实际成果,进而夸大其所实行的"社会安全"和"社会福利"政策的实际意义,甚至断言美国之所以没有发生"社会主义运动",就是因为它实行的实际上已是"社会主义",像前些年我国文化市场上流行的一些小册子和文章所说的那样;或者忽视美国人在"平等"方面的不懈追求,包括反垄断斗争和"民权运动"中在经济和社会方面所取得的重大进展,似乎因至今还有"种族歧视"存在②就"完全"谈不上马丁·路德·金梦想的"实现",甚至会因一两场"危机"而从根本上断言"美国梦"的"破灭",持此种观点的人目前在美国内外都大有人在。显然,这两种倾向都远离现实:前者忘了美国乃是一个纯粹的资本帝国,岂能轻易容忍异己力量的存在,"人人生而平

---

① James Truslow Adams, op. cit., p.404.
② 这是因为,"种族歧视"属于思想、意识和文化的范畴,它会长期存在于人们的心灵深处,而又不能靠立法和行政加以禁止。

等"及其衍生品,可能是调理资本社会不平等的一剂良药,却难成根治资本主义顽疾的药方,因为不平等才是资本主义社会的正常现象,根本不能天真地幻想"人人生而平等"可以在一个资本主义社会获得完全的实现,所谓"社会主义"云云并没有超出"资本社会化"①的范畴;而后者则忽视了这样一个常识,凡梦总会有破灭或实现的时候,既不会只有实现而无破灭,也不会只有破灭而无实现,美利坚人作为一个年轻的富于创造性的民族,岂能因一两场"危机"而放弃自己的梦想与追求?更何况,历史早已证明,资本主义的危机可能同时也是资本主义的"生机",因为它为国家和企业改变其某些政策、调整其运行机制,提供了难得的机会。以本人的观察和愚见,这个"美国梦"有一个重要特点,它不仅有一个简洁而明确的沟通国家与个人的核心概念和口号,而且似梦非梦而非梦却又似梦,其中可能隐藏着这个民族个人幸福、社会进步、国家强盛的许多秘密,因为美国人追求美好生活和事物的原初动力,就存在于这种"似梦"与"非梦"的努力之中,不好简单地加以肯定或否定。

不过,在此尚需补充说明,尽管某些人所说的"社会主义"在美国并不存在,但由于美国人的"人人生而平等"的梦想被纳入了美国的立国精神,并在塑造美利坚民族性格和特点中一直发挥着巨大作用,只要美国宪法及立国精神尚存,这一古老信条就有可能在晚期资本主义甚至后资本主义时代继续发挥作用,从而为人类社会的未来演进提供独特的经验,除非美国人放弃自己的"立国精神",而那样一来它就将因丧失灵魂而不知所措,不可避免地从其大国宝座上跌落下来。而目前我们所能隐隐约约看到的走向大致是:(法律上普遍承认的)权利平等→(实践上并非充分的)机会平等→(现实中程度不同的)结果平等。至于美国社会未来运行的实际状况究竟如何,那就只能等待历史的回答了。

(何顺果　北京大学历史学系教授)

---

① 所谓"资本社会化",更确切地说,应是"资本、科技和生产社会化"。国家福利,以及有关"社会安全"的其他政策和措施,要以所得税和各种税收及经济和生产发展的整体状况为转移,因而可以视作"资本、科技、生产社会化"的延伸和扩展。

墨西哥卡德纳斯政府的土地改革：1934—1940年*

董经胜

【内容提要】 本文的目的，是通过对1934—1940年卡德纳斯执政期间的土地改革进行研究，从一个侧面揭示卡德纳斯主义的本质。本文认为，就其动机和目标而言，卡德纳斯主义的确是一场激进的社会改革运动，但是，由于各种敌对力量的抵制，也由于改革缺乏精密的规划和设计，卡德纳斯政府的土地改革在很多情况下并未达到预设的目标，有时被原来的土地所有者阶层所利用。在执政的最后两年，卡德纳斯政府的土地改革速度放慢了。卡德纳斯下台后，墨西哥政府的土地和农业政策转向保守。

在20世纪墨西哥的现代化进程中，卡德纳斯执政时期(1934—1940)的重要性是毋庸置疑的。但是，对于卡德纳斯主义的评价，学术界向来存在着严重的分歧。根据传统的墨西哥官方史学观点，卡德纳斯主义是墨西哥革命的延续，具有民主的、平民的、革命的特征。20世纪四五十年代

---

* 本文是国家社科基金一般项目"拉丁美洲现代化进程中的民众主义研究"（项目批准号：14BSS018）的阶段性成果之一。

后,特别是1968年特拉特洛尔科事件后,随着墨西哥经济增长和政治稳定"奇迹"的终结,产生了修正派史学。① 修正派史学认为,墨西哥的威权主义政治起源于卡德纳斯政府,他所建立的职团主义"利维坦"(leviathan)碾碎了墨西哥民众要求民主与变革的愿望。对修正派而言,卡德纳斯主义绝非革命性的,而是资本主义的,甚至是颠覆性的,因为它将劳工阶级动员起来,并操纵民众对它的政治支持者服务于顽固的政治体制。② 有的修正派学者将卡德纳斯政府"制度化的革命"看作资本主义发展和资本积累的引擎,认为至少在1910—1915年的人民运动失败之后,此后历届政府都代表了资产阶级的利益,卡德纳斯政府也不例外。卡德纳斯政府的政策是"同化"(co-opt)民众运动,使民众从属于国家,为了资本的利益深化国内市场。有的学者强调从迪亚斯时期到革命后国家建设的延续性,认为卡德纳斯政府实际上延续了卡列斯、奥夫雷贡、甚至迪亚斯的目标和任务——自上而下的集权化、文化上的一体化、国家政权的强化等等,并且是成功的。③ 但是,也有历史学者反对修正学派的观点,他们强调卡德纳斯主义的独特性,强调其激进的内涵,认为卡德纳斯执政时期是墨西哥历史上的一次断裂,而非延续。例如,有的学者认为,1910—1917年的人民革命因比利亚和萨帕塔的失败和"小资产阶级的波拿巴体制"(指索诺拉王朝政权)的建立而被"中断"了,而卡德纳斯政府期间的改革成为"真正的第二波激进浪潮"。④

---

① 1968年10月2日,墨西哥国立自治大学学生在特拉特洛尔科广场(又称三文化广场)举行集会,抗议政府斥巨资筹备即将举办的夏季奥运会,忽视国内贫困问题。集会遭到政府开枪镇压,造成流血事件。这就是震惊世界的特拉特洛尔科事件。
② John W. Sherman, "Reassessing Cardenism: The Mexican Right and the Failure of a Revolutionary Regime, 1934-1940," *The Americas*, Vol. 54, No. 3, 1998, pp. 375-376. 传统官方史学的观点,参看 Thwnsend, *Lázaro Cárdenas, Mexican Democrat*, International Friendship, Waxhaw, North Carolina, 1979。修正派史学的观点,参看 Octavio Ianni, *El estado capitalista en la época de Cárdenas*, Mexico: Ediciones Era, 1977; Arturo Anguiano, *El estado y la política obrera del cardenismo*, Mexico: Ediciones Era, 1984。关于墨西哥革命史学思潮的演变,参看董经胜:《墨西哥革命:从官方史学到修正派史学》,《史学集刊》2011年第6期。
③ Alan Knight, "Cardenismo: Juggernaut or Jalopy?" *Journal of Latin American Studies*, Vol. 26, No. 1, 1994, pp. 75-76.
④ 持此观点的著作,参看 Adolfo Gilly, *La revolución interrumpida*, Mexico, 1971。

本文的目的是,通过对卡德纳斯执政期间土地改革的考察,从一个侧面揭示卡德纳斯主义的本质。本文认为,就其动机和目标而言,卡德纳斯主义的确是一场激进的社会改革运动,"从意识形态、人员和阶级阵线方面来看,卡德纳斯主义确实可以追溯到1910年革命"。① 但是,由于各种敌对力量的抵制,也由于改革缺乏精密的规划和设计,卡德纳斯的土地改革在很多情况下并未达到预设的目标,有时被原来的土地所有者阶层所利用。在执政的最后两年,卡德纳斯政府的土地改革速度放慢了。1940年后,"卡德纳斯主义所设想的由繁荣的集体村社构成的墨西哥乡村被政府偏向工业化的新政策所取代。……在国家的农业中,集体村社越来越无足轻重……私人农田开始集中在少数地主和农业公司手中"。正如墨西哥历史学家丹尼尔·科西奥·比列加斯和美国历史学家弗兰克·坦南鲍姆所言,墨西哥革命走向了"死亡"。②

一

"索诺拉王朝"时期,墨西哥政府进行了一定程度的土地改革。③ 少数农民或通过联邦政府和州政府的授地,或通过收回村庄被占土地得到了小块土地;在革命期间被农民武装占领的地区(主要是在萨帕塔控制的地区),农民通过分割大庄园得到了部分土地。但是,到1930年,墨西

---

① 莱斯利·贝瑟尔主编:《剑桥拉丁美洲史》第七卷,北京:经济管理出版社,1996年,第8页。
② 迈克尔·C.迈耶、威廉·H.毕兹利编:《墨西哥史》下册,北京:中国出版集团东方出版中心,2012年,第596—598页。笔者对译文做了少许改动。
③ 1920年卡兰萨总统被推翻后,先由阿道弗·德拉韦尔塔任临时总统(1920年5月21日—12月1日)。此后由阿瓦尔罗·奥夫雷贡担任总统。1924年,奥夫雷贡任期结束后,普鲁塔科·埃利亚斯·卡列斯就任总统。1928年,奥夫雷贡再次当选总统,但是,他在就职前不久被暗杀。随后六年内,虽然由埃米略·波特斯·希尔、帕斯夸尔·奥尔蒂斯·卢维奥、阿维拉多·罗德里格斯相继担任总统,但实际控制政府的仍是前总统卡列斯,因此1928—1934年又被称为最高首领(Jefe Máximo)时期。奥夫雷贡、德拉韦尔塔、卡列斯都来自索诺拉州,因而被称为"索诺拉三巨头",1920—1934年也被称为墨西哥历史上的"索诺拉王朝"时期。

哥大约510万劳动力中,农民和农业工人占360万,其中约70%没有土地。① 约90%的土地仍在私人手中,30年代初,1.2万家大地产主控制着农村地区五分之四的地产。在传统的大庄园占优势的墨西哥中部和西部各州,农民依然被债务劳役制度束缚在庄园上。在一些地区,如在韦拉克鲁斯州、伊达尔戈州、米却肯州、塔毛利帕斯州,在一些激进的州长支持下,农民动员和组织得到了一定的发展,但是,这些农民运动被看作对国家权力集中和卡列斯政府的威胁,都被摧毁或严重削弱了。②

1929年资本主义世界经济危机的爆发,给墨西哥经济带来了严重的冲击。1929—1932年,墨西哥国内生产总值下降16%,外贸下降约三分之二,进口能力下降一半,失业增加。30多万墨西哥移民被从美国遣返,致使失业更加严重。大危机是导致了民众政治动员水平的提高,还是导致了民众的非动员化,以及与之相关,1933年前后执政党内激进化倾向是工人和农民动员的结果,还是党内自上而下的变化,这是一个存在争议的问题。有的学者认为,这是一个"频繁而分散的动员"时期,表现为罢工、占地和反饥饿游行,以及农民的暴动,包括韦拉克鲁斯州发生的因政府试图解散集体村社而导致的有1.5万名农民参加的起义。③ 但是,也有学者认为,大危机仅仅影响到少部分墨西哥劳动人口。仅就农业而言,绝大多数农民——小土地所有者和大地产内的农业工人——或者从事于生计性的农业,或者生产面向国内市场的农产品,受出口下降的影响不大。韦拉克鲁斯州的农民起义仅仅是对政府试图解除农民联盟武装的反抗。④

但不管怎样,在大危机的影响下,政府和执政党内部出现了一批新的力量,他们在官方党内部成为农民不满的代言人。这些人中包括米却肯州州长拉萨罗·卡德纳斯、韦拉克鲁斯州州长阿达尔韦托·特赫达、塔毛

---

① Nora Hamilton, *The Limits of State Autonomy: Post-Revolutionary Mexico*, Princeton, New Jersey: Princeton University Press, 1982, p.109.
② 关于二三十年代各地的农民运动,参见莱斯利·贝瑟尔主编:《剑桥拉丁美洲史》第六卷下册,北京:当代世界出版社,2001年,第400—414页。
③ 莱斯利·贝瑟尔主编:《剑桥拉丁美洲史》第七卷,第9页。
④ Nora Hamilton, *The Limits of State Autonomy: Post-Revolutionary Mexico*, pp.115-116.

利帕斯州州长埃米里奥·波塔斯·希尔、圣路易斯波托西州州长萨图尼诺·塞迪略,他们或者出于理想信念,或者出于个人目的,都试图通过动员农民和土地分配,建立自己的权力基础。属于这一集团的还有吉尔贝托·法比拉(Gilberto Fabila)、格拉西亚诺·桑切斯(Graciano Sánchez)等国会议员,他们认为,解决农村问题的出路在于分割大庄园、建立村社,因而致力于废除阻碍土地改革的立法。此外,国家农业部门的一些官僚也支持土地改革,如马尔特·R. 戈麦斯(Marte R. Gómez),他曾在塔毛利帕斯州与埃米里奥·波塔斯·希尔州长合作开展土地改革,后来成为希尔过渡政府的农业部长。

执政党和政府内部这股新兴力量与以卡列斯总统和农业部长曼努埃尔·佩雷斯·特雷比尼奥(Manuel Pérez Treviño)为首的"老骨干"之间发生了冲突。对于卡列斯及其支持者来说,大危机带来的影响绝非否定基于私人企业、出口、外国投资、严格控制劳工以及国家一般"不采取主动"的现存资本主义发展模式。但这个模式应该完善,首先应该限制诸如村社农业这些异常现象。他们认为,解决墨西哥农业问题的出路在于结束因土地改革带来的不稳定状态,在现代化的基础上增加生产,促进商品性农业的发展。1930 年,卡列斯宣布土改失败,村社鼓励懒惰;未来的出路在于搞资本主义私人农业。[1] 曼努埃尔·佩雷斯·特雷比尼奥也赞扬大地产主是"墨西哥生产中的一个因素",并宣布有必要保护"诚实的大庄园主"。这种主张反映了北部,特别是索诺拉州商品性地产主,其中包括索诺拉王朝许多成员的立场,他们得到了政府的大力支持。1931 年 10 月,政府在地产主的煽动下,通过法律,保护生产战略性作物(如蔗糖、龙舌兰、咖啡)的地产免予征收。[2] 与此相对立,新兴的政治力量则反对 20 年代反教权、经济上自由、社会方面保守的思想,主张实行激进的社会经济变革。"他们参与从世界主义自由放任主义向民族主义管制主义的全球性转变。如果他们像卡列斯一样仿效外国模式的话,那么,对他们影响

---

[1] 莱斯利·贝瑟尔主编:《剑桥拉丁美洲史》第七卷,第 10 页。
[2] Ramona Falcón, "El surgimiento del agrarismo cardenista: Una revisión de las tesis populistas," *Historia Mexicana*, XXVII, 3, 1978, p. 358.

大的就是美国新政或苏联的计划经济(毫无疑问是曲解了的)。"①一些进步的州长抵制联邦政府结束土地改革的政策,并取得了一定的成功。1931年,几个进步的州长,其中包括米却肯州州长卡德纳斯、韦拉克鲁斯州州长特赫达,组成了一个非正式的集团,在执政党和国会中吸引了左派力量的加入。联邦政府的反应是,任命忠于卡列斯的人担任这些州的州长,并解除这些州农民的武装。支持土地改革的集团内部也存在分歧,激进派以乌苏洛·加尔万(Ursulo Galván)为代表,在他的领导下,韦拉克鲁斯州成立了全国最激进的农民组织土改公社联盟(LCAFV);②温和派以卡德纳斯为代表,正是担任国防部长的卡德纳斯下令解散了韦拉克鲁斯州农民的武装。③ 1931年6月,在进步力量的压力下,国会否决了保守派提出的在三个月的时间内"解决"土地问题的建议;这年年底,进步力量又成功地废除了保护地产主土地免于征收的法律(amparo)。1932年3月,进步力量开始建议提名拉萨罗·卡德纳斯为1934年总统选举的执政党候选人。这年年底,这一提名得到了进步集团内部的绝大多数支持。1933年春,依托圣路易斯波托西州、米却肯州、奇瓦瓦州、特拉斯卡拉州和其他州的农会,成立了"墨西哥农民联合会"(CCM),提名卡德纳斯为总统候选人。④ 1933年12月,在格雷塔罗举行的国民革命党提名大会上,卡德纳斯被提名已成定局,随后,进步力量和卡列斯集团之间的冲突围绕着"六年计划"展开。卡列斯提出的温和方案受到了激烈的批评,并被修改。会议最终通过了"六年计划","这项计划体现了一代新兴的专家治国论者、政治家们和知识分子所要求的新哲学成份。《计划》含蓄地批评了来自索诺拉帮实行的模式,它强调国家实行干预政策的作用以及由墨西哥人开发墨西哥资源的必要性;它向劳工承诺最低工资以及集体谈判的权利;它强调土地问题至关重要,必须大力解决,包括分割大地产"。⑤

---

① 莱斯利·贝瑟尔主编:《剑桥拉丁美洲史》第七卷,第10页。
② 莱斯利·贝瑟尔主编:《剑桥拉丁美洲史》第六卷下册,第409页。
③ Ramona Falcón, "El surgimiento del agrarismo cardenista: Una revisión de las tesis populistas," p.377.
④ 迈克尔·C.迈耶、威廉·H.毕兹利编:《墨西哥史》下册,第586页。
⑤ 莱斯利·贝瑟尔主编:《剑桥拉丁美洲史》第七卷,第11页。

这项计划的重要性在于,卡德纳斯以此作为其竞选的纲领,若干该计划的支持者进入了他的内阁,并在执政期间将该计划切实地付诸实施。

1934年1月,阿韦拉多·罗德里格斯政府颁布法令,将国家农业委员会改组为独立的农业部,直接对总统负责。3月,新的土地法典获得通过,将有关土地问题的立法合并到一起,简化了土地分配的程序,庄园雇工首次获得了分配土地的权利,生产出口作物的地产也被纳入了土地改革的范围。因此,当卡德纳斯就任总统时,土地改革的体制性框架已经具备了。

二

1934年12月,卡德纳斯就任总统,最初,在内阁成员的组成和国民革命党主席的人选上,卡德纳斯接受了卡列斯的建议,因此,卡列斯以为卡德纳斯将继续被置于他的控制之下。但是,1935年,卡列斯在洛杉矶治病期间,卡德纳斯宣布了激进的土地和劳工改革计划。5月,卡列斯回到墨西哥,指责卡德纳斯的计划是"激进主义的马拉松"。[1] 但是,卡德纳斯可以依靠一些将军、半数政治家、绝大多数下级军官和士兵、加上刚刚成立的农民武装和工人组织的支持。意识到已被击败的卡列斯返回洛杉矶。12月,他又回到墨西哥。1936年4月,因被指控储藏武器,卡列斯被迫向政府自首并作为政治流亡者离开墨西哥长达十年之久。随着卡列斯的离开,卡德纳斯对内阁、对议会、对国民革命党进行了彻底改组,卡列斯时代终于结束了。[2]

卡德纳斯时代的到来,标志着墨西哥国家领导权从北部边境的"索诺拉帮"手中转到那些来自墨西哥中部的人手中,他们对墨西哥革命有着不同的理解。对于北部的索诺拉集团来说,墨西哥革命的目标是调和

---

[1] Héctor Aguilar, Lorenza Meyer, *A la sombra de la Revolución Mexicana*, Aguilar, León y Cal Ediciones, 1989, p.152.

[2] 林被甸、董经胜:《拉丁美洲史》,北京:人民出版社,2010年,第338—339页。

阶级利益,平衡农民和地主、村社和庄园、工人和雇主的权力与利益。"土地问题"更多涉及农业(与生产率有关)而不是耕地(与土地占有和平等有关)。他们的目标是实现农业现代化并提高生产力,并以这种方式改善农民和农场工人的生活。而在往往被称为"旧墨西哥"的中部地区,农民和印第安人居住在那里的高原和山谷中,经常处在庄园的控制之下或与庄园冲突不断。"在这里,墨西哥革命的手段和目标更为激进:村庄的福祉要求缩小庄园体系,许多人甚至主张将之摧毁。因此,土地改革对革命事业至关重要,集体村社被视为农业和乡村社会的未来。"①来自中部地区的领导人"对农民的利益更加同情,并且坚信需要采取激进措施"。因此,当其他拉美国家的政府面对三十年代大危机带来的压力,诉诸于政治改革,对工人阶级进行动员并实行经济国有化时,墨西哥政府的做法却是在采取上述措施的同时,又开展了大规模的土地改革。②

然而,土地改革并非完全是自上而下的政府举动,也是对民众要求和动员的呼应。拉古纳地区的土地改革最为典型。

拉古纳地区位于墨西哥中北部的科阿韦拉州和杜兰戈州交界地带,以灌溉农业生产棉花,满足国内纺织工业的绝大部分需求。直到1936年,该地区的土地占有结构没有发生太大变化。1915年土地法颁布后,在二十年的时间内,仅仅建立了11个小村社。1930年,这11个村社共有2318名成员,拥有大约5000公顷可灌溉土地。除了一个村社外,其他村社都位于该地区的边缘地带,灌溉水源极不可靠。直到1922年,庄园雇工(peones acasillados)是无权申请土地建立村社的;除非特殊情况下,居住在规模足以具备"城镇"(villa)政治地位的居民点的人也无权申请土地建立村社。因此绝大多数农村人口与土地改革无缘。③ 到卡德纳斯上台时,拉古纳地区70%的土地被外国人占有,其中40%属于两家英国公司,但是,绝大多数土地承租给本国的庄园主。由于灌溉水源不稳定,加之依附于外国信贷,这些"依附性的庄园主"扩大土地占有量,最终将以

---

① 迈克尔·C. 迈耶、威廉·H. 毕兹利编:《墨西哥史》下册,第582页。
② 莱斯利·贝瑟尔主编:《剑桥拉丁美洲史》第七卷,第21页。
③ Raymond Wilkie, *San Miguel: a Mexican Collective Ejido*, Stanford University Press, 1971, pp. 17-18.

前划给农民的土地也据为己有。这种情况在墨西哥其他地区也存在。例如,在尤卡坦州,龙舌兰庄园属于本国人,但通常负债于负责提供贷款和市场的外国公司。与其他商业性的庄园一样,拉古纳的庄园是以资本主义企业的方式管理的,使用现代化的技术,但是庄园主和农业工人之间的关系却是半封建性的,乡警和官僚支持庄园主,对劳工动员进行镇压。在庄园上劳动的大约有1.5—1.6万名庄园雇工;此外还有1万名短工,他们居住在附近村庄,在收获季节到庄园劳动;此外,在1936年,还有大约5000名来自国内其他地区的移民劳工。①

1915年前,农业工人和庄园主之间的冲突主要体现在工人零星的占地行动,但一般都被严厉镇压。1915年1月土改法通过、特别是1917年宪法通过后,拉古纳地区以及科阿韦拉和杜兰戈两州其他若干地区的农民试图组织起来,建立工会或者农业委员会,通过合法渠道向政府申请土地,或者根据宪法第123条要求改善劳动条件。但是,1930年前,这些努力概不成功。在地方政府的支持下,地主对工人和农民的要求严加压制;联邦和州政府的官员也采用各种拖延、同化手段,收买个别劳工,以维持基本的制度不变。例如,试图组织和申请土地的农民的土地和村庄被地主放水淹没,敢于参加工会的农民房屋被拆,或被解雇。地主还在首都墨西哥城常设专门机构——拉古纳地区农业委员会(Cámara Agrícola de la Región Lagunera),拥有充足的资金,专门对付前来首都向联邦政府申诉的农民代表。卡列斯政府时期,联邦政府通常站在地主一边。农业部长路易斯·莱昂(Luis León)总是把前来申诉的农民代表拒之门外,作为回报,他本人在奇瓦瓦州获得了一座名为特伦纳特斯(Terrenates)的庄园。

1930年代初,由于世界性的经济危机的影响,棉花价格下跌,拉古纳地区的经济形势恶化。为应对危机,地主采取了进一步的机械化,削减劳工。于是,劳工组织工会和申请土地的运动再次高涨。当共产党人迪奥尼西奥·恩西纳率先组织庄园雇工时,"地主们以他们惯常的暴力行动

---

① Nora Hamilton, *The Limits of State Autonomy: Post-Revolutionary Mexico*, p.163.

做出了反应,破坏工会的罢工。但他们也想搞个谨慎的装门面的改革"。① 地主表示,如果墨西哥总统宣布该地区的土地改革已经完成,并发给他们书面材料,保证他们的土地不会被征收,那么他们愿意出资购买土地,建立村社。1930年,这一提议获得农业部的首肯,地主向1025个家庭提供了5300公顷的土地。但是,这并没有从根本上解决问题。一方面,这些土地质量很差,灌溉水源不足,另一方面,更重要地,得到土地的劳工仅占该地区劳动力数量的3%,得到土地的往往是那些工会组织者或"煽动者",旨在使这些人离开庄园。

卡德纳斯当选总统大大推动了该地区的劳工动员。选举之前,卡德纳斯来到该地区的拖雷翁市发表演讲,宣布他支持工会,鼓励农业工人组织起来,要求宪法赋予他们的权利。接着,1935年,该地区的农业工人举行了104次罢工。第一次罢工发生在马尼拉庄园(Hacienda Manila),要求签订集体合同、每日工资1.5比索、八小时工作日,并要求在棉花称重时,有权提名一名检查员。其他庄园的罢工也提出了类似的要求。庄园主以大量解雇工会组织者进行回击。1936年5月,为抗议工会组织者被解雇,城市工会和农村工会联合起来,举行了总罢工,并要求联邦政府派出调查委员会,研究当地局势,提出解决方案。当委员会做出了有利于工人的建议时,雇主拒绝接受。于是,8月18日,又爆发了一场总罢工,有104个庄园的劳工参加,要求该地区的2.8万名农业工人签订单一的集体合同。科阿韦拉和杜兰戈州的劳工部宣布罢工非法,并派出军队保护从其他地区召集来的1万名罢工破坏者。②

9月,联邦政府颁布法律,允许为了公共利益对任何财产予以征收,这意味着商品性的出口农业地产也成为土改对象,而此前在法律上这类地产是免予征收的。于是,当拉古纳地区的工会代表在墨西哥工人联合会(CTM)全国委员会成员的陪同下,来到首都与卡德纳斯总统会谈时,

---

① 莱斯利·贝瑟尔主编:《剑桥拉丁美洲史》第七卷,第23页。关于共产党在拉古纳地区农村动员中的作用,参看 Barry Carr, "The Mexican Communist Party and Agrarian Mobilization in the Laguna, 1920-1940: A Worker-Peasant Alliance?" *Hispanic American Historical Review*, Vol. 67, No. 3, 1987, pp. 371-404.

② Raymond Wilkie, *San Miguel: a Mexican Collective Ejido*, pp. 18-19.

总统要求他们停止罢工,同时答应他们,在拉古纳地区实施新的土地改革法律。接着,在10月6日,卡德纳斯总统签署法令,主要内容如下:

1. 申请授予土地建立村社需要有20人以上联合提出。

2. 授予村社的土地数量为每名社员4公顷,如果授予的土地灌溉水源不足或者土地贫瘠,数量可稍多。

3. 授予的土地必须位于申请者居住地的7000米范围之内。

4. 申请授予土地者必须在该地区工作六个月以上。

5. 只有十六岁以上男子或已婚者,并且有能力在授予的土地上工作的人才有申请土地资格。

6. 每家私人地产可保留100公顷的土地,不予征收;如果无人申请,地产主可保留最多150公顷土地。

7. 地产主有权决定他要保留的土地的位置。

8. 在征收之后所余的超过150公顷的土地必须以不超过每份150公顷的单位出售。

9. 地产主将会因建立村社而失去的土地得到补偿。

10. 地产主的土地损失将以政府债券的形式得到偿付,数额为评估价另加10%。

11. 村社银行将向村社提供信贷,农业银行将向私人地产主提供信贷。①

根据这一法令,拉古纳地区四分之三的水浇地和四分之一的旱地分给了约300个村社的3万名农民。② 此前历届政府都将商业性的地产置于土改的范围之外,而拉古纳地区的此次土地征收引起了地主和有产阶级的极大惊慌。地主和他们的支持者断言,土地改革将极大地降低生产水平。为此,卡德纳斯总统决心证明,产量将不会因土地所有权的转变而下降。他建议,新的村社土地将集体拥有和经营。建立集体村社,不仅为农民和农业工人实现社会公正,而且为提高经济效率提供一个样板。1936年10月6日,在向新的村社社员授予土地的演说中,卡德纳斯指出:

---

① Raymond Wilkie, *San Miguel: a Mexican Collective Ejido*, pp.19-20.
② 莱斯利·贝瑟尔主编:《剑桥拉丁美洲史》第七卷,第23页。

"今天的村社机构承担着双重责任：作为社会组织，它将把农业工人从此前遭受的剥削中解放出来……作为农业生产机构，它将有很大责任向国家提供食品供应。"①土改受益者也遵守了政府的要求，以四比一的投票率支持建立集体村社，而不是个人式的小块土地制。每一个集体村社将共享土地、机器和贷款，并由选举产生的村社委员会管理；收获的成果将根据每人投入的劳动比例来分配。村社银行提供贷款、技术咨询和总监督，村社本身还提供一系列教育、医疗和娱乐服务。②

拉古纳地区的土地改革成为随后其他商品性大地产被征收的先例。"科罗拉多土地公司被征收，使村社个人和集体、小自耕农和移民受益；在索诺拉，亚基族和马约族的印第安人争取到了对其部分土地的偿还；在米却肯州，库西家族（进步的、具有社会意识的意大利企业家）的财产全部被交给了组成9个村社的约2000名农民。长期实行种植园的南部也经历了不可阻挡的集体主义改革。……80%的龙舌兰种植园即刻分给了组成200多个村社的三四万名玛雅人契约工。这是'墨西哥自进行土地改革以来发生的最大事件'。尤卡坦州将与拉古纳一起成为集体村社的'橱窗'。"③

建立集体村社并非卡德纳斯政府的首创。早在1922年，墨西哥国家农业委员会就签署了第55号通告（Circular 55），建议为了提高机械化和技术水平，为提高经济效率，被征收的大地产应该完整地移交给村社，并以公共的形式耕种。第55号通告的渊源可追溯到墨西哥被征服前某些阿兹特克人村庄土地共有的传统，同时又受到苏联社会主义实践的影响，当然，根据一些学者的看法，这种启发是出于实用主义，而非意识形态的。④ 第55号通告显然对此前的土地改革计划没有产生影响，政府依然致力于建立小地产，而将村社仅仅看作一种从大庄园制度到小地产制度的过渡形态。但是，这个时期出现的一些独立的农民组织也进行了集体

---

① Nora Hamilton, *The Limits of State Autonomy: Post-Revolutionary Mexico*, p.165.
② 莱斯利·贝瑟尔主编：《剑桥拉丁美洲史》第七卷，第23—24页。
③ 同上书，第26—27页。译文略有改动。
④ Eyler N. Simpson, *The Ejido: Mexico's Way Out*, The University of North Carolina Press, 1937, pp.333, 402.

村社的试验,特别是在韦拉克鲁斯州。20年代,在特赫达州长的支持以及共产党的帮助下,一些农民社团的成员访问了苏联,受苏联的集体农庄(kolkhoz)的影响,产生了建立集体村社的设想。1926年11月,在韦拉克鲁斯农民社团的影响下,全国农民联盟成立时,宣布集体村社将构成墨西哥进步发展的重要因素,土地和其他生产手段的社会化是终极目标。一些人将集体村社看作墨西哥农业的基础,甚至要求废除农村的私有财产。

卡德纳斯政府决定建立集体村社,显然是受到了这些意识形态的影响,同时又有将传统的大庄园和商品性的大庄园都纳入土地分配计划的实际考虑。集体村社,实际上是合作生产形式,被看作是维持技术效率和生产水平的必需,与此同时又迎合了卡德纳斯政府内部支持集体生产形式的成员的意识形态取向。通过建立集体村社,卡德纳斯力图实现双重目标。一是将土地分配给耕种者的社会目标:卡德纳斯认为,村社不是走向资本主义道路的临时停靠站,也不是简单的政治缓解剂,而是振兴农村,把农民从剥削中解放出来的重要机构。二是维持生产规模的经济目标。因为集体村社的建立,使得在不影响生产规模的前提下,大规模地没收资本主义大农场变得可能。①

在卡德纳斯执政时期,推行土地改革,特别是集体村社管理的核心机构是1937年成立的村社银行。村社银行除了向村社提供贷款外,还负责组织村社的产品销售,购买并返销种子、肥料、农业设备等,还负责监管村社的运作,并在联邦和地方政府中代表村社成员的利益。卡德纳斯政府如此设计、安排是出于这样的设想,与来自村庄并被授予自己小块土地的个体村社农民相比,集体村社社员、尤其是前庄园劳工,更加贫困、受教育程度更低、生产能力更差,因此他们面临着更严重的信贷问题,需要严密的监管和广泛的训练。此外,农民缺乏集体劳动的经验,也是需要对村社进行监管的一个因素。② 到1936年8月,卡德纳斯政府已经超额完成了在"六年计划"期间向村社提供3000万比索贷款的目标,六年的任期期间,政府向村社银行总共提供了1.4亿比索的贷款。相比之下,政府向农

---

① 莱斯利·贝瑟尔主编,《剑桥拉丁美洲史》,第七卷,第21页。
② Nora Hamilton, *The Limits of State Autonomy: Post-Revolutionary Mexico*, pp. 171–172.

业银行(Banco Agrícola)仅提供了4000万比索的贷款(农业银行的信贷面向私人地产)。这表明,政府优先支持村社而非私人地产主。这从村社银行和农业银行在1936—1940年期间发放的贷款数量中也可得到证明,参看下表(单位:比索):

时间	农业银行	村社银行
1926	11450000	23278000
1937	19440000	82880000
1938	11500000	63442000
1939	6261000	61117000
1940	6303000	59149000

资料来源: Sergio Reyes Osorio, et al, *Estructura agrarian y desarrollo en México: estudio sobre las relaciones entre la tenencia y uso de la tierra y el desarrollo agrícola de México*, Mexico: Fondo de Cultura Económica, 1974, p.836.

在村社系统内部,政府优先支持大规模的集体村社,以证明集体生产制度能够维持较高的生产水平。

村社的管理既有一定的民主因素,也有因村社银行的官僚化带来的家长制倾向。村社代表是在村社银行官员的监督下由村社社员大会民主选举产生的。但是,村社银行的官员负责对村社的总体监管:村社选出的代表须经他们认可;银行派出的现场巡视员与村社委员会、工头须每周会面,商讨一周的工作安排;银行官员对村社的总体计划具有最后决定权。如果不遵守银行官员的决定,村社将面临着失去贷款的危险。①

政府不仅通过村社银行,而且通过全国农民联盟(CNC)对村社进行控制。1938年,卡德纳斯改组了国民革命党(PNR),并将其命名为墨西哥革命党(PRM)。党建立在四个发挥功能性作用的团体上:农业(农民)部门、劳工部门、军人部门和"民众"部门,通过这种职团主义(corporatism)的政治策略,卡德纳斯政府动员和组织了工人和农民,但又不使二

---

① Nora Hamilton, *The Limits of State Autonomy: Post-Revolutionary Mexico*, pp.172.

者结合起来,从而使各个团体在执政党内建立了不同的和相互冲突的部门。① 为了动员民众运动,同时对民众运动进行有效的控制,卡德纳斯坚持,必须建立独立的农民组织,与工人组织分开。在战胜卡列斯集团之后,1935 年 7 月 10 日,卡德纳斯签署法令,在各州成立农民联盟,这些地方农民联盟将成为建立全国性农民组织的基础。国民革命党(PNR)而非"墨西哥农民联合会"(CCM)负责该法令的实施。虽然墨西哥工人联合会(CTM)也有意将农民组织整合其中,但卡德纳斯反对。1938 年 8 月,召开了全国农民联盟(CNC)成立大会。来自全国各地的三百名代表参加,代表近 300 万农民和农业工人。全国农民联盟的成员资格向村社社员、农民工会组织的成员、农业合作社的成员、军事农业殖民地的成员和小土地所有者开放。此外还接受不属于上述类别但由于经历和技能从农业中收益的人,诸如农业工程师。根据法规,"墨西哥农民联合会"(CCM)解散,全国农民联盟(CNC)是唯一代表农民的组织。格拉西亚诺·桑切斯(Graciano Sánchez)被选为主席,莱昂·加西亚(León García)被选为副主席,后者同时也是墨西哥革命党(PRM)农民部的主席。通过一种非直接的隶属关系,全国农民联盟(CNC)的所有成员都成为墨西哥革命党(PRM)的党员。因此,从一开始,全国农民联盟(CNC)就成为墨西哥革命党(PRM)中代表大多数农民的分支机构。但是,乌苏洛·加尔万(Ursulo Galván)不加入全国农民联盟,并试图在执政党外建立统一的农民组织。② 卡德纳斯执政时期,全国农民联盟的建立对于动员农民、推动土地改革起了积极的作用,但是,"由于将农民联盟附属于执政的革命党的官僚结构,拉萨罗·卡德纳斯播下了权威主义的种子。卡德纳斯卸任后,这种权威主义变得越来越明显:政府一直在利用各不相属的群众组织(全国农民联盟,CNC)和城市产业工人组织(墨西哥工人联合会,CTM),不是去反映他们的要求,而是去操纵甚至镇压他们"。③

---

① 托马斯·E. 斯基德摩尔、彼得·H. 史密斯:《现代拉丁美洲》,北京:世界知识出版社,1996 年,第 282—283 页。
② Héctor Aguilar, Lorenza Meyer, *A la sombra de la Revolución Mexicana*, pp. 169-170.
③ 莱斯利·贝瑟尔主编:《剑桥拉丁美洲史》第六卷下册,第 429—430 页。

三

卡德纳斯时期的土地改革,特别是从商品性的大庄园向集体村社转变的过程中,出现了许多意想不到的问题。在拉古纳地区,为了对土地进行灌溉以备种植下一季度的作物,土地分配极为仓促,此前养活2.5万人口的土地被分配给了40208名劳工,其中不仅包括庄园长工和短工,还包括来自外地的移民工人,甚至还有当时在此的罢工破坏者,因此导致了严重的人口过剩。对灌溉水量的过高估计(预计可为30万公顷土地提供足够的水源,而实际上水量只能满足10万公顷)导致了水源紧张和土改受益者之间的冲突。此外,根据法律,原土地所有者可保留150公顷的灌溉地,最好的土地和机械、管理基础设施仍在原土地所有者的控制下,而村社只得到了边缘的、贫瘠的土地。有鉴于此,此后的土地改革中,这些问题得到了部分的纠正。在分配尤卡坦地区的龙舌兰种植园时,事先制订了详细的方案,改革中,农民不仅分得了土地,而且还得到了加工处理龙舌兰的机械设备,这就避免了在土地改革之后村社仍然受制于控制加工设备的庄园主。在新意大利(Nueva Italia)和兰巴蒂亚(Lambardia),原土地所有者不仅同意售出土地,而且还有牲畜、机械设备等。[1] 村社银行也与村社成员合作,应对新建立的集体村社所面临的一系列困难,并取得了一定的成功。在拉古纳地区,集体村社建立之初,地主和商人就预言它将失败,声称"给他们两年的时间,他们就将跪着祈求重新为原来的雇主劳动"。但是,现实证明,集体村社是成功的。阿兰·奈特写道:

> 棉花产量(1940年村社生产70%,而1930年是1%)在土地改革后很快增长,三十年代后期一直稳产,二战期间一度下降,1941年后又增产。其它庄稼,如小麦增长更快。集体耕作因此证实,从物质上而言,它能够提供物品。集体耕作比个人耕种生产力确实低一些,但是后者拥有地主保留的更好的水浇地并享有更多的投资。这里如

---

[1] Nora Hamilton, *The Limits of State Autonomy: Post-Revolutionary Mexico*, p.168.

同墨西哥和拉丁美洲其他地方一样,土地改革的一个主要效果就是在私有生产部门激发更高效率的生产。同时,在村社银行的积极支持下,拉古纳农民的生活水平从绝对意义和相对意义上讲都提高了,至少在1939年前是这样。农村最低工资与1934—1935年全国平均工资相同,1939年提高了三分之一。消费方面以及识字率(报纸发行量因而有"巨大增加")和医疗方面也有明显提高。关于这一点,持同情和持批评意见的观察家都一致承认,而且这种大量的改善还不是成绩的全部。随着文化和自我管理的掌握,农民显示出新技能、责任感和自尊。"以前,我们生活得像牲口,现在我们至少成了人,我们提高了生产,而且挣得更多了。"一名旅游者听农民这么说。物质提高伴随着人身安全:政治骚乱得到平息。在拉古纳,习惯上可以不用再带枪了。①

但是,这种成功是短暂的,而且取决于很多因素。在拉古纳地区,取决于对棉花的需求,取决于足够的灌溉用水,但在所有地区,都取决于来自政府的政治支持。1940年墨西哥新政府上台后,来自政府的支持减少了,集体村社面临的困难充分暴露了土地改革的缺陷。

卡德纳斯政府的土地改革引起了地主和其他有产阶级的强烈反对。30年代,传统的中部地区成为辛纳基运动的核心。这是一个军事的、宗教的、准政治的运动,辛纳基主义者全国联盟(Unión Nacional Sinarquista)动员了最落后、最贫困的农民,以一种狂热的、血腥的暴力反对申请土地的农民和土改受益者。为了回应地主的暴力袭击,1936年1月,政府颁布法令,成立农村预备队,到卡德纳斯执政结束,农村预备队拥有6万名农民武装。

地主集团在媒体上利用村社的生产下降和技术问题大做文章,攻击村社软弱无力,断言新的土地占有制度缺乏可行性。集体村社是主要的被攻击目标,被污蔑为"共产主义的"。地主集团还利用各种方式分化庄园雇工和村庄农民,宣称后者申请土地将对前者的工作机会造成威胁,尽管政府在土地改革中将二者一视同仁。此外,地主集团除了保留大量优

---

① 莱斯利·贝瑟尔主编:《剑桥拉丁美洲史》第七卷,第24—25页。

良土地和土地上的基础设施外,还通常控制金融和商业公司,包括那些向村社销售产品的公司。地主集团对加工设备(如榨糖厂)的控制也使他们对村社农民和小生产者具有一定的制约力。在这种复杂的形势下,如果没有中央政府的支持,集体村社社员的处境势必是岌岌可危的。

村社管理本身的缺陷也加剧了村社的困难。如上所述,村社银行是村社的主要监管机构,但有些情况下,村社银行的官员本身也存在问题。在拉古纳地区,当地村社银行的官员包括前庄园的管家,他们同情以前的雇主,对村社集体生产和经营的可行性持怀疑态度。官僚化也强化了村社银行的威权结构,村社银行的官员认为,村社社员无力管理他们自己的事务,在一些情况下,村社社员采取的任何一项措施都必须得到银行的批准,由此导致了过分的拖延和麻烦。此外,即使在村社银行成立的早期,就出现了腐败现象。所有这些因素,都为后来集体村社的发展带来了严重的障碍。

卡德纳斯政府土地改革的局限性在普埃布拉州的阿滕辛格村社(Atencingo)的建立和演变过程中得到了充分的体现。戴维·罗菲尔德特对此进行了深入细致的研究。

阿滕辛格位于墨西哥城以南、普埃布拉州的马塔莫洛斯谷地(Matamoros),气候温暖、土地肥沃、河流环绕,农业生产条件优越。19世纪,马塔莫洛斯谷地成为墨西哥最重要的蔗糖产地之一。为了获取更多的土地种值甘蔗,庄园主大肆吞并周围农民的土地。每家庄园都维持一支实际上处于奴隶状态的雇工队伍。1910年革命爆发时,马塔莫洛斯谷地的甘蔗庄园已发展为农—工联合企业,庄园主拥有财富、身份,并控制当地政权。同时,生活在周围村庄的贫困的、无地的农民与庄园之间的矛盾已十分尖锐。① 革命期间,当地起义农民和萨帕塔革命武装(其中部分来自邻近的莫雷洛斯州)烧掉了榨糖厂,摧毁了庄园,赶走了庄园主。革命后,庄园主返回庄园,试图重建他们的农业企业,但是他们不仅受到萨帕塔主义者领导的农民的反抗,而且还受到美国前领事威廉·詹金斯(William

---

① David Ronfeldt, *Atencingo: la política de la lucha agrarian en un ejido mexicano*, Fondo de Cultura Económica, México, 1975, pp. 19-20.

Jenkins)的控制。1919年,詹金斯在普埃布拉被两名萨帕塔将军绑架,由此酿成了一场国际危机,美国在付出大笔赎金后,他获得释放。这是詹金斯掘得的第一桶金,因为据说他自己策划了这起绑架事件,并与绑架者瓜分了赎金。1921年,詹金斯收购了迪亚斯·鲁本(Díaz Rubín)家族位于阿滕辛格庄园的榨糖厂和土地,开始建立他的农—工企业帝国。迪亚斯·鲁本是1916—1917年立宪派军队平定该地区之后最早返回的庄园主之一,他试图重建榨糖厂,恢复甘蔗种植。但是,革命期间他的资产损失殆尽,不得不以自己的土地等资产为抵押向詹金斯贷款。由于经营不善,面临财政危机的迪亚斯·鲁本的资产转入詹金斯之手。用同样的手段,詹金斯很快直接或间接地控制了马塔莫洛斯谷地的几乎所有的甘蔗庄园和榨糖厂。詹金斯拥有的土地面积达12.3万公顷,成为普埃布拉州历史上最大的地产主。①

　　与此同时,20世纪二三十年代,农民对土地改革的要求不断高涨,矛头直指马塔莫洛斯谷地的大庄园,最初是受到革命削弱的庄园主,后来则是詹金斯。在塞莱斯蒂诺·埃斯皮诺萨·弗洛雷斯(Celestino Espinosa Flores)和他的妻子多洛雷斯·坎坡斯(Dolores Campos)的领导下,周围村庄的无地农民动员和组织起来,要求政府授予土地建立村社。但是,直到30年代初,庄园雇工和榨糖厂的工人仍然没有加入要求土地改革的农民行列,因为如上所述,直到30年代中期,根据法律,这部分人尚无资格申请授予土地建立村社。1923年年底,塞莱斯蒂诺·埃斯皮诺萨·弗洛雷斯率领大约三百名农民离开家乡,协助平息反对奥夫雷贡总统的德拉韦尔塔叛乱。由于镇压叛乱有功,他们的要求得到了联邦政府的支持。在罗德里格斯政府(1932—1934)期间,联邦政府颁布法令,征收詹金斯庄园的土地,分配给申请土地的农民,建立四十个村社。这样,到30年代中期,詹金斯已丧失了115068公顷土地,占其土地总量的90%。但是,詹金斯依然拥有九个庄园的可灌溉的甘蔗种植地,并同时拥有中心榨糖厂,他依然是普埃布拉州最重要的农—工联合企业,也是墨西哥生产率最高的蔗糖企业的主人。也就是说,被征收的仅为边缘的、得不到灌溉的土地,

---

① David Ronfeldt, *Atencingo: la política de la lucha agrarian en un ejido mexicano*, pp. 22-23.

仍有几千名农民没有土地。

与此同时,詹金斯还对他的主要劳动力,即庄园雇工和榨糖厂工人维持着严密的控制。1934年,罗德里格斯总统颁布法令,授予庄园雇工和村社居民同样的权利,有权申请土地建立村社。但是,在阿腾辛格,这一法令在庄园雇工中间没有得到响应。1937年,形势发生变化。一方面,卡德纳斯总统准备在全国范围内实施土地改革计划,另一方面,阿腾辛格地区几千名无地农民的战斗性和力量不断增强。由于大多数无地农民居住在已经建立的村社内,随着人口的增长,村社申请授予土地,扩大村社,或者建立新的村社。最初,这些农民得到了政府的支持,多洛雷斯·坎坡斯(在丈夫去世后,她和儿子成为土改的领导人)和一些农民代表还获得机会与卡德纳斯进行了面对面的交流。卡德纳斯同情他们的处境,并许诺向这些农民分配土地。1937年6月,卡德纳斯命令农业部征收和分配詹金斯的土地。詹金斯此时认识到,失去土地不可避免。但是,为了在名义上失去土地之后仍然保持对当地经济的实际控制权,詹金斯设计将土地授予他的庄园雇工和榨糖厂工人,而非申请土地的村社农民。换句话说,他将1934年的土改法(授予庄园雇工申请土地建立村社的权利)为己所用。他的计划得到了州长马克西米诺·阿维拉·卡马乔(Maximino Avila Camacho)的支持。卡马乔辩称,庄园雇工和榨糖厂工人将优先得到土地,因为他们没有任何属于自己的土地,而且在这些土地上生活已久,而已经建立村社的村民仅仅是要求增加村社土地而已。1937年7月,经过策划,卡马乔得到总统的首肯,废除原来向村民分配土地的计划。1938年3月30日,卡德纳斯总统颁布法令,同意在阿腾辛格地区向庄园雇工和榨糖厂工人授予土地建立村社。詹金斯保留了庄园的建筑物、铁路以及铁路线两侧各12米的土地,还有150公顷的可灌溉地。随后几天,成立了阿腾辛格及其附属地区村社合作社团,该社团将成为村社的经济和行政机构,拥有工作时间表、工资、年度计划和投资、向榨糖厂运送和销售甘蔗等事项的决定权。值得注意的是,村社的信贷来源不是村社银行,而是詹金斯控制的榨糖厂机构。实际上,榨糖厂经理佩雷斯掌握了选择和任命村社领导人的权力。①

总之,经过土改,詹金斯虽然在名义上失去了土地的所有权,但是,由于将土地授予原庄园雇工和榨糖厂工人,而非周围村社居民,詹金斯间接地对新成立的村社维持着实际的控制权。土改之后,阿腾辛格实际上依然处于詹金斯的控制之下。1938年后,长达八年的时间没有召开村社社员大会,佩雷斯利用其特殊的地位,提名他的走狗,通常是榨糖厂工人担任村社领导职务。根据一名前村社领导人的叙述,对于原来的庄园雇工来说,他们最初或者不相信,或者不理解自己已经成为村社社员了,他们没有意识到自己的新身份和自己拥有的权利,继续把自己看作是庄园雇工。1939年5月,鲁文·哈拉米略(Rubén Jaramillo)对阿腾辛格进行了调查。② 哈拉米略发现,阿腾辛格的村社社员对于村社的事务一无所知,"他们只知道,作为企业的雇工,他们得到工资,他们每天要工作12个小时"。哈拉米略得出结论,在阿腾辛格,土地改革实际上并未发生。在写给卡德纳斯总统的信中,哈拉米略写道,虽然阿腾辛格村社委员会宣称,2043名村社社员已被授予每人4公顷的土地,并在他们自己的土地上集体工作,但是,"我从那个地方的工人中所能看到的悲哀现实使我确信,事实并非如此,村社委员会不过是一个大庄园主詹金斯的爪牙……我必须以全部应有的尊重告诉您,总统先生,在阿腾辛格,你的高尚愿望没有实现,因为土地被一人所垄断,他将我们的同伴淹没在悲惨的经济处境中……我恳求您,总统先生,对我们的阿腾辛格的伙伴们的事务进行干预,从而在将来不久的一天,他们也可能享受到革命的果实,就像共和国其他地区一样"。③ 遗憾的是,哈拉米略的恳求没有效果,卡德纳斯总统或者不能,或者不愿改变阿腾辛格地区的状况。

阿腾辛格村社建立和演变的过程,虽然仅仅是一个个案,但从一个方

---

① David Ronfeldt, *Atencingo: la política de la lucha agrarian en un ejido mexicano*, pp.20-30.
② 鲁文·哈拉米略是莫雷洛斯州甘蔗产区激进的土地改革组织者,1962年被暗杀。关于哈拉米略运动,最新的研究,可参阅 Tanalis Padilla, *Rural Resistance in the Land of Zapata: The Jaramillista Movement and the Myth of the Pax Priista, 1940-1962*, North Carolina: Duke University Press, 2008。
③ David Ronfeldt, *Atencingo: la política de la lucha agrarian en un ejido mexicano*, p.42.

面反映了卡德纳斯时期土地改革的局限性。

四

对于卡德纳斯政府土地改革的效果,学术界依然存在着争论,但是,没有人怀疑其改革的规模。在卡德纳斯执政期间,81万农民分得了土地,超过了革命以来历届政府执政期间分得土地的农民总数(77.8万),分配土地的数量(1790万公顷)超过了革命以来历届政府分配土地数量(870万公顷)的两倍还多。① 卡德纳斯政府不仅在土地分配的数量上大大超过此前历届政府,而且在质上也有明显的变化。此前历届政府所征收的大多是传统的大庄园和荒地或贫瘠的土地,而卡德纳斯政府不仅征收了传统的大庄园地产,而且征收了高度发达的商品性地产。此前历届政府强调建立小生产单位,村社仅仅被看作向小农场过渡的中间形态,而卡德纳斯政府重视村社的集体经营,特别是在那些商品性农作物产区,作为保持和增加产量的必需条件。通过卡德纳斯政府的土地改革,墨西农业部门发生了重大的结构性变化。1930年,村社仅控制不到15%的可耕地;而到1940年,村社控制了47.7%的可耕地和57.3%的可灌溉地。同期村社的数量增加了两倍多,从66.8万个增加到160.6万个,无地农民的数量从247.9万下降到191.26万。②

然而,正如卡德纳斯自己也承认的,虽然超过1万公顷的私人地产数量下降到1500个,并多数集中在干旱的北部诸州,但是30年代的土地改革没有完全根除墨西哥的大地产。而且,如上所述,即使已被征收土地的大庄园主仍保留了150公顷的可灌溉地以及绝大多数农业基础设施。有些情况下,大庄园主还获得或保留了对信贷、市场、农业机械的销售等方面的控制权,使其继续得以控制和剥削农民。尽管如此,卡德纳斯政府的土地改革毕竟大大削弱了大地产主的势力,成功地消除,或者至少大大削

---

① Nora Hamilton, *The Limits of State Autonomy: Post-Revolutionary Mexico*, p. 177.
② Ibid., pp. 177-178.

弱农业生产中的"封建"关系,从而在此过程中,清除了增加农业产量的一个重大障碍。通过改革,墨西哥的农业生产实现了自给,并且农产品出口带来的外汇大大推进了工业化的发展。

正如阿兰·奈特指出的,虽然就其目标而言,卡德纳斯主义是一场真正的激进运动,它主张进行根本性的变革;虽然卡德纳斯主义拥有巩固的民众支持,尽管这种支持不是通过自由民主的代表制形式体现的;但是,正是由于卡德纳斯主义的激进性,它面对着严重的抵制,这些抵制有些是公开的,有些则是更加秘密的、隐蔽的,从而也是更成功的,这些抵制严重地限制了卡德纳斯政府的行动自由,导致其混乱、妥协,被迫在很多问题上退却;结果卡德纳斯主义的实际成就是有限的,甚至那些在1934—1940年间已经取得的成就在以后更加保守的政府执政期间也被推翻了。也就是说,"与曾经设想的相比,卡德纳斯主义作为一场激进改革的手段,是不够有力的,不够迅速的,不能穿越敌对障碍,遵循其原来设定的路线前进"。① 约翰·谢尔曼也指出:"对卡德纳斯持有同情的早期作者认为卡德纳斯政府是1920—1940年间制度化革命的高峰。然而,一代人之后的批评者则试图将卡德纳斯主义与它们严厉声讨的战后威权主义联系到一起。但是,当我们考察卡德纳斯主义与草根右派的斗争时就会明显地发现,它的激进改革动力,大多是自上而下的。它没有从浸透于1910年革命以来政治文化的民众潮流中获取政治支持,相反,它很少得到这样的支持。……因此,卡德纳斯主义应该被看作20世纪墨西哥历史上的一种政治例外现象。正是它的失败,而非它的成功,确立了此后几十年内腐败的寡头政治的准则。"②

(董经胜　北京大学历史学系教授)

---

① Alan Knight, "Cardenismo: Juggernaut or Jalopy?" p. 76.
② John W. Sherman, "Reassessing Cardenism: The Mexican Right and the Failure of a Revolutionary Regime, 1934-1940," pp. 378.

历史之争:1956年的黎刹尔

里纳尔多·伊莱托(Reynaldo C. Ileto)
(格非 译)

【内容提要】 1956年,菲律宾参议院讨论了旨在要求学生阅读黎刹尔在1887年和1892年出版的两部小说的438号法案。法案的两位支持者劳雷尔和雷克托参议员都出生于西班牙殖民时期,经历了1896年革命、反美战争、美国殖民统治时期、日本占领时期以及1946年独立等不同历史阶段。他们都对先后统治菲律宾的三个帝国有着深刻理解。由于领导了日本支持的1943年共和国,他们认同的菲律宾民族主义是没有菲美"特殊关系"的民族主义。在独立后建构菲律宾官方历史叙述的讨论中,支持美国的政治家和学者企图以美菲联合抵抗日本统治并在1945年获得"解放"为菲律宾官方历史叙述的基础。这种尝试遭到一些人的反对,最突出的是参议员劳雷尔和雷克托以及历史学家蒂奥多罗·阿贡西留,他们认为反对西班牙殖民统治的革命和菲美战争更适于作为这种官方历史叙述的基础。让学生阅读黎刹尔的小说将会使年轻一代明白1896年革命发生的根源以及这次革命直到1950年代"仍未完成"的原因。

1956年4、5月份，也就是西班牙把统治菲律宾群岛的权力转手美国后半个多世纪，随着国会就参议院438号法案(也就是所谓的"黎刹尔法案")展开辩论，"西班牙时代"重回菲律宾公众的意识中。① 资深政治家激情辩论，是否要通过一项法律，要求菲律宾公立和私立学校的学生都阅读两部19世纪的小说——《不许犯我》和《起义者》——的全本。在这两部小说中，黎刹尔批判了西班牙天主教教士和当时菲律宾社会存在的问题。国会的辩论在报纸专栏作家、天主教教士、公民领袖、学生和普通民众中都引起了巨大反响，并逐渐演变成一个全国性的事件。在庆祝菲律宾从美国统治下独立(1946年7月4日)十周年前夕，菲律宾社会似乎对西班牙统治后期的历史产生了一种非同寻常的兴趣和关注。本文将重点探讨产生这种情况的原因。

　　黎刹尔法案是由参议员、时任参议院教育委员会主席的何塞·劳雷尔首倡的，教育委员会一位重要成员、参议员克拉诺·雷克托在理念形成和法案起草过程中发挥了特别重要的作用。雷克托在为438号法案辩解的过程中表现得如此积极，以至于遭到一位反对者的冷嘲热讽，戏谑地把438号法案称为"雷克托法案"。雷克托当然非常愤怒，严厉谴责对手给自己乱贴政治标签。本文将探讨促使两位资深立法者在他们政治生涯的后期竭力倡导这项旨在形塑菲律宾民族的未来而创造性地把历史与现实结合起来的立法活动的社会环境，特别要探讨菲律宾历史上三个不同时期(西班牙殖民统治时期，美国殖民统治时期和大日本帝国统治时期)在这两位政治家及其同代其他人的言论、思维和想象中的不同表征。

---

① 从不同视角研究黎刹尔法案的优秀论著包括：Henry S. Totanes, "The Historical Impact of the Noli Me Tangere and the El Filibusterismo," in Soledad Reyes ed., *Noli Me Tangere a Century after: an Interdisciplinary Perspective*. Quezon City: Ateneo University Budhi Papers No. 9, 1987, pp. 22-25; Jorge R. Coquia, *Church and State Law and Relations*, Quezon City: Rex Printing, 3d ed., 1989, pp. 267-275; Carmencita H. Acosta, *The Life of Rufino Cardinal Santos*. Quezon City: Kayumanggi Press, 1973, pp. 71-77.

一 西班牙的阴魂

劳雷尔和雷克托分别出生于1891年和1890年,他们自然对反对西班牙殖民统治的菲律宾革命没有什么直观印象,但是,他们肯定对菲美战争保有童年的记忆。当菲律宾广大乡村地区遭受美国士兵蹂躏时,他们位于他加禄地区南部的家乡变成了"保护区"(这只是集中营的变相、委婉说法而已),这在1901年末和1902年初给他们留下了刻骨铭心的恐怖记忆。他们两个家庭的亲人都深深地卷入了革命。劳雷尔的叔叔、阿卡迪奥·劳雷尔参加了1898年成功围困塔亚巴斯的西班牙要塞的战役。① 在抵抗美军占领八打雁时,劳雷尔家族的许多成员都在保卫塔瑙安镇和塔利塞镇的战斗中,或在军事上或在民事上发挥了重要作用。他们落入美军手里后也受尽折磨。② 劳雷尔的父亲索泰罗在八打雁的一个"保护区"内遭受了美军的严刑拷打。③ 在雷克托的记忆中,萦怀于心的是母亲的哭诉。当时美国官员严刑讯问她,要求说出她那个担任提亚翁游击队指挥员的哥哥诺伯托·马约上校的行踪。④

尽管他们也都在美国统治时期接受教育,但是劳雷尔和雷克托完全是在一个西班牙化的环境中成长起来的。在青年时期,劳雷尔在圣胡安·德莱特兰学院接受教育,雷克托在马尼拉的雅典耀学校上学。后来,劳雷尔进入美国人创办的菲律宾大学,获得他的第一个法学学位,然后进

---

① Victor Alfonso, "Accounts of the Revolution against Spain", in PIR LR 393 167.2 AGO 460015 folio 4, in reel 358. Secretary of War to Pres. Emilio Aguinaldo, 11 March 1899, PIR P3 (Presidency) AGO 460359 Encl. 533.
② Celia Diaz Laurel and Gloria Angeles Carandang, *Laurel Family Tree*. Tanauan, Batangas, ca. 1991. 关于劳雷尔传记和思想的其他详情,参看 Remigio E. Agpalo, *Jose P. Laurel: National Leader and Political Philosopher*. Quezon City: J. P. Laurel Memorial Corp., 1992。
③ Theodore Friend, *Between Two Empires: The Ordeal of the Philippines, 1929-1945*. New Haven: Yale University Press, 1965, pp. 45-46.
④ 参看 Emerenciana Arcellana, *The life and Times of Claro M. Recto*. Pasay City: Recto Foundation, 1990。

入圣托马斯大学法学院深造。雷克托当时正好也在圣托马斯大学法学院接受法学教育。他们都能说流利的西班牙语,雷克托甚至能用西班牙语创作诗歌。不过,他们也都掌握了英语,因为这是当时统治菲律宾的美帝国的官方语言。他们的卓越才华确保他们能在美国殖民机构中赢得辉煌的职业生涯。

就个人经历而言,他们都跨越西班牙和美国两个殖民帝国时代。在国会辩论发言中,他们都使用西班牙语和英语,这是他们的生活经历在语言和精神气质上的客观反应(语言和精神气质是分不开的)。在1950年代菲律宾国会举行的会议中,确实散发着一种浓郁的、独特的西班牙气息。在本文使用的1956年4、5月国会议事录(参议院)①中,选择用什么语言发言确实给人留下深刻印象。例如,在第55次会议中,劳雷尔在介绍438号法案时是这么开始的:

(西班牙语):1956年4月17日,星期二,会议开幕。随着议长、尊敬的尤罗吉奥·罗德里格斯先生走上主席台,会议于早上10:25正式开始。

议长:我宣布会议开始。

省却第54次会议点名:

(英语)普利米夏斯参议员:大家都到了吗?点名就免了吧。

议长:有人反对吗?(安静)没有听到任何人反对。这个动议通过。

(西班牙语)处理放在主席台上的议程。逐一阅读各项议程。

秘书:决议,等等。……

---

① 本文最重要的文献基础是安东尼诺·拉佐编辑的关于黎刹尔法案的国会议事录,题目是"参议员关于参议院438号法案(黎刹尔法案)的发言和质讯",编辑时间是1958年。这份记录后来变成了日本上智大学购得的毛诺·加西亚藏品的一部分。我在东京时有幸阅读了这份资料。本文使用的国会议事录如下:Third Congress of the Republic, Third Session, Vol. III, Manila, Philippines, numbers 55 (17 April 1956), 56 (18 April), 57 (19 April), 59 (23 April), 60 (24 April), 61 (25 April), 62 (26 April), 63 (27 April), 64 (2 May), 65 (3 May), 66 (4 May), 67 (5 May), 68 (7 May), 69 (8 May), 70 (9 May), 73 (12 May)。引用中使用的页码是印刷版本的页码。

二读和讨论第 438 号法案。

（英语）普利米夏斯参议员：议长先生，我请求现在讨论参议院 438 号法案。

议长：现在可以讨论参议院 438 号法案。请秘书宣读该法案。

秘书：为了让《不许犯我》和《起义者》成为所有公立和私立学院以及大学学生的必读书，以及其他目的……而设立本法。①

翻检 1956 年的国会议事录，我们发现当时都是使用双语的。如果有参议员或众议员用西班牙语发表意见，会场不会提供翻译，因为所有的政治家都被认为通晓西班牙语。在关于黎刹尔小说的特别讨论中，大量特许的演说都是使用西班牙语完成的，所有出席的参议员都被认为能够听懂这些演说，即便他在提问时可能会使用英语。连穆斯林参议员多莫卡奥·阿隆托也不例外。在首倡此法的演说中，劳雷尔也假定，参议院的每个人都熟悉黎刹尔小说的原始文本——西班牙语文本。他甚至指出："在这个令人肃然起敬的群体中，很多人几乎都能背诵黎刹尔的所有著作，而不是一些段落。"他还自谦地说："或许不仅仅是为了提高我贫乏的西班牙语知识，尤其是在做一年一度的开学演讲和公开演讲前，我都要阅读黎刹尔著作。"②

劳雷尔在给参议院三个小组做的说明自己为什么要倡导此法的演讲中，在绝大部分时间都使用英语，但只要有合适的场合和机会（其实也不少）就引用《不许犯我》和《起义者》中的段落，或黎刹尔的信件，或其他用西班牙语写成的有用文件。劳雷尔阅读的是这些材料的西班牙语文本。参议院讨论其实给传播这些用西班牙语写成的材料提供了机会，支持法案的人阅读这些材料的节录本，在公开出版的国会议事录中附有西班牙语全文。仅在劳雷尔首倡此法的演讲中，他就宣读了如下一些西班牙语文献：黎刹尔两部小说的前言、马德里中央大学厄内斯托·吉梅内斯·卡巴内罗博士在 1954 年发表的长篇演说"黎刹尔和西班牙"、"绝命诗"的几节、《不许犯我》和《起义者》中不同角色的大量对话。

---

① Congressional Record-Senate, 17 April 1956, pp. 865-866.
② Ibid., pp. 870-872.

对劳雷尔、雷克托以及其他在辩论中讲或读西班牙语的人来说,不管他们是通篇使用西班牙语还是西班牙语与英语交替使用,这些用法都反映了他们游移于西班牙帝国和美帝国之间的独特存在感。这些参议员都是在家里和学校学习和使用西班牙语、英语的同一代人。许多人通过阅读黎刹尔著作,受到启发并以他为榜样。在菲律宾政治发展的这个关键时刻,这些资深参议员表达的是西班牙帝国时代的声音。不过,这里还有一个社会认可的问题。这些受过教育的资深参议员可能觉得在国会辩论中使用西班牙语很舒服,但是街头的普通民众、青年人、受美国式英语教育的下一代政治家都难以理解这种语言以及它所表达的内容。

有意思的是,在国会辩论的前半段,雷克托严格引用小说的原始西班牙语文本,但后来他越来越多地使用查尔斯·德比夏的英文译本(同时指出他的译文错误)。① 因为参议院的辩论并不局限在国会大厅,大众传媒和公众都渴望阅读和讨论辩论中形成的每一份报告或摘要。

1956年的参议院辩论和2000年针对约瑟夫·埃斯特拉达总统的弹劾听证会的电视直播具有某种相似性,后者吸引了所有阶层不同人群的关注和思考。1956年的参议院辩论虽然没有电视直播,但黎刹尔法案的讨论进程由于有广播、报纸和舆论专栏的报道而广为人知。当然,国会大厅也向公众开放。在讨论438号法案期间,听众席人满为患,他们不时进行大声评论,或发出噪音,尤其是对那些批评黎刹尔法案的人。

雷克托参议员意识到,如果他继续宣读黎刹尔的西班牙语原著,就一定会产生难以理解的问题,公众将难以准确掌握辩论的内容和实质。但是,参议院的辩论直到结束都使用双语,因为说双语是这一代政治家的真实说话方式。参议院辩论中显现出的语言代沟使政治家和教育家都深刻认识到有必要在学校教授西班牙语,同时也要把黎刹尔小说翻译成英语。前者没有成功,但五年后,玛丽亚·格雷罗把黎刹尔的小说翻译成了英文。应该说,出版黎刹尔小说英文版是法案支持者、反对法案的天主教会和战后美国化的青年一代之间最终达成妥协的结果,因为美国化的青年一代很难把自己与黎刹尔小说中的西班牙联系在一起。

---

① Congressional Record-Senate, 4 May 1956, pp. 1295-1296.

二 作为美国人制造的英雄的黎刹尔

人们可能会说,在1956年,公众已经广泛认可黎刹尔是民族英雄,因此学生没有必要去读他用华丽的西班牙语写的结构复杂的小说。法案的一些批评者也说,小说描述的是一个相当落后的时代,已经被美国人引进的价值观和实践所取代,小说中的人物所说的语言也被英语代替,而现在所有受过教育的菲律宾人都能说流利的英语。但是,支持法案的人质疑黎刹尔在1950年代以前的那种英雄形象,表现为树立纪念碑,通过设立公共节日、建设广场、发表演说等方式纪念他的诞辰日和受难日。总之,黎刹尔被塑造成一位受人尊敬的英雄,但他的思想很少有人理解。支持法案的人还抱怨,黎刹尔的牺牲受到重视,但他那激发1896年革命并导致他被处死的思想却在很大程度上被遗忘。关于形成这种状况的原因,劳雷尔认为,在于黎刹尔的小说"作为最伟大的菲律宾社会档案,只在喜庆时候在名义上提及,并没有得到认真阅读和研究"。①

支持黎刹尔法案的人无疑对前几十年黎刹尔的美国化提出了含蓄的批评。② 在劳雷尔倡导设立黎刹尔法案的演讲中,他公开了一个秘密:"黎刹尔是威廉·霍华德·塔夫脱自己选定的一个菲律宾英雄——我在耶鲁学习时,他告诉我——塔夫脱之所以选中黎刹尔是为了美化和荣耀自己领导的、由美国当局发动的战争,是为了赢得菲律宾人民对美国在菲律宾采取的政策的好感。"③劳雷尔进一步分析,随着这一政策的生效,黎刹尔借着美国统治者和菲律宾领袖的训令逐渐变成了民族英雄。这种人为制造出来的黎刹尔是为塔夫脱和奎松的计划服务的。

在美国殖民时代,黎刹尔被建构成民族之父。在这一形象中,黎刹尔

---

① Congressional Record-Senate, 17 April 1956, pp. 867.
② 黎刹尔的美国化是个大问题,我在本文只是稍微提一下。奎布烟对此做了深入的、令人信服的研究。参看 Floro C. Quibuyen, *A Nation Aborted: Rizal, American Hegemony and Philippine Nationalism*. Quezon City: Ateneo de Manila University Press, 1999, esp. Chapter 7。
③ Congressional Record-Senate, 19 April 1956, p. 901.

主张的、通过教育获得独立和建立国家的思想得到强调,但通过其他方式获得独立的思想被忽略。教会同意黎刹尔是为国捐躯的,但并不想把他被处死的原因完全公开。对黎刹尔小说中的革命思想甚至无政府主义思想倾向的讨论都是禁止的。黎刹尔思想对青年人的影响可想而知是必须受到限制的,不能任其发展。更糟糕的是,菲律宾革命中更具军事色彩的英雄安德烈斯·波尼法秀的传记在美国的教育体制下注定要遭到严重删节。

对那些出生于西班牙统治后期的菲律宾领袖如奎松、奥斯敏纳、劳雷尔和雷克托来说,黎刹尔的美国化并不能阻止他们阅读黎刹尔著作的原始版本,并不能阻止他们以自己的方式理解黎刹尔。这些领袖毕竟属于黎刹尔时代,经历了菲律宾革命;他们并不需要美国人告诉他们如何理解黎刹尔;他们知道在现实生活中就存在一个波尼法秀。问题在于下一代,那些出生于1900年后、完全在美式学校接受教育的人。对这些人来说,菲律宾民族的革命起源必须通过教育,而不是亲身经历才能被理解和接受。

1956年的黎刹尔法案无疑包含着对美国通过"仁慈的同化"和民主训导来帮助菲律宾完成1896—1898年革命的说辞的批评。美国的说辞意在复活美国殖民统治时期的黎刹尔,就是通过把黎刹尔妆扮成一个意识形态的武器来打击那些一直反对美国占领的菲律宾人,代之以接受美国对菲律宾民主训导的承诺。关于黎刹尔的这些殖民话语甚至到了1946年独立后仍然在发挥作用。1952年击败共产主义者领导的胡克起义(许多民族主义知识分子和作家同情胡克起义)被看成是半个世纪之前发生的那些事件的重现。得到天主教会僧侣集团和美国大使馆支持的反胡克力量支持对黎刹尔的这种形象建构,并以此来反对胡克战士和左派欣赏的英雄、卡蒂普南运动的激进领袖波尼法秀。关于黎刹尔法案的争论激发了菲律宾公众思考美国殖民话语的持续效应,认为有必要回到黎刹尔及其同辈的著作的原始西班牙语版本,进而反对美国殖民话语。

三 第三个帝国的幽灵

反对黎刹尔法案的人认为,黎刹尔小说并不是向菲律宾民众反复灌输的爱国主义之根本。他们常常提到的抗日战争在每个人的记忆中依然是鲜活的,那些在抵抗日本占领的斗争中参加了战斗和牺牲的人们并不需要黎刹尔来激励。青年人应该学习的历史不是西班牙统治时期,而是美国统治时期,以及被日本用暴力中断但最终通过菲美联合斗争而恢复的美治时期。参议员德克罗索·罗萨勒斯说,黎刹尔法案只会分裂好不容易在抗日战争中团结起来的菲律宾人民。

> 仅仅在几年前,我们和数以千计的菲律宾天主教徒一起,义无反顾,拼尽一切抵抗日本侵略者。当我们的孩子们在巴坦和科雷吉多奋战时……当抵抗运动中的游击队和志愿军战士为国捐躯时,我们不需要别人告诉我们那些荣耀的、英雄的、爱国的道理和态度。

罗萨勒斯最后得出结论,"我敢肯定,这些英雄中有95%的人没有读过《不许犯我》和《起义者》"。① 他坚持认为,黎刹尔思想并不是菲律宾人冒死抵抗日本侵略者的必需品。

在黎刹尔法案的讨论过程中,日本占领的幽灵始终阴魂不散,因为人们反复提及无数在抵抗日本侵略者的战争中牺牲的菲律宾人。反对法案的人认为,这可能就是黎刹尔所说的"为祖国而死"的具体而清晰的含义。没有必要回到西班牙统治时期,也没有必要再读黎刹尔的小说,因为这只会召回西班牙统治时期分裂国家的幽灵。

广而言之,罗萨勒斯这段陈述的含义是,如果抗日战争被树为菲律宾人团结和爱国的最伟大时刻,那么就必须承认美国在这场战争中是我们的伙伴和盟军。劳雷尔和雷克托反对罗萨勒斯的想法,他们并不赞成把菲美联合抗击日本以及以1946年独立为标志的胜利看成是未完成的革

---

① Congressional Record-Senate, 27 April 1956, p.1150.

命达到的终极目标和顶点。他们希望把日本占领放在一个更长远的时段来理解,希望把它与西班牙统治时期联系起来理解。菲律宾人在与日本的战争中奋勇赴死到底是为了什么?对劳雷尔和雷克托来说,答案应该到对黎刹尔思想的深层理解中去寻找,因为1890年代和1940年代是相似的、并行不悖的。

劳雷尔和雷克托与1950年代中期菲律宾其他杰出的政治家(与菲美联合游击运动有关)的区别在于,他们被卷进了大日本帝国。劳雷尔是日本人支持建立的1943年共和国的总统,雷克托是他的外交部长。所以,当奎松和奥斯敏纳在第二次世界大战中仍然忠诚于美国母亲时,劳雷尔和雷克托正在与日本人合作。

与日本人合作永远是菲律宾历史研究中一个棘手的问题。不过,我认为,与日本合作并不等于屈从于一个新的"日本母亲"。日本占领有它的积极效果,它能使那些游移在西班牙帝国和美帝国之间的人,如劳雷尔和雷克托,与像阿特米奥·李卡尔特、埃米李奥·阿吉纳尔多和塞维拉诺·阿基诺这样的参加了菲美战争的老兵在思想上与美国母亲决裂,进而把1943年的菲律宾与黎刹尔时期(是与西班牙母亲断裂的时期,或者是1896年革命的时期)联系起来。在日本帝国的经历使这些菲律宾领袖把黎刹尔时期塑造成1943年共和国的灵感之源,也是1946年独立共和国及其此后发展的灵感之源。

劳雷尔和雷克托在1950年代面临的问题是,当时的青年尽管躁动不安、要求变革,但从未亲身经历过黎刹尔时期。他们是美帝国和日本帝国的产儿。如何把劳雷尔、雷克托那一代人游移在西班牙帝国和美帝国之间的经历传递给年轻人?他们认为,如果年轻人能够完整阅读黎刹尔的小说,就能获得黎沙尔时期的经历。他们希望,这能让现在和未来的年轻人透过黎刹尔的生平和思想来解释菲律宾现在的危机。如此一来,西班牙时期的遗产就能传递给青年人,并帮助他们排除美帝国主义对菲律宾文化和政治的压倒性影响。

先把"合作者"和"抵抗者"这样的标签暂时放在一边,我们来看看日本的去美国化政策。这个政策的实施确实给西班牙时代在菲律宾官方叙述中的回归开辟了道路。日本军事当局同意实施许多削弱美国对菲律宾文化影响的措施。劳雷尔利用了这个机会,努力繁荣本国文学和戏剧,重写了菲律宾历史。在宣布就任日本人支持的1943年共和国总统之前,劳雷尔发表了总标题为"促使国家强盛的力量"的系列文章,试图把宣传运动、菲律宾革命以及菲美战争中的英雄请回公众的视野范围内,当然,在美国统治时期,这些英雄要么被歪曲,要么被湮没。①

日本占领下的这次文化复兴的成果之一是,菲美战争重新被树为菲律宾民族叙述上的关键事件。这次记忆回潮的一个标志是李卡尔特将军的回归。接受西班牙教育的李卡尔特是一个音乐教师,后来参加了卡蒂普南。他在1942年做的那场著名的回归演讲用他加禄语和西班牙语发表。可以肯定主办方会给他安排一个英语翻译,但他想特别强调语言和记忆丧失的重要性。教育青年"通过了解诸如林肯和华盛顿而不是我们菲律宾人自己的英雄的生平来牢记历史"其实在很大程度上助长了英语的优越地位。他说,"美国人错误地认为,能否说好英语是衡量一种文化和良好教育的充分条件,他们还很聪明地让我们相信他们的文化比我们的优越"。②

由于没有提供演讲的英文本,李卡尔特象征性地扭转了英语席卷当时所有青年人的潮流。由于提供了这次演讲的西班牙语文本和他加禄语文本,他就从语言上把自己回归菲律宾与西班牙时代和菲律宾革命的回归巧妙联系起来。其实,在劳雷尔当政的短暂时光里,描写黎刹尔、波尼法秀和菲律宾革命的作品风靡一时,本国文学复兴。总之,菲美战争的老兵无所顾忌,可以自由叙述他们抗击美国鬼子的经历。

1956年黎刹尔法案的提出给劳雷尔创造了一个复兴他的1943年计划的机会。他在参议院的长篇演说是这样开始的:

> 今天,比我国历史上的任何时期都有必要重新献身于我们的英雄们(从达戈霍、拉普拉普到黎刹尔、德·皮拉尔、波尼法秀和马比尼,那些已经死去的和仍然活着的)曾经献身的自由和民族主义理

---

① Jose P. Laurel, *Forces that Make a Nation Great* (1943), Manila: Bureau of Printing, 1944.
② Artemio Ricarte, *Memoirs of General Artemio Ricarte*, Manila: National Heroes Commission, 1963, p.30.

想。这些民族主义者的话语给我们的历史烙上了永不消褪的荣光。因此,我们团聚在这里回忆他们,尤其是民族英雄和爱国者何塞·黎刹尔,我们满怀喜悦和爱戴,重温他那些帮助形成了我们民族精神的话语。①

同样的话语也出现在介绍劳雷尔的1943年的书籍中。

是什么因素让这些19世纪的英雄在1950年代变得如此重要?在438号法案支持者的话语中,存在着一种两分法,西班牙是道德能量之源,美国是物质进步之源。劳雷尔和雷克托坚持认为,需要用黎刹尔的精神来重新激活年轻一代。他们需要被激励来改变周围的世界,需要改变被极度物质主义和自我发展笼罩的氛围,需要改变与美国的现代化模式相联系的行为,因为这些都会对他们的下一代产生不利影响。劳雷尔和雷克托希望,黎刹尔的作品能够成为他们接近道德秩序以及当时的时代精神的一种有效方式,因为这些都与西班牙统治后期那个时代紧密相连,希望从中找到解决菲律宾1950年代国家危机的办法。

四　不同帝国之间的天主教会

在天主教会僧侣集团公开发表的一份"声明"中,黎刹尔法案受到了严厉批判。这份声明被错误地称为"公平信(主教给教区所有教徒发出的)",得到了国会中一部分参议员的支持,这些人反对438号法案中的某些内容,但又小心翼翼,唯恐成为反黎刹尔者或不爱国者。他们虽然只是24名参议员中的3位,但却声称代表天主教徒中拥护主教判断的"沉默的大多数"。主教认为,黎刹尔小说激发了与宗教信仰对立的思想。他们不是反对把黎刹尔尊为民族英雄,而是担心菲律宾年轻人把黎刹尔批评宗教法典的思想内化后产生的危险。反对黎刹尔法案的参议员同时也表达了对马尼拉大主教鲁菲诺·桑托斯领导的天主教僧侣集团的反对意见。

---

① Congressional Record-Senate, 17 April 1956, p.867.

雷克托参议员迅速利用了这种微妙的局势。菲律宾人主教现在企图阻止青年人阅读黎刹尔小说的全本，难道这不是西班牙修士谴责黎刹尔小说《不许犯我》和1890年发生的事件的现实翻版吗？雷克托给听众展示了一些历史资料，证实了这种历史的轮回。他在演说中时而用英语，时而用西班牙语。

> 雷克托参议员：议长先生，如我声明，我想给您们读一些重要资料，我们国家的历史资料，再做一些简要的、肤浅的评论，请请大家注意其中的人物和时间境况，并厘清他们之间的关系。由于这些资料都是用西班牙语写成的，为了方便自己，我在做评论时也会借助于这种语言。
>
> （西班牙语）议长先生、参议员绅士们，或许还有今天早晨来这里的同胞们，大家会记得，大约在1887年中，《不许犯我》首次在菲律宾秘密流传，因为无人敢冒入狱的风险承认或供认自己拥有这本伟大的小说。

然后，雷克托讲了一册《不许犯我》如何到了圣托马斯大学的修士手里、大学教师组成的委员会如何提出了一份针对此书的报告的故事。雷克托继续用西班牙语发表演讲：

> （西班牙语）在我看来，这两起事件是相关的。菲律宾人主教现在对《不许犯我》和《起义者》提出的指控几乎就是西班牙修士在那个时代对它们提出指控的完整翻版。

最后，他以宣读"圣托马斯大学报告"的形式作了结论。[①]

借助于西班牙语资料，雷克托实际上想展示的是，菲律宾人主教在1956年表达的观点几乎与那些修士在1887年谴责《不许犯我》的说辞完全一样。

> 当修士能够批判黎刹尔的时候，他们自然要报复他。因为在黎刹尔的两部小说中，修士都被刻画成黎刹尔攻击的对象。黎刹尔在

---

① Congressional Record-Senate, 25 April 1956, pp. 1028-1030.

《起义者》中把菲律宾教士刻画成了高贵的神父佛罗伦蒂洛的形象,但是,组成现在的菲律宾天主教僧侣集团的这些主教不顾一切地谴责黎刹尔的著作。他们也不想想,如果没有黎刹尔的这两部小说,就没有今天的菲律宾人主教,只会有副主教或黎刹尔时代的教区助理教士。①

不过,历史在1956年的重演采用了一种独特的方式。发布"声明"的这些主教并不保护在黎刹尔小说中遭到批判的修士,相反,正如雷克托所说,"构成今日菲律宾天主教僧侣集团的主教在攻击黎刹尔著作的同时,还公开赞扬黎刹尔是菲律宾爱国者之第一人和民族英雄"。② 主教真正在意的是,重读黎刹尔的原著可能会削弱在美国殖民统治时期形成的教会僧侣集团的权力,他们意在维持独立后的既得利益和地位。

教会僧侣集团的声明得到了大主教桑托斯的肯定。不像他的政治对手雷克托,桑托斯生于1908年,没有菲律宾革命和反美抵抗运动的任何经历或记忆。③ 他第一次在国会辩论中被提及是4月25日,当时支持教会的参议员弗兰西斯科·罗得里格为教会僧侣集团辩护,认为他们虽然谴责黎刹尔的小说,但是"爱国的菲律宾人"。其证据就是"在教会中地位最高的人之一、大主教鲁菲诺·桑托斯在日本占领期间被囚在圣地亚哥堡达十个月之久"。在另一个场合,罗得里格宣布,教会的声明是真诚的。"大主教鲁菲诺·桑托斯告诉我,这份声明是官方的,是和天主教徒的良心紧密相连的,而桑托斯是爱国的菲律宾人,是一个在日本占领期间被囚禁在圣地亚哥堡达十个月之久的菲律宾人。"④

反复把桑托斯与抗击日本联系起来就是想再次说明,人们不需要拿黎刹尔来证明自己的爱国。实际上,菲美联合抵御日本帝国主义足以支持爱国主义,反抗西班牙的革命(当然,还有抵抗美国占领)叙述并不是

---

① Congressional Record-Senate, 25 April 1956, pp. 1027-1028.
② Ibid.
③ 不过,在阿吉纳尔多将军1965年2月去世之前,红衣主教桑托斯与这位革命英雄建立了亲密的精神联系。他在马尼拉大教堂给阿吉纳尔多献上了安灵曲,他向停在甲米地的卡维特的阿吉纳尔多灵柩献上了祝福。Cavite; Carmencita H. Acosta, *The Life of Rufino Cardinal Santos*. Quezon City: Kayumanggi Press, 1973, p. 133.
④ Congressional Record-Senate, 4 May 1956, p. 1305.

根本性的。显然，这与罗萨勒斯参议员提出的观点是一致的。这一点都不奇怪，因为他的哥哥、宿务的大主教尤里奥·罗萨勒斯就是桑托斯在教会僧侣集团中的盟友。

桑托斯被日本人囚禁背后还有一些没有明说的原因。在日本占领以前和占领期间，桑托斯神父和马尼拉大主教、爱尔兰人米歇尔·奥多赫蒂关系密切。桑托斯是奥多赫蒂的门徒，被保رب要取代与奥多赫蒂多有过节的助理主教塞萨尔·玛丽亚·格雷罗。作为马尼拉主教管区的司库，桑托斯包庇奥多赫蒂，奥多赫蒂因为给战争期间入狱的美国人送钱而被软禁在家，后来被日本人打入监狱。① 人们记住大主教（后来的红衣主教）桑托斯的是，他在把天主教会整合进打击胡克起义以及消除共产主义在青年中的影响方面发挥了关键作用，而不提他与美国支持的总统拉蒙·麦格赛赛的亲密关系。

天主教会僧侣集团反对黎刹尔法案的声明反映的是整个天主教会对黎刹尔法案的态度吗？答案没这么简单。在讨论法案的过程中，大家都看到，声明主要体现的是大主教桑托斯领导的主教团体的观点。由于并非所有僧侣集团的成员都签署了这份声明，它就肯定不是一封公平信。雷克托质问："为什么主教不发表一封公平信？"他们以前曾经这么做过，为什么现在不做呢？"在我看来，唯一的回答就是，主教们在是否应该谴责黎刹尔的著作上发生了意见分歧。或许大部分主教同意谴责，但由于缺乏一致同意，要联合发出一封公平信根本是不可能的。"②

为了强调他的观点，雷克托又把现实与黎刹尔时代和西班牙统治时期联系在一起。他粗略地宣读了黎刹尔和本土神学家、教士文森特·加西亚神父的通信。加西亚退休后仍然在为《不许犯我》辩护，反击把它说

---

① Carmencita H. Acosta, *The Life of Rufino Cardinal Santos*, Quezon City: Kayumanggi Press, 1973, pp.40-44. 阿科斯塔认为："桑托斯最应该感谢的就是大主教奥多赫蒂。正是这位老者发现了他，看到了他的潜力，在他起步时鼓励他。正是这位高人、老朋友给予他绝对的信任，扶植他成长起来，给予他最好的机会。" Carmencita H. Acosta, *The Life of Rufino Cardinal Santos*. Quezon City: Kayumanggi Press, 1973, p.49.

② Congressional Record-Senate, 7 May 1956, p.1384.

成是异端的不实指责。① 雷克托甚至走得更远,把现实与1872年三位教士遇难联系起来。这三位教士就是为本土教士争取权利、惹火了西班牙修士而被处死的马里亚诺·格麦斯神父、何塞·布尔格斯神父和雅辛托·扎莫拉神父(合称格—布—扎):

> 我了解菲律宾神学家,他们都是按伟大的教士文森特·加西亚的优秀传统培养和成长起来的,而加西亚认为,在黎刹尔的小说中没有异端和不敬。因此,"发出一份无人签署的、匿名的声明就是顺理成章的事,除了马尼拉大主教,无人愿意为这份声明承担责任。……在现有的僧侣集团的菲律宾人中,为什么没有多少像文森特·加西亚、格麦斯、布尔格斯和扎莫拉这样的人呢?在菲律宾天主教会的高层,为什么所有的人都对强大的外国影响持骑墙态度?②

如果不是奥多赫蒂的阴魂和美帝国对菲律宾教会的持续影响,那么雷克托所说的"外国影响"又是什么?不能因为教会的僧侣集团是妥协的,就认为在下层教士中后来就不存在加西亚神父式的人物。雷克托说,教育委员会在起草法案时并没有局限于参议院,"甚至教士、天主教教士都亲自参与了法案起草"。"为了保护他们,我不能公开他们的姓名。他们是具有与加西亚神父完全一样的心态的天主教教士,加西亚神父是黎刹尔时代伟大的菲律宾神学家,是马尼拉大主教教区和新卡瑟勒斯主教教区的顾问。"③

这些匿名教士中有一位可能是耶稣会神父希拉里奥·林,他与他的堂兄、支持黎刹尔法案的参议员罗赛勒·林以及其他菲律宾教士密切合作,后来一起领导了神职人员菲律宾化运动。④ 这次教会神职人员的运动自然从何塞·布尔格斯神父领导的那场菲律宾化运动中得到了灵感,

---

① Congressional Record-Senate, 25 April 1956, pp. 1034-1037. 就文森特·加西亚神父和黎刹尔的关系,雷克托宣读了差不多四页西班牙语资料,这些都保存在国会议事录中。
② Congressional Record-Senate, 7 May 1956, p. 1384.
③ Congressional Record-Senate, 2 May 1956, p. 1210.
④ 希拉里奥·林神父、阿姆罗西奥·曼纳里格神父和本尼托·瓦尔加斯神父想在1957年正式发动菲律宾化运动。参看Mario V. Bolasco, *Points of Departure: Essays on Christianity, Power and Social Change*. Manila: St. Scholastica's College, 1994, pp. 61-88。

那场运动在1872年三位神父被西班牙当局处死时达到高潮。① 这场历史悠久的斗争在1950年代因为提出了"亚洲人的亚洲"的口号而得到加强。

确实,西班牙时代笼罩着1956年的国会大厅,多亏了天主教会教士的努力,才通过国会程序复活了他们的"未完成的革命"。但这只是这一系列努力中的最新一个。1943年,在劳雷尔的帮助下,副主教塞萨尔·玛丽亚·格雷罗曾经为了推进神职人员的菲律宾化而寻求日本军事当局的同意。② 作为回报,格雷罗为劳雷尔总统提议的、要求在校学生阅读黎刹尔和其他革命英雄著作的教育政策提供了来自教会的支持。③ 由于这个原因,格雷罗被他的上司奥多赫蒂神父斥为合作者。教会僧侣集团因此而分裂为两派,坚定地支持美国的奥多赫蒂派(包括他的门徒桑托斯神父)和利用日本的"去美国化"政策来复兴格—布—扎事业的格雷罗派。在桑托斯神父因为不服从而下狱、影响力下降的时候,格雷罗主教有能力发动一场反对奥多赫蒂的政变,并控制马尼拉主教教区。

1957年中,菲律宾化运动的领袖、圣言学会的阿姆罗西奥·曼纳里格神父与林神父一起,向国会反映了地方神职业人员的困境。不久,罗塞勒参议员就提出了所谓的菲律宾化法案。在此后的激烈辩论中,一系列棘手的问题都提出来了,包括美国殖民政权与教会僧侣集团在教会和世俗教育问题上的勾结,教会在安排地方领导体系时的双重标准问题,天主教对菲律宾历史的解释等。作为1960年代一位保守的红衣主教,桑托斯通过抵制教会菲律宾化的图谋或解释美国对神职事务的干预问题而有效地推进了他在1943年没有完成的事业。

---

① Mario Bolasco, *Points of Departure: Essays on Christianity, Power, and Social Change*, St. Scholastica's College, 1994, pp. 61-80.
② Wilfredo Ma. Guerrero, *The Guerreros of Manila*, Quezon City: New Day, pp. 72-73. 虽然该书承认格雷罗神父与日本人合作,但它在后面也列出了格雷罗关于此事的解释,那就是他是在奥多赫蒂的授意下、为了教会的生存而与日本人合作的。就这件事,上智大学研究者寺田勇文编辑的资料也证实,格雷罗神父有意在日本人保护下推动神职人员的菲律宾化。还可参看 Carmencita H. Acosta, *The Life of Rufino Cardinal Santos*, Quezon City: Kayumanggi Press, 1973, p. 42。
③ 1942年12月30日,马尼拉副主教在黎刹尔受难周年纪念日上的广播讲话。Cesar Ma. Guerrero, "Rizal, A Patriot", *Tagapagturo*, no. 2, 1943, pp. 4-8.

日本人的天主教会菲律宾化政策，得到了格雷罗主教的完全拥护，但他无疑有自己的规划。这一政策把教会与1872年那个引起轩然大波的事件联系起来。这种宗教政策上的"反冲式启动"无疑为教会在此后几十年日益增强的政治化开辟了道路。到了1970年代，深受解放神学的影响，继承了曼纳里格神父（1957）、格雷罗神父（1943）和布尔格斯神父（1872）传统的一代教士和修女崭露头角。其中有些人想冲破阻力，加入活动在深山老林中的共产党，但绝大多数默默地动员自己教区的教徒起来反对日益增强的马科斯威权政治统治，同时保护教徒的安全。从这些工作中，第一次出现了后来在1984—1986年革命中使用的词汇——"人民力量"，这也得到了新任红衣主教詹米·辛的祝福。

支持黎刹尔法案的主要理由是，由于黎刹尔时期与我们的今天紧密相连，我们有必要理解那个时期存在的问题。教会僧侣集团反对黎刹尔法案，也在不经意间强调了19世纪外国统治本土神职人员这个老问题的顽固性，也是自西班牙统治时期以来，菲律宾的整个社会经济和政治秩序发生了多大程度的改善的问题。来自东内格罗斯的参议员何塞·罗辛提供了有说服力的观点，他在演讲中说明了菲律宾现在的问题如何继承自黎刹尔时期的罪恶，如何改换了不同的名称：

> 黎刹尔抨击的和在他的著作中深刻揭露的罪恶到现在还没有完全消失。我们现在仍然继承了这些罪恶，只不过换了个名称而已，这些问题既敏感又危险。……现在这些罪恶以打击平民、滥用权力的方式表现出来，恶化了选举，导致一些罪大恶极的恐怖主义行为的发生。在历史上的君主制政体影响之外，又增添了既得利益的影响。历史上宗教集团的财产变成了现在家族的财产。历史上不法获得的财富现在以大规模的租让、数额巨大的贷款、以人为安排好的价格进行的政府购买或美元交易投机的方式再现出来。

罗辛参议员推动黎刹尔法案的行为激起了巴克罗德主教蒙西格诺·曼努埃尔·亚普的谴责。主教的发言人、来自巴克罗德的天主教互助团体、圣女族的头人德西德里奥·米兰达发表了一封公开信，威胁罗辛将会因坚定支持黎刹尔法案而在日后的参议员选举中败北。让我一字不漏地

把罗辛对威胁的应对笔录如下(从西班牙语翻译而来):①

议长先生和参议院的绅士们,我们国家历史上发生的战争创伤至今还没有完全治愈。他们仍然在流血。德西德里奥·米兰达先生提议的惩罚性选举将会让伤口更加血流如注,我们国家的政治冲突将会死灰复燃,蔓延开来。源于黎刹尔著作的一个"宗教"问题会把部分遮蔽了我们历史的那层薄纱掀开。我们国家会重现黎刹尔小说中描述的那种骇人现实。德西德里奥·米兰达依据黎刹尔小说制作了中国人基诺加、多纳·维克托里纳、多纳·康索拉西翁、卡皮塔纳·提奈、赫曼纳·鲁法、赫曼纳·普特……的漫画,这个阵营会遭到谴责,因为他们反菲律宾人,认为他们沉溺宴会狂欢,喜欢歌舞升平,从修道院搜刮钱财。所有这些都强化了一种近似歇斯底里的宣传:"每个天主教选民,大家都来啊,在这决定性的选举中通过投票来获得拯救。让我们大喊:达马索修士,行! 黎刹尔,不行!"

参加过革命的老兵,无数仍然记着波尼法秀、皮拉尔、雅辛托、马比尼、马尔瓦、潘加尼班、洛佩兹·耶纳、布尔格斯神父、格麦斯神父、扎莫拉神父以及所有在黑暗痛苦时代牺牲的人(当然,黎刹尔是为民族尊严和自由而战的力量之代表和总和)的人们义愤填膺。他们最终会紧密团结走过街道和乡村,用发自内心深处的声音大声宣布自己的信念:达马索修士,不行! 黎刹尔,行!

对我来说,没有任何困惑,我将毫不犹豫地加入这些挥舞着黎刹尔旗帜的、由无名青年组成的队伍中去。

议长先生、参议院的绅士们,我经历着因为对这个法案态度暧昧而带来的痛苦。我自己的孩子企图说服我改变立场。我严正地告诉他们,要想改变态度就必须改变我的心。如果还是这颗心,我的态度就从不会改变。如果是另外一颗心,他们就不会承认我还是他们的父亲。只是因为有了这颗心,我爱菲律宾人如同爱自己的孩子。黎刹尔的崇高思想充斥我心。谢谢。

---

① Congressional Record-Senate, 12 May 1956, p. 1681.

从大篇幅引用的罗辛演说中,至少可以归纳出三点。第一,这篇演说稿是用流利的西班牙语撰写和发表的,这暗示着,对罗辛(与劳雷尔和雷克托属于同代人)来说,游移在两个帝国之间的思想是他生活经历的有机组成部分。第二,这篇演讲证实了法案缔造者正在寻求的效果:观察菲律宾的现实应该通过黎刹尔的小说、黎刹尔的时代和西班牙统治菲律宾的时代这些透镜来完成。他们期望在1950年代能够出现一场新的宣传运动,推动"1896年那场未完成的革命"最终完成,当然,这种变化将比麦格赛赛击败胡克农民运动更有意义。① 第三,演讲的最后部分告诉我们,罗辛参议员和他的孩子的关系发生断裂。孩子完全是接受美式教育的一代,他们鼓励其父改变立场。不过,罗辛没有改变,他依然坚守自己的信念。

设立黎刹尔法案的目的就是为了让年轻人(如罗辛的孩子)认同以西班牙统治后期包含有自由改革和宣传运动等建设性内容的形式表现的国家叙述,而不是以美国统治的"黄金时代"(俗称"和平时期")的形式表现的国家叙述。要了解西班牙统治后期,最好的办法就是进入黎刹尔小说描写的世界。支持黎刹尔法案的人从现实生活经历中发现,如果把黎刹尔简化成一些象征物和纪念碑,那么这个民族英雄就将是非常空洞和无效的。希望年轻人通过阅读黎刹尔小说的原本,能够复活西班牙统治时期那些导致黎刹尔殉难和1896年革命(未完成的)的事件,进而彻底完成这些任务。

围绕参议院438号法案或黎刹尔法案的讨论说明,为了支持各自观点,支持法案的一方利用黎刹尔记叙的西班牙史,那是从1872年贡布尔扎的殉难开始的;反对法案的一方利用了菲美伙伴关系的历史。根据这个思路,我们就能想象1956年的菲律宾共和国如何继续笼罩在西班牙和美国的阴影中。但我还要进一步揭示,日本虽然是个短命的帝国,但它作为占领菲律宾的第三个帝国仍然在菲律宾历史叙述中占有一席之地,它

---

① 失败的胡克武装斗争如何被纳入国会和文化运动,请参看 Reynaldo Ileto, "Heroes, Historians and the New Propaganda Movement, 1950-1953," *Philippine Studies*, 58, 1-2 (2010), pp. 223-238.

的去美国化政策客观上鼓励了菲律宾人去探讨其历史上的西班牙时代以及菲律宾的亚洲或马来渊源,从而在菲律宾历史叙述中的西班牙时代和美国时代造成一种创造性的张力。

在参议院的讨论中,我们发现,人们承认在黎刹尔的生命和思想中自由和保守这两个西班牙是并存的。劳雷尔和雷克托(通过阅读西班牙书籍和黎刹尔的原著)对19世纪西班牙—菲律宾的历史有了深刻理解,这就让这些政治家能把西班牙殖民时期而不是美国进行"民主训导"的时期看成是菲律宾历史的更为坚实的基础。支持黎刹尔法案的人认为,抗击日本的史诗般的斗争不能成为真实的菲律宾民族历史叙述的基础。冷战就显示了盲目承认美国是菲律宾伙伴的局限性。有必要回到1896年未完成革命的理想和实践,菲律宾革命的两位领袖——黎刹尔和波尼法秀——的生平和思想有必要内化成青年的思想和行为。反对法案的人认为,菲律宾爱国者没有必要去读黎刹尔的小说。他们对史诗般抗击日本占领的菲美联合叙述非常满意,其高潮是麦克阿瑟将军解放菲律宾,并在1946年给予菲律宾独立。

大主教桑托斯领导的教会僧侣集团手中也有自己的王牌:几乎所有的参议员都信奉天主教。桑托斯很清楚,依据教会法规发布的僧侣集团的声明对所有教徒都是有约束力的。他警告说:"如果没有得到许可,任何天主教徒阅读这些小说的全本,或保有、印刷、售卖、翻译或以任何方式向别人传播都是有罪的。"难道参议员真想把天主教学生置于要么遵守国家法律要么遵守教会法律的两难选择中吗?两派最终达成了一个妥协:小说全本只被列为大学相关课程的必读参考书。如果有学生写信给院长说使用原始的、未删节的小说会与他们的宗教信仰产生冲突,那么就不能要求他们使用这个版本,但这并不意味着他们可以不修这门课。①

1956年6月12日是阿吉纳尔多宣布菲律宾从西班牙统治下独立的58周年纪念日。在这一天,修改后的参议院438号法案最终获得通过,

---

① Congressional Record-Senate, 12 May 1956, p. 1694; Carmencita H. Acosta, *The Life of Rufino Cardinal Santos*, Quezon City: Kayumanggi Press, 1973, pp. 76-77.

并成为共和国 1425 号法律。① 这部法律的通过应该和当年阿贡西留出版描写波尼法秀和卡蒂普南的书籍联系起来看。深刻理解革命的两位主要领袖黎刹尔和波尼法秀的条件已经具备,这有助于激进学生运动在 1960 年代中期的兴起。这不但包括那些在像菲律宾大学这样的世俗学校就学的学生,也包括天主教学校和神学院的学生。在日本帝国的阴影下从劳雷尔总统和格雷罗主教在 1943 年的勇敢作为开始的事业到 1956 年得到进一步发展,在 1960 年代末达到高潮。西班牙帝国末期的精神终于重放光彩,在新独立的菲律宾激发了深刻变革。

五 简短的结论

1956 年,菲律宾参议院讨论了旨在要求学生阅读黎刹尔在 1887 年和 1892 年出版的两部小说的 438 号法案。法案的两位支持者劳雷尔和雷克托参议员都出生于西班牙殖民时期,经历了 1896 年革命、反美战争、美国殖民统治时期、日本占领时期以及 1946 年获得独立等不同历史阶段。他们都对先后统治菲律宾的三个帝国有着深刻理解。由于领导了日本支持的 1943 年共和国,他们认同的菲律宾民族主义是没有菲美"特殊关系"的民族主义。

在独立后建构菲律宾官方历史叙述的讨论中,支持美国的政治家和学者企图以美菲联合抵抗日本统治并在 1945 年获得"解放"为菲律宾官方历史叙述的基础。这种尝试遭到一些人的反对,最突出的是参议员劳雷尔和雷克托以及历史学家蒂奥多罗·阿贡西留,他们认为反对西班牙殖民统治的革命和菲美战争是这种官方历史叙述更合适的基础。让学生阅读黎刹尔的小说将会使年轻一代明白 1896 年革命发生的根源以及这次革命直到 1950 年代"仍未完成"的原因。

(里纳尔多·伊莱托 新加坡国立大学东南亚研究中心教授)

---

① 1956 年 6 月 12 日通过的第 1425 号共和国法案。本法要求在私立和公立学校、学院和大学的课程目录中纳入关于黎刹尔生平、话语和作品的内容,尤其是他的小说《不许犯我》和《起义者》,其版本应该是得到授权的或为了其他目的而印制和流传的。参看 *Official Gazette*, Manila: Office of the President, 1956, vol. 52, no. 6, pp. 2971-2972。

从对象到 Oikeios：资本主义世界生态学中的环境制造

贾森·摩尔(Jason W. Moore)

(乔瑜 译)

【内容提要】 人类在创造环境的同时也在破坏环境(如同所有的物种一样),我们之间的联系也在被自然的其他部分创造和破坏,这一过程因时空不同而发生变化。由此,自然的位置在我们的思维中经历了巨大的转变:从作为资源的自然转向作为母体的自然。这就意味着自然既不能被破坏也不能被保护,只能用不同方式进行重新配置,这些方式是向外释放的也是向内压迫的。需要注意的是:这里使用的"释放"和"压迫"两词并不是从狭隘的人类立场出发来解释的,而是通过 oikeios 实现的人与非人自然之间生机勃勃的或不断更新的辩证关系。这种关系现在是利害攸关的,或许是以人类历史上从未有过的方式呈现出来:释放和压迫都不是从人类和自然的立场而言的,而是从"人类存在于自然"这一视角来界定的。

语言就像是空的气球,要我们用联想来将它填满。开始填充的那一刻语言本身就获得了内在动力,反过来改造我们的认知和期待。"生态学"一词也不例外。①

半个世纪以来,绿色思潮一直和一个选择疑问句进行搏击。这个疑问就是:鉴于自然绝大部分时候扮演的是水龙头(原材料)和水槽(污染)的角色,那么自然是否游离于人类历史的重要联系之外,还是自然是囊括了所有人类活动的生命网络,它具有水龙头和水槽的功能但远远不只如此? 换言之,自然到底是一种人类行为作用于其之上还是贯穿于其中的物质呢? 从1970年代开始大量涌现的政治生态学、环境史、环境社会学、生态经济学、系统生态学等方面的绿色论述都通过向这两个问题提交多种方式的肯定回答而发展起来。另一方面,绝大多数的学者都认为人类是自然的一部分,否认笛卡儿将社会(没有自然的)放到一个盒子、将自然(没有人类的)放到另一个盒子的二元论。可是控制着我们经验研究的概念性词汇和分析框架仍然深植于两个基本的、不互通的单元"自然"和"社会"的**互动**中。这种"双肯定"的回答引发了一个真正的疑问:我们应该如何将"存在于自然中的人类"的唯物主义的、辩证的整体哲学转化成"生命网络中的资本主义"的可操作的概念性词汇和分析框架?

1970年代以来,自然加社会的二分法就是环境研究中的面包加黄油。非但谈不上弊端,树立这一加法运算在学术活动中的合法性地位成为绿色思潮最大的贡献。到21世纪曙光初显时,在论述社会理论和社会变迁的核心问题时不提及环境变迁已经不可能。环境人文学科和社会科学发掘了笛卡儿两分法中先前被遗忘或者说边缘化的另一面:环境影响的世界。这是个不小的成就。现在"这个"环境已经牢牢成为分析研究的合法且重要的对象。

对于这一标志性的成就,我要提出两点看法。第一,全球性变化研究中将自然因素加入社会因素的工作已经基本完成了。绿色学者会认为需要做的工作还有很多,但是这一领域的合法性已经毋庸置疑。第二,两分法的延续非但没有明晰反而是模糊了人类在生命网络中的地位。笛卡儿的二分法似乎格外不适合用来处理今天不断涌现的危机——不仅仅是那

---

① Donald Worster, *Nature's Economy: A History of Ecological Ideas*, Cambridge: Cambridge University Press, 1997, p.191.

些与气候变化和金融化相关的危机——还有现代世界体系中这些危机趋势的起源和发展。

现在是否有必要超越仅仅把环境当作对象的范式？社会过程不仅是环境的生产者,还是环境的产品,书写社会过程的环境史是否能准确地把握其中的多样化方式？人类社会活动会对环境产生影响的理念已经对我们影响至深。但是我们还不清楚"社会"加"自然"的运算规则——没有自然的人类以及没有人类的自然——会对我们产生多大的影响。

如果现在自然加社会的运算规则不能带领我们实现目标,什么才可以呢？

我的回应以一个简单的提议开始。我认为我们所需要的是,同样也是从绿色思潮的某一重要层面上引申出来的一个概念,这个概念不再纠结于两个无法穿透的、互相独立的单元——自然和社会之间的交互作用,而是试图揭示这一混乱捆绑的、相互贯穿的、相互依赖的人类与非人自然之间的辩证关系。换言之,这一概念认可的描述是建立在"人类存在于自然"而不是"人类和自然"的假设上的。

一 The Oikeios:"自然母体"问题中的辩证法

我建议我们可以从解释 oikeios 概念开始。

Oikeios 是一种给人与非人自然之间及人与非人自然内部创造性的、历史性的、辩证的关系命名的方式。Oikeios 是 oikeios topos 的简称,意思是"理想之地"(favorable place),这是希腊哲学家、植物学家泰奥弗拉斯多创造的词汇。对泰奥弗拉斯多来说,oikeios topos 意味着"植被物种和环境之间的关系"。[①] 确切地说,oikeios 是一个形容词;但是现在我请求读者先给予语言一点自由空间,因为我们正在进行跨越两种文化(自然

[①] Donald Hughes, *Pan's Travail*, Baltimore: The John Hopkins University Press, 1994, p. 4; Donald Hughes, "Theophrastus as Ecologist," *Environmental Review*, 9(4), 1985. pp. 296-306.

科学和人文科学)的词汇旅程。

绿色思潮带来了大量的新词汇,我们没有必要去寻找一个旨在将人类与非人自然融合或者合并起来的概念。① 在环境研究的理论化和分析如火如荼进行了数十年后,我们仍然缺少一种将 oikeios 置于中心位置的分析方法。这样的视角将会把物种和环境之间具有创造性和生产力的关系放在历史变迁本体论的支点上。这一转向引发了历史分析中对自然的新看法:自然不是资源或者必要条件,而是母体。这样一来就可以对人类历史上重要的活动,如战争、文学、科技革命等进行重构,因为自然对整个历史进程都极其重要,它不仅仅只是历史进程发生的背景或是它产生的恶性后果。

这是 oikeios 所致力表达的含义。它醒目地标识出物种和自然间难以捉摸的关系。② 它是多层次辩证的,囊括了动植物界,以及我们这个星球上多样的地质、生物构造,循环和运动。我们要通过 oikeios 形成和重塑那些创造、破坏了人类多元合作与冲突的关系和条件,也就是所谓的"社会"组织。作为 oikeios 的自然不应该是另一个与文化或者经济并列对举的因素。相反自然应该是母体,人类于其中展开活动,历史的能动性(agency)于其上发挥作用。

从 oikeios 的视角来看,文明并不是和作为资源的自然或者是作为垃圾箱的自然进行互动的;它们是在作为母体的自然中发展起来的。气候的变迁就是一个很好的例子。文明通过将现存有利的或者不利的气候事实内在化而发展。气候本身也是一个参与者。它的影响力源于它与人类和自然其余部分的关联,然后并不均质地、通过历史地理构成体现出来。气候变迁(并且一直处于不断的变化中)是一个事实,历史学家卡尔(E. H. Carr)将它叫做基础事实(basic fact),③ 即历史解释的原材料。基础事实经过解释成为历史事实。鉴于并不是所有的事实都是被平等地创造出

---

① 其中最重要的理论著作是 Dona Haraway 的《类人猿、赛博格和女人:自然的重塑》(*Simians, Cyborgs, and Women: The Reinvention of Nature*, 1991)和《当物种相遇》(*When Species Meet*, 2008),他尤其关注全球生态方面的研究。

② Richard Levins and Richard Lewontin, *The Dialectical Biologist*, Cambridge, MA: Harvard University Press, 1985.

③ E. H. Carr, *What is History*? New York: Penguin, 1962.

来的,基本事实的挑选随范式和概念框架选择的改变而改变。就在不久之前,即使是以笛卡儿的标准来评判,差不多所有的人类历史叙述都是按照与自然无关的方式来组织的。现在得到广泛承认的环境史视角已经取得胜利。任何对世界史的轮廓和矛盾进行的阐释,如果忽略了其中的环境条件和变化都会被认为是不充分的。

这是一个重大的成就。这项成就也提出了一个新的挑战:从本体论上说,人类和非人自然的能动性是独立的还是相互依赖的?在这里我将能动性当作是导致历史变迁(制造断裂),或者说重塑现有历史(重塑平衡)的能力。说自然是历史进程的主角听起来很时髦。① 但是这实际意味着什么呢?我们是将自然简单地添加到了历史主角的长名单中?还是对自然能动性的承认意味着对能动性本身的深刻反思?我们现在可以读到很多试图阐释自然能动性的研究。② 但是,在自然能动性——无论是笛卡儿哲学定义的还是辩证意义上的——会如何解释资本主义的历史和资本主义主要危机的趋势这一点上并不清楚。气候拥有能动性的方式是否和阶级、王朝塑造历史的方式完全一致呢?

如果自然确实是创造历史的主角,我们只有从笛卡儿的两分法中抽身出来才能充分理解它的能动性。问题的关键显然不是是否存在自然的能动性或者存在人类的能动性,它们没有彼此都是不可想象的。真正的问题在于人类和非人自然是怎样联系的:举一个简单的例子,只有在流行病菌与贸易和帝国机构联系在一起的时候,疾病才创造历史。有一点经常被遗漏在自然能动性的论证之外:创造历史的能力塑造了人类和非人自然这两大主角之间的独特结构。人类的能动性一直都在作为整体的自然内部运作,辩证地看也必须如此——也就是说人类的能动性绝不单纯只是人类的,它是和自然的其余部分联系在一起的。

---

① Bruce Campbell, "Nature as Historical Protagonist: Environment and Society in Pre-industrial England," *Economic History Review*, 63(2), 2010, pp. 281-314.
② Ted Steinberg, "Down to Earth: Nature, Agency, and Power in History," *The American Historical Review*, 107(3), 2002, pp. 798-820; John Herron, "Because Antelope Can't Talk: Natural Agency and Social Politics in American Environmental History", *Historical Reflections*, 36(1), 2010, pp. 33-52.

世界生态学的研究将人类与非人自然活动之间的联系作为起点。文明是这组辩证联系重要且容易表达的例子。在人类主导的大规模、长时段环境塑造模式里,我们可以从历史事实中发现基本事实实际上的无限性。在这个体系下,气候变迁成了星球变化的矢量,进而成为文明力量和生产(阶级、帝国、农业等等)交织的产物的一部分。这种社会生态产物不是一个新近出现的现象,它的历史可以上溯千年。① 这就是大多数气候编纂的基本思路,尽管它并不总是以文字形式出现。② 当气候发生变化,权力和生产的结构也会发生变化。但是这并不是因为气候和文明结构发生了交互作用,然后从某种程度上引发原本独立的结构出现问题。我们要是更好地调整视角,就会发现气候条件参与且体现在这些结构的诞生中。如果气候缺席,文明将不会诞生——它本身也是(另一个)对气候过程多样性的简称(shorthand),而这个过程与其他因素一起共同创造了权力和生产的关系。因此气候是一系列限定性因素的拼合——这不是决定论的——它或推或拉,改变了历史变化的丰富的整体面貌。当气候变化剧烈时,结果也将是戏剧性和划时代的,否则历史将是连贯的。比如说在公元 300 年左右罗马帝国在"罗马气候最佳时期"之后没落,一千年后封建文明在小冰期来临后衰败。③ 同样值得注意的还有那些有助于罗马崛起的气候变化,或者是中世纪温暖时代的到来(800—900)以及从法

---

① William Ruddiman, *Plows, Plagues Petroleum: How Humans Took Control of the Climate*, Princeton: Princeton University Press, 2005.
② 研究当代资本主义动力和气候关系的学者有意再深入一步,他们认为直到现在生态世界体系范式都是被低估的。我认为 Larry Lohmann 对碳市场和金融化的研究(2012),以及 Christian Parenti 对 21 世纪早期气候、阶级和冲突的研究可圈可点(2011)。其他研究参见: Mike Davis, *Late Victorian Holocausts: El Niño, Famines and the Making of the Third World*, London: Verso, 2001; Brian Fagan, *The Great Warming: Climate Change and the Rise and Fall of Civilizations*, New York: Bloomsbury Press, 2008; Dipesh Chakrabarty, "The Climate of History: Four Theses," *Critical Inquiry*, 35, 2009, pp. 197-222。
③ Carole Crumley, "The Ecology of Conquest," in Carole Crumley, ed., *Historical Ecology: Cultural Knowledge and Changing Landscape*, Santa Fe, NM: School of American Research Press, 1994, pp. 183-201; Jason Moore, *Ecology in the Making (and Unmaking) of Feudal Civilization*, Unpublished book manuscript, Department of Sociology, Binghamton University, 2013; Jason Moore, "Value, Nature, History: Capitalism and the Great Frontier in the Web of Life," unpublished manuscript, Department of Sociology, Binghamton University, 2013.

国到柬埔寨整个欧亚大陆的那些新兴的"特许状国家"(Charter States)的快速增加。①

二 世界生态学的遐想：通向存在于自然中的资本主义

尽管泰奥弗拉斯多是在相当传统的意义上使用 oikeios topos 这个词的,但一个世纪以来的整体论思想已经提出了辩证的替代性方案,来帮助我们弄清楚什么才应该被称为生态位。② 在这个辩证的、整体论的替代性方案中,oikeios 展现了一种新的视角:在生命网络中历史变迁既是封闭的,同时也是开放的。③ 我把这种替代性方案叫做世界生态学综合体。④ 和很多其他绿色视角一样,世界生态学方法提供了以"人类存在于自然"

---

① Victor Lieberman, *Strange Parallels: Southeast Asia in Global Context, c. 800-1830*. Vol. 2: *Mainland Mirrors: Europe, Japan, South Asia, and the Islands*, Cambridge: Cambridge University Press, 2009.

② Jan Smuts, *Holism and Evolution*, New York: Macmillan, 1926; Fritjof Capra, *The Turning Point: Science, Society, and the Rising Culture*, New York: Simon & Schuster, 1982; John Foster, *Marx's Ecology*, New York: Monthly Review Press, 2000; David Harvey, "The Nature of Environment: The Dialectics of Social and Environmental Change," in R. Miliband and Leo Panitch, eds., *Socialist Register 1993: Real Problems, False Solutions*, London: Merlin, 1993; Richard Levins and Richard Lewontin, *The Dialectical Biologist*, Cambridge, MA: Harvard University Press, 1985; Euene Odum, *Fundamental of Ecology*, third edition, Philadelphia: W. B. Saunders, 1971; Eugene Odum, "The Emergence of Ecology as a New Integrative Discipline," *Science*, 195, 1977, pp. 1289-1293; Bertell Ollman, *Alienation: Marx's Conception of Man in a Capitalist Society*, Cambridge: Cambridge University Press, 1971.

③ David Bohm, *The Essential David Bohm*, Lee Nichol, ed., New York: Routledge, 2003.

④ Jason Moore, "Capitalism as World-Ecology: Braudel and Marx on Environmental History", *Organization & Environment*, 16/4 (December), 2003, pp. 431-458; Jason Moore, "The Modern World-System as Environmental History? Ecology and the Rise of Capitalism," *Theory & Society* 32, 3, 2003, pp. 307-377; Jason Moore, "Transcending the Metabolic Rift," *The Journal of Peasant Studies*, 38, 2011, pp. 1-46; Jason Moore, "Ecology, Capital, and the Nature of Our Times," *Journal of World-Systems Analysis*, 17(1), 2011, pp. 108-147; Jason Moore, "Wall Street is a Way of Organizing Nature: Interview," *Upping the Anti*, 12, 2011, pp. 47-61; David Bohm, *The Essential David Bohm*. Lee Nichol, ed. New York: (转下页)

为基础的历史哲学。①世界生态学方法的独特性在于它试图将哲学假设植入世界史的研究方法中,强调以 oikeios 为纽带的人类与非人自然之间的联系。这样的联系显然将我们带到比(所谓的)人类行为的"环境"维度更远的地方。所以我们关注的重点在于人类早已经和自然的其余部分相互渗透,人类一直就是生命网络变迁的生产者和产品。②"人类存在于自然"的多样表现和过程包括帝国主义和反帝国主义、上层与底层的阶级斗争、资本主义原始积累和危机——这些一直都是 oikeios 运作的结果,结果诞生的时间恰恰就是在它们试图在网络内部创造出新的权力和生产关系的时候。

所以,世界生态学提供了一个理论框架,在这个框架里我们可以将资本主义文明基本关系中的战略性联系理论化。这些战略性的联系都被认作是社会关系,其中最重要的就是从"存在于自然中的劳动力"中抽象出来的价值和资本两个概念。社会关系首先指的是人与人之间的关系,紧接着才是人与自然的其他部分之间的关系。环境史一开始就是要用一个新的方式对抗这种社会决定论。四十年前,阿尔弗雷德·克罗斯比提出

(接上页) Routledge, 2003; Sharae Deckard, "Mapping the World-Ecology: Conjectures on World-Ecological Literature," unpublished paper, School of English, Drama, and Film, University College Dublin, 2012. http://www.academia.edu/2083255/Mapping_the_World-Ecology_Conjectures_on_World-Ecological_Literature; Emanuele Leonardi, *Biopolitics of Climate Change: Carbon Commodities, Environmental Profanations, and the Lost Innocence Of Use-Value*, PhD dissertation, Graduate Program in Theory and Criticism, The University of Western Ontario, 2012; Jonathan Leitner, "An Incorporated Comparison: Fernand Braudel's Account of Dutch Hegemony in a World-Ecological Perspective," *Review: A Journal of the Fernand Braudel Center*, 30, 2, 2007, pp. 97-135; Birgit Mahnkopf, "Peak Everything-Peak Capitalism? Folgen der sozial-ökologischen Krise für die Dynamik des historischen Kapitalismus," Working Paper 02/2013, DFG-KollegforscherInnengruppe Postwachstumsgesellschaften; Michael Niblett, "World-Economy, World-Ecology, World Literature," *Green Letters: Studies in Ecocriticism*, 16(1), 2012, pp. 15-30; Kerstin Oloff, "'Greening' The Zombie: Caribbean Gothic, World-Ecology, and Socio-Ecological Degradation," *Green Letters: Studies in Ecocriticism*, 16(1), 2012. pp. 31-45.

① Fritjof Capra, *The Turning Point: Science, Society, and the Rising Culture*, New York: Simon & Schuster, 1982.
② Raymond Williams, *Problems in Materialism and Culture*, London: Verso, 1980.

人类在变成天主教徒、资本家、殖民者或者别的什么个体之前,首先是生物意义上的存在。① 遗憾的是克罗斯比开创性的论断并没有能够如他设想的那样破解社会决定论。因为人类作为生物的存在是集体性的、合作性的,并由此形成特定物种的象征性生产和集体记忆的能力。生物性和社会性不是截然分开的,如果你这样认为就沦为霍布森生物决定论或是社会简化论了。让人欣慰的是,oikeios 这个概念给了我们一个真正的选择。这里我们假设所有的人类历史兼具生命网络中的生产者和产品这两种身份,②因此,食物获取和家庭组建都是文化和社会事件,是调和生态和地理关系的方式,也是进行纠结的环境制造的方式。它们不是机械论的或上层建筑论的历史变迁的自然基础,而是通过人类生产(或被生产)"特定生命形式"所表现出来的与自然其余部分的基本联系。③

这一观点不仅仅可以适用于日常生活关系,也适用于现代世界体系中大规模的权力和生产模式。在当代评判性环境研究中,资本主义直接作用于自然而非通过生命网络发展的观念非常流行:这是绝大多数有生态倾向的世界体系分析和政治生态学使用的本体论。④ 我们现在拥有活跃的环境政治经济学,但是很少从"作为母体的自然"角度来重构资本的积累。⑤ 这为各种形式的新马尔萨斯主义倒向左翼生态学提供了方便。在笛卡儿哲学的视角中资源被当成独立的存在,被赋予改变历史的特殊权力——这在学者对"化石能源资本主义"的论述中得到最清晰的体现。⑥

认为资源是独立的存在,并且资本主义的局限性来自外部限制而非

---

① A. W. Crosby, *The Columbian Exchange: The Biological and Cultural Consequences of 1492*, Westport, CT: Greenwood Press, 1972. p. xiii.

② Karl Marx and Frederick Engels, *The German Ideology*, New York: International Publishers, 1970. p. 42.

③ Ibid.

④ John Foster, Brett Clark and Richard York, *The Ecological Rift: Capitalism's War on the Earth*, New York: Monthly Review Press, 2010; Richard Peet, Paul Robbins and Michael Watts, eds. *Global Political Ecology*, London: Routledge. 2011.

⑤ Paul Burkett, *Marx and Nature*, New York: St. Martin's Press, 1999; Jason Moore, "Transcending the Metabolic Rift," *The Journal of Peasant Studies*, 38, 1, 2011, pp. 1-46.

⑥ Elmar Altvater, "The Social and Natural Environment of Fossil Capitalism," in Leo Panitch and Colin Leys, eds., *Coming to Terms with Nature: Socialist Register 2007*, London: Merlin Press, 2006.

内部矛盾的观点对于我们来说已是老生常谈。即使在 1970 年代就已经不新鲜。这一观点不仅仅把资本主义的局限性置于资本主义战略关系之外，更置于历史变迁之外。在这类讨论中社会限制是历史的、灵活的、可以被修订的；而自然的限制是出离于历史之外的。新笛卡儿主义的自然和社会模型带来了新马尔萨斯主义分析的流行。而新马尔萨斯主义对于世界历史问题的勾勒是有问题的：它认为资本主义战略关系是独立于生命网络之外的，社会和自然的关系就是脚和脚印。社会简化论在研究资本主义限度问题时变成了生物圈决定论。现在生物圈当然已经构成了一种限度，但是笛卡儿主义者对于资本主义内部危机趋势的解释并不能帮助我们了解作为双重内在性产物的生物圈局限性，也就是资本主义文明内部生物圈关系和条件的内在化，以及生物圈再生产中的价值关系的内在化。也是因为这个原因"脚"和"脚印"之说并不能帮助我们更好地理解现在全球危机的内在关系：因为这个比喻将所有历史的能动性都分配给了人类而没有给自然作为整体的创造力留下任何余地，因而抹杀了自然（作为 oikeios 的自然）在生态脚印比喻中的能动资格。自然以消极的泥土或是尘埃的面貌出现，也就是说自然是一个我们留下自己脚印的地方。这真是捕捉历史变迁中生命网络活力的最好比喻吗？

因此世界生态学的视角挑战了资本主义和自然的二元论，其方法就是把引发"社会的"变迁的原动力归结为"社会生态的"，其目标就是要将资本主义作为世界生态而不仅仅是资本主义本身进行再思考。通过 oikeios 我们可以找出作为社会生态的现代世界中最广泛的元过程，从家庭的形成到种族秩序再到工业化、帝国主义和无产阶级化。从这个角度来看，与其说资本主义基于自然发展起来，不如说资本主义是在人类与自然其他部分之间复杂、持续的联系中发展起来的。毋庸置疑，对于我们绝大部分人来说世界历史上这些重要的过程看起来都像混合物和联合体（这些词只在我们假设从一开始社会和自然就是独立的条件下才有意义）：能源政权和农业革命，以及作为"想象的共同体"的民族主义、发展主义、文学、金融化。但是事实上当我们进一步审视这些战略性的关系时，我们就发现它们是多么深地根植于 oikeios 当中。现在的金融资本不过是以有利于资本不断积累的方式重塑地球生态的象征性核算和物质实践。通过引入 oikeios 概念,我们可以将环境史和社会科学的关注点融合起来,然后书写社会过程的环境史,同时也展现社会过程是生命网络的产物。这就是从现代性的环境史转向作为环境史的现代性。也是从这个意义上说,现代世界体系可以被理解成资本主义的世界生态学。将资本的积累、自然的生产,以及在"由许多限定因素组成的丰富总体"中对权力的追逐结合起来。①

三　环境的制造

在这种思维中,理论的任务就是挖掘生命网络中人类行为最基本的相互渗透关系。而世界生态学中的"生态学"就不仅仅是被地理学形容词修饰的名词,也不是非人自然内部互动的同义词。世界生态学中的"生态学"起源于 oikeios,物种在其内部或者通过它来制造并且通常会再制造生命网络中的多重环境。所以环境的制造是一个决定性的概念。自然不能被保护也不能被破坏,它只能被改造。也是从这个意义上理解,oikeios 充分地、精确地展现了马克思新陈代谢(*stoffwechsel*)概念中辩证逻辑的固有思想。② 新陈代谢一词代表了"自然的代谢,在这个过程中无论社会还是自然都不可能因为它们在意识形态上的分离而稳定固化"。③ 在这一辩证的阐释中,物种和环境在同时相互制造和改变彼此,并且得以循环往复。所有的生命都制造环境,所有的环境都制造生命。

也正是因为这个原因,环境在同一时刻既是但又不是世界生态学家分析的对象。这就是从环境向环境制造的转向:核心问题就是历史变迁中一直在变化的、相互渗透、相互交换的人类与环境的辩证关系。我们关

---

① Karl Marx, *Grundrisse*: *Introduction to the Critique of Political Economy*, Martin Nicolaus, trans. New York: Vintage, 1973. p. 100.
② Karl Marx, *Capital*, Vol. I, Ben Fowkes, trans. New York: Vintage, 1977; John Foster, *Marx's Ecology*, New York: Monthly Review Press, 2000.
③ Neil Smith, "Foreword," in Nik Heynen, Maria Kaika and Erik Swyngedouw, eds., *In the Nature of Cities*: *Urban Political Ecology and the Politics of Urban Metabolism*, New York: Routledge, 2006, p. xiv.

注的是那些引导着环境制造的联系,以及形成环境制造新法则的过程,就像从封建主义到资本主义的漫长过渡中发生的一样。① "环境"的范围也不能限定得过窄,环境不仅仅是田野和森林;它们也可以是家庭、工厂、办公室、高楼、机场,以及城市和乡村中所有形式的人工环境。

认定资本主义是由自然的生产、权力的追求以及资本的积累构成并不意味着这三组可能通过反作用来实现内部关联的关系是相互独立的。相反这三组关系在历史资本主义产生和当今资本主义瓦解的过程中是相互渗透的。很容易被误解的是,自然的生产并不是创造性建构主义的轻率主张。② 确实,在我们所认识的自然之外还存在着一个自然。但是,资本的内在矛盾性确实不是资本主义有意强加于自然其余部分的令状。③ 在世界生态学这个视角下,自然的生产意味着确定的历史关系的出现,这一历史关系将确定的人类和非人类的行为与活动绑定在一起。有了自然的生产之后,我们就能将统治特定文明的兴起、生命、死亡的战略性关系突出出来。④ 如果有助于理解的话,读者们可以将自然的生产想象成合作生产。对合作生产的统一看法无论如何都意味着对生产和进化的辩证理解。当马克思认为人类"作用于外部自然,同时也以相同的方式改变了自身的自然属性时",⑤他论证的是与世界生态学词义相联系的劳动过程的中心地位。"外在自然"并不外在于劳动过程,相反由它构成。我想

---

① Jason Moore, "*The Modern World-System* as Environmental History? Ecology and the Rise of Capitalism," *Theory & Society* 32, 3, 2003, pp. 307-377; Jason Moore, "'Amsterdam is Standing on Norway' Part I: The Alchemy of Capital, Empire, and Nature in the Diaspora of Silver, 1545-1648," *Journal of Agrarian Change*, 10, 1, 2010, pp. 35-71; Jason Moore, "'Amsterdam is Standing on Norway' Part II: The Global North Atlantic in the Ecological Revolution of the Long Seventeenth Century," *Journal of Agrarian Change*, 10, 2, 2010, pp. 188-227.
② Neil Smith, *Uneven Development*, Oxford: Basil Blackwell, 1984; Neil Smith, "Nature as Accumulation Strategy," in Leo Panitch and Colin Leys, eds. *Socialist Register* 2007: *Coming to Terms with Nature*, London: Merlin Press, 2006, pp. 16-36.
③ Morgan Robertson, "The Neoliberalization of Ecosystem Services: Wetland Mitigation Banking and Problems in Environmental Governance," Geoforum 35, 2004, pp. 361-373.
④ 当时没有一个严肃的马克思主义者会认为价值的生产体现了资本重塑劳工阶级的无限能力,他们从资本主义社会生态矛盾角度对自然的生产进行解读,这一解读是理想化的也是单向的。
⑤ Karl Marx, *Capital*, Vol. I. Ben Fowkes, trans. New York: Vintage, 1977, p. 283.

强调的不是"环境(在一定程度上)是由人类创造的",①而是人类与非人自然通过 oikeios 形成的联系是决定性的关系,这种关系是互为释放和控制的关系。环境生产是一种人类活动,也是所有生命的活动;人类也是由非人力量创造的环境的组成部分。

人类在环境制造过程中确实非常高效:改变生命网络的构造,将其地质基础变成居住场所,促成确定的权力关系和生产(尤其是人口的扩张性再生产)。从世界生态学的视角来看,文明不作用于自然,而是通过 oikeios 来发展。我还要再进一步说,文明绝对不会是人类的构造,而是人类与非人自然力之间的一组关系。这些关系在 oikeios 中或者通过 oikeios 形成、稳定并且周期性地被破坏。人类作为一个整体是从内部而不是从外部和自然产生联系的。当然,人类是格外有能力的环境制造物种,但是人类活动不能外在于自然的其他部分。最重要的是,我们很难外在于非人生命的环境制造活动,对这些生命来说,人类(单个的或者集体的)是需要被制造和改变的环境。②"说人类的自然和精神生命与自然相关,就只能表明自然与其自身相关,因为人是自然的一部分。"③因此,在谈及现代性(或者资本主义)和自然时有可能会犯错误,因为有人会把资本主义或自然分开来思考!自然中的文明,自然中的资本主义或者作为环境史中的现代性是不是更有成效的表述呢?

如果人与人之间的所有关系,全部的人类活动都通过 oikeios(包含它本身)来展现的话,那么这些关系便自始至终都和自然的其他部分发生着联系。这个辩证关系的运作不仅是自内而外的同时也是由外至内的:地球是人类的环境,人类也是这个星球上其他生命的环境(也是环境制造者)。在历史学和社会科学中,通常处理这些问题的方法就是将人与

---

① Victor Wallis, "Species Questions: From Marx to Shiva," *Organization & Environment*, 13 (4), 2001, pp. 500-507.
② Riley Dunlap and William R. Catton, "Struggling with Human Exemptionalism: The Rise, Decline and Revitalization of Environmental Sociology," *American Sociologist*, 25, 1994, pp. 5-30; Richard Levins and Richard Lewontin, *The Dialectical Biologist*, Cambridge, MA: Harvard University Press, 1985.
③ Karl Marx, *The Economic and Philosophic Manuscripts of 1844*, New York: International Publishers, 1969, p. 112.

非人自然的辩证关系看成一种互动。但是互动模型建立在一个巨大的简化论的假设上,我想这个假设现在是不牢靠的。人类就其本身而言是由生物物理因素组成的一个复杂网络:在众多物种中,我们是亿万微生物共生体(微生物群落)栖息的环境,而这种网络关系也使我们的生命行为成为可能。换句话说我们处理的是"世界中的世界"。①

所以,互动关系不是辩证的。有人可能认为,两者的差异可能微不足道,但我却完全不这样认为。这个区别意味着我们如何看待文明、现代性、大衰退引发的资本主义矛盾激化上的巨大差异。即使是在激进的批评中,笛卡儿哲学对社会(没有自然的人类)和自然(没有人类的环境)的两分法都没有被动摇。② 从 oikeios 的角度来看,笛卡儿的观点在理论上是专断的,在经验上是误导性的。我们现在试着在食物生产和消费的过程中划出一条区别"社会"和"自然"的界线。在稻田、麦地、牧场里或者是我们的餐桌上,自然过程何时会结束? 社会过程又何时会开始? 这个问题本身就涉及笛卡儿哲学使用的空洞词汇,这些词汇描述的是我们生活的并且试图分析的日常现实。我们可以说人类是社会也是自然的存在,但是这又产生了一系列问题:什么时候人类是社会的存在? 什么时候又是自然的造物? 什么关系控制着这两者边界的转换? 在谈到食物问题(不仅仅是食物)时,这个过程中的每一步都是联系的。所以,我们要讨论的问题就不再是"是自然的还是社会的",而是"人类和非人自然是如何整合在一起的"。我认为,任何对这个问题的充分回答都必须使用辩证的——oikeios 的理性方式才能做到。

环境制造标注了物种、环境和 oikeios 的三重转变。③ 这也同样适用于从长时段对文明进行的讨论。文明既是生产者也是产品。它们不仅制

---

① Ruth E. Ley, C. A Lozupone, M. Hamady, R. Knight and J. I. Gordon, "Worlds within Worlds: Evolution of the Vertebrate Gut Microbiota," *Nature Reviews Microbiology*, 6(10), 2008, pp. 776-788.

② John Bellamy Foster, Brett Clark and Richard York, *The Ecological Rift: Capitalism's War on the Earth*, New York: Monthly Review Press, 2010.

③ Karl Marx, *Capital*, Vol. I. Ben Fowkes, trans. New York: Vintage, 1977; Richard Levins and Richard Lewontin, *The Dialectical Biologist*, Cambridge, MA: Harvard University Press, 1985.

造环境变迁,也被生物圈的多种因素制造出来。更确切地说,在推行全新的权力和生产行为时,勃兴的文明会按照已经确定的再生产规则而改变。在概括欧洲多样化环境景观条件下组织生产的庄园模式时,我们发现,欧洲早期封建主义创造了一种文明,这种文明不是建立在中央集权化的帝国权力(王朝形式)基础上,而是建立在权力的深层地理碎化(封建过程)基础上的。① 与此相似,查理五世雄心勃勃,试图在16世纪的欧洲建立霸权,结果却形成了由竞争性的国家资本主义联盟组成的多中心国家体系。这个过程表现为一系列发生在从波托西到但泽的、不均衡的商业化的形式类似的文明化事件。②

当文明,尤其是资本主义首当其冲地倾向于将非人自然处理成外在关系时,这已经完全正确了。一方面,人类集体的行动计划——例如全球化或者发展主义抑或是我们这个时代的金融化——都将自然的其他部分当成外部障碍或是财富和权力的来源来面对。另一方面,这些计划也是经由过程(自然的非规则性运动)共同生产出来的,也是在这个过程中文明化工程产生了巨大的矛盾:21世纪的全球变暖,14世纪中期农业生态耗竭、瘟疫和气候变迁的一起出现。据此,文明将自然作为一个整体的关系内在化,以可能的,也是准线性的形式通过人类历史上的一系列计划置入人类历史的过程中。

综合性的世界生态学方法因此不同于宽泛的笛卡儿方法,后者认为人类破坏了"全球环境",但它却没有理解"全球环境"一词所显示的联系不仅是人类行为偏爱的客体,也是历史变迁的主体。笛卡儿式的绿色思

---

① Jason Moore, *Ecology in the Making (and Unmaking) of Feudal Civilization*, Unpublished book manuscript, Department of Sociology, Binghamton University, 2013; Jason Moore, "Value. Nature. History: Capitalism and the Great Frontier in the Web of Life," unpublished manuscript, Department of Sociology, Binghamton University, 2013.

② Immanuel Wallerstein, *The Modern World-System I: Capitalist Agriculture and the Origins of the European World-Economy in the Sixteenth Century*, New York: Academic Press, 1974; Jason Moore, "'Amsterdam is Standing on Norway' Part I: The Alchemy of Capital, Empire, and Nature in the Diaspora of Silver, 1545-1648," *Journal of Agrarian Change*, 10, 1, 2013, pp. 35-71; Jason Moore, "'Amsterdam is Standing on Norway' Part II: The Global North Atlantic in the Ecological Revolution of the Long Seventeenth Century," *Journal of Agrarian Change*, 10, 2, 2010, pp. 188-227.

维否认了主客体之间、有机体和环境之间、原因和后果之间交替互换的能力。这种思维认同一种傲慢的说法：人类制造环境可以被简化成一个"生态足迹"。[1] 我们真的只能将自然当做消极的泥土或者尘埃吗？世界生态学的替代性方法视自然为具有创造力的、能动的关系。于是历史能动性就在 oikeios 的刀刃上形成。

由此我们可以看到，创造历史的能力表现的不仅仅是人类内部内在各异的条件和联系，也表现了生物圈各异的条件和联系。人类也是历史运动、生命起伏和地球物理运动的客体。所以，这些创造历史的能力是可以内外转换的。现在还有人会质疑疾病、气候或者植物具有和帝国一样创造历史的能力吗？同时，如果把疾病、植物或者气候从积累、帝国和阶级中抽象出来，还能把它的作用表达清楚吗？这一系列问题让我们不再将自然看成是我们留下足迹的地方，而是将自然看成活跃的整体运动，其中包括了森林砍伐、中毒等等。通过 oikeios 我们才能看清自然不仅仅是结果（诸如森林砍伐、土壤侵蚀、污染等等，但不能简化为这些）的总和，并且历史性地重构自然。非人自然的运动和循环既是历史变迁的生产者同时也是其产物，**是历史变迁运动本身的内在部分**。作为母体的自然是文明史的原因、有效条件和动力所在——最重要的原因就在于文明是在生命网络内部展开的。

在哲学和区域史研究领域论证这个观点已经具有很大的挑战性。建构"自然不仅作为产物更作为生产者都发挥了重要作用"的长时段叙述就更难了。这是世界生态学必须解决的问题。如果自然在历史哲学的本体论上就很重要，我们就要设法分析理解人类和生物圈的双重辩证内在性。人类在创造环境的同时也在破坏环境（如同所有的物种一样），我们之间的联系也在被自然的其他部分创造和破坏，这一过程因时空不同而发生变化。由此，自然的位置在我们的思维中经历了巨大的转变：从作为资源的自然转向作为母体的自然。这就意味着自然既不能被破坏也不能被保护，只能用不同方式进行重新配置，这些方式是向外释放的也是向内

---

[1] Mathis Wackernagel and William Rees, *Our Ecological Footprint*, Gabriola Island: New Society Press, 1996.

压迫的。需要注意的是：这里使用的"释放"和"压迫"两词并不是从狭隘的人类立场出发来解释的，而是通过 oikeios 实现的人与非人自然之间生机勃勃或不断更新的辩证关系。这种关系现在是利害攸关的，或许是以人类历史上从未有过的方式呈现出来：释放和压迫都不是从人类和自然的立场而言的，而是从"人类存在于自然"这一视角来界定的。

（贾森·摩尔　美国宾汉姆顿大学社会学系、布罗代尔研究中心教授）

东汉士人人数考略

祝总斌

【内容提要】 本文在汇集零散资料的基础上,对东汉一代士人的数量进行了推测。认为东汉二百年间,士人总数约为十五至十六万人。以五代计,平均每代约为三万人。

两汉乃我国古代知识分子发展史上的重要阶段,但由于史料简略,本文只能对东汉一代的士人之数作一粗疏考证。

一

东汉二百年间,士人总数主要由以下三部分合成:

1. 太学生:前后共"三万余生",按 35000 人计。此指由东汉初至桓帝时太学生总数,而非桓帝一时之数。①

---

① 见拙稿《〈后汉书·党锢传〉太学生"三万余人"质疑》,《中华文史论丛》2010 年第 1 期。又本文考证士人之数字全据范晔《后汉书》,因《后汉纪》,以及《东观汉记》《八家后汉书》辑注本,在士人数字上均不相上下之故。《隶释》《隶续》《金石萃编》涉及者一般人数甚少,个别多者本文方收入,以免琐碎。

2. 私人所授门徒：

甲、据《后汉书·儒林传》，东汉一代私人教授有门徒之数者凡二十一人：杨政"数百人"、欧阳歙"千余人"、曹曾"三千人"、牟长"千余人"、牟纡"千人"、宋登"数千人"、孔长彦"数百人"、杨伦"千余人"、魏应"数百人"、薛汉"数百人"、杜抚"千余人"、董钧"百余人"、丁恭"数百人"、周泽"数百人"、甄宇"数百人"、甄承"数百人"、程曾"数百人"、李育"数百(人)"、颍容"千余人"、谢该"数百千人"、蔡玄"千人"。以上共21650人（凡列传言"数千人"者，按3000人计；①"千余人"，按1500人计；"数百人"，按500人计；"百余人"，按150人计；经师本人，因人数少，为免统计琐碎，未予计算。下同）。

乙、据《后汉书》其他零星记载有私人授徒之数者凡二十九人，依列传顺序先后为：鲁丕百余人、杨厚"三千余人"、樊鯈"三千余人"、曹褒"千余人"、郑玄"数千人"、桓荣"数百人"、桓郁"数百人"、桓焉"数百人"、丁鸿"数千人"、周磐"千人"、姜肱"三千余人"、马融"千数"、钟皓"千余人"、史弼"数百(人)"、皇甫规"三百余人"、张奂"千人"、刘淑"数百人"、李膺"千人"、檀敷（敷）"数百人"、郭太"千数"、②夏恭"千余人"、边韶"数百人"、刘梁"数百人"、索卢放"千余人"、廖扶"数百人"、唐檀"百余人"、徐房"千人"、李子云"千人"、法真"数百人"。此外，《隶释》还载有一人鲁峻，其门生为"三百二十人"（按成数300人计），③以上共为35450人。

3. 据《后汉书·儒林传》，私人授徒有"著录"（即挂名，一曰"编牒"④）之数者凡七人：张兴"万人"、牟长"万人"、魏应"数千人"、丁恭"数千人"、楼望"九千余人"、张玄"千余人"、蔡玄"万六千人"。又《隶

---

① 因列传所记门徒具体数字最多者为"三千人"（曹曾，见正文所引）或"三千余人"（姜肱，见后），故据以推定。
② 《隶释》卷二十《郭林宗、宋子浚碑》载郭林宗门人之数同，见《隶释·隶续》，中华书局，1985年，第196页。
③ 《隶释》卷九《司隶校尉鲁峻碑》，见《隶释·隶续》，第101页。
④ 《后汉书·儒林传论》。按"编牒"者虽可以不亲自来听讲授，但"皆专相传祖，莫或讹杂"，纵或有非士人以挂名大师门下，博虚荣，别有所图者，毕竟是极少数，故本文不再分别。

释》载景君门徒"编牒"至"三千余人"。① 一共56500人。

以上各数相加,共约148600人。皮锡瑞《经学历史》曾说:"汉人无无师之学,训诂句读皆由口授,非若后世之书,音训备具,可视简而诵也。书皆竹简,得之甚难,若不从师,无从写录,非若后世之书,购买极易,可兼两(车辆)而得也。"②所以以上这一从师数字,应该基本上就是东汉一代约二百年中士人之总数了。

二

此外,还应考虑其他种类的少量士人人数。

1. 有限的地方官学(郡国学等)学生。班固在《东都赋》中说"四海之内,学校如林"。③ 其实这是极大美化,不符合东汉的实际情况。一部《后汉书》,仅寇恂、李忠、鲁丕、鲍德、宋均、栾巴、刘表、卫飒、任延、秦彭各传(以上依列传先后次序)涉及地方官学之事,但俱未言生徒之数。④ 如前所引,私人授徒各传皆尽可能举其人数,以示儒学繁荣,⑤为何对官学生徒反而无一言及其数呢? 结论只能是因为其数太少,无法与私人授徒比。其所以如此,当因东汉地方官学之兴废,似均出于地方长官之个人行为。如《寇恂传》,拜汝南太守,"素好学,乃修乡校,教生徒,聘能为《左氏春秋》者,亲受学焉";《李忠传》,迁丹阳太守,"以丹阳越俗不好学,嫁娶礼义衰于中国,乃为起学校,习礼容,春秋乡饮,选用明经"。如此等等。对此,东汉王朝并不在意,从无一诏令过问。《鲍德传》载德章帝时为南阳太守。南阳是东汉皇室出身、发祥之地,光武、明帝、章帝又都重视经术,且都曾巡狩南阳,⑥照说其郡学应十分发达,然而事实却是鲍德莅

---

① 《隶释》卷六《郑令景君阙铭》及洪适跋,见《隶释·隶续》,第70页。
② 皮锡瑞:《经学历史》四《经学极盛时代》,北京:中华书局,1959年,第131页。
③ 《文选》卷一,北京:中华书局,1977年,上册,第34页。
④ 又参《东汉会要》卷十一《郡国学》,《万有文库》本,上册,第116—117页。
⑤ 《儒林传》传论言私人授徒"编牒不下万人",传序谓太学生前后"至三万余生",均其意。
⑥ 重经术,见《后汉书·儒林传序》;巡狩南阳,见《后汉书》三帝纪。

任时"郡学久废",靠鲍德努力方才重修,而且也未受到王朝奖励。既然地方官学之兴废与个人升迁黜陟无关,则纵有"好学"长官热心其事,留下办学政绩,从全国范围言,从二百年时间言,这种长官毕竟只能是极少数,地方官学又怎么能普及、发达呢?① 从另一方面看,大量史料记载,东汉向学者皆赴京师,游太学,其例不知几许,②太学生活动也不知几许,③而从无游地方官学之字样。一部《后汉书》,"郡学生"也仅见一例。④ 这绝非偶然。赵翼曾就游太学事解释说:"经义之专门名家惟太学为盛,故士无不游太学者。及东汉中叶以后,学成而归者,各教授门徒……由是学遍天下矣。"⑤可是为什么地方官学不见"专门名家"呢? 学成而归又无一在这些官学教授生徒呢? 史料上一片空白。这表明很可能地方官学极少,很衰落,声望低,故"专门名家"不去,学成而归者也宁愿私人授徒了。总之,东汉地方官学除特殊情况外,应该说基本上是不存在的,生徒数远不能与太学相比。⑥

2. 有些经师,《后汉书》未载其门徒数,既未载,应该也是人数有限。这些经师共十五人,依列传顺序先后为吴祐、卢植、陈蕃、刘昆、任安、包

---

① 《后汉书·栾巴传》:顺帝时迁桂阳太守,"兴立学校",时已是东汉中晚期,就是说此前一直无郡学。同书《刘表传》:为荆州刺史,"遂起立学校",时已在汉末,可见荆州作为全国十三州之一,此前尚无学校或学校甚少。此均东汉统治者不在意地方官学及官学衰落之证。固然,也有个别地方官学比较发达,但均属特例:一是蜀郡,东汉中后期"学徒八百人"。可那是因为自西汉文翁首先在地方办官学,景帝树为典型,朝廷一直重视,沿袭成风之故。见《华阳国志校注》卷三《蜀志》,成都:巴蜀书社,1984年,第238、214页。一是鲁国。据《史晨飨孔庙后碑》(《金石萃编》卷十三),东汉末期,鲁国大批官吏、群吏,加上官学"先生、执事、诸弟子",一共"九百七人",估计弟子也得有几百人。可又是因为是在孔子家乡鲁国,官学不可能不发达之故。
② 参赵翼:《陔余丛考》卷十六《两汉时受学者皆赴京师》,上海:商务印书馆,1957年,第295—296页。
③ 《后汉书·党锢传》之记载为其著例。
④ 《后汉书·郭太传附左原传》:"为郡学生。"
⑤ 赵翼:《陔余丛考》卷十六《两汉时受学者皆赴京师》。
⑥ 仅就"特殊情况"下的生徒数作一推测。寇恂等十人(见前正文)所兴办官学,姑且宽松地按每学100人计(其所以定百人,理由参下文注释),共1000人。此外,上文注释提到蜀郡800人,鲁国也按800人计,但此乃一代士人数,东汉二百年间,士人共延续五代(见下文),故总计可达8000人。加上1000,共9000人(寇恂等十人兴学,因时间有前后,甚至始于汉末者,且不知去官后学校是否全都延续,好在人数不多,故士人只按一代计算)。

咸、伏恭、杨仁、李充、向栩、李郃、段翳、樊英、公沙穆、董扶。① 如《儒林传》虽言刘昆曾教授弟子五百余人，但那是早在王莽之时，到东汉初他已远离家乡逃至江陵"教授"，估计弟子不可能多，所以不言其数。《陈蕃传》：蕃为太傅，与宦官尖锐冲突，"将官属、诸生八十余人"拔刃对抗。除去官属，此亦证"诸生"不过数十人；如他门下诸生有一半未参加这次行动，则一共也不过百人。所以这类经师每人的门徒之数，如宽松地定为百人，当大体相差不远。②

3. 少数有条件的世家大族，情愿家学、自学，而未游太学或从私人经师学习为门徒者，如郑众、陈元、桓郁等。③

以上三者相加，姑且极宽松地按 10600 人计，④连前太学生等三者 148600 人，共 159200 人。举其成数，即东汉二百年间士人总数约为十五六万人。如当时士人(不是农民)存活年龄平均以六十岁计，⑤一般从二十岁起以士人身份出现，前后活动四十年，则二百年间共有士人五代，每代士人之数约为三万余人。由于本文前面对史料上的不确定数字估计得比较宽松(如"三万余生"估计为35000人、"千余人"估计为1500人等)，所以纵使考证中人数多少有出入，甚或史料记载本身就存在疏漏，东汉每代士人三万之数，恐怕上下也不会相差多少。

附带一说，过去我曾在一篇论文中粗略地考证了我国古代士人之数：即就各朝代某一段历史时期言，北宋为四十万，南宋八十万，明清二三百

---

① 李充以下七人见《独行传》和《方术传》。
② 据前正文所引 51 名私人经师，凡记有门徒之数者，最少者两例：鲁丕、唐檀，门徒均为"百余人"。则可以推定，凡不记门徒数之经师，其门徒最多为百人。
③ 见《后汉书》各传。如郑众"从父受《左氏春秋》"；陈元，父钦习《左氏春秋》，"元少传父业"；桓郁"传父业，以《尚书》教授"等。
④ 以上三者，地方官学生徒 9000 人；《后汉书》不载门徒数的十五位经师，每人门徒按 100 人计，为 1500 人；少数家学、自学之世家大族子弟充其量按 100 人计，一共 10600 人。
⑤ 《后汉书·顺帝纪》：阳嘉元年"初令郡国举孝廉，限年四十以上"(又见《左雄传》)。据此，士人平均年龄自以推定为六十岁最为稳妥(人生七十古来稀，作为平均年龄，可能性不大；如推定五十岁，察举后仅任官十年，又太短，对王朝统治不利，便不会出现此限年四十方得察举之诏令)。

万,①从而部分地揭示了现代"为旧社会服务的几百万知识分子"②这一人数,在历史上是怎样演变而来的。为了让这一考证更完整一些,现在选择了东汉,由于史料限制,也可能它就是这一考证能达到的最早一个阶段。③

(祝总斌　北京大学历史学系教授)

---

① 祝总斌:《论八股文取士制不容忽视的一个历史作用》,载《求是、求真,永葆学术青春(庆祝何兹全先生九十大寿)》,郑州:河南人民出版社,2001年,第115—131页。
② 毛泽东:《关于正确处理人民内部矛盾的问题》第五节,《毛泽东选集》第五卷。
③ 由东汉至北宋,中间还有一个重要阶段唐代,我已考证中唐士人当有十万人,将另文发表。

《周一良读书题记》勘误

谭苦盦

周启锐辑《周一良读书题记》①汇集已故北京大学历史系周一良教授近八十载之"读书题记","反映他从私塾到进洋学堂再到'留洋'的过程中,学术有成的读书进程和涉猎范围。同时,从侧面反映出在时代的大变迁中书生大起大落的曲折经历和思想动态",②惠泽学林无限。然疏漏处亦所难免,兹为择其要者举正如次。

1.【一九三八年《颜氏家训》条,23 页】友人邓嗣禹君哈佛燕京社翻译是书,[引者按:此处空两格]弛函商校文章篇世人或有文章引诗[引者按:此处空一格]鼓渊之者,宋书已有屡游之诮一节,卢、刘二家具言未详。

按,"翻译是书"以下两句当作"驰函商校《文章篇》'世人或有文章引《诗》"伐鼓渊渊"者,《宋书》已有屡游之诮'一节",盖此处乃转引《颜氏家训·文章篇》之语。③ 弛函,当系"驰函"之误。

2.【一九三八年《颜氏家训》条,23 页】按:⋯⋯朝阳郑氏用卢氏抱经

---

① 周一良著,周启锐整理:《周一良读书题记》,北京:海豚出版社,2012 年。
② 周启锐:《周一良读书题记·出版说明》。
③ 颜之推:《颜氏家训》,沈阳:辽宁教育出版社,2001 年,第 30 页。

堂本刊。

按,"朝阳郑氏"应作"潮阳郑氏"。徐珂《仲可笔记》:"《龙溪精舍丛书》,郑尧臣校刻。尧臣名国勋,潮阳人。……辛亥国变后,震在廷同年钧罢官来沪,尧臣延之至家受业焉,日必读书数小时,尧臣粗解英吉利语言文字,既师在廷,能命笔作国文。丛书之刻,从在廷之言也。年未四十而遂卒,惜哉。"①

3.【一九四八年《新疆访古录》条,35页】按:王树枏著。二卷全。有"古天沐印"印、"云峤甫字选斋"印。

按,据中国书店拍卖之《新疆访古录》图版,"古天沐印"当作"方天沛印"。民国《涿县志》卷七《艺文志》:"方天沛,字云峤,一字默盦。涿县人,原籍安徽歙县。工篆隶,兼镌刻,精考证金石、古泉,集有《秦汉魏六朝官印考》。"②

4.【一九四八年《冬青室诗钞》条,35—36页】按:……封底有语:"十二日伯萃邀饮晤,重看林集语□为写联帖语曰:'修八尺有馀,饮一石亦醉。'"

按,"封底"诸语见袁克文《寒云日记》丁卯年正月条,③此处误识及误断者甚多,当作"十二日,伯华邀饮,晤董眉叔,集语属为写联帖,语曰:'修八尺有馀,饮一石亦醉。'"④

5.【一九四九年《世界历史大年表》条,40页】虽然大器晚成,卓荦全凭弱冠争。(杂诗三〇二)

按,"晚"字之下夺"年"字。龚自珍《己亥杂诗》之三〇二:"虽然大器晚年成,卓荦全凭弱冠争。多识前言畜其德,莫抛心力贸才名。"⑤

6.【一九五〇年《日难日本历史》条,43—44页】白柳武司(一八八四—一九四九),号秀湖。……著有《财尔太平记正续编》、《民族日本历

---

① 徐珂:《仲可笔记》,见氏著:《康居笔记汇函》,太原:山西古籍出版社,1997年,第169—170页。
② 周存培:《涿县志》,台北:成文出版社,1968年,第780页。
③ 袁克文:《寒云日记》,太原:山西古籍出版社,1997年,第84页。
④ 按周一良《记昆明萧氏事及其旧藏文物》:"绍庭先生内侄董大年,字眉叔,有《冬青室诗钞》。"见氏著:《钻石婚杂忆》附录,北京:三联书店,2002年,第221页。
⑤ 龚自珍:《己亥杂诗》,见《龚自珍全集》,上海:上海人民出版社,1975年,第537页。

史》等等。

按,白柳武司所著当作《国难日本历史》(国難日本歷史)、《财界太平记正续编》(財界太平記正續),前者为昭和十六年(1941)东洋书馆印行,后者为昭和四五年(1929—1930)日本评论社印行。

7.【一九五三年《五山文学史稿》条,47页】北村洋吉清末曾任京师第一师范学堂、优级师范学堂教习……此外尚有服部宇吉任教京师大学堂,矢野[引者按:此处空一格]一任教京师法政学堂,井上[引者按:此处空一格]、杜本龟次郎亦皆在法政学堂,光野作造在天律北洋法政学堂……足立[引者按:此处空一格]六在西安高等学堂。

按,据汪向荣《日本教习》附表,①"北村洋吉""服部宇吉""矢野□一""井上□""杜本龟次郎""光野作造""足立□六"当分别作"北村泽吉""服部宇之吉""矢野仁一""井上翠""松元龟次郎""吉野作造""足立喜六"。天律,显系"天津"之误。

8.【一九五八年《使琉球录》条,50页】按:国立北平图书馆善本丛书第一集。据清嘉靖刻本影印。

按,"清嘉靖"当作"明嘉靖"。《商务印书馆图书目录》"国立北平图书馆善本丛书"条:"第一集,七十册。此集先选印明代边防史乘十二种,供研治边疆史者参考。书目如次:……《使琉球录》,明陈侃撰,嘉靖本。"②

9.【一九六一年《日本之金银岛》条,54页】按:此书为小叶田淳著,创元社出版,昭和十八年(一九四三年)大阪印刷。

按,小叶田淳所著当作《日本与金银岛》(日本と金銀島)。

10.【一九六二年《日本——鉴绝岛新编》条,55页】按:一册。

按,书名当作《日本一鉴·绝岛新编》或《日本一鉴:绝岛新编》,此处误将"一"字判作破折号。《图书季刊》1940年第1期"日本一鉴三种"条:"明郑舜功著,二十八年据旧钞本影印,线装五册,价八元。此编包括《绝岛新编》《浮海图经》及《穷河话海》三种,明万历朝奉使宣谕日本国

---

① 汪向荣:《日本教习》,《社会科学战线》1983年第3期,第332—337页。
② 《商务印书馆图书目录》(1897—1949),北京:商务印书馆1981年版,第4页。

新安郡(今安徽歙县)人郑舜功所纂。……《绝岛新编》一册,凡四卷。"①

11.【一九六三年《日本史图录》(2)条,57页】按:八玉幸多、久野健等编,吉川弘文馆出版。

按,"八玉幸多"当作"儿玉幸多"(児玉幸多)。

12.【一九六三年《中世社会》条,58—59页】此书亦收荣西送别图。……按:此书为丰田武编……是《新日本大系》中一册。

按,"大系"之上夺"史"字。周一良《介绍两幅送别日本使者的古画》注一:"丰田武编《中世社会》(《新日本史大系》第三卷)第三八一页亦载此画,题为《荣西归朝图》。"②

13.【一九六四年《佳人之奇遇》条,60页】柴四郎为会津津藩士。……按:此书为东海散士署名。

按,"会津藩"乃一专名,此处所衍"津"字当删之。《国史大辞典》卷七:"柴四朗(或作柴四郎),明治、大正时代の小說家、政治家。……東海散士と号す。……會津藩士柴佐多蔵由道の子で、母ふじは日向氏の出。……滯米中に政治小說'佳人之奇遇'を構想。"③

14.【一九七二年《柳河东集》条,64页】孙鑛曰:退之学庄,子厚则学荀,岂惟好所近固然耶?杨慎曰:昔之论封建者,曹冏、陆枕、刘□、魏征、李百药、颜师古、刘秩、杜佑,自柳宗元之论一出,而诸子立论皆废。……腐儒□□,是古非今,犹言封建当复。予折之回!□目睹封建之利害,何必反古,今有之矣,川广云贵的土官是苏轼报汇季□(端礼)书,柳子之学,大率以礼乐为灵器,以天人为不相知。(邵博闻见录十五)

按,此处之引文乃孙鑛《月峰先生居业次编》卷三《与吕美箭论诗文书》、④杨慎《升庵集》卷四八《封建》、⑤邵博《邵氏闻见后录》卷一五⑥所载之凑泊,核其原文,"岂惟好所近固然耶"当作"岂性好所近固然耶",

---

① 《日本一鉴三种》,《图书季刊》1940年第1期,第90页。
② 周一良:《介绍两幅送别日本使者的古画》,《文物》1973年第1期,第11页。
③ 《国史大辞典》第7卷,吉川弘文馆,1986年,第44页。
④ 孙鑛:《月峰先生居业次编》,见《四库禁毁书丛刊》集部第126册,北京:北京出版社,1997年,第223页。
⑤ 杨慎:《升庵集》,上海:上海古籍出版社,1993年,第389页。
⑥ 邵博:《邵氏闻见后录》,北京:中华书局,1985年,第115页。

"陆枕、刘□"当作"陆机、刘颂","而诸子立论皆废"当作"而诸子之论皆废"。"腐儒"以下,误识及误断者甚多。核其原文,当作:"腐儒曲士,是古非今,犹言封建当复。予折之曰:'欲目睹封建之利害,何必反古?今有之矣,川广云贵之土官是。'苏轼《报江季恭(端礼)书》:'柳子之学,大率以礼乐为虚器,以天人为不相知。'(邵博《闻见录》十五)。"

15.【一九七三年《东行先生遗文》条,65页】七三年三月写十九世纪中日关系文,引用游清□录。一良记。

按,"游清□录"当作"游清五录",盖此处所及之"十九世纪中日关系文"即周一良《十九世纪后半叶到二十世纪中日人民友好关系》,内引高杉晋作《游清五录·航海日录》,注云:"见《东行先生遗文》。《游清五录》绝大部分用汉文写成,有时夹杂日文词汇及语法。"①

16.【一九七三年《留日回顾——中国アナカストの半生》条,66页】今春写"辛亥革命与日本"一文时,曾费大力觅"罪案",从近代史所借得之,有此译本,大为方便矣。一良记。按:此书景梅九著,大高严波多野太郎译。

按,"罪案"当加书名号,"大高严波多野太郎"当作"大高严、波多野太郎"。周一良《孙中山的革命活动与日本》:"景定成的回忆录《罪案》一书……此书前半部分有大高严、波多野太郎日文译注本,题为《留日回顾——中国无政府主义者的半生》。"②

17.【一九七三年 Japan Day by Day by Edwards Morse In Two Volumes Volumes Ⅱ条,67页】石川欣一译是书,创元社出版,名"日本その日～"。

按,"日本その日～"当作"日本その日その日"(Japan Day by Day,～乃叠字符号)。

18.【一九七九年《滇绎》条,77页】市上线装书日益稀少,即此种书石屏袁树五撰亦将难得矣。一良。按:石屏袁嘉禾撰,东陆大学丛书,洋纸线装册全。

---

① 周一良:《十九世纪后半叶到二十世纪中日人民友好关系》,见氏著:《中日文化关系史论》,南昌:江西人民出版社,1990年,第143页。
② 周一良:《孙中山的革命活动与日本》,见氏著:《中日文化关系史论》,第156、163页。

按,"袁嘉禾"当作"袁嘉谷"。袁丕厚《袁嘉谷年谱》:"先父袁嘉谷,云南省石屏县人,字树五。……民国十二年癸亥,五十二岁……著《滇绎》四卷成,主要叙述滇省历史典故。"①

19.【一九七九年《盛宏之荆州记三卷》条,79页】陈运溶麓一九〇〇年刻小精舍丛书中亦有辑本。

按,条目当作"盛宏之《荆州记》三卷","陈运溶麓一九〇〇年刻小精舍丛书"当作"陈运溶一九〇〇年刻麓山精舍丛书"。陈运溶《荆州记序》(见《麓山精舍丛书》第一辑):"《荆州记》三卷,《隋书·经籍志》云'宋临川王侍郎盛弘之撰',考弘之,《宋书》无传,其事迹莫详。"②弘之,亦即宏之,疑避清讳而改。

20.【一九七九年《松邻书札》条,81页】先岳守瑕先生号礼塔园……在西四广□寺北礼路胡同。

按,"广□寺"当作"广济寺"。陈宗藩《燕都丛考》卷二"内四区各街市":"广济寺,旧刹也。其北曰礼路胡同,邓君守瑕之礼塔园在是。"③

21.【一九八〇年《觚胜》条,86页】七八年冬,得临野堂刊《觚胜续编》一册。

按,"觚胜"当作"觚剩"。《清史列传》卷七〇《文苑传》一:"钮琇,字玉樵,江苏吴江人。……琇博雅工诗文,簿书之暇不废笔墨,宰高明时成《觚剩》一书,记明末国初杂事,能举见闻异词者折衷之,可补正史之阙。"④

22.【一九八〇年《文选李注义疏》条,89页】清元和陈倬字培之,撰文选笔记六卷。

按,"陈倬"当作"陈倬"。胡玉缙《户部陈先生传》:"先生氏陈,名倬,字培之。先世自安徽迁苏之葛百户巷,遂为元和人。……著有《毄经

---

① 袁丕厚:《袁嘉谷年谱》,见《袁嘉谷文集》附录,昆明:云南人民出版社,2001年,第811、832页。
② 盛弘之:《荆州记》,见陈运溶编:《麓山精舍丛书》第1辑,长沙:岳麓书社,2008年,第36页。
③ 陈宗藩:《燕都丛考》,北京:北京古籍出版社,1991年,第347页。
④ 《清史列传》,北京:中华书局,1987年,第5754页。

笔记》,已刊。又《今韵正义》《今有古无字》《汉书人名表》《文选笔记》《蛛隐盦诗文集》及杂记词稿若干卷,藏于家。……《文选笔记》专据李善注引《文选》各文以校本书,间及他考证。"①

23.【一九八〇年《唐拓十七帖》条,95—96页】《汉碑残本》……《故宫博物院院刊》七九年第一期载马子云先生关于汉池阳全张启残碑一文。

按,复核马氏原文,"汉池阳全张启残碑"当作"汉池阳令张君残碑"。又余嘉锡《汉池阳令张君残碑跋》:"旧题'西乡侯兄张君残碑',今题'池阳令'者,余所考定也。……碑云:'帝简其庸,迁池□□。'……后汉县名有'池'字者,惟左冯翊之池阳……当作'迁池阳令'。"②

24.【一九八一年《全史宫辞》条,100页】史氏尚著有《异号类编》廿卷……收在长泽规矩也编《清假语辞书集成》第二卷。

按,"清假语辞书集成"当作"明清俗语辞书集成"。《日本见藏中国丛书目初编》:"《明清俗语辞书集成》,日本长泽规矩也辑,日本昭和四十九(1974)年至五十二年(1977)东京汲古书院影印本。"③

25.【一九八二年《刘宋时灵宝经之形成》条,103页】如石井留子之著作,只从目录学着眼之论,不涉及内容,便有隔靴搔痒之感。

按,"石井留子"当作"石井昌子"。《中国索引综录》:"《六朝唐宋的古文献所引道教典籍目录索引》,〔日〕大渊忍尔、石井昌子编,东京国书刊行社。"④

26.【一九八三年《日本古文书学》条,106页】书中关于书札格式及封题等之图解较之耳底抄文字叙述更为明了。

按,"抄"字之上夺"秘"字。周一良《唐代书仪与中日文化关系》:"如镰仓时代的《消息耳底秘抄》……作者自称本书内容闻之于通晓典章

---

① 胡玉缙:《户部陈先生传》,见《香影馀谱》序,《丛书集成续编》集部第160册,上海:上海书店出版社,1994年,第548页。
② 余嘉锡:《汉池阳令张君残碑跋》,见《余嘉锡论学杂著》,北京:中华书局,1963年,第593、597页。
③ 李锐清:《日本见藏中国丛书目初编》,杭州:杭州大学出版社,1999年,第297页。
④ 卢正言:《中国索引综录》,上海:上海辞书出版社,2000年,第42页。

故实的人,秘而未传,故名耳底秘抄。"①

27.【一九八三年《中国佛教史辞典》条,108 页】按:镰田藏雄编。

按,"镰田藏雄"当作"镰田茂雄"。《佛光大辞典》:"《中国佛教史辞典》,镰田茂雄,1981。"②

28.【一九八五年《二王尺牍与日本书纪所载国书之研究——隋唐期中日关系之一章》条,116 页】称冈崎父夫为恩师,实远不逮也。举证颇琐,殊无价值。论书仪亦□高见,唯天平二年能上新仪一条颇有用。……按:此书为徐先尧著。

按,"冈崎父夫"当作"冈崎文夫"。徐先尧《二王尺牍与日本书纪所载国书之研究·跋文》:"著者曾留日东北帝国大学……承蒙大类伸教授指导……同时……修完冈崎文夫教授所授全部课程……常蒙两位恩师教诲。"③"能上新仪"费解,当系"帐上新仪"之讹。徐氏前揭书内《二王尺牍之东传日本与日本书纪之编撰》:"'天平二年七月四日',在写书杂用帐上,有'《新仪》,一秩十卷'之记载。"④

29.【一九八五年《敦煌的中国佛教》条,119 页】一九八五年一月,福井文雅教授见寄,一良记于燕东园。八五年十二月五日至六日写评介。……按:此书为牧田缔亮、福井文雅编。

按,"敦煌的中国佛教"当作"敦煌与中国佛教"(敦煌と中国仏教),"牧田缔亮"当作"牧田谛亮"。周一良《读〈敦煌与中国佛教〉》:"我有幸蒙早稻田大学福井文雅教授及时惠赠他和牧田谛亮教授共同主编的第七卷《敦煌与中国佛教》,读后深感获益不浅,亟草此文介绍该卷。"⑤

30.【一九八五年《エリセーイフの生涯》条,120 页】按:此书仓田保雄著。

---

① 周一良:《唐代书仪与中日文化关系》,见氏著:《中日文化关系史论》,第 63、69 页。
② 释星云:《佛光大辞典》,台北:佛光出版社,1988 年,第 2720 页。
③ 徐先尧:《二王尺牍与日本书纪所载国书之研究·跋文》,台北:华世出版社,1979 年,第 220 页。
④ 徐先尧:《二王尺牍之东传日本与日本书纪之编撰》,见氏著:《二王尺牍与日本书纪所载国书之研究》,第 116—117 页。
⑤ 周一良:《读〈敦煌与中国佛教〉》,见氏著:《魏晋南北朝史论集续编》,北京:北京大学出版社,1991 年,第 309 页。

按,"エリセーイフの生涯"当作"エリセーエフの生涯"。又此书之名或当以"エリセーエフの生涯——日本学の始祖"为更确也。

31.【一九八五年《古简语为日本时代》条,121页】按:东野治之著。

按,东野治之所著为"木簡が語る日本の古代",当翻译作"木简中所见的日本古代"①。

32.【一九八七年《钏影楼回忆录》条,126页】压江流,以扶地脉。远瞻高瞩,则见玉垒云开。峨媚月朗,夔门日射,剑阁烟消,郁郁葱葱。助全蜀山川钟毓秀。 凌井终,而焕人文。闳中肆外,当如长卿赋皕。太白诗豪,坡老词雄,南轩学正,麟麟炳炳,为西州俊杰,播美扬修。……一九八七年三月杪三访成都,重游望江楼录其一联。

按,复核望江楼之原联,"钟毓秀"当作"钟灵毓秀","井终"当作"井络","长卿赋皕"当作"长卿赋丽"。

33.【一九八八年《家居必用事类》条,129页】四库提要子部杂家类存目七:……以十干分集,体例颇为简洁。辛系中有大德五年吴郡徐元瑞吏学指南序。……一九八八年一月二十七日补记《书仪源流小考文》,翻阅此书,录提要于首。

按,复核《四库提要》所载,"辛系"当作"辛集",盖"以十干分集"也。"《书仪源流小考文》"当作《书仪源流小考》文,当即周一良之《书仪源流考》。②

34.【一九九〇年《柳如是别传》条,140页】论陈(编者疑为钱)柳关系及诸诗词诠释皆入情入理,而此前仅据诗词中个别字推论"无程",实近乎凿空矣。

按,编者所疑恐非。此处所齿及者,乃陈寅恪《柳如是别传》内之《河东君与"吴江故相"及"云间孝廉"之关系》一节,③"河东君"即柳如是,"云间孝廉"即陈子龙,故以"陈柳"言之,而非"钱柳"。此据"无程"二字

---

① 周一良:《书仪源流考》,见氏著:《魏晋南北朝史论集续编》,第273页。
② 同上书,第261—274页。此文亦见周一良、赵和平:《唐五代书仪研究》,北京:中国社会科学出版社,1995年,第94—107页。
③ 陈寅恪:《河东君与"吴江故相"及"云间孝廉"之关系》,见氏著:《柳如是别传》,上海:上海古籍出版社,1980年,第39—341页。

可证,"程"即程嘉燧。王钟翰《柳如是与钱谦益降清问题》:"钱柳结缡以前与柳交游中往来最多、最相好的几个人物。第一个要推陈子龙……其次为程嘉燧……以年龄论,程嘉燧长于柳五十多岁,程虽钟情于柳,年龄过于悬殊,自不在柳择偶考虑之内;……陈虽长于柳十岁,年龄还算不太悬殊,而陈之才学情操与柳最相投契,可以说,陈应是柳惟一的情投意合最理想的终身伴侣。"①

35.【一九九一年《纯常子枝语》条,144 页】郑孝胥日记一九一五年十二月记文有杂纂抄本三百册,押于湖南□民,价三百元,拟赎回再刊行云云。当即此书也。

按,"□民"当作"易氏"。《郑孝胥日记》一九一五年十一月十三日(12 月 19 日)条:"马寿鸿言,芸阁有杂纂钞本三百册押于湖南易氏,价三百元,公达已备百五十元,欲乞芸阁旧友筹足三百,先赎此稿,再议校刊。"②

36.【一九九三年《唐佛教史稿》条,154 页】按:此书为汤用彤著,中华书局出版,一九八二年八月北京第一次印刷。

按,汤用彤所著为《隋唐佛教史稿》(汤用彤论著集之二),此于"唐"字之上夺"隋"字。

37.【二○○一年《读史举证》条,182 页】按:鄞全祖望撰,仁和张熷曦亮撰。八卷。

按,"读史举证"当作"读史举正"。其书为张熷所撰,而非"鄞全祖望"。盖整理者误以卷首有"鄞全祖望"所撰《张南漪墓志铭》,亦目之为撰人耶?梁启超《饮冰室书话》:"《读史举正》,八卷,清张熷撰。熷,浙江仁和人,字曦亮,号南漪。全谢山为之墓志铭,述其行谊,在卷端。"③

38.【二○○一年《唐语林》条,183 页】按:宋王谠撰,三原李锡岭校刊。……惜阴轩丛书本。

按,"李锡岭"当作"李锡龄"。路德《柽华馆文集》卷五《李孟熙墓志

---

① 王钟翰:《柳如是与钱谦益降清问题》,见氏著:《清史续考》,台北:华世出版社,1993 年,第 137—138 页。
② 郑孝胥著,劳祖德整理:《郑孝胥日记》,北京:中华书局,1993 年,第 1589 页。
③ 梁启超:《饮冰室书话》,杭州:浙江人民出版社,1998 年,第 8 页。

铭》:"君姓李氏,讳锡龄,字孟熙,号星楼。……自辑古今秘籍海内罕见者三十馀种,为惜阴轩丛书,凡二百七十馀卷。"①

39.【二〇〇一年《重刊洛阳伽蓝记》条,185页】按:北魏杨衒之撰,徐高沅重别文注并校勘。中央研究院史语所专刊之四十二,上、下两册全。……书中夹有王伊同信一封,此□为八十年代王所赠。

按,"徐高沅"当作"徐高阮"。王伊同《〈洛阳伽蓝记〉札记兼评周祖谟"校释"》:"予假满将归,徐高阮先生设祖道,以所著《重刊洛阳伽蓝记》见贻(台北中央研究院历史语言研究所排印,凡上下两册)。"②

40.【二〇〇一年《大清宣统四年时宪书》条,190页】按:钦天监钦遵御制理精蕴。

按,"理"字之上夺"数"字。《四库全书总目提要》卷一〇七:"《数理精蕴》,五十三卷,康熙五十二年圣祖仁皇帝御定《律历渊源》之第二部也……通贯中西之异同,而辨订古今之长短。"罗养儒《云南掌故》"时宪书"条:"名为时宪书者,是钦天监遵御制《数理精蕴》及《协纪辨方》等书,而造成一颁行天下之流年历本,故无异于古代之授时历也。"③

41.【二〇〇一年《宋拓夏承碑》(临川李氏静娱室藏)条,190页】阴阳辟合星云攒如戟森竖如弧弯神奸慌惚窥夏鼎威仪肃穆参汉官此李公博赞此碑句也。……诚细参此碑,再习他刻于隶法思过半矣,非徒其礼势之渊穆淳厚可宝爱而已也。

按,首句未作标点,当作:"'阴阳辟合星云攒,如戟森竖如弧弯,神奸慌惚窥夏鼎,威仪肃穆参汉官。'此李公博赞此碑句也。""李公博"即李宗瀚,诗见《静娱室偶存稿》卷下,题作《汉淳于长夏承碑》。④ "再习他刻于隶法思过半矣"当作"再习他刻,于隶法思过半矣"。"思过半矣",语出《易·系辞》"知者观其象辞则思过半矣",孔颖达疏:"言聪明知达之士观

---

① 路德:《柽华馆文集》,见《续修四库全书》集部第1509册,上海:上海古籍出版社,2002年,第474、476页。
② 王伊同:《〈洛阳伽蓝记〉札记兼评周祖谟"校释"》,见《王伊同学术论文集》,北京:中华书局,2006年,第121页。
③ 罗养儒:《云南掌故》,昆明:云南民族出版社,1996年,第162页。
④ 李宗瀚:《静娱室偶存稿》,道光十六年恩养堂刊本。

此卦下象辞,则能思虑有益以过半矣。""礼势"当作"体势"。张怀瓘《书断》:"字之体势,一笔而成,偶有不连,而血脉不断,及其连者,气候通其隔行。"

除去以上诸条,书内尚有不少别字误字,然皆显知,于此不赘。文史类学术著作之整理,已为一项专门学问,与校雠学、目录学、版本学等密不可分,这就要求整理者及编辑者必须持审慎之态度,不可率意而为。当然,笔者所云,亦未必尽确,不妥之处,还祈读者批评指正。

(谭苦盦　重庆师范大学古籍所荣休研究员)

周一良先生琐忆*

王小甫

我是1978年秋季考入北京大学历史系中国史专业读本科的。我们那一级是"文革"后恢复高考第一次全国统考入学的学生,学历水平参差不齐,知识程度相差较大。我是所谓"老三届"里最低的一届,即初68届,其实只上过一年初中,所以"混"入大学以后真正感到求知若渴。那时候"中国通史"和"世界通史"是历史系的两门基础课,新生一进大学就开始上,中国史、世界史和考古三个专业都在一起上课。我在课上听老师提到什么重要参考书,下课以后就赶紧到图书馆里去借出来看。我第一次见到周一良先生就是在学校图书馆里。那天我从图书馆南门进去,一上二楼就见前面有一位白发老人,步履快捷不失稳健,每到一个阅览室门口都要停下来侧身朝里面探望一阵。这样我很快就赶到了老人的前面,于是不禁回头去看他,顿时给我留下了深刻的印象:平头短发精白,神采奕奕,满面红光——典型的鹤发童颜!老人每看到阅览室里坐满了发愤读书的学生,脸上就露出欣喜满意的笑容。见此容貌神情,我猜想老人一

---

* 本文完稿于2012年12月20日,系为纪念周一良先生百年冥诞而作。原拟收入张世林主编《想念周一良》一书,然该书因故未能出版。现发表于《北大史学》,谨以寄托对周先生的思念。

定是一位学术大师。正好我们都走到二楼中央的出纳台借书,在他填借书条的时候我特意看他的签名——周一良!啊,他就是大名鼎鼎的"周编通史"①的主编!换了现在,我一定会马上请周先生给签个名,像粉丝们经常做的那样。可惜当时我有那个心还没那个胆,只有呆呆地站在那儿,直到看着周先生的背影渐渐离去,心里涌动着一股暖流,感到能在这样的学术权威身边学习真是幸福极了!

后来我知道,周先生不仅是我国的世界史学术权威,也是中国史的学术权威,是学术界所谓魏晋南北朝史研究"四大名旦"之一(另外三位是武汉大学的唐长孺、山东大学的王仲荦和北京师范大学的何兹全)。当时我从图书馆借读了周先生的《魏晋南北朝史论集》,那时还只有1963年由中华书局出的那一版,我特别喜欢那一版正文中小字夹注的格式,感觉文字内容厚重,学术感特别强。这本书后来由北大出版社再版,改了版式,用页下注。我记得有一次我去向周先生请教时谈到我更喜欢旧版,周先生温和地笑了(熟悉的人肯定都知道,周先生的笑容非常有特点,我想那应该就是中国传统所谓的儒雅敦厚),说出版社认为那样不便读者阅读。我通读了中华版的《魏晋南北朝史论集》(后来的北大版在篇目上好像有些小的不同),这对我本科毕业论文写作有相当大的影响。我本科毕业论文是在祝总斌老师指导下撰写的,祝老师的治学领域和周先生一样都是魏晋南北朝史,只是他当时还是一个中年学者。我毕业论文的题目是《试论北齐之亡》,很多地方都参考了周先生论集中的文章如《论宇文周之种族》《领民酋长与六州都督》等,其中的一些重要观点如关于"北人"定义、关于崔浩与汉化的关系等则直接引用了周先生的说法。

1984年我从新疆考回母校,跟张广达老师读研究生。入学时,导师带我逐一拜见了邓广铭、周一良、田余庆等先生。周先生、田先生那时候好像都是系领导,所以见他们是在系里他们各自的办公室;拜见邓先生则是到他家里。这样跟先生们就比较熟悉,请益起来也就方便多了。后来周先生只要有书出版,我去请教的时候他多半就会赐我一本,有时还题上"小甫同志指正 周一良"的字样,令我极为感动,并受到极大的鞭策。这

---

① 周一良、吴于廑主编《世界通史》,我们同学们中间都简称为"周编通史"。

些书现在还都摆在我案头的书架上,除了北大版的《魏晋南北朝史论集》外,还有《魏晋南北朝史论集续编》《魏晋南北朝史札记》《周一良学术论著自选集》《中日文化关系史论》《周一良学术文化随笔》、译作《折焚柴记》等。当然,周先生惠赐的著作中最大部头的要数五卷本的《周一良集》,我想这应该是周先生一生学术成果的集大成之作吧。

周先生的这些著作大多数我都读过,我觉得其中很多从不同侧面反映了周先生的治学特点和方法。有一篇《日本推理小说与清朝考据之学——一种文化比较》我特别喜欢,其中主要讨论了考据学的方法和评价。关于史学研究中的考据方法,常常被人简单归结为史料证据。周先生在这篇文章里却强调指出了考据方法的另一个重要方面,即逻辑推理。周先生明确揭示:"胡适的有名的八个大字'大胆假设,小心求证',实际也是梁(启超)氏六个步骤的进一步浓缩概括,精神是一致的。"这里所谓"六个步骤"就是周先生在前文中提到梁启超在其《清代学术概论》中概括的清儒治学方法:第一曰注意,第二曰虚己,第三曰立说,第四曰搜证,第五曰断案,第六曰推论。这种研究方法又被称作"科学的考证"法。胡适先生所撰北京大学《〈国学季刊〉发刊词》和傅斯年先生所撰《历史语言研究所工作之旨趣》所提倡的其实就是这种研究方法。周先生的老师陈寅恪先生治学的主要方法,尤其是其盛年研究"中古以降民族文化之史"及晚年研究"心史"(借用余英时先生的说法)的主要方法也与此精神是一致的,如"宇文泰之新途径今姑假名之'关中本位政策'""此(柳如是的姓名)问题殊不易解决,故不得不先作一假设"之类。

当年我考回母校北大作研究生,导师张广达先生就推荐我读梁启超先生的《中国近三百年学术史》。张老师说,如果觉得梁先生《中国近三百年学术史》分量大,可以读他的《清代学术概论》。结果我把两本书全读了。我认为,北京大学的历史学科继承传袭的就是中国史学的这一传统。所以,我多次在不同的课程中向学生介绍周先生的这篇文章,推荐同学们去读周先生的文章和梁启超先生的《清代学术概论》。

周先生在这篇文章里还说:"如果把考据之学看成与推理小说异曲同工,对象不同而发生同样的作用,能满足知识分子智力活动的要求,那么,不仅为考据之学的盛行加上了一条原因,而且为它今后的存在与发展也增加上一条依据了。"我觉得周先生的说法很有道理，并且认为从中可以读到他诚挚的心声。大概这也是这篇文章先是收入了《中日文化关系史论》，后来又被收入《周一良学术文化随笔》的原因吧。

周先生还送过我其他一些书，主要是那一年先生从燕东园搬家到朗润园时得到的。因为要搬家，周先生清理了好些一时用不着的和有副本的图书，其中有一些日文学术著作直接赠给了北大中古史中心图书馆，其他的则通知我们这些在中心工作的后学去选取。记得书都放在一楼门厅、客厅的书架上以及上二楼的楼梯边，任我们随意挑选。我这次得了不少书，主要都是挑那些自己喜爱而又没有的学术著作。比如中华书局出的《陈垣学术论文集》我原有第二集(1982年版)，第一集因为出得早两年而没能赶上买，这次蒙周先生赠送得到了。这本书的封面上有周先生亲笔写的"毕竟是书生所读书一九八〇年十月"字样，扉页上还有两段报章文字摘抄："白寿彝 要继承这份遗产 人民日报 80/12/30"，"发扬破除迷信、追求新知的研究精神 悼念著名史学家顾颉刚先生 人民日报 81/2/19"，显示出周先生在读这本书时所进行的思考。

周先生读书有在原书上做题记和批注的习惯，我这次得到的贺剑城译朝鲜科学院历史所编《朝鲜通史》上卷(三联书店，1962年)里就有多处用钢笔、圆珠笔和红色铅笔写的眉批和边注，很多地方都有阅读时作为重点的不同颜色的下划线。那些年我正在转向研究中古中国与东北诸族的关系，却苦于难以获取朝鲜方面的学术信息，得到这本《朝鲜通史》真是喜出望外。

周先生在书上的批注不仅有助于我阅读理解该书内容，同时对我在研究中找准视角、把握重点也有启发作用。例如该书29页写道："为反对隋的侵略行动，598年(高句丽婴阳王九年)有包括靺鞨族部队的一万余名高句丽骑兵进攻辽西，给敌人以重大打击。"在这一句旁边，周先生用红铅笔打了一个问号并批道："高句丽先侵入辽西，如此提法未免太不公平。"周先生的批语揭示了被人们忽视的重要史实，这一史实的认定影响到对隋朝与高句丽关系演进的认识及关系性质的判断。受此启发，我撰写了《隋初与高句丽及东北诸族关系试探——以高宝宁据营州为中心》一文，文中本来引述了周先生的这段批语，有编者以"未正式发表"为由将其删去了。今天回想起来，可以看出，即使是在20世纪60年代前期，面对中朝关系这样敏感的问题，周先生仍然秉持学术"独立之精神，自由之思想"，无论如何，这应该是周先生成为受人景仰的学术大师的最重要原因。

20世纪90年代初，我参加了同行们发起的简体横排"二十六史"的整理工作，这项工作的一个重要内容就是进行标点，我在工作中对此前已有的正史点校情况产生了一些疑问。我记得以前听邓广铭先生讲到过《资治通鉴》标点和审校的问题，想到读《通鉴》时好些卷后都印着周一良先生也是点校者之一，于是找了机会专门向周先生请教标点《新唐书》中发现的问题。承蒙周先生细心指教，一一开示，我后来就把有心得的一些标点情况写成了《〈新唐书〉点校疑误举例一文》，经主编祝总斌老师遴选收入了《周一良先生八十生日纪念论文集》。

其实，我1989年博士毕业留校工作，随即遇上了当时社会上的下海经商大潮，作为初入道的年轻教员要坚持专业工作和学术研究异常困难，不得不向老一代学者寻求理解、支持和帮助。周先生和邓广铭、季羡林等我们学校的前辈学者尽管自己也有困难，仍然积极奖掖后进，对我的求助有求必应。记得当时我和同行们一起编了一部《二十六史大辞典》，出版的时候其实还不太完善（例如作为辞典却只有词条目录而没有索引），但是出版方还是想开一个发布会以扩大影响，编委会商量分头邀请历史学界前辈签名并出席发布会。北京大学历史系邓广铭、周一良、田余庆、许大龄先生还有余大钧老师都是我们这部辞典学术指导委员会的成员，他们都为新出的这部书签了名。发布会在北师大历史系开，开会那天我带了一辆面包车接送北大的先生们，邓先生、周先生都在前排就坐并作了简短发言，大意是肯定我们做了一件有意义的工作，是史学工作的一种新尝试。我印象中周先生那天精神很好，在会场坐下以后又起身招手跟坐在后排的师大历史系何兹全先生打招呼；返校的时候在车上还几次向我询问与会其他几位学者的情况。

后来因为申请研究经费和联系出国进修，我又多次请周先生写过推荐。大概是最后一次写推荐吧，那时候周先生已经搬到朗润园12号楼住了，我拿着打印出来的英文推荐信去请他签字。周先生接过信后让我在厅里等一会儿,他把信拿到里屋去签了字出来交给我。后来我听说周先生因病手不听使唤,只能架住胳臂才能签字,就再不敢去麻烦先生了。

记得是20世纪80年代,有一次香港学者牟润孙来北大开讲座,中间休息时跟周先生聊天说:您的一个扇面现在在香港卖七千港币。周先生微微一笑,没有回话。我喜欢学外语,听说周先生当年在美国哈佛大学毕业后给美国军队教日语,我真是佩服极了。听同学说有一次周先生主持学术讨论会,对哪国发言人就用哪国语言和他讨论,在场的一位留学生极为惊讶,问同学:"他是谁?"回答说:"周一良",该留学生立刻脱口而出:"啊,周一良,世界史权威!"有一次周先生在临湖轩接待日本隋唐史和敦煌学专家池田温,我们都去听讲。池田温坚持要用汉语讲话,但他的发音实在很难让人听清,因而有人劝他就用日语讲,并说有周先生在场,沟通不成问题。我听到池田温先生磕磕巴巴地自我解嘲说:"我的汉语实在是不好。周一良先生的日语讲的比日本人还好!"我看到周先生也就是温文尔雅地一笑,轻轻地说了一声"哪里"。周先生讲话声音浑厚,底气很足。可惜我生也晚,没有太多机会听先生讲课,想得起来的就是有几次讲座。有一次是在电教阶梯教室,那次周先生骑自行车摔伤了,讲话的时候胳臂上还缠着绷带,记得当时他就引了那句老话:"人生有四不足恃:春寒、秋暖、老健、君宠。"同学们都会心地笑了。

倏忽间周先生已经走了十多年了,回想起先生的音容笑貌,就好像还在面前,就站在前面,等我们过去和他握手、寒暄。今年是周先生百岁冥诞,就把这些拉拉杂杂的回忆写出来,寄托晚辈后学对他老人家的无尽思念。

(王小甫　北京大学历史学系教授)

"读史与做人"
——纪念杨人楩先生

俞莉琪

杨人楩先生是中国法国史、非洲史研究的开拓者,也是北京大学历史学系的教授。他出生于1903年清末之际,亲历了中国社会的历次剧变,卒于"四人帮"猖獗之时,最终没有等来他心中理想实现的一天。对很多世界史学生来说,杨先生是燃灯者,为后人照亮前进的道路。在杨先生逝世四十周年之际,谨以此文纪念杨先生那个年代的岁月。

一

杨先生是湖南省醴陵县人。他一岁丧母,五岁丧父,和兄长杨人杞相依为命,生活很不稳定。1922年毕业于长沙长郡中学,之后考入北京师范大学英语系。1926年毕业后回长沙,任教长郡中学。北伐战争开始后不久,1927年年初,他应同乡朱克靖之召,到江西省政府任秘书,8月,由同乡刘斐介绍,任北伐军第二陆军指挥部秘书。北伐军进抵沂州后,指挥部解散,部队南撤,他便离开了部队。

此后,杨先生先后在上海暨南大学附中、福建泉州黎明中学、苏州中学任教。1928年6月,他在上海《北新》杂志发表一篇文章《上帝造剩下来的女人》,用讽刺幽默的口吻讨论了上海娼妓的生存现状、问题来源和管理制度,显示了他的少年英才和敏锐的社会洞察力。① 7月,杨先生因被当局怀疑是共产党员,在西牢坐牢一周,写成《西牢七日记》,发表于《北新》杂志,其中可见他对时局的针砭,对贫苦人民的深深同情。② 1934年7年,杨先生投考中英庚款第二届留学生世界史名额,被录取;之后他去英国牛津大学奥里尔学院(Oriel College)攻读,受教于法国革命史专家汤普生(J. M. Thompson),以《圣鞠斯特政治思想之研究》为题撰写毕业论文,获得文学士学位。③ 1937年8月,抗日战争爆发后,他离英返国,先后任四川大学、西北联大、武汉大学历史系教授。1946年8月,他应北京大学聘,任历史系教授,兢兢业业专注于教学与研究。杨先生作为一名北京大学历史系的教师,不仅教学在行,而且十分关心时政,心系国事。抗战胜利后,面临战后如何建设新中国的问题,以大学教授为主的知识分子成立了九三学社,杨先生就是发起人之一。

鲁迅的好友、作家曹聚仁对杨人楩评价很高,他在著作《我与我的世界》中的一节《史学家杨人楩》中写道:"对史学有真实工夫的,我独推杨人楩兄,可谓此中权威……其时,苏州女子中学的两教师:杨兄和吕淑湘兄,都是英文修养最深,译笔最畅达的能手……杨兄译述马迪厄《法国革命史》,正当抗战末期;1947年年初在上海刊出,正当内战之火重燃之时。他的译本,有了详密注释,还附了《法国革命史研究概况》和《马迪厄与法国革命史之研究》,这是真正的著作,可惜世人不加注意呢!"④

---

① 杨人楩:《上帝造剩下来的女人》,《北新》,1928年第2卷第16号,第14—41页。
② 杨人楩:《西牢七日记》,《北新》,1928年第3卷第7号,第101—123页。
③ 英国早年的文学士(Bachelor of Letters)学位与我们现在理解的本科学士学位并不完全一样,是大学授予学生的第二个学位,学生需要为此作更加专门的学术研究,类似现在侧重学术研究的那种硕士学位。
④ 曹聚仁:《我与我的世界》,太原:北岳文艺出版社,2001年,第240、244页。

二

1930年前后,杨人楩先生在上海暨南大学附中、苏州中学等学校任教,同时,作为时代知识青年的他时常思考中国社会问题,不人云亦云。杨先生陆续在《教育杂志》《北新》《青年界》等刊物上发表文章,抒发己见。

其中,杨先生对教育问题特别关注,颇有见解。1928年《教育杂志》第20卷第2号《艺术化的教育论》一文便是他多年思考琢磨的结晶。杨先生在文中提出了一个概念,也是他认为教育史的又一理想,即"艺术化的教育","用最简单的话来说就是趋重兴趣的教育"。其核心部分是"使学生对于'如何做人'这一点发生特殊的兴趣,自然能够依从指导者的意志,而不是勉强的做作"。这样不仅事情做得好,做事的人也能从心之所向,心情舒畅,从而增加总体的效能。另外,杨先生批判当时的教育界太偏于功利思想,往往以辞害意,忘了初心。而如何实施艺术化的教育?杨先生认为要使艺术的精神应用到整个教育上,其中重点是要创造相当的环境,学生才能自然而然地对相当的刺激做出适当的反应。他举了叔本华的一则寓言为例:两个中国人到欧洲旅行,第一次到戏园子里看戏,一个专心考究那些机械,把道理都探了出来;一个想明了戏中的意义,却不懂得语言。杨先生意在说明创造环境的若干条件:因人制宜,并得确保发生我们所希望的反应。如此之教育,以现在的眼光看倒是非常吸引人,然而在教育普及率极低的当时,杨先生是否太好高骛远、痴人说梦了?我想不是。杨先生讲到创造环境还要"顾及到学生的需要,如果有人向你要两毛钱买烧饼吃,你不必费一元钱去请他听戏,因为他所得的甚至更可增加他的痛苦"。可见杨先生不是不知道"仓廪实而知礼节,衣食足而知荣辱"的道理,文中他提出的是形而上的理想,而不是形而下的操作,正如他所说"这篇文章不是讨论教育的究竟的问题,是讨论教育要如何的问题"。

类似的观点在杨先生《教育漫谈》一文中亦能窥得。杨先生并不认为教育是万能的,教育开展的前提条件是社会经济组织健全。然而如果经济一塌糊涂呢,就不要教育了么？当然不是,杨先生说这样做的话是"因噎废食的态度,决不是我们所愿采取的。我们决不能因为小孩子的足力没有十分长成以前,便绝对不教他走路……我们此地不妨就可能范围内来谈教育"。

不过,1932年发表于《青年界》的《读书论》一文中,杨先生将目光投向了另一边。"我们要放弃古人所谓'独善其身'的自私念头,倘若不成为大众的文化,'身'是没有方法'独善'的,因为你是这个社会里的一份子……既然读了书,就该为着人类的文化去读书;但请不要忙于创造,不要忙于发明,只要把我们所已有的能够普遍,阿三阿四都能分得一点就够了,这,惟有这,才是当下读书人所担负的使命;——自然,不是读书人也要来共同担负这个使命。这一着办到了,再来谈创造和发明。"可见杨先生特别关注文化的普及与教育的平等,他认为文化得属于大众才能发挥其真正作用。同年其发表的《论士大夫阶级之低级趣味》一文更是批判了讲究形式主义的小资调调与现代教育的过剩现象。杨先生认为我们对于一切都要持一种趣味观,而不能区别对待,趣味本身本无好坏之分,假如我们把它当一种单纯的享乐,则它是丑恶的。"对于一切感觉趣味时,我们才有一个坚强的生之意志,才使我们有胆量走进这人生的搏斗场。"

我们从文章中能感受到杨先生青年时的血气方刚,他的理想抱负,他的愤愤与苦闷。杨先生提倡艺术化的教育,发挥个人不同的特长,以兴趣为导向自由成长;同时,他又主张文化的普及与大众化,希望人人都能平等地享受文化之恩泽。杨先生在自由与平等间摇摆,他将何去何从？他能否在自由与平等间找到平衡,两全其美呢？

三

1947年5月10日,杨先生在《观察》第2卷第11期上发表《自由主义者往何处去？》一文,引起了一次关于自由主义的争论,不少著名知识分子参与其中。

逆着时光溯流而上,今天我们重读该文,倾听杨先生的声音,触摸他思想的脉动,与之隔空对话,不亦让人激动?

杨先生在文中首先提出了自由主义是近代思想的产物,"是有关政治生活的态度"。人类对于自由的追求,依时依地而不同。"任何时代的自由要求仍然是历史的继续,而非切断历史,更非超出历史。考虑进一步的要求,有赖于思想作用,思想不能离开历史而凭空起作用,思想与历史配合才产生理想主义。惟理想主义始能指示出人类所当追求的自由,否则便是教条、定命论、或无法追求的空想。"自由是促使人类去创新,打破固有现状的动力。杨先生又说"人类所要求的自由每每是走在他们所处的那个时代的前面,即此种自由在当时还不会获得而有待追求"。因而,自由主义是不满现状的,要求改变以谋进步的。

作为一名世界史学者,杨先生特别注意到,"日本、俄国和德国的自由主义者,原非毫无能力,只因自愿屈服、妥协、放弃斗争、以至于投降,故变成了集权政治的帮凶"。在看到此类前车之鉴后,杨先生重申了他年轻时特别关注的教育领域,提出要通过教育让民众认识到自由主义的好,通过教育让自由主义能够可持续发展。"自由主义斗争的持续有待于教育,斗争可能暂时失败而教育不会失败,惟不妥协的精神始可发挥斗争之教育意义,而达到所当追求的进步。"在1948年发表于《新路周刊》的《教育的滥用》一文中,杨先生指出他心目中的教育是自下而上和自上而下相结合的自由教育,而不是党化教育下那种被用作政治工具的滥用的教育。①

邓广铭先生曾在回忆傅斯年先生的文章中提到,"1949年朱光潜教授向傅先生推荐杨人楩教授到北大史学系教西洋史,说他教学很行,可是不容易伺候"。② 这个"不容易伺候"留给我们很大的遐想空间,在《自由主义者往何处去?》的最后,杨先生似乎回应了这个问题:"自由主义可能是件使执政者感到头痛的东西,然而,为着保全民族的创制力与自信心,

---

① 杨人楩:《教育的滥用》,《新路周刊》,1948年第2卷第3号,第10—11页。
② 邓小南、刘隐霞主编:《邓广铭学术文化随笔》,北京:中国青年出版社,1998年,第246页。

为着促进民族文化,为着消灭暴力,稍有眼光的执政者,必须忍受着这一点点头痛,而容许自由主义之存在。"我想杨先生想做的是一只牛虻,不屑与任何政权合作,不停叮咬病痛之处,叫民族反省现状以求进步。1947—1948 年间,针对当局肆意闯入私宅搜索信息的情况,杨先生在《观察》上与朱自清、向达、金岳霖、陈寅恪、钱端升等共十三位教授发表《保障人权宣言》,当时在社会上产生很大的影响。针对当时公教人员待遇每况愈下的情况,他又同王铁崖、邵循正、袁翰青等教授联名发表《我们对于改善公教人员待遇的意见》。他身体力行地履行社会的责任与义务。作为一名知识分子,他一定要说,因为他热爱这片生他养他的土地和人民。

杨先生另两篇文章《国民党往何处去?》《关于中共往何处去?》也刊登在《观察》上,不少观点极具力度,掷地有声。他在《关于中共往何处去?》中写道:"在政治上我们(自由主义者)实在不敢赞同'非甲即乙'的说法,在甲乙之外可能还有其他……自由主义并非中间路线……进步的力量不应彼此抵消,今日的中国正如老牛拖破车,寸步难移;假使进步的力量彼此抵消,便只有使在困难中的中国,永远停留在现阶级而无法逃出困难。"当代学者谢泳将杨人楩归为自由主义知识分子,①我也赞成。不过 30 年代青年杨人楩曾经追求的平等到了这时似乎很少被杨先生提起,也许是形势所迫,也许是他顾此失彼了。

1949 年之际,不断有人劝他离开,他都拒绝了,表示绝不做国民党的官,也绝不做"白华"。杨先生对未来怀着希望,而对国民党是很失望的,在《国民党往何处去?》一文中他已严厉批评了国民党的贪官污吏,"贪污之声,我们已听得太熟了,熟到感觉麻木,麻木到忽略其为一切无办法之源"。抱着对未来的乐观与期冀,杨先生留在了大陆。

四

自 1946 年杨人楩先生进入北京大学任教开始,他一直承担世界史的

---

① 谢泳:《想起了杨人楩》,《趣味高于一切》,重庆:重庆出版社,2013 年,第 143—147 页。

教学工作,并以研究法国大革命作为自己的学术之本。杨先生先后翻译了克鲁泡特金和马迪厄的《法国大革命史》,并对雅各宾派热情不减,此一兴趣在他的论文《圣鞠斯特政治思想之研究》中就已出现。在克鲁泡特金《法国大革命史》的译者序言中,杨先生写道:"为使我们更认识革命起见,所以要译这一部书……中国,在所谓革命的年头,有将此书译出的需要。"

然而1959年,杨先生另起炉灶,开始了中国学术界非洲史的拓荒研究。杨先生为何突然中断法国革命史的研究呢?通过梳理以往史料,我们可以总结出两种观点:第一种是杨先生看到50年代非洲国家纷纷独立十分高兴,1956年苏伊士运河事件和北非事态的发展更吸引了他的注意力。之后1958—1959年教育革命,集体进行科研,填补世界史空白的问题被提上了日程。杨先生注意到了殖民主义史,自告奋勇捡起了非洲史。该种说法主要来自杨先生的妻子张蓉初先生和杨先生的学生郑家馨先生。① 另一种观点主要来自杨先生的学生,如周清澍。"改行"带有强迫性质,1957年反右运动降临,杨先生早年的自由主义言论被看做是右派的标志,他被撤销了教研室主任的职务,不得不放弃从事多年的世界近代史专业,改行非洲史,长期不承担教学任务,"此后杨先生在政治上和学术界渐渐销声匿迹,历史系的学生甚至不知有这位名震一时的教授了"。在周清澍的回忆文章中,杨先生早年的教学风格是生动活泼的,"他每讲一课,先在讲台上走来走去,将本课内容娓娓道来……然后又是'道白'、'开唱',反复循环……在我记忆中,他对古希腊特有感情,在评论希腊史事时,常分三部分讲述,末了再分别用真、善、美三字总结。思想改造运动中,理所当然地被当作资产阶级唯心主义遭到批判"。1952年院系调整后,1953年春杨先生讲授基础课世界近代史,周清澍认为远不及他之前的课有趣了,"讲课前,他先发给我们一份讲课提纲,章节目齐备,可是我们看后不知是何意思,经他得意地解释,是他钻研马恩原著后,提纲正文全用马恩的话编成。如他解释:某小节概括为'既是机器,又不是机器',出自《资本论》,指的是这节是讲产业革命。他的提纲充斥马恩语录,很

---

① 郑家馨:《我国法国革命史和非洲史研究的拓荒者杨人楩》,《世界历史》1994年第6期。

少具体史实,弄得我们不知所云,大家意见很大。我想,倒不如照他老一套讲更受学生欢迎"。①

今天我们重新审视这一段历史,颇有一种雾里看花的困惑。不过,张蓉初先生的文章其实出现了前后矛盾,张先生说她在杨先生1958年11月写的学术计划(偶然保留下来的)中看到:"在研究巴贝夫,准备写巴贝夫传。今后三年将研究十九世纪下半期的法国工人运动。"说明杨先生原本的研究计划和设想在1958—1960年的运动和集体搞科研时不得不放弃。其也不幸?杨先生研究非洲史前后10年时间左右,成果颇丰。他明确提出要以非洲人民为主体,批判近百年来西方一批史学家以"非洲殖民史"代替"非洲史"的帝国传统。直到生命的最后时刻,他还一直念念不忘《非洲史纲要》初稿的修改。杨先生逝世后,他的弟子整理了先生遗稿,于1984年1月出版《非洲通史简编》,这是中国学者撰写的第一部非洲通史。这样看来,1959年杨先生转向研究非洲史,又何其幸也!

1930年《北新》杂志第4卷第21、22号合刊登载杨先生在苏州女中学生自治会的演讲《关于读史与做人》。在演讲的末尾,他说道:"本来,历史是告诉我们做人的;我们生来是个人;倘若这个社会是健全的,历史便告诉我们如何去生活;倘若这个社会是不健全的,历史也能告诉我们如何去应对。"但愿杨先生这番话也能得到今天北大历史学系师生的共鸣。

杨先生这一生,是中国老一辈知识分子的典型。他们有理想,有担当,能忍耐,肯实践,是时代的燃灯者。这一切的一切,都源于他们为人为民的责任与深情。他们生命的支柱是学问与道德,是文章与人品。正如杨先生在上面这篇演讲里说的,要做人,就要"做十十足足,毫无折扣的人"。

(俞莉琪　北京大学历史学系硕士研究生)

---

① 周清澍:《回忆杨人楩师》,《东方早报》2010年10月31日。

Abstracts

Textual Analysis on the Poems Used for the Ritual Dance Named *Da Xia*

Hu Ning

【Abstract】 *Da Xia* (大夏), also known as *Xia Yue*(夏籥), was one of the most important ritual dances in the Zhou Dynasty. Its forms of music and dance were inherited from the Xia Dynasty. Varied poems were adopted for this dance. According to *Shifujie*(世俘解) in *Yizhoushu*(逸周书), the poems used for this dance included *Chongyushengkai*(崇禹生开) and other three poems, describing the legend of Yu(禹). In the Mid-Western Zhou Dynasty, under the new political situation, new poems were applied to the music and dance form of *Da Xia*(大夏), including *Wenwang*(文王), *Daming*(大明) and *Mian*(绵).

A Study of the Explanation about *Jixigong*(跻僖公) in *Sanzhuan*(三传)

Ma Qingyuan

【Abstract】 The interpretations of *Jixigong* (跻僖公) constitute an interesting example in the study of Confucian classics. Actually, this seemingly simple issue, because of the principle of *Chenziyili* (臣子一例) that came to be established as a tradition, would render this particular discourse on Confucian classics to become very complex. Those who supported this principle and those who were opposed to it conducted many discussions and created the main body of the scholarship. Furthermore, the question regarding the ritual ranks, *Zhao-Mu* (昭穆), of the brothers, also originated from the principle of *Chenziyili*. If two brothers had been monarchs one after another, their *Zhao-Mu* ranks were the same or different? This issue led the scholars into the discussions that became more complex over years. Generally speaking, the interpretations of classical texts underwent many stages and contained radically different opinions. This paper attempts to explore the issue of *Jixigong* by looking into all types of interpretations imposed on the texts.

On the Connotation of *Huangkao* in *Lisao*

Wang Zhi

【Abstract】 Scholars have put forward many different opinions on the connotation of *huangkao*, a word in the famous poem *Lisao*. In ancient works, *huangkao* had different connotations in the different contexts, and scholars thus differ in understanding the term *huangkao* in *Lisao*. In fact, *huangkao* sometimes was used to call the ancestry who had died, and in other times used to call the ancestral temple. In *Lisao*, however, *huangkao* was used by Qu Yuan, the author, to call his farther.

A Study on the Officials from outside *Shangshu Tai* holding the Posts of *Lushangshushi*

Tao Xinhua

【Abstract】 In the period of Wei Jin Southern Dynasties, there was a phenomenon that we should pay closer attention to. The posts of *lushangshushi* as a rule were assumed by the ranking officials, those designated as *Gong Qing*, from outside *Shangshu Tai*. This phenomenon was closely related with *Shangshu Tai*'s status as the "key foundation of government affairs". First, the prominent officials outside the *Shangshu Tai* holding the posts of *lushangshushi* strengthened the capability of the *Shangshu Tai* to handle government affairs. Secondly, important officials from outside wanted to intervene in the works conducted by *Shangshu Tai*. Thirdly, the design of imperial was aimed deliberately at the purpose that those outsiders as *lushangshushi* might be able to balance and restrain the power of the heads of *Shangshu Tai*. Above all, those who held the title of *lushangshushi* were obliged to be responsible for submitting reports and petitions to the emperor. Reviewing and approving these documents, and presiding over and participating in the councils both in and outside the *Shangshu Tai*, they played a crucial and indispensable role in the imperial court.

A Study of the Epigraph of Liu the Eighth-Rank Court Lady

Chen Liping

【Abstract】 This study is centered on the epigraph of Liu, an imperial court lady, who was buried in the *Jing* Tomb of Empress *Zhenshun*, wife of Emperor *Xuanzong* of the Tang Dynasty. The article begins by defining the concept of imperial court lady in the Tang Dynasty, and then interprets the contents of the epigraph of Liu, revealing her rank, family background and life span. The date when she was buried with the empress is also discussed. In its concluding part, this article touches on the institution of funeral and burial system for court ladies with the assistance of imperial edicts from the Tang Dynasty.

The Study of Tisū Family of the Tribe of Iljīkīn in Mongol-Yuan Era

Yu Yue

【Abstract】 The tribe of Iljīkīn (燕只吉) was a branch of the mother tribe of Qūnkqirāt(弘吉剌惕). The name of Iljīkīn is also translated into Yanzhijitai(燕只吉台) or Yanzhiji(燕只吉或晏只吉) in Chinese literature. However, the name is written as Iljīkīn (额勒只斤) in Persian literature. All the names aforementioned are different translations referring to this particular tribe. Although the status and prestige of Tisū family of this tribe were not on par with the *Sijie* (四杰), the four great Mongolian noble families, the influence of Tisū family was nevertheless impressive. Through analyzing the Persian text of *Jāmi'al-tavārīkh* and the relevant texts of Chinese literature, this essay examines the cultural life of the Tisū family members of the tribe of Iljīkīn, having migrated to Iran and China, and their different political fortunes in these two countries.

The Custom of Using Whistling Arrows among the Mongols in the 13th and the 14th Century: An Ethnological and Sociological Study

Zhou Sicheng

【Abstract】 This research presents a throughout inquiry into the historical sources on the use of whistling arrows among the Mongols in the 13th and 14th century. It points out that there were various functions that the whistling arrows had to fulfill in a Mongolian nomad society: they were used by the Mongols: (1) to punish those committed minor offences, (2) to appease ominous disturbances of cosmos such as eclipses, (3) to demarcate the land, (4) to cement an alliance as the token of trust, and (5) to hunt birds and other animals. The Chinese literature works, written during the Yuan Dynasty, recorded various and colorful scenes of the Mongols hunting by whistling arrows.

Righteousness Generated by the Imperial Benevolence: The Construction of the Historical Image of *Yimin* in the Reign of Zhengtong of Ming Dynasty

Xiang Jing

【Abstract】 As a measure to encourage the rich to give generously to famine relief, the policy of "honoring people as *yimin*" was implemented under the reign of Zhengtong and gradually became an institutionalized approach in social welfare during the Ming Dynasty. From the Zhengtong period to the Wanli period, the policy was so frequently applied that numerous well-to-do people were officially named *yimin*. Remarkable for the righteousness generated by the imperial benevolence, the image of *yimin* in the Zhengtong period was highly thought of by later generations. The construction and dissemination of the image of *yimin* were the result of strengthening the state power and ideology by the government, combined with the efforts of the *yiimin* themselves to shape their image and to establish family name by seizing the discourse power. In this process, the two groups, government officials and the people honored as *yimin* cooperated and promoted each other, revealing the complicated interwoven relations between officials and common people in pursuit of the high moral ground as well as self-gratification.

Civil Officials Who Received Imperial Audience during the Jiaqing Reign and Related Issues

Wang Zhiming

【Abstract】 By sorting the officials in the Jiangqing reign through the categories of age, ranking system, civil examination, and place of origin, this paper studies their access to the imperial audience and its influence upon their promotion in the structure of political power. A close examination of the resume dossiers of these officials reveals that the Manchus, especially those who belonged to the upper three Banners and those who were affiliated to the Imperial Household Department, seized more power. The political standing of Mongols was enhanced, while that of those belonging to the Chinese Banners declined. In addition, the candidates of imperial audience mostly came from the capital city, while the opportunity for the provincial officials of gaining access to it was worsened. The average age of the candidates increased in comparison with that in the Qianlong reign. This paper also clarifies other issues related to the imperial audience as a way for the emperor to promote important officials.

The Program of *A General History of China* and the Revision of *Kui Shu*

Zhang Yong

[Abstract] In 1902, Zhang Taiyan began to carry out his plan to write *A General History of China*. But this work was interrupted after a short time. Somehow, several chapters of his original draft were absorbed into his *Kuishu*, and this fact exerted some influence on the revision of the latter. The basic features of Zhang's views on traditional *jing* (Confucian classics) and *shi* (history) can be detected both from the program of *A General History of China* and the revision of *Kuishu*.

The Political Surveillance Conducted by the Police: Zhang Tai-yan in Beijing during the Early Years of Republic of China

Ding Rui

[Abstract] During the early years of Republic of China, the government under Yuan Shikai attached great importance to the role of police department in monitoring and controlling dissidents. Zhang Tai-yan was placed under house arrest in Beijing from 1913 to 1916. Beijing's police conducted surveillance over him and made detailed records of their activities. This essay tries to reconstruct the event through an analysis of these records, and it also examines the actual performance and the attitude of those policemen who participated in the surveillance.

The Impact of the Retreat of Confucian Classics Studies upon the Education System in Early Republican China

Zhu Zhen

【Abstract】 After the establishment of the Republic of China, the studies of Confucian classics were eventually removed from the new education system, which constituted an important sign of then cultural changes. Without systematic Confucian classics studies, the vacuum created by weakened traditional morality and scholarship remained unfilled in the early days of the Republic of China and perhaps has remained so ever since, leading to political, ideological and academic issues that ought not to be ignored.

On the Culture of Baekje Guandai

Song Chengyou

【Abstract】 Bureaucracy in all ancient East Asian countries was affected by Chinese palace political culture, but they also formed their unique characters in this particular aspect of social control. One of them, Baekje, which was located in the southwestern part of the Korean peninsula, was receptive to the influence of Chinese culture early and profoundly, but very soon created its own bureaucratic culture, a bright and ingenious system. Both political reforms and bureaucratic institutions gave birth to the Baekje Guandai culture marked out by its peculiar clothes and hats for bureaucrats. Elements of Buddhism, Taoism and Confucianism from China were blended into the development of Baekje Guandai culture, a political and ethic system different from those in Koguryo and Silla, predisposed to high morality, the color of purple and toleration of diversity. Baekje was the main channel of continental civilizations transmitted to Japanese archipelago, and its culture, including its bureaucratic institutions, influenced and helped the historical progress of Japan.

Medieval Penance: Thomas Aquinas on the Power of the Keys

Hui Hui

【Abstract】 In the 12th and 13th centuries, heretics and the movements of popular devotions confounded the Roman Catholic Church. Many dissidents tried to challenge the authority of the Church by claiming that lay Christians could also absolve repentant sinners, and this opinion caused a long disputation among medieval theologians on the validity of absolution. This paper is a case study on Thomas Aquinas's discussion about the power of absolution, which aims to improve our understanding of his attitude to ecclesiastical authority and of the phenomenon of medieval penance in general. For Aquinas, the power of the Keys held by the Church is a power of bestowing grace. He believes that only when justice is reinforced by the divine grace of love, which is taken as an inherent feature of the Church, is a harmonized order of society to be possible in this sinful world. It will be shown, therefore, that the inherent holiness of the authority is the precondition of its effectiveness.

Turning to the Lordship: A New Trend of Studies of Medieval Europe

Huang Chungao

【Abstract】 The rise of lordship studies becomes an outstanding phenomenon; it has, unfortunately, attracted less attentions from English and American medievalists. This paper, therefore, attempts to describe its evolution in the Western academic world, and to analyze its characteristic. The paper states that the thriving of lordship studies has succeeded the declining of researches on feudalism, and argues that turning to lordship from feudalism is a new trend of studies of medieval Europe. Lordship—the less abstract, ubiquitous term—would, according to those scholars of lordship studies, be more useful than the concept of feudalism in comprehending the history of medieval Europe.

An Interpretation of American Dream

He Shunguo

【Abstract】 Through detailed, systematic and rigorous analysis of American Dream, the essay points out that American Dream ideologically is a social ideal. Originally, American Dream was the dream of immigrants and individuals, but with the issue of The Declaration of Independence in 1776, it is sublimated to be the dream of a land and a nation. And by declaring that "all men are created equal" and everyone are endowed with "rights of life, liberty, and the pursuit of Happiness", the Declaration came to be "the charter of the American Dream". Thus American Dream develops into "an ideal of that shaped a nation" by endowing the nation with its distinct personality, style, and features, and it is more popular and vigorous than the notions of liberty and democracy, but does not contradict to such notions.

The Agrarian Reform in Mexico during the Lázaro Cárdenas Administration, 1934-1940

Dong Jingsheng

【Abstract】 Through investigating the agrarian reform during the Lázaro Cárdenas administration between 1934 and1940, this thesis tries to shed light on the nature of the Cárdenism. It argues that in terms of the motivation and purpose, the Cárdenism was indeed a radical social reform movement. However, due to the resistance of various groups, and the lack of accurate design and plan for the reform, the movement did not accomplish its intended target. Sometimes it was even manipulated by the landlords. The dynamics of reform was forced to slow down during the last 2 years of the administration. After

Cárdenas left office in 1940, the agrarian policy of the Mexican government tended to be conservative.

History Wars: Rizal in 1956

Reynaldo C. Ileto

【Abstract】 In 1956, the Philippine Senate debated Bill 438, which would require Rizal's two novels, published in 1887 and 1892, to be read in the schools. The two proponents of the bill, senators Jose Laurel and Claro Recto, were born in the Spanish colonial period and had lived through the revolution of 1896, the war with the US, American colonial rule, the Japanese occupation, and the attainment of independence in 1946. They had a deep understanding of all three empires that ruled the country. Their leadership in the Japanese-sponsored government of 1943 was characterized by an assertive nationalism freed from the "special relationship" with the US. In the post-independence debates over the construction of an official historical narrative, pro-American politicians and scholars attempted to highlight the joint US-Filipino resistance to Japanese rule leading to the "liberation" of 1945, as foundational events in the narrative. This was opposed by others, notably Senators Laurel and Recto and the historian Teodoro Agoncillo, who viewed the revolution against Spain and the Philippine-American War as more suitable foundational events. Making students read Rizal's novels would make the younger generation aware of the causes of the 1896 revolution and why this was still "unfinished" in the 1950s.

From Object to Oikeios: Environment-making in the Capitalist World-Ecology

Jason W. Moore

【Abstract】 Humans simultaneously create and destroy environments (as do all species), and our relations are therefore simultaneously – if differentially through time and across space – being created and destroyed with and by the rest of nature. From this optic, "nature's" status undergoes a radical shift in our thinking: a transition from nature as resource to nature as matrix. This means that nature can be neither destroyed nor saved, only reconfigured in ways that are more or less emancipatory, more or less oppressive. But take note: our terms "emancipatory" and "oppressive" are offered not from the standpoint of humans narrowly, but through the oikeios, the pulsing and renewing dialectic of humans and the rest of nature. At stake now – perhaps in a more salient way than ever before in the history of our species – is exactly this: emancipation or oppression not from the standpoint of humanity and nature but from the perspective of humanity-in-nature.

The Number of Scholars in the Eastern Han Dynasty
Zhu Zongbi

【Abstract】 On the basis of collecting and collating scattered sources, this essay infers the number of scholars in the Eastern Han Dynasty. The author points out that during two hundred years of the Eastern Han Dynasty, the total number of scholars was around 150,000 and 160,000. On average, if the whole period is divided into five generations, each generation had around 30,000 scholars.

On the Errors in the *Zhou Yiliang's Reading Notes*
Tan Ku-an

An Essay in Memory of Professor Zhou Yiliang
Wang Xiaofu

Improving Morality by Studying History:
An Essay in Remembrance of Professor Yang Renpian
Yu Liqi

稿　约

一、《北大史学》由北京大学历史学系主办,发表中、外历史学论文、书评、译文,欢迎国内外史学界同仁投稿。

二、本刊系年刊,于每年底出版。年度稿件于9月1日截止。

三、本刊由执行主编负责稿件的具体事宜,采用匿名审稿制度,稿件的最终审定由本刊编委会作出。

四、稿件字数一般不超过1.5万字。但特殊稿件的字数可以例外。

五、稿件注释一律采用"脚注"。注释规则请参下附《注释规范》,请投稿者严格遵循。

六、请同时提供中、英文"内容提要"和作者的工作单位和职称,附于稿件之末。

七、来稿请用A4纸打印,并提供电子文本(Word格式)。

八、来稿是否录用,一般将于10月底前告知作者,请勿一稿两投。

九、来稿一经刊载,即奉稿酬。

十、来稿请寄北京市海淀区北京大学历史学系《北大史学》编辑部。邮编:100871。电子版的中国史文本请发送至 zhangfanbd@263.net,世界史文本请发送至 baomh616@pku.edu.cn。

附:注释规范

一、基本工具书和中文著作书目排列

人名和地名等外文专有名词在中文的研究作品中必须有统一的译法。新华社编辑、商务印书馆出版的诸种译名手册比较实用。下面所列的几种手册可以作为世界史研究者和翻译者统一人名和地名译法的基础。中文书目排列的先后秩序以作者名或编者名的汉语拼音为准;未标明作者的,以书名的拼音为准;未带括号内"编"字的,是指著作者。

《基督教词典》,北京:北京语言学院出版社,1994。
豪厄特(主编):《世界历史词典》,北京:商务印书馆,1988。
(在以上两书中可以找见许多冷僻世界史专有名词的习惯汉译)。
辛华(编):《世界地名译名手册》,北京:商务印书馆,1978。
辛华(编):《英语姓名译名手册》,北京:商务印书馆,1981。
辛华(编):《法语姓名译名手册》,北京:商务印书馆,1996。
辛华(编):《德语姓名译名手册》,北京:商务印书馆,1973。
新华通讯社译名室(编):《世界人名翻译大辞典》,北京:中国对外翻译出版公司,1993年。这是迄今最完整的外国人名译名辞典。

二、中文著作、译作和论文引用

第一次引用必须注明作者、书名、出版地、出版社、出版年和页码。中译本书、文章需注出作者国别和译者。所引作品再次出现时,只注出作者名、书名或论文标题以及页码。引用古籍,一般须注明编撰者、书名、卷次、部类名和篇名,常用古籍或官修典籍可注出编撰者。原刻本、抄本和稿本,须分别注明版本情况;影印本,则须注明出版地、出版社、丛书名和影印版本;点校本,须注明出版地、出版社、出版时间和页码。引用文集,可用引用古籍之例,注明著作者、书名、卷次和篇名,也可以先注明作者和篇名,再注出文集名和卷次。版本情况,一律在第一次引用时注明,此后

省略。如:

《基督教词典》,北京:北京语言学院出版社,1994年,第33页。

〔芬兰〕韦斯特马克:《人类婚姻简史》,刘小幸、李彬译,北京:商务印书馆,1992年,第7页。

李工真:《德意志犹太人向巴勒斯坦的移居》,《历史研究》2004年第1期,第150—164页。

阎步克:《孝廉"同岁"与汉末选官》,《北大史学》第6辑,1999年,第1—13页。

孙铉:《为政第一编》卷一,《授任·候选》,康熙四十一年(1702)刻本。

万历《淮安府志》卷六,《学校志·社学》,上海:上海书店《天一阁藏明代方志选刊续编》影印万历刻本。

《汉书》卷五四,《李广传》,北京:中华书局,1962年,第2439页。

《资治通鉴》卷二一四,唐玄宗开元二十二年二月壬寅,北京:中华书局,1956年,第6805页。

宋濂:《孔子庙堂议》,《宋濂集》第一册,杭州:浙江古籍出版社,1999年,第19—21页。

三、外文作品在中文著作和论文中的引用法

一般的规则之外,请注意每个例子的特殊性,比如同时有作者和编者、重印本、丛书、文献集成等情况。英、法、德、日和拉丁的书名写法有细微的不同,也请留意。为方便和求得风格的一致,所有西文书目中的说明文字(卷数和版本等),一律用英文。所引作品再次出现时,只注出译成中文的作者名和文章标题或书名以及页码。西文的书名和期刊名必须用斜体。如:

博伊尔:《中世纪拉丁古抄本学》(L. E. Boyle, *Medieval Latin Paleography: A Bibliographical Introduction*, Toronto: University of Toronto Press,1984),第1页。

特伯维尔:《中世纪异端和宗教裁判所》(A. S. Tuberville, *Medieval Heresy and the Inquisition*, reprint ed. London: Archon Books, 1964), 第 2 页。[也可以给出原初的出版地、出版社和出版年,与重印本出版地、出版社和出版年以分号隔开]

迈松纳夫:《宗教裁判所起源研究》(H. Maisonneuve, *Études sur les origines de l'inquisition*, 2nd ed., Paris: Librairie Philosophique J. Vrin, 1960), 第 3 页。

雷斯:《教会之刑法权》(W. Rees, *Die Strafgewalt der Kirche*, Kanonistische Studien und Texte 41, Berlin: Duncker & Humblot, 1993), 第 4 页。

斯蒂格勒:《拉丁教会法历史》(A. Stickler, *Historia iuris canonici latini*, Rome: Liberia Ateneo Salesiano, 1985), 第 5 页。

圣伯纳德:《圣伯纳德全集》第 3 卷(*S. Bernardi opera*, Vol. 3, ed. J. Leclercq and H. M. Rochais, Rome: Editiones Cistercienses, 1963), 第 6 页。

波美里乌斯:《论沉思的生活》(Julianus Pomerius, *De vita contemplativa*, Lib. III, 13 et 15), 见《教父文献大全(拉丁编)》(*Patrologia latina*) 第 59 卷, 第 493 栏 (= col. 493. "column"不宜译为"页")。

莱维森:《中世纪的双剑理论》(W. Levison, "Die mittelalteriche Lehre von den beiden Schwerten," *Deutsches Archiv für Erforschung des Mittelalters* 9/1951), 第 8 页。

瓦尔特:《异端与教皇政治》(H. G. Walther, "Häresie und päpstliche Politik: Ketzerbegriff und Ketzergesetzgebung in der Ábergangsphase von der Decretistik zur Decretalistik," *The Concept of Heresy in the Middle Ages*, ed. W. Lourdaux and D Verhelst, Louvain: Louvain University Press, 1976), 第 9 页。

四、档案和网络资讯的引用法

引用档案,如业经编辑出版的档案,直接注明编辑者、书名、出版社、出版时间和页码;如系档案馆收藏的档案(包括原件和胶卷),按照档案馆的编目体例注明。如果光盘和网络资讯来源是已经印刷出版的图书和论文,引用者首先应按上面的外文著作注释体例注明作者和出版信息,然后注明光盘来源或网址,例如:见[CD-ROM] Available：Proquest New York Times On Disc, Jan. 1996-Dec. 1996。或者:见〈http://www.queens.lib.ny.us/mlk〉,并在网址后的方括号内写明网址最近更新时间或上网查阅的时间(网址往往不是永恒的资讯来源)。如果网络资讯没有出处或者是首次发表的原作,引用者应注明网址、网络资讯的类型和作品发表时间。如:

四川档案馆编:《清代巴县档案汇编·乾隆卷》,北京:档案出版社,1991年,第61页。

中国第一历史档案馆藏:《军机处录副奏摺》,光绪朝综合类,13/151/7432/6。

马丁·路德·金:《我有一个梦想》(Martin Luther King, *I Have a Dream*, August, 1963. Internet on-line),见〈http://www.queens.lib.ny.us〉[12 June 2000]。